Gestion
des approvisionnements
et des stocks

Paul Fournier
Jean-Pierre Ménard

Gestion
des approvisionnements
et des stocks

gaëtan morin
éditeur

Montréal □ Paris

Données de catalogage avant publication (Canada)

Fournier, Paul, 1961 20 août-

  Gestion des approvisionnements et des stocks

  Comprend des réf. bibliogr. et un index.
  Pour les étudiants du niveau collégial.

  ISBN 2-89105-718-X

  1. Gestion de l'approvisionnement.   2. Gestion des stocks.   3. Approvisionnement dans l'entreprise.
4. Distribution (Économie politique) - Gestion.   5. Qualité - Contrôle.   6. Planification des besoins en composants.   I. Ménard, Jean-Pierre, 1959-   .   II. Titre.

TS161.F68   2000   658.7   C99-940433-4

Tableau de la couverture : *Coup d'éclat*
              Œuvre de **Sylvie Cloutier**

Sylvie Cloutier est née à Saint-Hyacinthe et elle a obtenu un baccalauréat en Beaux-Arts à l'Université Concordia en 1979. Elle a déjà présenté plus de vingt-cinq expositions à travers le Québec.

Cette artiste nous offre une image non figurative, bâtie à partir de formes géométriques, ayant comme point de départ le collage. Différents papiers, passant du papier de soie au papier fait main, toutes ces belles textures se veulent l'inspiration première pour «construire» l'œuvre. Par la suite, les formes géométriques structurées côtoient tantôt une forme plus gestuelle, tantôt une série de gouttelettes ou encore ce pochoir, enveloppé de couleur en aérosol. La peinture acrylique vient sceller et soutenir tous ces matériaux, de façon discrète et harmonieuse, rendant l'image personnelle, originale et solide.

Depuis donc une vingtaine d'années, l'artiste peintre Sylvie Cloutier exploite de façon constante une image qui évolue continuellement, une image qui nous invite à partager cette passion de peindre et de créer.

Montréal, Gaëtan Morin Éditeur ltée
171, boul. de Mortagne, Boucherville (Québec), Canada J4B 6G4. Tél. : (450) 449-2369
Paris, Gaëtan Morin Éditeur, Europe
105, rue Jules-Guesde, 92300 Levallois-Perret, France. Tél. : 01.41.40.49.19

Révision linguistique : Jean-Pierre Leroux

Imprimé au Canada   2 3 4 5 6 7 8 9 0 1   09 08 07 06 05 04 03 02 01 00

Dépôt légal 2ᵉ trimestre 1999 – Bibliothèque nationale du Québec – Bibliothèque nationale du Canada

Remerciements

La rédaction et l'édition d'un volume seraient très difficiles sans l'apport de personnes croyant à ce genre de projet. En effet, beaucoup d'individus autres que les auteurs ont contribué à la publication de ce manuel. Nos remerciements s'adressent en premier lieu à Isabelle de la Barrière, éditrice en administration, qui a cru à notre projet dès le premier instant. Nous aimerions remercier également Lucie Turcotte, chargée de projet à la production ainsi que Martine Beauchesne, qui s'est occupée des droits d'auteur, et Jean-Pierre Leroux, réviseur linguistique, qui a revu tous les textes avec professionnalisme et compétence.

Nous ne voudrions pas passer sous silence les nombreux professeurs et conseillers pédagogiques du réseau collégial qui ont consenti à apporter leur expérience pédagogique ou industrielle à ce projet en nous faisant part de leurs précieux commentaires. Nous remercions tout particulièrement Lise Robitaille, du Cégep François-Xavier-Garneau, Pierre Côté, du Cégep André-Laurendeau, Pierre Larin, du Cégep de Bois-de-Boulogne, et François Drouin, du Cégep de Sainte-Foy.

Nous voudrions également remercier les nombreux élèves qui, grâce à leurs remarques judicieuses au fil des ans, nous ont permis de rédiger un contenu adapté à leurs besoins.

Enfin, nous tenons à souligner l'apport enrichissant de tous les professionnels en gestion des approvisionnements et des stocks avec qui nous avons établi une collaboration étroite tout au long du projet. Nous pensons en particulier à Jean-Paul Chassé, Gaétan Chevalier, Martin Corbeil, Jean-Daniel Cusin, Robert Doré, Sylvain Gagnon, Guy Jobin, André R. Marcil, Normand Pâquet et Susanne Pelletier, ainsi qu'à Pierre Beaulé, directeur adjoint, approvisionnements, de l'Université du Québec à Montréal.

Table des matières

CHAPITRE 6   *Les modèles de gestion des stocks* 211

CHAPITRE 7   *Les fonctions reliées à la gestion des stocks* 271

Introduction

Le service des approvisionnements doit apporter deux types de contribution à l'entreprise : gérer adéquatement les ressources mises à sa disposition et remplir une fonction de sécurité pour l'entreprise, les actionnaires et les personnes qui ont besoin de ses services. Son rôle doit être pris au sérieux, car sa collaboration à la mission de l'entreprise est importante.

La notoriété d'un service des approvisionnements doit être acquise petit à petit. Une étude récente indique que plus de 59 % des montants dépensés ne passent pas par le service des approvisionnements[1], et ce pour les raisons suivantes :

– Les services des approvisionnements ne délimitent pas le champ de leurs compétences.

– La société de consommation valorise la personne qui autorise et effectue la dépense.

– Beaucoup de gestionnaires croient que le service des approvisionnements est un mal nécessaire, un centre de dépenses.

– Le marché répand des opinions négatives sur la fonction « approvisionnement ».

– Beaucoup de personnes exercent le métier d'acheteur sans l'avoir choisi.

– Il existe peu de programmes de formation reliés à la profession.

– De nombreuses entreprises ne s'intéressent aux approvisionnements qu'en période de récession ou de rationalisation.

– Le champ d'exercice est tellement vaste qu'il est difficile d'en déterminer les limites.

Le cours de l'histoire a modifié grandement la nature du service des approvisionnements. Sa réputation s'est surtout établie dans les moments de crise. Lorsque le contexte économique était des plus favorables, le rôle de l'approvisionnement était assez effacé. Lors des guerres, de la crise de l'énergie, des périodes de rationalisation et des périodes de survie, les gestionnaires ont eu

---

1. Michiel R. Leenders, « New links in the supply chain », conférence prononcée à Vancouver le 5 juin 1997.

recours à l'approvisionnement. Cependant, la crise économique de 1990 et l'influence de la mondialisation des marchés ont apporté à l'approvisionnement la reconnaissance qui lui revient au sein de l'entreprise.

L'environnement concurrentiel actuel des entreprises se transforme rapidement. Parmi les phénomènes observés, mentionnons la concurrence internationale de plus en plus féroce, les nouvelles technologies, la diminution du cycle de vie des produits, l'importation d'Europe et d'Asie de modèles de gestion, la fluctuation des taux d'intérêt et de change, la pression sur le coût des produits, l'exigence plus grande de la clientèle, les fusions et acquisitions de même que le partenariat et les alliances entre entreprises.

Dans ce livre, nous examinerons tous les éléments essentiels pour apprendre à bien gérer les approvisionnements et les stocks d'une entreprise de produits ou de services.

1

Le service
des approvisionnements

Objectif général

Sensibiliser le lecteur aux rudiments du métier
d'acheteur et au service des approvisionnements
dans une entreprise.

Objectifs spécifiques

◆ Décrire le rôle, les devoirs et les droits
d'un acheteur.

◆ Énumérer les différentes structures
organisationnelles existantes relatives à la gestion
des approvisionnements.

◆ Découvrir les avantages de la centralisation
et de la décentralisation d'un service
des approvisionnements.

◆ Préciser les compétences requises pour occuper
un emploi d'acheteur.

ABB

ABB

Chef de file national et mondial dans le domaine de la production, du transport et de la distribution de l'énergie électrique, ABB propose des solutions d'ingénierie rentables et à la fine pointe de la technologie, pour répondre aux besoins des services publics, du secteur des pâtes et papiers, de celui des mines et métaux, de l'industrie pétrochimique, de même que des entreprises grandes consommatrices d'électricité. Pour n'énumérer que quelques produits, ABB offre une gamme complète de transformateurs, de condensateurs, de systèmes de commande et de protection de réseau et de turbines, ainsi qu'une foule de services reliés à la production d'énergie. Dans le secteur des pâtes et papiers, entre autres, elle fournit ses systèmes complets de commande d'usine et ses séchoirs pour papier mouchoir.

Aujourd'hui, ABB constitue le plus grand groupe de génie électrique du monde ; elle exploite près de 1 000 sociétés différentes et emploie plus de 200 000 experts dans quelque 140 pays. Au Canada, dont le siège social est situé à Montréal, elle exploite 35 centres d'ingénierie, de fabrication, de vente et de service répartis dans tout le pays et compte environ 2 000 employés.

En cette époque où l'on observe des changements rapides et la mondialisation des marchés, ABB a compris qu'elle devait gérer ses approvisionnements globalement pour bénéficier d'un levier économique auprès de ses fournisseurs. Au regard de la rentabilité, l'approche de la centralisation des achats est une avenue très intéressante pour ABB Canada, ses avantages étant évidents. Plusieurs fournisseurs communs sont utilisés par différentes divisions et les contrats sont gérés localement. ABB Canada trouve alors l'occasion de réduire ses coûts en contrôlant ses approvisionnements.

Ce défi est de taille lorsque l'on considère cette option du point de vue opérationnel. À cause de sa grande diversité, ABB Canada n'a pas le choix : chaque division doit être en mesure de gérer ses achats de matériel pour se conformer à ses engagements auprès de ses clients. Les acheteurs doivent être près des usagers et comprendre leurs besoins quotidiens.

Par ailleurs, la portion stratégique de l'approvisionnement est coordonnée globalement, et les usagers et les acheteurs peuvent plus facilement, sans nuire à leurs opérations, bénéficier d'avantages concurrentiels.

Bien reconnaître les besoins de chacun, bien comprendre tous les processus de la chaîne d'approvisionnement, voilà sans aucun doute les étapes les plus importantes de l'accomplissement d'une centralisation des achats, qui, en lui-même, est un processus crucial de la chaîne d'approvisionnement.

Suzanne Pelletier, a.p.a.
Directrice des approvisionnements

Les affaires sont un ensemble de choses dont la moins importante est l'équilibre du budget, car ceci est quelque chose de fluide, de toujours changeant, presque vivant, qui atteint des pics élevés ou tombe en miettes. L'âme d'une affaire est une curieuse alchimie de besoins, d'envies et de plaisirs tous empreints d'altruisme, de sacrifices, d'engagement personnel qui vont bien au-delà des gratifications matérielles.

Harold Geneen, ITT

INTRODUCTION

Le service des approvisionnements, qu'on appelle aussi « service des achats » se trouve au cœur des activités d'une entreprise[1]. Ses principales responsabilités

---

1. Dans ce livre, nous emploierons le terme « entreprise » pour désigner une entreprise ayant un seul propriétaire, une société en nom collectif, une organisation inscrite à la Bourse, un organisme à but non lucratif, une association, un syndicat, un gouvernement, une ville ou toute autre forme d'entreprise privée ou publique.

sont associées au contrôle des sorties de fonds qui représentent les dépenses de l'entreprise. Mais il est impensable de croire que ce service puisse connaître en profondeur tous les biens et les services nécessaires au fonctionnement quotidien de l'entreprise. C'est pourquoi une décision d'achat se prend généralement en équipe. Chaque service apporte une contribution différente orientée vers la même fin, soit le mieux-être de l'entreprise.

Le monde des affaires attribue à la profession d'acheteur un rôle, des règles et des droits, le tout dans un cadre organisationnel propre. En contrepartie, il manifeste des attentes envers les personnes qui exercent cette profession. Dans ce chapitre, nous verrons le rôle des acheteurs ainsi que les attentes qu'ils suscitent.

1.1   LE RÔLE DE L'ACHETEUR

L'acheteur est une personne qui a la responsabilité de traiter des aspects techniques reliés à l'exercice de la fonction «approvisionnement». L'entreprise s'attend à deux types de contribution de la part du service des achats : une participation à la mission de l'entreprise et une information à donner à celle-ci au sujet des dangers présents sur le marché.

En ce qui concerne la participation à la mission de l'entreprise, chaque entreprise a sa propre définition du bénéfice à obtenir. Pour ce qui est de l'information à donner à l'entreprise au sujet des dangers présents sur le marché, prenons un exemple pour démontrer comment l'acheteur peut alerter son entreprise. Au cours du déjeuner, un acheteur au service d'une entreprise produisant des bouteilles en polyéthylène parcourt son journal. Une nouvelle indique que le marché prévoit une hausse draconienne du prix du pétrole sous peu. Comme le polyéthylène provient du pétrole, l'acheteur détecte un risque pour son entreprise découlant d'une éventuelle hausse du prix du pétrole. Dès son arrivée au bureau, il annoncera la nouvelle à ses collègues et recommandera des mesures appropriées pour prémunir l'entreprise contre une variation du prix du pétrole.

Tout en se concentrant sur la vision, la mission, les buts et les objectifs de l'entreprise, le service des approvisionnements tente d'améliorer les sept critères essentiels qui suivent :

— un **volume** de stock optimal qui tient compte de la quantité nécessaire au bon fonctionnement de l'entreprise, sans négliger les prévisions face à l'environnement extérieur de l'entreprise ;

— un approvisionnement de la meilleure **qualité** ;

— une livraison **sans délai** ;

— une livraison au **lieu** désiré ;

— la prestation d'un **service** professionnel ;

— un approvisionnement provenant de la meilleure **source** ;

— un approvisionnement au **coût** le plus bas.

Le service des approvisionnements se doit de trouver la formule qui apportera la meilleure contribution à l'entreprise. De plus, il cherche constamment à revoir la situation présente afin de se rapprocher le plus possible de la situation optimale. Nous traiterons plus à fond de chacun des sept critères tout au long de ce livre. Cependant, pour rechercher la situation optimale, le service des achats doit suivre certaines règles et se prévaloir de certains droits.

1.2   LES RÈGLES À SUIVRE

Les règles que doit suivre le service des approvisionnements sont reliées à la gestion du risque. Chaque jour, ce service fait face à un risque, car ses décisions comportent un degré plus ou moins élevé d'incertitude. Dan McGuire, vice-président de General Polymers, un distributeur ayant un chiffre d'affaires annuel de près d'un milliard de dollars américains, a présenté lors d'une réunion de son entreprise, en avril 1998, la différence entre un service des achats qui maintient sa situation actuelle et celui qui tente d'optimiser les sept critères pour améliorer le rendement de l'entreprise. Le tableau 1.1 (p. 8) expose ces différences.

1.2.1   Prendre des risques calculés

Le gestionnaire est payé pour prendre des risques calculés. Il se doit d'obtenir le maximum des ressources disponibles. Oser, c'est la différence entre un bon rendement des ressources de 10 %, un rendement conservateur de 5 % et un rendement spéculatif de 40 %.

Dans l'introduction du nouveau Coke, qui deviendra le Coke Classique, les gestionnaires de Coca-Cola avaient calculé minutieusement la réaction du public et préparé avec soin l'introduction du nouveau produit. Rien n'avait été laissé au hasard depuis l'intervention de Roy Stout, docteur en économie de l'Université d'État de la Caroline du Nord et directeur du service de la recherche en marketing de Coca-Cola, au début des années 1980, auprès de la direction générale de Coca-Cola. Il avait déclaré : « Puisque nous avons plus de *présenté par : Dan McGuire*

TABLEAU 1.1

Les différences entre le maintien de la situation actuelle et la recherche de la situation optimale

Situation actuelle	Situation optimale
Le service des approvisionnements consacre beaucoup de temps à la planification, à l'analyse et au contrôle.	Le service des approvisionnements exécute les ordres de la haute direction ; il fait des essais et corrige ses erreurs.
Il prend peu de risques.	Il prend des risques pour pouvoir dépasser les objectifs.
Il veut simplement faire mieux que la dernière fois.	Il tente de prendre la décision optimale en tout temps.
Il adopte une approche linéaire, progressive.	Il prend plusieurs initiatives à la fois.
Il se concentre sur un mandat à remplir.	Il se concentre sur la mission de l'entreprise.
Il recherche le bien ou le service à acquérir.	Il étudie l'environnement à satisfaire.
Il remplit correctement sa fonction.	Il représente un actif pour l'entreprise, contribuant à la mission de celle-ci.
Il exécute le travail sans enthousiasme.	Il voit dans le travail à faire beaucoup de défis à relever.
Il fait de l'administration.	Il propose des mesures.
Il suit les règles établies.	Il discute les règles pour les enrichir.

Source : Dan McGuire, de General Polymers ; notre traduction.

distributeurs automatiques, que nous dominons le marché des débits de boissons, que nous avons plus d'espace sur les étalages, que nous dépensons plus pour la publicité et que notre prix est compétitif, pourquoi perdons-nous des parts de marché[2] ? »

Le seul élément qu'il restait à analyser était la fabrication du produit. Il n'y avait pas de corrélation entre la connaissance du nom et les habitudes d'achat des consommateurs. Coca-Cola se devait donc de prendre un risque. Face à l'évidence, on a procédé à une multitude d'expertises afin d'assurer l'implantation d'un nouveau goût pour le coca-cola. Les administrateurs, qui étaient conscients du risque, ont investi beaucoup de ressources et se sont battus pour atténuer la perception négative des clients. Après plusieurs années d'efforts, Roberto Goizueta, président de Coca-Cola, a convoqué la presse le 23 avril 1985

---

2. Thomas Oliver, *La vraie Coke story*, Issy-les-Moulineaux, Éditions Lafon, 1989, p. 152.

pour annoncer qu'après 99 années d'existence le goût du coca-cola allait changer. La suite est connue. Les fêtes du centième anniversaire ne seront pas aussi joyeuses que prévu.

Plus près de nous, l'aventure de Provigo et de Distribution aux Consommateurs aura fait couler beaucoup d'encre au Québec. Il faut comprendre que lors de sa fondation, Provigo se voulait un regroupement d'achat dans l'industrie alimentaire. En effet, les trois firmes fondatrices en 1969, soit Couvrette & Provost ltée, Denault ltée et Lamontagne ltée, distribuaient des produits alimentaires. Rien ne laissait prévoir une diversification avec l'acquisition de Distribution aux Consommateurs ; cela constituait une stratégie très risquée. Par contre, au cours de son histoire, il s'est produit chez Provigo un changement de mission, laquelle se définissait désormais comme suit : « Provigo distribue des biens de consommation », ce qui lui permettait d'inclure autre chose que des produits alimentaires. C'est ainsi que Pierre Lortie, président de Provigo à l'époque de l'acquisition, est allé de l'avant avec le projet d'achat, malgré sa nomination récente. Il a justifié sa position par le fait que les opérations de Distribution aux Consommateurs aux États-Unis permettraient à Provigo d'étendre ses activités.

Lors de l'année cible utilisée comme référence pour l'évaluation du prix à payer, Distribution aux Consommateurs a enregistré des profits de 13,2 millions de dollars. L'année suivant l'année cible, Provigo a inscrit un déficit de 3,6 millions dans ses livres comptables ; la deuxième année, un profit de 5,6 millions et, la troisième année, un maigre profit de 700 000 $. Les problèmes d'organisation étaient de plus en plus flagrants et Provigo dépensait plus d'énergie au redressement de la situation de Distribution aux Consommateurs qu'au développement de l'industrie alimentaire, sa première mission. Un peu plus tard, Provigo a cédé ses activités américaines de Distribution aux Consommateurs à une entreprise de Hong-Kong, Semi-Tech Micro-electronics (Far East) Ltd., abandonnant l'objectif de se servir de Distribution aux Consommateurs comme tremplin pour le marché américain.

Toutes les décisions ne comportent pas un degré de risque aussi important pour la survie de l'entreprise. Par contre, si anodine soit-elle, chaque décision qui est prise trace la ligne de conduite de l'entreprise. En effet, une décision prise constitue une référence et une orientation pour la prochaine décision. C'est pourquoi il faut bien analyser chaque décision afin qu'elle s'effectue dans le cadre défini par la mission de l'entreprise. Les décisions prises par Coca-Cola et Provigo auraient pu avoir des répercussions catastrophiques pour ces entreprises.

Dans la pratique courante, un conseil d'administration conservateur ne voudra pas d'un acheteur qui prend des risques face à un fournisseur ayant une mauvaise réputation ou de nombreux litiges. La vie d'un acheteur peut être valorisante et agréable quand les actionnaires, les utilisateurs et les clients sont heureux des résultats obtenus par le service des approvisionnements ; par contre, sa vie peut devenir difficile et stressante lorsqu'il adopte des mesures impopulaires ou prend des décisions pouvant ébranler la confiance que des personnes de son entourage ont mise en lui.

1.2.2   Faire l'analyse et décider

8 étapes du processus de résolution de problème

Un acheteur suit un processus d'analyse de situations ou de problèmes. Chaque étape du processus a une fin, soit la prise de décisions en connaissance de cause. Ce processus comprend les étapes suivantes :

1. **Définir le problème.** Reconnaître le problème consiste à détecter ce qui tracasse l'acheteur ou son entreprise ; cela requiert un investissement en ressources pour parvenir à une solution. Tout problème a son importance et mérite d'être réglé. Dans un processus de gestion du temps, l'acheteur, s'il a la responsabilité de trouver une solution, doit faire ressortir le caractère urgent du problème soulevé pour que celui-ci reçoive une plus grande attention.

2. **Trouver l'origine du problème.** Il faut déterminer les causes du problème, et non se contenter de décrire les symptômes ou ses effets sur l'entreprise.

3. **Faire un diagnostic de la situation.** Il faut chercher à comprendre les facteurs internes et externes entourant la situation ainsi que les préférences des décideurs. À cette étape, l'acheteur établit le rendement attendu, les résultats obtenus et les écarts constatés pour chaque facteur de l'environnement. Chaque situation est différente ; c'est pourquoi on aurait tort de croire que tous les problèmes peuvent être étudiés de façon mécanique et rationnelle, et que les réactions d'une personne sont les mêmes face à des problèmes similaires et répétitifs.

4. **Formuler des options.** À cette étape-ci, il est nécessaire de proposer des solutions et de les analyser en pesant le pour et le contre de chacune d'elles et en apportant une conclusion. L'acheteur qui entreprend cette étude est souvent aux prises avec trois difficultés : une conception étroite des gestionnaires, qui croient être les seuls à détenir des options valables en raison de leur expérience ; la simplification à outrance des options que les gestionnaires trouvent aux problèmes complexes et le piège que tend la logique, à savoir que des gestionnaires trouvent adéquate l'explication d'une option, sans avoir fait une recherche systématique pour appuyer celle-ci.

5. **Recommander une option.** Le choix d'une option vise à régler le problème. Il importe de planifier l'implantation de cette option en tenant compte de ses aspects humain, matériel, technologique, écologique, environnemental, culturel, légal, politique et autres. L'acheteur ne doit pas

sous-estimer les obstacles potentiels. Il doit reconnaître ces derniers et montrer comment ils peuvent être surmontés. La recommandation doit être écrite au même titre qu'une politique ou une procédure.

6. **Décider.** Après consultation, faire un choix final et l'implanter.

7. **Faire un plan d'exécution.** Au cours de cette étape, il faut établir la liste de toutes les tâches à entreprendre pour mettre en œuvre la recommandation. Pour chacune des tâches, l'acheteur détermine une personne responsable de son accomplissement, fixe les délais et attribue les ressources requises en précisant leur provenance. Ces tâches doivent être classées par priorités (degré d'urgence), par fonctions (marketing, production, approvisionnement, personnel, finances et autres) ou selon leur durée (jours, semaines ou mois).

8. **Donner une rétroaction.** Quelque temps après l'implantation de l'option, il est pertinent de revenir sur l'origine de la démarche pour savoir si le problème a été réglé définitivement.

1.2.3   Faire participer les autres

L'image de l'acheteur autocratique est révolue. Le succès de l'acheteur repose sur sa capacité de susciter l'esprit d'initiative, de mobiliser les énergies autour d'une vision unique, de valoriser les idées et les suggestions du personnel, de stimuler l'esprit d'équipe et de donner un pouvoir de décision à chaque personne.

Claude Béland, président du Mouvement Desjardins, exprime bien comment la pensée de son fondateur basée sur la participation de chaque membre aura permis de construire un des mouvements coopératifs les plus performants du Québec.

> Dans la foulée des premiers théoriciens de la coopération, Alphonse Desjardins croyait [...] que la raison doit dominer et civiliser l'instinct, l'agressivité et le goût du pouvoir. Dotés d'une commune nature et d'une moins commune dignité personnelle, les êtres humains sont doués d'intelligence et d'affectivité, facultés qui devraient les inciter à collaborer pour améliorer leur capacité de satisfaire leurs besoins, au lieu de les dresser les uns contre les autres[3].

Cette philosophie se perpétue maintenant dans 1 339 caisses populaires et d'économie présentes dans 954 municipalités et fortes d'un actif global de

---

3. Pierre Poulin, *Histoire du Mouvement Desjardins. Tome I. 1900-1920*, Montréal, Québec/Amérique, 1990, p. 7.

34,8 milliards de dollars, ce qui fait du Mouvement Desjardins le réseau de services financiers le plus important du Québec. Ce grand succès s'appuie sur l'engagement et le soutien de la communauté locale en vue de répondre à ses propres besoins financiers.

 ## 1.3   LES DROITS ET LES OBLIGATIONS DU SERVICE DES APPROVISIONNEMENTS

Pour exercer sa fonction convenablement, le service des approvisionnements dispose de deux droits, à savoir faire préciser la demande d'achat et garder la mainmise sur le fichier des fournisseurs.

1.3.1   Faire préciser la demande d'achat

Dès qu'une demande d'acquisition de biens ou de services parvient au service des approvisionnements, celui-ci doit comprendre ce qu'il lui faut acquérir. Il questionnera alors le service qui fait la demande afin de connaître les raisons qui ont suscité ce besoin et les mesures à prendre pour satisfaire à la demande reçue.

La meilleure décision à prendre peut être de ne pas donner suite à la demande, car le besoin est mal défini, d'aider le service client à déterminer le besoin à combler par l'achat, d'offrir une option différente telle que l'utilisation d'un produit substitut déjà en stock ou encore de procéder à l'achat.

Par contre, aucune demande d'achat ne peut aller à l'encontre des règles suivantes :

— **Les lois en vigueur.** Les gouvernements votent des lois et l'acheteur du service des approvisionnements est tenu de les respecter.

— **Le code de déontologie d'une profession.** Ce code définit des règles de conduite régissant l'exercice d'une profession. L'annexe 1.1 (p. 38) présente le code de déontologie des acheteurs pour les membres de l'Association canadienne de gestion des achats.

— **Les politiques et les procédures d'approvisionnement de l'entreprise.** Le manuel des politiques et des procédures constitue un guide permettant d'uniformiser le mode de fonctionnement au sein d'une entreprise ou d'un service. L'encadré peut vous servir de guide dans la rédaction d'un manuel de politiques et de procédures pour un service des achats.

LE CONTENU MINIMAL D'UN MANUEL DE POLITIQUES ET DE PROCÉDURES

Pour être complet, un manuel doit préciser les valeurs et le mode de fonctionnement de l'entreprise. Parmi les sujets examinés, citons la vision de l'entreprise, ses buts, ses objectifs, les règles régissant le traitement des employés, les droits des acheteurs, les rapports entre l'acheteur et son environnement, le code de déontologie de l'entreprise quant à ses relations avec ses fournisseurs, la confidentialité de certains renseignements, la reconnaissance du pouvoir de décision de l'acheteur, le processus de qualification des fournisseurs, la rédaction des ententes, le processus d'approvisionnement, le mode de fonctionnement lors de l'émission de bons de commandes, les différentes tâches du service des approvisionnements, les politiques de gestion des ressources ainsi que la procédure à appliquer lorsque des défauts ont été détectés (sur les marchandises, les factures, les frais de transport, etc.).

Ce manuel devra être enrichi avec le temps. Chaque situation vécue apportera une recommandation et une décision. Une situation se termine par la rédaction d'un rapport, la diffusion de l'information, l'ajout au manuel et l'inscription du sujet à la table des matières du manuel.

— **Ses propres obligations contractuelles.** Au fil des années, l'entreprise signera de nombreuses ententes avec des fournisseurs. L'acheteur ne peut transgresser les ententes qui sont en vigueur au moment d'une demande d'approvisionnement. Prenons l'exemple d'une demande d'une sorte de café au fournisseur B alors que l'entreprise a une entente avec le fournisseur A qui lui a fourni les équipements en échange de la vente du café. Étant donné que l'entente avec le fournisseur A est toujours en vigueur, la demande au fournisseur B devra être rejetée même si le fournisseur A n'a pas la sorte de café désirée.

1.3.2 Garder la mainmise sur le fichier des fournisseurs

L'acheteur recherche constamment des sources d'approvisionnement afin d'améliorer les résultats concernant les sept critères. Ses compétences lui permettent de sélectionner ces nouvelles sources. Celles-ci doivent être les plus fidèles possible à la culture d'entreprise et au mode de fonctionnement de l'entreprise que l'acheteur représente.

C'est ainsi que l'acheteur est en droit de déterminer le prix et les conditions rattachés au contrat signé avec tous les fournisseurs. La confusion entre les renseignements transmis aux fournisseurs sera évitée si les directives proviennent d'un point central. Les acheteurs devraient avoir le droit de centraliser l'information, car ils travaillent constamment avec les fournisseurs et utilisent le même vocabulaire avec toutes les sources. D'autre part, dans une telle situation, le fournisseur n'a pas à interpréter le désir de plusieurs personnes et à tenter de plaire à plusieurs maîtres.

De nos jours, l'information que requièrent les représentants des fournisseurs comprend beaucoup plus d'éléments techniques. Plusieurs utilisateurs veulent discuter directement avec le représentant. Toutefois, ces rencontres peuvent générer un achat impulsif. Afin d'éviter cela, l'acheteur peut indiquer au fournisseur que toute demande d'acquisition d'un bien ou d'un service nécessite un numéro de bon de commande, que seul le service des approvisionnements peut émettre.

1.4 LA TYPOLOGIE DES STRUCTURES ORGANISATIONNELLES

Chaque personne qui travaille dans une entreprise doit répondre aux attentes de l'entreprise et à ses attentes personnelles.

En ce qui concerne les attentes de l'entreprise, chaque service doit mettre à profit les ressources humaines, monétaires, énergétiques, matérielles et informationnelles pour atteindre certains objectifs. Au début d'une période, l'entreprise fixe à chaque service des objectifs conformes à la mission de l'entreprise, réalisables, quantifiables et évaluables.

Pour ce qui est des attentes personnelles, chaque être humain a des valeurs morales, des besoins à satisfaire et des désirs. L'individu est responsable des valeurs communes d'un groupe, qui constitue une des raisons d'être du groupe.

Dans le cas du service des approvisionnements, il faut ajouter les attentes des autres. En effet, comme l'acheteur est constamment en communication avec de nombreux fournisseurs, il est en mesure de répondre efficacement à leurs désirs. Son habileté et ses compétences permettront ainsi à l'entreprise d'acquérir rapidement les biens et les services nécessaires au bon fonctionnement de l'ensemble des services.

Un service des achats doit donc être structuré, au même titre que les autres services de l'entreprise. Il existe différents types de structures organisationnelles pouvant s'appliquer au service des approvisionnements. Étant donné les responsabilités de ce service, il est de rigueur de lui accorder une position hiérarchique importante. Ainsi, la direction peut adopter une approche technique ou stratégique. Selon l'approche technique, le service des approvisionnements tente de répondre à une demande à partir des règles établies par l'entreprise en ce qui a trait aux relations avec les fournisseurs et aux demandes admises. Selon l'approche stratégique, la direction définit la structure et les règles du service des achats au regard des objectifs de l'entreprise qui se dégagent de sa mission.

1.4.1   La structure formelle

La structure formelle détermine les niveaux d'autorité des individus. L'autorité peut se définir selon les fonctions (comme le marketing, l'approvisionnement, la production, les ressources humaines et les finances), les secteurs géographiques (comme les provinces Maritimes, le Québec, l'Ontario et les provinces de l'Ouest) ou les produits (comme les produits de consommation et les produits industriels). Il n'existe aucune règle permettant de choisir la meilleure répartition de l'autorité.

La structure formelle répartit le personnel d'une entreprise en deux catégories : l'autorité hiérarchique (*line*), qui a la responsabilité d'atteindre les objectifs de l'entreprise le plus efficacement possible, et l'autorité de conseil (*staff*), qui fournit une expertise à l'autorité hiérarchique, vu l'étendue des responsabilités de cette dernière.

Lors d'un sondage effectué en 1993 par la Corporation des approvisionneurs du Québec inc., plusieurs acheteurs indiquaient que les entreprises avaient de la difficulté à définir les niveaux d'autorité de la fonction « approvisionnement ». La figure 1.1 (p. 16) indique une structure hiérarchique possible pour un service des approvisionnements.

Le vice-président approvisionnement, qui relève du président ou du directeur général, est responsable de la bonne gestion de toutes les sorties de fonds de l'entreprise. Le directeur de l'approvisionnement des services, qui relève du vice-président approvisionnement, est responsable de la bonne gestion des contrats de service que l'entreprise requiert. Quant au directeur de l'approvisionnement des biens, qui est placé sous l'autorité du vice-président approvisionnement, il doit prendre toutes les décisions relatives aux produits à acquérir. Le directeur des ententes, qui relève aussi du vice-président approvisionnement, se charge de tous les contrats qui lient l'entreprise à des fournisseurs privilégiés, à des groupes d'achat ou à des consortiums en approvisionnement. Il

FIGURE 1.1

La structure hiérarchique d'un service des approvisionnements

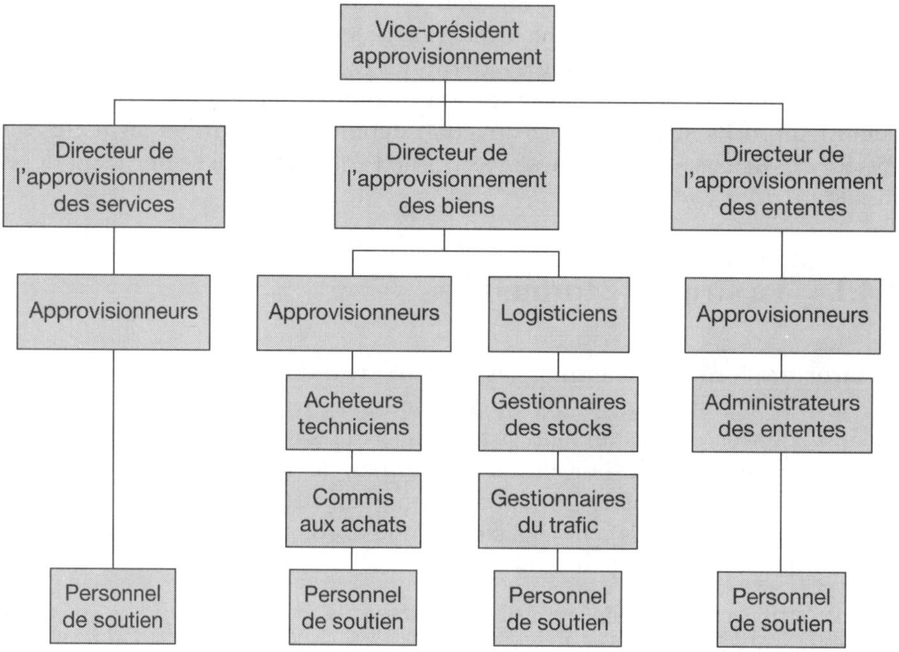

prend aussi des décisions coopératives, comme la participation à une grappe industrielle, et soutient la tendance de l'entreprise.

De leur côté, les approvisionneurs, qui relèvent d'un des directeurs, tentent d'optimiser les sept critères de l'approvisionnement tout en respectant les valeurs et le mode de fonctionnement de l'entreprise, en plus de l'environnement de l'entreprise. Les logisticiens, qui sont placés sous l'autorité du directeur de l'approvisionnement des biens, contrôlent les flux de biens en provenance des fournisseurs, à l'intérieur de l'entreprise et en direction des clients. Les acheteurs techniciens, qui relèvent des approvisionneurs, ont la responsabilité du processus entier d'acquisition des biens. Quant aux gestionnaires des stocks, qui relèvent des logisticiens, ils contrôlent le niveau de stocks appartenant à l'entreprise. Pour leur part, les gestionnaires du trafic, qui relèvent également des logisticiens, traitent les règles du transport de produits en maximisant la productivité des transporteurs choisis par les approvisionneurs ou les acheteurs techniciens. Enfin, les commis aux achats, qui sont sous l'autorité des acheteurs techniciens, appuient le travail de ces derniers en vue du respect des critères fixés à l'origine de la transaction.

Outre qu'elles se basent sur un document qui décrit les responsabilités rattachées aux différentes fonctions, les entreprises reconnaissent l'influence de certaines personnes dans leur évolution. Sur le papier, ces personnes ont les mêmes droits et les mêmes pouvoirs que les autres, mais leur personnalité leur confère une plus grande influence. Cette structure organisationnelle prend alors le nom de structure informelle. À titre d'exemple, voyons ce qui est arrivé lors du choix du premier président d'Agropur. Cette société reconnaissait du charisme à Omer Deslauriers. Non seulement il était un des membres fondateurs du Syndicat coopératif de Granby, mais il en était une cheville ouvrière. Outre son poste officiel, il était l'instigateur de plusieurs innovations. C'est à cause de son engagement qui allait au-delà de sa fonction proprement dite qu'Omer Deslauriers, alors secrétaire du Syndicat coopératif de Granby, a été choisi comme président de la Société coopérative du canton de Granby, qui est devenue plus tard Agropur, un fleuron de l'industrie laitière québécoise.

1.4.2   La structure matricielle ou structure par projet

La structure matricielle est utilisée principalement dans des entreprises qui traitent différents projets et qui doivent recourir à une répartition des ressources communes. Le tableau 1.2 démontre de quelle façon trois acheteurs peuvent travailler à quatre projets différents. Ce type de structure s'applique dans le cas des projets de construction, d'agrandissement ou de financement, ou encore dans les campagnes de publicité. Les acheteurs redeviennent disponibles à la fin du projet. L'entreprise les affecte alors à un autre projet.

Dans le tableau 1.2, l'acheteur 1 travaille aux projets 1 et 2, l'acheteur 2 travaille aux projets 2 et 4 et l'acheteur 3 s'occupe du projet 3. Au moment où un nouveau projet arrivera, l'acheteur 1, 2 ou 3 se verra confier la responsabilité d'assister l'équipe du nouveau projet.

TABLEAU 1.2
Une structure matricielle

	Projet 1	Projet 2	Projet 3	Projet 4
Acheteur 1	X	X		
Acheteur 2		X		X
Acheteur 3			X	

1.4.3 La structure étoilée

Les entreprises ayant recours à la structure étoilée possèdent l'expertise leur permettant d'exécuter tous les mandats que leur confie un client (voir la figure 1.2).

À titre d'exemple, la firme d'avocats Lavery De Billy a une conception basée sur le traitement spécialisé de toutes les demandes d'un client. Ainsi, le client pourra avoir recours à des spécialistes dans plusieurs domaines chez le même fournisseur. Les dossiers requérant l'intervention d'avocats spécialisés dans le droit du travail, le droit des assurances, le droit des sociétés, le droit fiscal ou toute autre spécialité du droit seront traités par des avocats possédant

FIGURE 1.2

Une structure étoilée

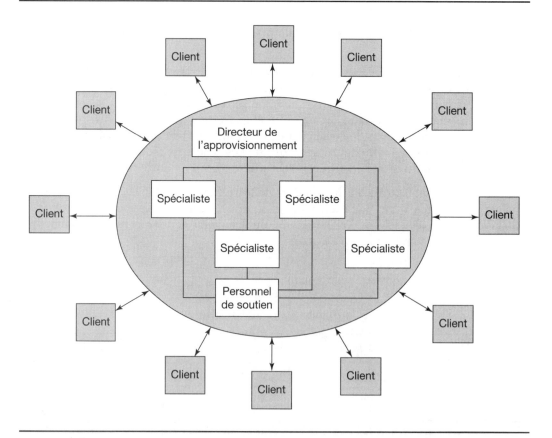

une expertise dans le domaine en question. Le client n'aura qu'à sélectionner un cabinet d'avocats pouvant fournir l'expertise dont il a besoin.

Il en est de même pour un service des approvisionnements qui, pour répondre aux demandes qui lui sont faites, dispose de spécialistes dans l'acquisition de services, de biens, de stock d'entretien et de réparations, et dans les ententes avec les fournisseurs.

1.4.4 La structure centralisée et la structure décentralisée

La centralisation complète d'un service des approvisionnements donne aux acheteurs la responsabilité totale des approvisionnements de l'entreprise. En contrepartie, une structure décentralisée donne la liberté à chaque service de l'entreprise d'effectuer lui-même les achats dont il a besoin.

Les entreprises choisissent normalement une structure qui emprunte à la fois à la structure centralisée, où le contrôle prime, et à la structure décentralisée, dont la liberté des décisions constitue le fondement. Plusieurs entreprises ont traduit cette option mitoyenne par les expressions « centre de coûts » ou « centre de profits ». Cependant, peu importe la structure adoptée, l'entreprise doit pouvoir compter sur celle qui permettra de répondre le plus efficacement possible aux attentes des clients et de la direction générale, et de réaliser les objectifs du service des achats.

Le tableau 1.3 (p. 20) présente les avantages que comportent ces deux structures ; mentionnons qu'un avantage pour l'une correspond à un désavantage pour l'autre.

La haute direction sait que la centralisation et la décentralisation comportent des coûts. Par contre, ces deux formules engendrent des bénéfices quantitatifs et qualitatifs. L'entreprise choisira la structure qui entraînera le plus grand écart entre les coûts et les bénéfices. Cette décision doit être rationnelle. Les entreprises sont composées de personnes auxquelles le pouvoir de dépenser confère une certaine autorité dans la communauté locale. Il arrive souvent que les gestionnaires fassent passer leur intérêt avant celui de l'entreprise parce qu'ils ont l'impression d'obtenir le meilleur prix. La figure 1.3 (p. 21) montre l'évolution des coûts et des bénéfices d'une structure par rapport à l'autre, ce qui peut guider le gestionnaire dans la décision qu'il a à prendre.

On peut observer dans cette figure que la structure centralisée coûte moins cher à l'organisation que la structure décentralisée. Par contre, les bénéfices sont plus élevés dans la structure décentralisée. Le gain, soit la différence entre les deux courbes, est à son maximum dans une structure qui n'est ni trop centralisée ni trop décentralisée.

TABLEAU 1.3

Les avantages de la structure centralisée et de la structure décentralisée

Structure centralisée	Structure décentralisée
• L'expertise est concentrée. • Il n'est pas nécessaire de former beaucoup d'individus. • Le processus de sélection des produits et des sources est standardisé. • Le processus nécessite moins de paperasse. • Les politiques et les procédures de l'entreprise sont mieux comprises, car elles sont interprétées par moins d'individus. • L'entreprise réduit certains coûts, car elle achète de plus grandes quantités. • L'entreprise peut répartir de façon plus équitable les stocks entre les clients dans le cas d'une allocation de ressources ou d'une pénurie de la part des fournisseurs. • Le fournisseur croit davantage les promesses de l'acheteur, car il contrôle la distribution des biens. • Il est plus facile d'implanter une technologie nouvelle. • L'entreprise a un meilleur contrôle sur la qualité des intrants.	• La prise de décisions est répartie entre plusieurs personnes. • La réaction aux imprévus est meilleure. • La flexibilité est maximale lorsqu'il s'agit de répondre aux besoins locaux. • Les dirigeants sont davantage motivés, car l'entreprise accentue le contrôle local. • Un plus grand nombre de personnes peuvent observer l'introduction de nouvelles sources. • L'entreprise est plus compétitive sur le marché local parce qu'elle fait une analyse locale de la concurrence. • Les utilisateurs ont une plus grande responsabilisation. • Il existe dans le personnel un sentiment de participation aux activités de l'entreprise.

La différence entre la courbe des bénéfices et la courbe des coûts indique à la haute direction et aux gestionnaires la latitude que chaque personne a dans le processus de décentralisation. La haute direction voudra garder son organisation décentralisée et accentuer l'autonomie d'une division, d'une filiale, d'un service ou d'un individu — que nous appellerons «entité» — dans la mesure où :

a)   cette entité travaille en harmonie avec les autres entités quant au partage des ressources communes de l'entreprise que sont notamment le capital, le service de la recherche et les ressources humaines ;

b)   cette entité n'entre pas en concurrence dans des marchés communs avec d'autres entités, en offrant, par exemple, un meilleur prix à un client servi

FIGURE 1.3

L'évolution des coûts et des bénéfices des deux structures

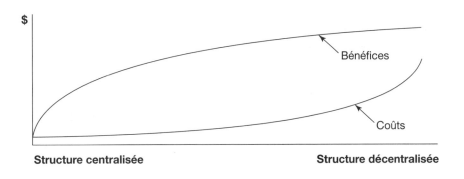

Source : Paul Holgren, *Comptabilité analytique de gestion*, Montréal, Les Éditions HRW, 1977, p. 701. Reproduit avec l'autorisation des Éditions Études Vivantes, une division de Groupe Éducalivres inc.

par une autre entité uniquement pour mettre en relief ses propres résultats ;

c) cette entité n'entreprend pas une négociation directe avec des fournisseurs communs aux autres entités ;

d) cette entité travaille seule et ne veut pas soutenir les autres entités, particulièrement dans le transfert des ressources, comme le stock ;

e) cette entité respecte ses objectifs et ceux de la direction générale.

 1.5   LES COMPÉTENCES DE L'ACHETEUR

Un service des approvisionnements regroupe de nombreuses compétences qui peuvent être mises au service des clients, des fournisseurs et des actionnaires. Sur le plan technique, on reconnaît 11 compétences que doit posséder l'acheteur :

— la compréhension du besoin à combler ;

— l'exploration du marché ;

— la gestion du service des approvisionnements ;

— la négociation des ententes ;

— l'analyse des propositions ;

— la connaissance et le respect des règles et des lois ;

— la capacité de travailler en équipe ;

— la capacité de bien gérer son temps ;

— la capacité de communiquer ;

— l'esprit d'innovation ;

— la maîtrise de l'acte d'achat.

Nous examinerons ces compétences les unes à la suite des autres. Cependant, il faut se rappeler que plusieurs compétences interviennent lorsque l'acheteur répond à une demande.

1.5.1   La compréhension du besoin à combler

À l'origine du processus d'acquisition de biens ou de services, l'acheteur doit connaître les attentes de la personne qui fait la demande. Une demande d'acquisition d'un bien ou d'un service se produit lorsqu'une personne la traduit sous forme de besoin. Ce besoin parvient au service des approvisionnements de différentes façons ; il peut s'agir d'un formulaire, d'un coup de téléphone ou d'une visite. Plus l'organisation est grande, plus ce besoin se manifestera sous une forme structurée.

Dès que la demande est reçue, l'acheteur doit s'assurer qu'il sait avec précision ce qu'il doit acquérir. S'il a un doute, il devra questionner la personne qui a fait la demande. Il est essentiel de bien comprendre le besoin et d'ordonner ses éléments selon leur importance. Quand l'acheteur aura bien saisi la demande, il pourra y donner suite en toute confiance.

1.5.2   L'exploration du marché

Une entreprise est toujours à l'affût de nouveaux fournisseurs qui lui permettront d'être plus productive. De nos jours, l'acheteur a de plus en plus la possibilité de découvrir de nouvelles sources, comme les revues spécialisées, le service des ventes, les répertoires, le réseau Internet, les chambres de commerce ou les consulats et les ambassades. Afin de s'y retrouver dans toute cette information, l'acheteur devra se munir d'une technique de recherche. Au-delà de la recherche de nouvelles sources, l'exploration du marché signifie qu'il doit tenir à jour ses connaissances dans le champ d'activité de son entreprise.

L'acheteur tentera d'être proactif face aux occasions qu'offre le marché et d'évoluer avec celles-ci.

1.5.3 La gestion du service des approvisionnements

Un service des approvisionnements doit pouvoir compter sur une expertise multidisciplinaire capable de combler tous les désirs des personnes qui font une demande. Comme l'a déclaré Joe Simeone, directeur du matériel et des services chez Northern Telecom : « La fonction "approvisionnement" doit adopter un rôle plus stratégique et plus proactif qui influencera positivement la direction dans sa prise de décisions stratégiques plutôt que d'agir comme l'intermédiaire dans la réalisation des objectifs des autres fonctions de l'entreprise[4]. » De nos jours, les demandes sont de plus en plus techniques et complexes à cause, entre autres, des facteurs suivants :

— l'importance de contrôler le coût d'acquisition des biens et des services ;

— l'effet des dépenses sur les profits et les états financiers ;

— la nature des biens et des services nécessaires au bon fonctionnement des entreprises ;

— les conditions du marché qui sont en constante évolution ;

— les connaissances et le savoir-faire des personnes qui font des demandes ;

— la localisation des sources d'approvisionnement ;

— la croissance du nombre de sous-traitants, particulièrement au Québec ;

— la modification des valeurs et des modes de fonctionnement de la haute direction et des entreprises ;

— l'accroissement du degré de confiance des clients envers le service des approvisionnements.

Un acheteur a donc tout avantage à augmenter ses connaissances professionnelles et personnelles. Hélène Massé dit que le fait d'investir dans la formation apporte notamment de nouvelles connaissances, de nouvelles habiletés techniques et de nouveaux comportements. À ce « prix », la valeur ajoutée de la formation s'avère un outil de développement inestimable pour l'entreprise, conclut-elle[5]. La haute direction a reconnu l'importance de s'engager sur la voie de la formation de ses acheteurs, car elle sait qu'ils doivent être toujours au courant des derniers développements dans leur domaine d'activité.

---

4. Joe Terrett « Facing a global future », *Modern Purchasing*, mars 1993, p. 17 ; notre traduction.
5. Hélène Massé, « La formation des employés : dépenses ou investissement ? », *Journal industriel du Québec*, mars 1994, p. 12.

1.5.4 La négociation des ententes

Le processus de négociation est un art qui s'apprend avec le temps. La première qualité d'un bon négociateur est de porter de l'intérêt aux relations humaines. Le processus de négociation vise à réduire les écarts entre les propositions du fournisseur et les besoins du client. Il n'est pas nécessaire de chercher à tout négocier. Plutôt, une excellente préparation permettra de déterminer les écarts importants et de réduire le temps requis pour finaliser une entente satisfaisante pour les deux parties.

Durant la négociation, le négociateur utilise un langage simple et précis de même qu'un langage non verbal afin d'améliorer sa présentation générale, le tout sans ternir sa réputation ni renoncer à son intégrité.

Le processus de négociation comprend quatre étapes, soit la préparation, la rencontre, la négociation et la rédaction de l'entente[6].

Première étape : la préparation

Une bonne préparation de la négociation tient compte des facteurs de l'environnement, comporte la définition de la demande d'achat (qui sera vue en détail au chapitre 2), et examine les variables reliées à la rédaction de l'entente éventuelle.

Les facteurs de l'environnement sont les suivants :

— les influences internationales, telles que les économies prédominantes dans le secteur d'activité, les avantages politiques de certains concurrents, les nouvelles sources (fournisseurs) substituts ou complémentaires, la valeur de l'argent, les modalités de transport, les cultures des autres pays, le climat géopolitique du fournisseur et la garantie de l'approvisionnement ;

— le canal de distribution en amont, soit la façon dont la marchandise arrivera à destination, incluant le transport, les sous-traitants et les tarifs douaniers ;

— les aspects légaux reliés à l'entente, ce qui comprend les garanties, le règlement des litiges, les documents nécessaires aux paiements et la détermination du cadre juridique ;

---

6. Notre présentation du processus de négociation s'inspire de la communication de John Duncan intitulée « Improving negotiating skills for sales reps », faite au congrès de la National Office Products Association, à Atlanta, en 1991, et de la communication de Brian G. Long intitulée « Retooling negotiation skills for a supply management environment », faite au congrès de l'Association canadienne de gestion des achats, à Vancouver, en 1997.

— la philosophie de gestion, c'est-à-dire la place de l'informatique dans le développement de la relation, la culture et les valeurs de parties, les efforts entourant la réduction des coûts (il y aura beaucoup de discussions à cet effet, car il ne s'agira plus nécessairement de négocier un prix, mais d'acquérir un coût), l'importance de la réduction des niveaux de stocks et la fixation des standards de qualité.

Les variables reliées à la rédaction de l'entente éventuelle représentent les conditions ou les clauses de l'entente, dont voici les principales :

— la durée de l'entente ;

— la limitation de l'utilisation de la gamme de produits ;

— l'expansion de la gamme de produits ;

— l'introduction de nouveaux produits dans la gamme actuelle ;

— l'évolution de l'échange de l'information ;

— les différents aspects financiers ;

— la formation du personnel ;

— les campagnes de publicité ;

— la liste des personnes-ressources ;

— le choix des personnes habilitées à approuver certains accords en cours de négociation ;

— la confidentialité de certains renseignements ;

— le mode d'évaluation du rendement ;

— le calendrier de la présentation des rapports ;

— l'accessibilité des produits ;

— les exclusivités ;

— le contrôle de la relation ;

— la mise à jour des connaissances ;

— la contribution de chaque partie à la publication d'un catalogue ;

— les garanties de chaque produit ;

— les conditions à remplir pour respecter les garanties ;

— le retour de marchandises ne répondant pas aux attentes du client ;

— la documentation et les brochures ;

— le matériel de publicité ;

— les échantillons ;

— les variations des listes de prix ;

— les programmes d'incitation à la vente ;

— les programmes destinés aux usagers ;

— l'évaluation de la concurrence ;

— les bénéfices attendus ;

— les autres clauses particulières à chaque contrat.

Deuxième étape : la rencontre

Selon le contexte, il faudra déterminer si une rencontre s'impose. Dans l'affirmative, une des parties devra organiser la rencontre et communiquer à l'autre partie le lieu, la date, l'heure, le nom des personnes présentes, le contenu et le déroulement, le matériel requis, etc. Il faut s'attendre à ce que les réunions, dans un proche avenir, prennent la forme de la vidéoconférence. De plus, les rencontres mettront en présence des équipes multidisciplinaires et non deux personnes comme dans l'approche traditionnelle.

Troisième étape : la négociation

Au début de la négociation, l'organisateur de la rencontre présente la rencontre et les participants, explique le déroulement de celle-ci et fait un bref exposé sur le sujet qui sera abordé. Pendant la rencontre, il s'assure du progrès de la discussion, note les points sur lesquels les parties s'entendent et veille à ce que soit respecté le temps accordé à chaque point. En fin de rencontre, il fait un résumé des points qui ont été réglés et procède à une évaluation de la rencontre. Les résultats de la rencontre peuvent être de trois ordres :

1. Il y a entente, et les parties passent à l'étape de la rédaction de l'entente.

2. Une seconde rencontre devra être planifiée.

3. Les parties conviennent qu'il n'y aura pas d'entente.

Durant les échanges, l'acheteur choisit le chemin susceptible de le conduire au succès. La communication entre les parties démontrera l'influence, les émotions, les réactions, la satisfaction ou l'insatisfaction et la position de chacune d'elles. Le tableau 1.4 présente 13 tactiques que l'acheteur peut utiliser pour parvenir à ses fins au cours de la rencontre de négociation.

Quatrième étape : la rédaction de l'entente

À la quatrième étape, les différents points faisant l'objet de l'entente sont rédigés. Dès que les parties sont d'accord avec le document, elles signent ce dernier. Autrefois, la perception d'une bonne entente se démontrait par le nombre d'années qu'elle durait. De nos jours, à cause du fait que 70 % des ententes stratégiques ne donnent pas les bénéfices escomptés, les ententes sont constamment réévaluées et améliorées.

TABLEAU 1.4
Les 13 tactiques à la disposition de l'acheteur

Tactiques	Exemple
1. Partir à la découverte. L'acheteur vérifie les arguments préparés par l'autre partie, cherche à connaître les motivations de cette dernière ou recueille une information complémentaire. Puis il accepte la position de l'autre partie.	*L'acheteur*: Nous avons reçu votre offre. Une clause indique que nous devons payer le transport. Pourquoi ? *Le fournisseur*: Nous savons que nous ne sommes pas compétitifs dans ce domaine. Nous y travaillons, mais nous ne voulons pas perdre l'occasion de faire des affaires à cause du transport. *L'acheteur*: Nous comprenons. Nous nous occuperons donc du transport.
2. Attaquer l'autre partie dans le but de susciter une réaction ou de faire monter la pression. La partie adverse perdra beaucoup d'énergie en répondant à l'agression. Cela laissera la place à des solutions provenant d'un changement de perception de la demande.	*L'acheteur*: Une entreprise de votre importance nous demande de nous occuper nous-mêmes du transport ! Sans une clause sur le transport, dites adieu à une entente possible. *Le fournisseur*: ...
3. Utiliser un leurre. L'acheteur choisit un point de discussion sur lequel aucun accord n'est possible. Les parties se battent résolument jusqu'à la rupture. L'acheteur passe à un deuxième point de discussion aussi problématique que le premier. Finalement, il propose un accord selon lequel une partie accepte le premier point et l'autre partie, le second.	*L'acheteur*: Vous payez 50 % des frais de transport. *Le fournisseur*: Cela ne fait pas partie de l'entente proposée. (Une discussion suit.) *L'acheteur*: Vous êtes responsable des réclamations en cas de litige sur le transport. *Le fournisseur*: Nos structures ne nous permettent pas de prendre une telle responsabilité. *L'acheteur*: Alors, payez 50 % des frais de transport et nous nous occuperons des litiges, s'il y en a.
4. Commencer par une demande excessive. L'acheteur choisit un point et annonce des exigences très élevées. Il laisse la partie adverse argumenter. Avec le temps, l'acheteur propose une solution moins contraignante, qui sera acceptée avec soulagement par l'autre partie.	*L'acheteur*: Vous payez 100 % des frais de transport. *Le fournisseur*: D'accord, mais notre prix sera majoré de 15 %. *L'acheteur*: Nous paierons 50 % des frais de transport, mais votre prix demeurera identique à votre offre initiale.

TABLEAU 1.4

Les 13 tactiques à la disposition de l'acheteur (*suite*)

Tactiques	Exemple
5. Donner pour recevoir. L'acheteur négocie certains points à l'avantage de la partie adverse. À un moment donné, un point important arrive dans la discussion et l'acheteur remet sur la table la série de points accordés antérieurement dans le but d'obtenir un accord qui lui soit favorable sur le dernier point.	*L'acheteur*: Vous choisissez le transporteur. *Le fournisseur*: Non, c'est vous qui le choisissez. *L'acheteur*: D'accord, nous le choisirons, mais vous demeurez propriétaire de la marchandise en transit. *Le fournisseur*: Non, vous êtes propriétaire. *L'acheteur*: Bon. Mais vous réglez les litiges. *Le fournisseur*: C'est plutôt votre responsabilité. *L'acheteur*: D'accord, mais vous paierez les frais de transport. *Le fournisseur*: Non, c'est à vous de les payer. *L'acheteur*: Vous avez obtenu notre accord sur le choix du transporteur, sur la propriété de la marchandise en transit et sur le règlement des litiges : vous pourriez faire un effort en payant 50 % des frais de transport. *Le fournisseur*: Ça va.
6. Proposer une alternative. L'acheteur soumet deux options à l'autre partie, qui choisira celle qui l'avantage, ce qui conviendra de toute manière à l'attente de l'acheteur.	*L'acheteur*: Vous payez 50 % des frais de transport ou vous prenez la responsabilité de régler les litiges. *Le fournisseur*: Nous paierons 50 % des frais de transport.
7. Faire intervenir dans la négociation un associé inconnu. L'acheteur prétend que son associé ou son patron n'acceptera pas un point tel qu'il est présenté.	*L'acheteur*: Mon client interne ne sera pas très enchanté d'assumer toutes les responsabilités touchant le transport. Assumez 50 % des frais de transport pour démontrer votre bonne foi. *Le fournisseur*: D'accord.
8. Manier le lasso. L'acheteur tourne autour de la question pour interpréter à sa satisfaction l'information communiquée par la partie adverse.	*L'acheteur*: Comment faites-vous la livraison dans le cas de vos autres clients ? *Le fournisseur*: Trois fois par semaine, nous louons un camion pour faire la livraison. *L'acheteur*: Quel secteur couvrez-vous ? *Le fournisseur*: Nous faisons la livraison dans un rayon de 100 kilomètres autour de notre usine. *L'acheteur*: Dois-je comprendre que nous aurons droit à ce service, car nous sommes à 90 kilomètres de chez vous ? Pour les deux autres fois, nous paierons les frais de transport.

→

TABLEAU 1.4
Les 13 tactiques à la disposition de l'acheteur (*suite*)

Tactiques	Exemple
9. Faire appel au saucissonnage. Utiliser une analyse globale de la dépense pour faire une offre sur une base unitaire.	*L'acheteur*: Nous savons que les frais de transport seront de 100 000 $ l'an prochain pour 1 000 livraisons. Nous voudrions payer 5 $ par commande qui seraient ajoutés sur la facture afin de faciliter la procédure administrative. Cela ne représente que 50 % de moins en ce qui concerne les frais de transport. *Le fournisseur*: D'accord, nous procéderons ainsi.
10. Utiliser un langage positif. L'acheteur choisira des mots positifs pour présenter sa proposition.	*L'acheteur*: Nous sommes prêts à donner 5 $ par commande pour vous permettre d'amortir vos frais de transport. Avons-nous un accord sur ce point ? *Le fournisseur*: Oui.
11. Susciter l'espoir de progrès dans la négociation. L'acheteur fait valoir à la partie adverse qu'un accord sur un point permettra d'aborder le point suivant, qui n'est pas acquis pour celle-ci. Il s'agit pour elle d'une possibilité de progresser.	*L'acheteur*: Un accord sur les frais de transport est essentiel si l'on veut passer au point touchant le volume. *Le fournisseur*: C'est bon : nous paierons 50 % des frais de transport, mais vous demeurez responsable des autres aspects reliés au transport. *L'acheteur*: La proposition est intéressante. Passons au prochain point.
12. Faire un échange sous forme de condition. L'acheteur utilise la formule « si... alors ». Une réponse positive de la partie adverse à la demande rattachée au « si » permet de continuer la discussion sur la proposition « alors ».	*L'acheteur*: Si nous arrivons à un accord sur les frais de transport, alors vous pourrez obtenir une plus grande part de notre volume. *Le fournisseur*: Nous paierons 50 % des frais de transport pour un volume accru de 20 %, et 75 % pour un volume accru de 30 %. *L'acheteur*: D'accord. Regardons maintenant la question du volume.
13. Peser le pour et le contre. L'acheteur présente les arguments positifs et négatifs en mettant l'accent sur les arguments positifs afin de démontrer à la partie adverse le bien-fondé du point qu'il veut faire accepter.	*L'acheteur*: Si vous payez 50 % des frais de transport, les deux parties seront satisfaites et nous pourrons investir dans la relation, nous associer pour plusieurs années et rechercher un volume supérieur. De votre côté, la rentabilité de cette entente sera réduite de quelques dollars seulement. *Le fournisseur*: Face à de tels arguments, nous acceptons de payer 50 % des frais de transport.

Source: Inspiré de Jean-Paul Durand, *Le langage des achats*, Poitiers, Éditions Méthodes et Stratégies, 1995, p. 97-101.

1.5.5   L'analyse des propositions

Un service des approvisionnements efficace développe la capacité de bien analyser les propositions reçues du marché et de choisir la meilleure. Un bon acheteur ne se préoccupe pas uniquement du prix ; il examine aussi tout ce qui l'entoure en assurant à l'utilisateur que le produit qu'il lui fournira sera complet.

Prenons l'exemple d'un acheteur qui reçoit une demande pour acquérir un ordinateur. Lorsqu'il analysera les propositions reçues, il aura veillé, au nom de l'utilisateur, à ce que l'ordinateur soit déjà configuré et inclue les câbles, les manuels d'instructions, les CD-ROM et les disquettes, que le fournisseur ait précisé en quoi consistent le service après-vente, les garanties et les conditions d'échange, que les logiciels soient inclus dans l'offre, que le formulaire du permis d'utilisation des logiciels soit rempli, etc. Bref, les utilisateurs actuels ne s'attendent pas de la part des acheteurs à ce qu'ils associent simplement un prix à une acquisition ; ils recherchent plutôt une solution complète à une demande.

1.5.6   La connaissance et le respect des règles et des lois

Un service des approvisionnements vit dans une société. Cette société établit des règles, des normes, des lois, une éthique, des politiques. Un acheteur se doit de connaître celles-ci et de ne pas les transgresser. L'exemple 1.1, basé sur une situation vécue, permettra de comprendre l'importance de cette compétence.

Une meilleure connaissance des lois aurait probablement permis à ABC de mieux se protéger contre une telle perte. L'acheteur doit donc connaître la réglementation qui s'applique à chaque entente. Lorsqu'il possède cette compétence, il apporte une plus grande sécurité à l'entreprise qui l'emploie.

1.5.7   La capacité de travailler en équipe

Le service des approvisionnements traite des demandes provenant d'êtres humains. Afin d'offrir le meilleur service possible, l'acheteur doit comprendre les besoins de chaque client, développer un réseau de relations et participer à la vie de l'entreprise. Chaque client agit en fonction de ses perceptions, de ses motivations et de ses attentes. Par ailleurs, il réagit positivement ou négativement selon son degré de satisfaction. Afin de combler les besoins manifestés par son client, l'acheteur doit collaborer avec lui de façon régulière.

EXEMPLE 1.1

La petite entreprise québécoise ABC a utilisé les services de transport d'Inter-Transport pour qu'elle transporte de Montréal à Vancouver des marchandises d'une valeur de 60 000 $. Cette entente entre ABC et Inter-Transport était établie régulièrement. Antérieurement, ABC prenait une assurance auprès d'Inter-Transport, car, selon la loi, en cas de perte totale, le transporteur avait une responsabilité limitée à 4,41 $ le kilo. Comme les marchandises expédiées par ABC pesaient, à chaque expédition, 8 000 kilos, la couverture maximale admissible selon la loi était de 35 280 $ (4,41 $ × 8 000 kilos). ABC prenait une assurance supplémentaire avec Inter-Transport pour la différence, soit 24 720 $ (60 000 $ – 35 280 $).

Un jour, ABC a décidé de signer un contrat avec une compagnie d'assurances indépendante ; cette entente couvrait l'ensemble de ses expéditions canadiennes, incluant la différence de 24 720 $ pour chaque expédition à Vancouver. Or, Inter-Transport, qui était avertie de la démarche d'ABC, n'a pas indiqué à son client qu'à l'occasion une partie de la livraison n'était pas faite par elle, mais par un sous-traitant. Ce dernier empruntait des routes américaines pour une partie du trajet. Lors d'une expédition, le sous-traitant a eu un accident mortel aux États-Unis. La marchandise d'ABC était une perte totale. ABC a donc réclamé à Inter-Transport la somme de 35 280 $ et à sa compagnie d'assurances la somme de 27 720 $. La compagnie d'assurances a refusé de rembourser ABC, car la protection demandée par ABC portait sur les expéditions canadiennes, alors que l'accident a eu lieu aux États-Unis. Cela a constitué une perte importante pour cette petite entreprise.

1.5.8 La capacité de bien gérer son temps

Au cours de ses multiples contacts à l'intérieur de l'entreprise, l'acheteur risque d'être beaucoup sollicité, et la qualité des services qu'il doit rendre pourrait s'en ressentir. Afin d'éviter de perdre la réputation qu'il a acquise au prix de ses efforts, il doit gérer son temps correctement. Ses rapports avec les utilisateurs comportent de nombreux imprévus et il lui faut être prêt à y faire face. Une simple évaluation des tâches à remplir dans une journée lui permet de définir deux catégories de tâches : les tâches réactives et les tâches proactives. Les tâches réactives demandent une attention immédiate, tandis que les tâches proactives peuvent être planifiées par l'acheteur. En calculant sommairement la portion d'une journée de travail consacrée à ces deux types d'activités, l'acheteur pourra mieux gérer son temps.

Ainsi, si l'expérience indique à l'acheteur que 60 % de son travail se compose de tâches réactives, il saura qu'il doit y consacrer quatre heures et demie dans une journée de travail de sept heures et demie. Il lui restera trois heures pour faire des tâches proactives. Avec une telle répartition de son temps, l'acheteur obtiendra une plus grande place dans les différents groupes de travail. Il est important pour un acheteur de se garder du temps afin de mettre à jour ses dossiers et d'améliorer son expertise et son mode de fonctionnement. Sinon, il risquera d'éprouver davantage de stress et de perdre une partie de sa motivation.

La patience n'est plus une vertu. L'acheteur recherche une réponse immédiate à son besoin. Il doit pouvoir atteindre le représentant en tout temps. Il y a quelques années, un avocat mentionnait qu'il accompagnait ses clients pour la négociation finale d'un contrat. À présent, le client se déplace et lui reste à son bureau. De cette manière, l'avocat peut faire plusieurs transactions en même temps et recevoir en plus des communications de la part d'autres clients. Cela rend la journée intéressante sur le plan de la facturation. Même le gouvernement, qui était jadis patient, lance des ultimatums.

Cette précipitation comporte toutefois des inconvénients. Par exemple, on peut songer aux maladies industrielles reliées au stress. En outre, chaque fois que l'acheteur doit travailler dans des situations où il a peu de temps de réaction, il s'ensuit un coût d'acquisition du produit ou du service plus élevé. Enfin, dans une situation de réaction, l'impatience et l'anxiété font en sorte qu'on doit revenir constamment aux mêmes tâches, ce qui diminue la productivité.

Un acheteur fait souvent face à des situations où le temps lui manque. Il développera ainsi des habiletés qui l'amèneront à être plus performant dans les situations pressantes. Lorsqu'il planifie son temps et utilise efficacement les outils de communication dont il dispose, l'acheteur se révèle compétent.

1.5.9   La capacité de communiquer

Le service des approvisionnements doit communiquer les résultats de ses recherches dans un vocabulaire compréhensible pour le client. La communication inclut l'écoute, la transmission de l'information et le questionnement.

Il y a deux situations fréquentes qui réduisent le degré de confiance du client envers l'acheteur. La première est celle où l'acheteur ne cherche pas à connaître exactement ce que désire le client, mais tente plutôt d'interpréter sa pensée. Quant à la seconde, il s'agit de celle où l'acheteur donne un espoir au client tout en sachant que la demande ne pourra pas être comblée parce que l'entreprise n'en obtiendra pas le bénéfice voulu ou que la demande va à l'encontre de l'orientation de l'entreprise ou encore des lois ou des règles en vigueur.

Dans son travail, l'acheteur doit être capable d'utiliser le maximum d'éléments mis à sa disposition. Sa formation lui permettra de communiquer une recommandation qui satisfera autant l'entreprise que le client. Lors de la diffusion de la recommandation, l'acheteur doit préciser le risque relié à la décision d'acquérir un bien et la façon d'atténuer ce risque.

1.5.10   L'esprit d'innovation

L'acheteur doit introduire dans son environnement beaucoup de nouveaux produits, de nouveaux modes de fonctionnement et de nouvelles technologies. Regardons l'évolution technologique qu'a connue le service des approvisionnements. En 1985, chaque bon de commande était dactylographié ou écrit manuellement et expédié par la poste. Avec l'explosion des outils de communication modernes, cette façon de faire n'existe plus. Par contre, il faut faire un choix : télécopier le bon de commande ou l'expédier par un moyen de communication électronique privé ou public. Il faut que l'acheteur examine ces différentes options, sans compter les nouvelles approches qui arriveront sur le marché sous peu. L'acheteur est un agent de changement dans une entreprise. La croyance selon laquelle l'être humain résiste au changement n'a pas sa place dans un service des approvisionnements.

1.5.11   La maîtrise de l'acte d'achat

L'achat désigne l'acte qui consiste à acquérir un bien ou un service moyennant une contrepartie, normalement financière. L'acte d'acheter signifie qu'un contrat lie deux parties. Pour qu'un contrat soit valide, il doit comprendre quatre éléments :

— le consentement valide des parties qui désirent signer le contrat ;
— la capacité des parties de signer un contrat ;
— la description claire et précise du bien ou du service qui deviendra l'objet du contrat ;
— la définition de l'objectif visé par l'acquisition du bien ou du service.

RÉSUMÉ

Dans ce chapitre, nous avons vu que l'acheteur doit s'efforcer de bien comprendre son environnement de travail et les attentes de l'entreprise envers lui. L'approvisionnement comporte un rôle, des activités, des règles et des droits, le tout s'inscrivant dans une structure organisationnelle. Il y a de grandes variations entre ce que nous avons démontré au cours de ce chapitre et ce qui existe sur le terrain. La raison en est fort simple : la majorité des dirigeants d'entreprise n'ont découvert que récemment que l'approvisionnement est une fonction importante. Malheureusement, c'est lors des mouvements économiques sur le marché rendant difficile la rentrée de fonds dans l'entreprise que l'approvisionnement gagne ses lettres de noblesse. Les dirigeants s'attendent à ce que l'approvisionnement contribue directement à la réduction des coûts.

En plus du contrôle des sorties de fonds auprès des fournisseurs, le service des achats doit sécuriser l'entreprise à propos des incertitudes et des menaces provenant du marché. Son rôle majeur est d'optimiser le rendement des sept critères de son environnement immédiat, à savoir un approvisionnement de la meilleure qualité, une livraison sans délai, une livraison au lieu désiré, la prestation d'un service professionnel, un approvisionnement provenant de la meilleure source et un approvisionnement au prix le plus bas. Pour parvenir à cette fin, l'entreprise devra parfois faire des compromis déchirants.

Pour que cette optimisation soit réelle, les acheteurs doivent respecter certaines règles. Ainsi, ils doivent prendre des risques calculés, faire participer à la prise de décisions les autres membres de l'entreprise et analyser les situations en profondeur. En retour, l'acheteur est en droit de s'attendre à ce que son entreprise interroge les demandes des clients, contrôle toutes les relations avec les fournisseurs et définisse la manière d'analyser les propositions reçues.

Dans ce chapitre, nous avons aussi étudié certaines structures organisationnelles dans lesquelles la fonction «approvisionnement» occupe la place qui lui revient. Dans la structure formelle, le service des approvisionnements est au centre d'ententes basées sur des demandes de services ou de biens. Dans la structure matricielle, l'acheteur soutient les gestionnaires de projets et, dans la structure étoilée, l'acheteur spécialiste traite selon sa compétence propre une partie de la demande reçue.

Enfin, nous avons décrit les 11 compétences d'un acheteur qui travaille dans une entreprise. Certaines de ces compétences doivent être approfondies par une formation continue, par des lectures régulières et par des échanges avec des personnes qui exercent la même profession. L'approvisionnement est en constante évolution. Il appartient à l'acheteur de tenir à jour ses compétences afin d'apporter la contribution maximale aux bénéfices de l'entreprise.

■▦▦▦▦ **Questions**

1. Définissez le rôle de l'acheteur dans une entreprise.

2. Quelles compétences doit posséder un acheteur qui cherche à maintenir sa position ?

3. Quelles compétences doit posséder un acheteur qui cherche à améliorer sa position ?

4. Nommez les huit étapes du processus de résolution de problèmes.

5. Nommez les droits fondamentaux d'un acheteur.

6. Avec quels services d'une entreprise l'acheteur a-t-il à travailler ?

7. Quels sont les sept critères qu'un acheteur doit optimiser ?

8. La structure organisationnelle d'un service des approvisionnements dans une entreprise d'envergure fait intervenir trois types de direction. Quels sont-ils ?

9. En quoi consiste la structure étoilée ?

10. Donnez cinq avantages de la centralisation et cinq avantages de la décentralisation.

11. Nommez cinq compétences d'un acheteur.

12. Nommez cinq éléments d'un manuel de politiques et de procédures.

■■▦▦▦ **Exercices d'apprentissage**

1. Selon vous, pourquoi le service des approvisionnements occupe-t-il maintenant une place plus importante dans l'entreprise ?

2. Comment peut-on distinguer un acheteur qui maintient sa position d'un acheteur qui améliore celle-ci ?

3. Faites une structure formelle comportant des niveaux d'autorité selon la base des fonctions, selon la base géographique et selon les marques d'un produit.

4. Pourquoi une entreprise a-t-elle intérêt à décentraliser sa prise de décisions ?

Exercices de compréhension

1. « Le service des approvisionnements n'est qu'un centre de dépenses qui ne génère aucun profit. » Êtes-vous d'accord avec cette affirmation ? Commentez-la.

2. « Le service des approvisionnements doit absolument travailler en vase clos afin de contrôler au maximum ses ressources humaines, matérielles et financières. » Êtes-vous d'accord avec cette affirmation ? Commentez-la.

3. Que signifie l'expression « avoir la responsabilité de la prise de décisions » ?

4. Le métier d'acheteur est-il un métier à risque ? Pourquoi ?

5. Quels liens existe-t-il entre un approvisionneur, un acheteur technicien, un logisticien et un gestionnaire du trafic ?

Exercices de recherche

1. Demandez à un acheteur quel type de structure organisationnelle est en vigueur dans son entreprise et quelles raisons motivent ce choix.

2. Demandez à un acheteur de décrire ses responsabilités et ses droits.

3. Nommez cinq critères apparaissant dans une offre d'emploi d'un journal pour un poste au service des approvisionnements.

Cas

À la pêche au contrat !

Un jeune acheteur, Pierre Desjardins, se voit confier de plus en plus de responsabilités par son supérieur. Ce dernier est réellement satisfait de son rendement. Les contrats que cet acheteur a à négocier sont de plus en plus importants. Pierre se sent parfaitement à l'aise dans cette situation. Il prépare très bien ses rencontres en vue des négociations éventuelles et il connaît ses limites. D'ici quelques mois, Pierre devra s'occuper de deux contrats d'envergure qui viendront à échéance. Le premier contrat, qui touche le domaine des équipements de sécurité, a été octroyé annuellement depuis trois ans à la firme Les Équipements Konar ltée et le second, qui appartient au domaine de la boulonnerie, a été accordé annuellement depuis deux ans à la firme Jacques Rivet inc.

Dernièrement, le représentant d'un concurrent de Jacques Rivet inc., Timothée Poisson, après un bon repas avec Pierre, l'a invité à une fin de semaine de pêche à l'île d'Anticosti, tous frais payés. Le but de M. Poisson est de maintenir de bonnes relations d'affaires avec cet acheteur; de plus, il sait que Pierre est un grand amateur de pêche. Pierre se demande s'il doit accepter l'invitation de M. Poisson.

Question

Pouvez-vous conseiller Pierre Desjardins?

ANNEXE 1.1

Le code de déontologie de l'Association canadienne de gestion des achats

I.   *Valeurs et normes de comportement éthique*

a)   Valeurs

Les membres prendront leurs décisions et agiront en se basant sur les valeurs suivantes :

- Honnêteté et intégrité
  Maintenir un standard d'intégrité irréprochable dans toutes relations d'affaires tant à l'intérieur qu'à l'extérieur des entreprises pour lesquelles ils travaillent.

- Professionnalisme
  Contribuer au développement des normes rigoureuses de compétences professionnelles chez leurs subordonnés.

- Gestion responsable
  Utiliser avec le maximum d'efficience les ressources dont ils ont la charge, et ce dans le meilleur intérêt de leur employeur.

- Intérêt du public
  S'abstenir d'utiliser leurs fonctions pour leur bénéfice personnel et rejeter et dénoncer toute pratique commerciale irrégulière.

- Conformité aux lois en ce qui concerne : *a)* les lois du pays dans lequel ils pratiquent ; *b)* les statuts et règlements de la Corporation ; *c)* les obligations contractuelles

b)   Normes de comportement éthique

Les membres doivent s'engager à :

- Garder bien en vue dans toute transaction les intérêts de leur employeur, croire en sa politique et mettre tout en œuvre pour la réaliser.

- Être réceptifs aux conseils avisés de leurs collègues, sans pour autant compromettre les responsabilités de leur fonction.

- Acheter en évitant les préjugés et en s'efforçant d'obtenir la valeur maximale pour chaque dollar dépensé.

- Se tenir à la fine pointe du progrès tant du point de vue de l'achat des matières que des procédés de fabrication et établir des méthodes pratiques dans l'exercice de leurs fonctions.

- Participer à des programmes de perfectionnement professionnel de façon à améliorer leur savoir et leur rendement.

- Être honnêtes et sincères dans toute transaction et dénoncer toute pratique malhonnête en affaires.
- Recevoir avec promptitude et courtoisie tous ceux et celles qui se présentent dans le but de traiter d'affaires avec eux.
- Se conformer au code de déontologie de l'Association canadienne de gestion des achats ainsi qu'à celui de la Corporation et des instituts affiliés, et encourager les autres à faire de même.
- Conseiller et aider leurs collègues acheteurs dans l'exercice de leurs fonctions.
- Collaborer avec tous les organismes et individus travaillant à promouvoir les activités de la profession d'approvisionneur et à en rehausser le prestige.

II. *Règles de conduite*

Dans l'application de ces préceptes, les membres devraient se conformer aux principes directeurs suivants :

a) Divulgation d'intérêts

Tout intérêt personnel susceptible d'influencer l'impartialité d'un membre ou qui pourrait être raisonnablement considéré comme tel, en ce qui concerne toute question relative à ses fonctions, doit être porté à la connaissance de son employeur.

b) Caractère confidentiel et exactitude des renseignements

Les renseignements confidentiels reçus dans l'exercice de leurs fonctions doivent être respectés et ne devraient pas être utilisés à des fins personnelles. Aussi, les renseignements fournis devraient être exacts et présentés de façon à ne pas induire en erreur.

c) Concurrence

Bien que le maintien de rapports suivis avec un fournisseur représente un avantage pour l'employeur du membre, tout arrangement qui pourrait entraver la bonne marche d'une concurrence loyale doit être évité.

d) Cadeaux d'affaires et marques d'hospitalité

En vue de préserver l'image et l'intégrité du membre, de son employeur et de la profession, les cadeaux d'affaires ne devraient pas être acceptés, sauf les articles de peu de valeur. Les gestes raisonnables d'hospitalité constituent dans une certaine mesure une expression de courtoisie admise dans le cadre des relations d'affaires. La fréquence et la nature des cadeaux ou des marques d'hospitalité acceptés ne devraient pas faire qu'en acceptant de tels cadeaux ou marques d'hospitalité les membres puissent être influencés dans leur prise de décisions ou donner l'apparence qu'ils l'ont été.

e)   Discrimination et harcèlement

En tout temps, le membre ne fera pas de discrimination ni de harcèlement envers toute personne avec laquelle il ou elle entretient des relations d'affaires.

f)   Environnement

Reconnaître sa responsabilité envers la protection de l'environnement et respecter les objectifs ou la mission de l'organisation pour laquelle le membre travaille.

g)   Interprétation

En cas de doute sur l'interprétation de ces règles de conduite, les membres devraient se référer au Comité de déontologie de la Corporation.

III.   *Procédures de renforcement*

Ces procédures s'appliquent, sauf si elles sont régies par une législation provinciale.

Les cas d'infraction présumée au code de déontologie seront adressés à la Corporation pour être étudiés par le Comité de déontologie.

a)   Processus de plaintes
  • Les allégations d'un manquement au Code de déontologie doivent se faire par écrit par le témoin à la Corporation du membre.
  • Sur réception de la plainte, la Corporation fera parvenir un accusé de réception au plaignant et avisera le membre en cause par écrit de la nature de la plainte tout en expliquant au membre qu'il fait l'objet d'une enquête.

b)   Enquête
  • Le Comité de déontologie mènera une enquête, au cours de laquelle le membre en cause aura l'occasion de présenter sa version des faits.
  • Le Comité de déontologie devra, dans un délai raisonnable, soumettre son rapport au président de la Corporation. Le rapport devra inclure la nature de la plainte et la décision quant à son renvoi ou à la sanction à y appliquer.
  • Le président fera par la suite parvenir la décision au membre en cause, lequel aura trente jours pour en appeler.
  • Si le membre en cause décide d'en appeler, sa demande doit être faite par écrit au président.
  • Le président convoquera alors le Comité d'appel avec les témoins, le membre en cause et toute personne pouvant apporter des informations nouvelles sur le cas.
  • Le Comité d'appel fera connaître sa décision dans les trente jours de la réception de la demande d'appel. Sa décision est finale et sans appel.

c) Les sanctions

- Tout membre jugé coupable est passible, selon les circonstances et la gravité de l'accusation, d'une réprimande, d'une suspension ou de voir son nom rayé de la liste des membres. Les détails des cas d'infraction au Code de déontologie peuvent être publiés de la manière que la Corporation jugera appropriée.
- L'application des sanctions sera faite selon les exigences de la Corporation du membre.

2

Le processus d'approvisionnement

Objectif général

Démystifier la notion de service en matière d'approvisionnement ou ce qu'on appelle le processus d'approvisionnement.

Objectifs spécifiques

◆ Décrire les cinq étapes du processus d'approvisionnement.

◆ Expliquer le concept d'approvisionnement mix (les quatre O, soit l'objet, l'objectif, l'organisation et l'opération de l'acquisition).

◆ Appliquer l'effet de levier sur l'approvisionnement et sur les ventes.

◆ Être en mesure de considérer tous les acteurs directs ou indirects lors d'une acquisition.

◆ Comprendre le concept de ratio du rendement de l'actif.

◆ Préciser ce qu'on entend par l'évaluation après l'achat.

Domco

Domco Inc. est une société canadienne inscrite aux Bourses de Montréal et de Toronto, et son siège social est situé à Farnham, en Estrie. Elle figure parmi les chefs de file nord-américaine de la fabrication de couvre-sols vinyliques. Domco Inc. est aussi associée par son actionnaire majoritaire, Tarkett-Sommer, à un des deux grands manufacturiers mondiaux de couvre-planchers. Par l'entremise de ses trois groupes de produits, les couvre-sols résidentiels Domco, les couvre-sols commerciaux Azrock et les carreaux vinyliques de luxe Nafco, Domco offre l'une des gammes de produits de qualité les plus complètes qui puissent se trouver dans l'industrie des couvre-sols. Domco tient en haute estime la compétence et le dévouement de ses quelque 1 300 employés des usines de Farnham, de Houston, au Texas, et de Florence, en Alabama. Domco est de plus un distributeur de produits de haut de gamme destinés à des applications spéciales ainsi que de produits écologiques.

Dans toutes les décisions d'achat, il est nécessaire de trouver le juste milieu entre les différents éléments qui seront traités dans ce chapitre.

La philosophie de Domco est de ne faire aucun compromis sur l'élément qualité (la qualité signifiant pour Domco un produit se conformant aux spécifications approuvées à chaque livraison), car l'expérience nous a démontré que les produits qui respectent les spécifications réduisent les coûts des produits finis en augmentant la productivité de l'entreprise et en diminuant les rejets et les réclamations.

Bien sûr, nous devons aussi recevoir les quantités requises dans les délais à un juste coût pour nous permettre d'être compétitifs sur le marché dans un contexte de partenariat avec nos fournisseurs.

André R. Marcil
Directeur corporatif du matériel

> *Chaque expérience qui vous amène à affronter la peur*
> *décuple votre force, votre sagesse et votre confiance.*
> *Vous devez toujours vous surpasser.*
>
> Eleanor Roosevelt

INTRODUCTION

Les principales activités d'un service des approvisionnements tournent autour de la gestion des fournisseurs, qui procurent les biens et les services nécessaires au bon fonctionnement de l'entreprise. Comme nous l'avons vu au chapitre 1, les comportements et les décisions des acheteurs apporteront deux types de contribution à l'entreprise, soit la participation à la mission de l'entreprise et l'information à donner à celle-ci en ce qui concerne les dangers qui proviennent du marché.

Dans ce chapitre, nous tenterons de comprendre le processus d'approvisionnement qui est la base de la notion de service en matière d'approvisionnement. Ce processus s'inscrit dans une approche globale dont le but est d'acquérir un bien ou un service dont l'entreprise a besoin. Le cœur de ce processus est la définition de l'approvisionnement mix, où l'acheteur définit les grandes lignes qui rendront sa recherche productive et l'aideront à prendre une décision judicieuse. Une fois mieux éclairé sur les attentes de son client, l'acheteur pourra entreprendre la recherche d'un fournisseur sur le marché. Avant d'aborder ce processus, il est important de répondre aux trois questions suivantes :

1. Qu'est-ce que l'approvisionnement mix ?

2. Qu'est-ce que le marketing mix ?

3. Quels sont les besoins de l'utilisateur ou de l'entreprise ?

2.1 L'APPROVISIONNEMENT MIX

Un marché est une entité complexe et originale. Le service des approvisionnements met au point un cadre d'analyse et de décision qui permettra à l'entreprise de saisir les éléments essentiels reliés à son secteur d'activité. Ce cadre aidera l'acheteur à coordonner les différents éléments dans une stratégie propre à l'entreprise qu'il représente.

L'approvisionnement mix consiste dans l'objet, l'objectif, l'organisation et l'opération de l'acquisition d'un bien ou d'un service visant à permettre à l'entreprise de remplir sa mission compte tenu des variables contrôlables et incontrôlables du marché.

Par ailleurs, on peut définir le processus d'approvisionnement comme étant une série de gestes et de décisions qu'on effectue en vue d'acquérir un bien ou un service qui répondra à l'approvisionnement mix dans le meilleur intérêt de l'entreprise.

2.2 LE MARKETING MIX

À l'opposé, les fournisseurs définissent une stratégie de marketing mix efficace orientée vers un marché cible. Cette stratégie apparaît comme une combinaison de différentes politiques, à savoir la politique de produit, la politique de prix, la politique de publicité et la politique de place.

FIGURE 2.1

Les quatre politiques du marketing mix

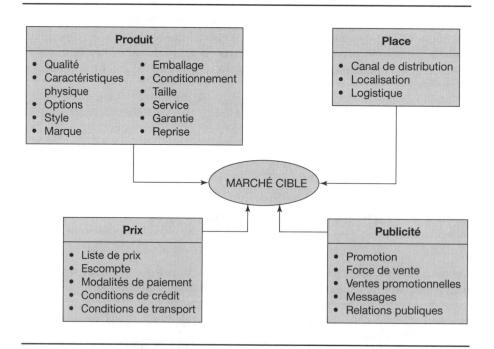

La **politique de produit** englobe l'ensemble des choix relatifs à la nature du bien ou du service et ce qu'il représente pour l'entité qui veut l'acquérir. Quant à la **politique de prix**, elle consiste dans l'établissement de la tarification et de la valeur du bien ou du service, qui prend en considération les facteurs environnementaux. La **politique de publicité** vise à susciter chez des clients potentiels un intérêt en faveur du bien ou du service. L'entreprise s'appuie sur des concepts, sur des messages et sur une force de vente pour atteindre ce but. Enfin, la **politique de place** assure l'accessibilité au bien ou au service (voir la figure 2.1).

Ainsi, un fournisseur travaille à partir de l'élaboration d'un concept de marketing mix alors qu'un acheteur travaille à partir de l'élaboration d'un concept d'approvisionnement mix. Lorsque ces deux concepts se juxtaposent, une entente ou un achat est imminent. Ce processus permettra de répondre au désir de l'utilisateur.

2.3 LES BESOINS DE L'UTILISATEUR

Le désir est la réponse à un besoin connu. L'exemple suivant vous permettra de mieux comprendre le désir et le besoin. En tant qu'être humain, vous avez besoin de vous nourrir pour survivre. Lorsque vous avez le goût de manger du poulet, votre besoin à combler est celui de manger alors que votre désir est l'aliment lui-même, soit le poulet. Le désir se manifeste donc sous la forme d'un objet. Il en est de même pour une entreprise. Celle-ci a différents besoins qu'elle tente de combler par des désirs. Prenons maintenant l'exemple d'une entreprise qui a besoin d'être informée. Son désir pourrait alors prendre la forme d'un logiciel de communication électronique qui lui apporterait l'information nécessaire.

Abraham Maslow a défini cinq niveaux de besoins et trois catégories qui s'appliquent autant aux entreprises qu'aux consommateurs (voir la figure 2.2).

Les besoins sont constamment en action. Chaque geste du responsable de l'approvisionnement vise à satisfaire un des besoins de l'utilisateur. Ces besoins, qui sont omniprésents, deviendront un désir lorsque le client aura une motivation suffisante pour procéder à l'acquisition d'un bien ou d'un service. Par la suite, le service des approvisionnements pourra répondre à cette demande.

De nombreuses études ont pour but d'examiner l'ensemble des besoins d'une collectivité ou d'une industrie et de les comparer avec ceux d'autres collectivités ou industries et avec ceux d'autres économies comparables. Une de

FIGURE 2.2

La pyramide des besoins selon Maslow

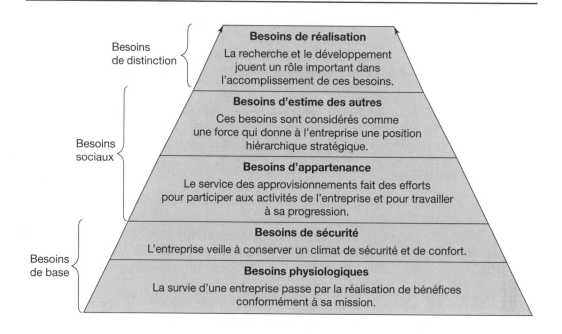

ces études, conduite par Pierrette Gagné et Michel Lefebvre[1], en 1993, a permis de définir les enjeux importants qui sont à l'œuvre dans les entreprises québécoises qui veulent continuer de prospérer avec l'arrivée du XXIe siècle. Un des besoins exprimés consiste dans la capacité d'innover et de maîtriser la technologie. Ces chercheurs ont ainsi dégagé des besoins qui se sont manifestés, particulièrement chez les PME, en vue de relever le défi technologique :

— accroître la capacité technologique ;

— développer une culture de l'innovation ;

— tisser des liens scientifiques ;

— intégrer le management technologique ;

— participer pleinement à la société technico-industrielle.

Ces chercheurs ont donc fait appel à la réflexion des divers participants de l'économie québécoise en vue de préparer les entreprises d'ici à la concurrence

---

1. Pierrette Gagné et Michel Lefebvre, *L'entreprise à valeur ajoutée : le modèle québécois*, Montréal, Éditions Publi-Relais, 1993.

mondiale. De nombreux fournisseurs utilisent les résultats de cette étude pour susciter des désirs chez les dirigeants de leur secteur d'activité, alors que des dirigeants d'entreprise peuvent obtenir une information qui leur permet de se situer dans la pyramide des besoins de Maslow.

2.4 LES ÉTAPES DU PROCESSUS D'APPROVISIONNEMENT

Avant d'entreprendre un processus qui conduira l'entreprise à dépenser des ressources, l'acheteur se doit d'éviter les trois erreurs suivantes, qui auront des conséquences graves :

1. Avoir un besoin, mais pas de marché. Par exemple, il existe un besoin important relatif à la réduction de la pollution de l'eau, mais il n'existe pas vraiment encore de marché.

2. Avoir un fournisseur, mais pas de client. Par exemple, il existe une nouvelle technologie dans le domaine du recyclage, mais aucun client, aucune entreprise n'y trouvera de bénéfice à la suite de son acquisition.

3. Avoir un client, mais pas de source d'approvisionnement. Par exemple, une entreprise met au point une nouvelle technologie, mais aucun fournisseur ne peut la réaliser.

Au cours de l'élaboration d'un processus visant à l'acquisition d'un bien ou d'un service, si l'acheteur reconnaît l'un de ces trois problèmes, il doit recommander l'arrêt immédiat du processus.

Le processus d'approvisionnement comprend cinq étapes, soit l'**éveil du désir**, la **détermination de l'approvisionnement mix**, l'**exploration du marché**, la **décision d'achat** et l'**évaluation après l'achat**.

Un cheminement complet s'effectue lors de chaque acquisition. La durée d'une étape peut être très variable. Par ailleurs, le processus peut s'arrêter à tout moment, dès que l'acheteur croit qu'il se dirige vers un cul-de-sac. Il est impossible de passer à la prochaine étape avant d'être satisfait de l'étape en cours. Il appartient à chaque entreprise de définir cette satisfaction. Par exemple, les organismes publics prendront beaucoup de temps à définir l'approvisionnement mix parce qu'ils doivent faire preuve de transparence et d'équité envers chacune de leurs sources d'approvisionnement, tandis que les entreprises privées adopteront une approche différente face à l'approvisionnement mix parce qu'elles n'ont pas les mêmes règles de conduite à respecter.

Nous verrons maintenant en détail chacune des étapes du processus d'approvisionnement.

2.4.1   L'éveil du désir

L'éveil peut se manifester de façon instinctive, provoquée, planifiée ou contractuelle.

Selon l'approche instinctive, l'entreprise a appris par expérience à déterminer un événement ou à reconnaître une réaction instinctive qui déclenche le
processus d'approvisionnement. Ce serait le cas pour un manque de stock sur
les tablettes, pour un produit qui a atteint le stade du réapprovisionnement ou
pour un avertissement émanant d'une personne.

En vertu de l'approche provoquée, l'entreprise est alertée par un phénomène extérieur. Ainsi, la panne d'un équipement engendre le désir d'acheter
des pièces de rechange ; ou encore la mauvaise qualité de copies donnera lieu à
un appel effectué auprès d'un fournisseur de photocopieurs.

Dans l'approche planifiée, l'entreprise détermine, selon ses ressources, le
moment où elle entreprendra le processus menant à l'achat d'un bien ou d'un
service, comme le matériel nécessaire à la prise d'inventaire biannuelle. Il peut
aussi s'agir de la révision du contrat du service de sécurité à la fin de l'entente
ou du choix du moment de poursuivre un client pour non-paiement de son
compte.

Enfin, selon l'approche contractuelle, l'entreprise s'engage par contrat à
effectuer un processus d'approvisionnement, comme pour l'entretien de certains équipements. Cela peut être l'obligation de procéder à l'entretien de
moteurs d'avion après un certain nombre d'heures de vol ou encore d'acheter
un certain volume durant une période donnée.

Cette étape revêt une double signification. D'abord, elle incite l'entreprise
à étudier les motivations susceptibles d'être liées au bien ou au service.
Ensuite, elle lui permet de déterminer l'intensité du désir à combler. Dans le
cas d'une entreprise qui possède plusieurs camions, tant et aussi longtemps
que les camions sont sur la route et que l'entreprise paie un coût d'entretien
raisonnable, rien ne laisse prévoir l'éveil d'un processus d'approvisionnement.
Par contre, si les camions sont en mauvais état, l'entreprise prêtera attention
aux propositions de fournisseurs désirant remplacer ses camions ou commen-
cera une démarche pour acquérir des camions supplémentaires. La figure 2.3
illustre ce processus.

2.4.2   La détermination de l'approvisionnement mix

À cette étape, on définit les quatre éléments ou les quatre « O » de l'approvisionnement mix, à savoir l'objet, l'objectif, l'organisation et l'opération (voir la
figure 2.5, p. 71).

FIGURE 2.3

Le processus d'achat de camions

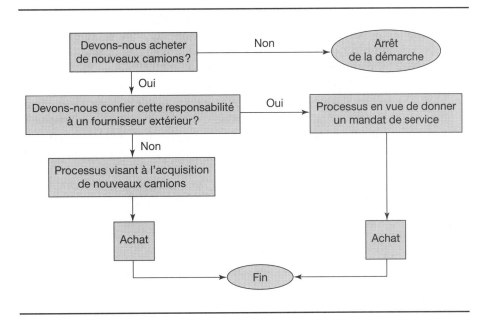

Le premier « O » : l'objet

L'objet est la description du bien ou du service à acheter. La désignation de l'objet correspond à un ensemble de caractéristiques qui définissent l'expression de la demande. Ces caractéristiques peuvent être réparties selon les cinq catégories suivantes :

— La nature de l'objet et ses propriétés physiques, chimiques et biologiques. Par exemple, une aspirine de Bayer se doit d'être blanche, ronde, avoir le mot « Bayer » écrit en croix, être composée d'un agglomérat de poudre et prémunir contre le mal de tête. Dernièrement, le gouvernement du Canada a forcé une importante entreprise pharmaceutique à retirer ses produits des tablettes, car le contenu de chaque pilule différait, ce qui pouvait représenter un danger pour la santé de la population.

— L'aptitude objective de l'objet à répondre aux désirs du client. Par exemple, un consommateur qui veut préparer des états financiers sélectionnera un logiciel comptable plutôt qu'un logiciel de traitement de texte.

— La perception psychologique et symbolique de l'objet. Par exemple, devenir propriétaire d'une Harley-Davidson, marque renommée de motocyclette, peut être le signe qu'on est connaisseur en matière de moto-cyclettes ou encore qu'on s'identifie à un groupe de motards.

— La gamme de l'objet. Il peut s'agir d'un produit durable (les immobilisations d'une entreprise, comme la machinerie), d'un produit non durable (un bien tangible utilisé généralement dans un temps limité, comme un aliment) ou d'un service (une activité ou un avantage qui donne lieu à une entente commerciale, comme un service de maintenance ou des soins médicaux).

— L'effort pour acquérir l'objet. Ce peut être un produit d'achat courant (un bien de consommation que l'entreprise a l'habitude d'acheter fréquemment, avec un effort minimal de comparaison, comme un produit sanitaire ou de la papeterie), un produit nécessitant un achat réfléchi (un bien requérant une base d'évaluation, comme un camion ou un équipement technologique) ou un produit de spécialité (un bien qui possède des caractéristiques uniques ou une image de marque bien définie nécessitant une certaine attention).

L'acheteur aura intérêt à bien définir l'objet pour éviter toute confusion possible. Lorsqu'il explorera le marché, sa recherche en sera facilitée, car il aura pris le temps de cibler ce que son client désire.

Le deuxième « O » : l'objectif

Le deuxième « O » de l'approvisionnement mix, l'objectif, est la recherche des motifs des parties (le client et le fournisseur) qui les incitent à vouloir transiger. L'objectif peut se dégager de la combinaison des cinq facteurs suivants :

— les motivations ;
— l'analyse de l'approvisionnement ;
— les valeurs et le mode de fonctionnement ;
— les critères de l'approvisionnement ;
— les bénéfices.

Nous examinerons maintenant chacun de ces critères.

Les motivations

Les motivations sont les raisons qui incitent le client à entreprendre le processus d'approvisionnement. Ces motivations proviennent des influences sociales et circonstancielles. Les influences sociales résident dans la personnalité, le rôle exercé dans l'entreprise, le niveau hiérarchique, la culture personnelle, les expériences vécues et les compétences. Quant aux influences circonstancielles, elles comprennent entre autres l'importance de l'achat pour l'entreprise, le facteur temps et les différents aspects financiers.

L'analyse de l'approvisionnement

Les acheteurs effectuent des recherches et des analyses, car le marché propose de plus en plus de façons de répondre à un désir. Ainsi, on pourrait définir l'analyse de l'approvisionnement comme étant l'examen complet, méthodique, indépendant et périodique des facteurs internes et externes de l'entreprise en vue d'accepter un plan d'action, d'obtenir la plus grande valeur de la part des fournisseurs et d'améliorer la productivité du service des approvisionnements.

Reprenons les différents éléments de la définition précédente. L'examen doit être complet, en ce sens qu'il doit permettre de réviser toutes les données qu'on possède sur le bien ou sur le service à acquérir. Il doit être méthodique, c'est-à-dire qu'il doit inclure une série ordonnée d'opérations qui permettront à l'entreprise d'obtenir les bénéfices qu'elle recherche. En outre, cet examen doit être indépendant; autrement dit, il doit être effectué par un groupe n'ayant aucun lien avec les services ou les divisions de l'entreprise. Ce groupe a le devoir de concentrer ses efforts sur le meilleur choix pour l'entreprise. Cependant, il doit pour cela pouvoir jouir de la confiance des services et des divisions ainsi que de la haute direction. Enfin, l'examen doit être périodique, c'est-à-dire que l'analyse de l'approvisionnement doit être revue régulièrement, et non seulement en période de crise.

En ce qui concerne les facteurs internes qui doivent être analysés, il s'agit des forces et des faiblesses de l'entreprise, qui comprennent le choix qu'elle a fait quant aux fournisseurs, le volume de ses stocks, sa capacité financière, la vision de la haute direction, la communication, la confiance qui a été établie avec les employés, etc. Quant aux facteurs externes, il s'agit des facteurs politiques et légaux, démographiques, économiques, sociaux, technologiques, culturels, écologiques et du marché.

Pour ce qui est des **facteurs politiques et légaux,** il s'agit des gouvernements, lesquels votent des lois qui auront un effet sur les stratégies et sur les tactiques du service des approvisionnements. Malgré le fait que les gouvernements devraient, en principe, jouer un rôle mineur qui se limite à la protection du territoire, au contrôle des travaux publics, à l'exploitation des services publics et à la réglementation permettant de maintenir la concurrence, la santé et l'instruction de la population, ils interviennent aussi dans l'économie pour trois raisons principales. Ce sont la protection des entreprises les unes à l'égard des autres, la protection du public face aux entrepreneurs sans scrupules et la défense des intérêts globaux de la société face aux activités individualistes des entreprises.

La législation devient de plus en plus importante. Il y a peu de secteurs de l'économie qui ne soient pas assujettis à une montagne de lois.

Les **facteurs démographiques** résident dans les caractérisques de la population, l'explosion de la population sur la planète, la diminution de la taille de la famille, l'abandon de valeurs régissant la société, le vieillissement de la population, les modifications se produisant au sein de la famille, le déplacement de la population et l'instruction des membres de la société. Les changements intervenant dans la population influencent l'évolution et la position concurrentielle des fournisseurs susceptibles d'apporter les biens et les services à l'entreprise. Ces changements auront aussi un effet sur la position concurrentielle des entreprises. L'exemple 2.1 montre comment l'aspect démographique influence l'ensemble des entreprises qui sont appelées à répondre à des situations d'urgence créées par des catastrophes routières[2].

EXEMPLE 2.1

Jean-Pierre Thouez est un géographe de la santé. Il collecte une multitude de renseignements médicaux qui permettront aux gouvernements et aux services de santé de mieux se concerter pour améliorer l'état de santé de la population. Ainsi, à la suite d'une étude sur les accidents mortels au Québec, il aura permis de cibler les endroits critiques où ils se produisent dans certaines grandes villes et d'apporter les corrections nécessaires. Quelles modifications fallait-il faire ? À certains endroits, il fallait refaire l'aménagement routier, tandis qu'à d'autres endroits l'installation d'un meilleur éclairage ou, plus encore, l'amélioration du fonctionnement des feux de circulation pouvaient corriger la situation. Cette même étude aura permis aux compagnies de remorquage d'adapter leur équipement aux types d'accidents qui surviennent, aux types de véhicules en cause, aux efforts que l'on fait pour nettoyer la scène d'un accident. Il en sera de même pour les services de santé, qui pourront mieux déployer les équipes d'urgence de manière à pouvoir compter sur l'effectif maximal durant les heures où les urgences des hôpitaux se remplissent à cause des accidents de la route.

Les **facteurs économiques** sont reliés à la société capitaliste dans laquelle nous vivons, où la monnaie est le principal moyen de paiement des échanges commerciaux. Ainsi, la monnaie génère le revenu, la valeur du bien ou du service, l'épargne, le profit, le coût du crédit, le salaire, l'inflation de même que le prix des échanges locaux, régionaux et internationaux. Le commerce s'internationalise de plus en plus. L'économie d'un pays est de moins en moins liée aux entreprises qui œuvrent sur son territoire ou à la compétitivité de ses produits, car la mobilité des marchandises, du savoir-faire, des capitaux et de l'information s'étend maintenant à l'ensemble de la planète. IBM, à Bromont, est une entreprise spécialisée dans la fabrication de la mémoire pour les ordinateurs.

---

2. Cet exemple s'inspire d'un article de Fabien Deglise paru dans *Dernière Heure*, 13 juin 1998, p. 42.

Son produit fini constitue donc une composante des ordinateurs dont l'assemblage s'effectuera dans une autre usine, sur un autre territoire. Il en va de même pour Duracell, dont l'usine canadienne fabrique des piles d'une catégorie, comme la AA, pour un vaste territoire, alors qu'une autre usine dans le monde fabrique les piles D vendues sur le territoire canadien. Il n'y a donc plus de lien entre le lieu de fabrication et le lieu de vente. Les relations traditionnelles en affaires doivent s'adapter aux stratégies mondiales des entreprises.

Les **facteurs sociaux** consistent dans la culture et les valeurs d'une société, dont il faut tenir compte, sachant que les sources d'approvisionnement se trouvent maintenant à l'échelle de la planète et que les échanges de biens et de services s'effectuent de plus en plus rapidement, voire instantanément. Le service des approvisionnements doit donc s'adapter au mode de fonctionnement des différentes sociétés malgré la croyance selon laquelle le client a toujours raison. La mondialisation des marchés où œuvrera le fournisseur influencera les habitudes des acheteurs, ne serait-ce que sur le plan de la langue utilisée, des horaires ou des façons de faire des transactions.

Les **facteurs technologiques** sont devenus la force motrice de l'économie capitaliste. En effet, l'innovation technologique permet aux consommateurs de profiter de nouveaux biens et services qui améliorent constamment leur niveau de vie. De nos jours, les changements technologiques ne cessent de s'accélérer, ce qui rend leur maîtrise de plus en plus ardue. Pour faire face aux possibilités infinies de la technologie, les entreprises consacrent une part de plus en plus importante de leurs dépenses à la recherche et au développement dans leurs activités prépondérantes.

Les **facteurs culturels** sont les croyances, les valeurs et les normes qui permettent aux membres d'une société d'exprimer une opinion face aux biens et aux services qui leur sont proposés. Les messages, le style de vie et les valeurs des clients influencent le service des ventes de l'entreprise et, par ricochet, le service des approvisionnements. La culture se transmet de génération en génération, principalement par l'entremise de la famille. Les minorités ethniques, les établissements scolaires et les institutions religieuses participent aussi à la transmission des valeurs. Par exemple, des religions interdisent la consommation de certaines viandes. Cela aura un effet direct sur la mise en marché de certains biens.

Les **facteurs écologiques** proviennent d'une préoccupation de plus en plus marquée de la société pour les politiques relatives à la gestion des surplus, pour les ressources naturelles non renouvelables, pour le coût croissant de l'énergie, pour l'aggravation de la pollution et pour la gestion des ressources naturelles. Cette pression que la société exerce force le service des approvisionnements à envisager des produits écologiques et recyclables, à étudier des manières de disposer des déchets et à accepter de nouveaux fournisseurs vendant des objets recyclés. Plus personne n'a les moyens de gaspiller les ressources.

L'eau, l'air, la nature et les matières premières sont la propriété de tous. À cet effet, il y a une prise de conscience face à la fragilité de l'environnement qui se détériore plus vite qu'il ne se régénère. Dans un avenir proche, les produits recyclés seront un intrant dans l'entreprise.

La taille du **marché,** sa croissance, sa distribution, sa rentabilité, son potentiel d'approvisionnement et son expertise intéressent le service des approvisionnements. Quatre éléments importants du marché influencent l'orientation de l'entreprise, soit les clients de l'entreprise, le public, la position de l'entreprise face à ses concurrents et les sources d'approvisionnement.

Dans le cas des clients de l'entreprise, la réceptivité des clients actuels et potentiels aux biens ou aux services agit sur l'évolution de la demande. Les entreprises sont de plus en plus à l'écoute des exigences de leurs clients. Par exemple, les institutions financières tentent de faciliter toujours davantage les transactions à partir du domicile du client.

Le public influe sur l'entreprise par le biais des médias, des gouvernements, des citoyens, des groupes de pression, des associations et des groupes d'intérêt. La consultante Faith Popcorn écrit :

> Avant d'acheter un produit, le consommateur voudra savoir à qui il a affaire. Il n'est pas toujours facile d'expliquer qui on est. On voudra connaître votre politique environnementale, votre position face aux soins de la santé et à l'éducation des enfants, vos liens commerciaux avec un pays de l'apartheid, vos autres lignes de produits et marques de commerce[3].

Il suffit de penser à la philosophie commerciale de Nike, un des fabricants de vêtements sportifs les plus importants, qui doit répondre de sa politique de fabrication dans les pays du Tiers-Monde. Le public reproche en effet à cette société de payer un maigre salaire aux employés, mais de vendre ses produits à un prix élevé sur le marché.

Par ailleurs, l'entreprise se préoccupe de sa position face à ses concurrents, qu'ils soient locaux, régionaux, nationaux ou internationaux. Alors qu'il était ministre de l'Industrie, du Commerce et de la Technologie dans le gouvernement de Robert Bourassa, Gérald Tremblay a précisé, en 1993, plusieurs éléments importants en vue d'améliorer la position concurrentielle des entreprises québécoises, à partir de leur bilan technologique, basé sur l'innovation dans le domaine des biens, des services, des canaux de distribution et de la promotion. Il indiquait, entre autres éléments :

— une saine capitalisation et un excellent plan d'affaires ;

— l'implantation d'une gestion environnementale ;

— l'amélioration du rendement des biens et des services pour le client ;

---

3. Faith Popcorn, *Le rapport Popcorn*, Montréal, Les Éditions de l'Homme, 1994, p. 193.

— une production à valeur ajoutée basée sur la fabrication à un moindre coût et des gains de temps dans le processus de transformation ;
— la scolarisation de la main-d'œuvre ;
— une démarche qualité ;
— une stratégie d'exportation ;
— une synergie industrielle ;
— la création de différences concurrentielles sur le marché ;
— l'ouverture de nouveaux réseaux de distribution.

Le quatrième élément du marché qui influence l'entreprise consiste dans les sources d'approvisionnement qui vendent à l'entreprise ou qui sont susceptibles de lui fournir des biens ou des services. La recherche de ces sources exige une méthodologie propre à l'entreprise. Une excellente source est bénéfique pour les deux parties. Le processus de choix des sources d'approvisionnement comprend généralement deux étapes : la sélection et la qualification. Le chapitre 3 est d'ailleurs consacré aux sources d'approvisionnement.

Les valeurs et le mode de fonctionnement

L'être humain naît et grandit dans une culture qui modèle ses relations avec les autres et l'environnement qui l'entoure. Ce sont ces acquis culturels qui lui permettront d'accomplir toutes les activités qu'attend de lui la société à laquelle il appartient. Il en est de même pour une entreprise qui est dirigée par des êtres humains. Par définition, la culture d'entreprise est l'influence humaine qu'on trouve à l'intérieur de l'entreprise et qui détermine les structures sociales et les manifestations d'un groupe par rapport à un autre.

La haute direction d'une entreprise établit des principes selon des critères personnels, sociaux et moraux provenant de chaque dirigeant. Ces principes représentent les valeurs de l'entreprise.

L'entreprise détermine, dans l'ordre, une vision, des buts, des objectifs et des tactiques. La vision situe l'entreprise dans son industrie dans un horizon de 5 à 10 ans. Les buts fractionnent la vision en différentes étapes. Les objectifs doivent être mesurables et réalisables et préciser statistiquement les buts. Enfin, les tactiques sont les moyens employés pour atteindre les objectifs. L'encadré (p. 58) donne un exemple d'une entreprise qui a une vision basée sur trois aspects.

Les critères de l'approvisionnement

Le service des approvisionnements travaille à l'aide de sept critères (le volume, la qualité, le délai, le lieu, le service, la source et le coût) à propos desquels il

ASHLAND CHIMIE INC.

Dans son rapport annuel de 1996, le président d'Ashland Chimie inc., Dave D'Antoni, mentionne la mission de l'entreprise comme suit : « La vision d'Ashland Chimie inc. porte sur trois aspects, à savoir la satisfaction de l'entreprise, de la communauté et des employés. En ce qui concerne l'entreprise, Ashland Chimie est rentable, professionnelle et responsable ; en outre, elle est orientée vers la croissance et la satisfaction de sa clientèle en offrant des produits et des services de haute qualité, ce qui ne l'empêche pas d'être à l'écoute de ses employés et de la communauté. Pour ce qui est de la communauté, Ashland Chimie demeure un membre actif et responsable de celle-ci. L'entreprise se conforme aux lois et aux règlements des gouvernements de manière à assurer la meilleure sécurité possible aux employés, à la communauté et à l'environnement. Quant aux employés, Ashland Chimie reconnaît qu'ils représentent le plus grand actif pour elle. La société s'engage à maintenir dans leur poste, à former, à développer et à récompenser les employés enthousiastes, intelligents, qui travaillent en équipe et qui cherchent à assurer le succès de l'entreprise. » Ce message permet à toutes les personnes qui ont été, sont ou seront en relation avec Ashland Chimie d'observer l'évolution de l'entreprise au moyen des gestes qu'elle accomplit.

doit parfois faire des compromis. Le client voudrait obtenir la perfection à tous les points de vue, mais certains facteurs de l'environnement peuvent dresser des obstacles. Le client reçoit alors le bien ou le service disponible et dans des conditions qui ne sont peut-être pas idéales.

Les bénéfices

Un acheteur apporte avec le temps toute une série de bénéfices à l'entreprise. Ses gestes, ses actions, ses propos, sa formation accrue et ses échanges avec d'autres acheteurs contribuent à la réalisation des objectifs recherchés par l'entreprise qui l'emploie. Parmi les bénéfices attendus du service des approvisionnements, mentionnons l'effet de levier, l'amélioration du rendement de l'actif, la centralisation de l'information, le maintien de la position concurrentielle de l'entreprise, une meilleure image de l'entreprise sur le marché et un lieu de formation. Nous examinerons maintenant ces différents bénéfices.

L'effet de levier   L'effet de levier démontre le résultat sur le bénéfice d'une variation du coût d'achat, à la hausse ou à la baisse. Prenons un exemple pour illustrer l'effet de levier.

EXEMPLE 2.2

Le chiffre d'affaires d'un distributeur de soutiens en acier pour des arbres de Noël est de 900 000 $ annuellement. Son prix de vente unitaire est de 10 $. Il lui en coûte 7,50 $ l'unité. Les dépenses d'exploitation de l'entreprise imputables au produit sont de 125 000 $ (voir le tableau 2.1).

TABLEAU 2.1

Les résultats de l'entreprise

Postes	Coût unitaire	Total
Ventes	10,00 $	900 000 $
Coût d'achat	7,50 $	675 000 $
Profit brut	2,50 $	225 000 $
Frais d'exploitation	1,39 $	125 000 $
Profit net		100 000 $

Si l'entreprise réduit son coût d'achat de 1 %, on obtient les résultats indiqués au tableau 2.2.

TABLEAU 2.2

Les résultats avec une réduction du coût d'achat de 1 %

Postes	Coût unitaire	Coût total	Pourcentage	Coût total
Ventes	10,00 $	900 000 $		900 000 $
Coût d'achat	7,50 $	675 000 $	– 1,00 %	668 250 $
Profit brut	2,50 $	225 000 $		231 750 $
Frais d'exploitation	1,39 $	125 000 $		125 000 $
Profit net		100 000 $	+ 6,75 %	106 750 $

Ainsi, le profit net passe de 100 000 $ à 106 750 $, soit une hausse de 6 750 $ ou 6,75 %. Ce phénomène s'appelle l'effet de levier sur l'approvisionnement. On calcule l'effet de levier sur l'approvisionnement (ELA) de la façon suivante :

$$ELA = \frac{\text{\% de variation du profit net}}{\text{\% absolu de variation du coût d'approvisionnement}}$$

$$= \frac{\dfrac{106\,750 - 100\,000}{100\,000} \times 100}{\left|\dfrac{668\,250 - 675\,000}{675\,000} \times 100\right|}$$

$$= \frac{6,75\,\%}{1\,\%}$$

$$= 6,75 \text{ fois}$$

Ce résultat indique que chaque variation de 1 % du coût d'achat provoque une variation à la hausse du profit net de 6,75 % (1 % × 6,75 fois).

Le tableau 2.3 indique les résultats qu'obtient l'entreprise lorsqu'elle réduit son coût d'achat de 5 %.

TABLEAU 2.3

Les résultats avec une réduction du coût d'achat de 5 %

Postes	Coût unitaire	Coût total	Pourcentage	Coût total
Ventes	10,00 $	900 000 $		900 000 $
Coût d'achat	7,50 $	675 000 $	– 5,00 %	641 250 $
Profit brut	2,50 $	225 000 $		258 750 $
Frais d'exploitation	1,39 $	125 000 $		125 000 $
Profit net		100 000 $	+ 33,75 %	133 750 $

Ainsi, le profit net passe de 100 000 $ à 133 750 $, soit une hausse de 33 750 $ ou 33,75 %. On calcule l'effet de levier sur l'approvisionnement (ELA) comme suit :

$$ELA = \frac{\text{\% de variation du profit net}}{\text{\% absolu de variation du coût d'approvisionnement}}$$

$$= \frac{\dfrac{133\,750 - 100\,000}{100\,000} \times 100}{\left|\dfrac{641\,250 - 675\,000}{675\,000} \times 100\right|}$$

$$= \frac{33{,}75\,\%}{5\,\%}$$

$$= 6{,}75 \text{ fois}$$

Ces résultats montrent que chaque variation de 5 % du coût d'achat entraîne une variation à la hausse du profit net de 33,75 % (5 % × 6,75 fois). La progression est donc linéaire par rapport au tableau 2.1.

Le tableau 2.4 illustre la situation d'une entreprise qui veut porter son profit net à 133 750 $ en adoptant une stratégie d'accroissement des ventes.

TABLEAU 2.4
Les résultats suivant une stratégie d'accroissement des ventes

Postes	Coût unitaire	Coût total	Pourcentage	Coût total
Ventes	10,00 $	900 000 $	+ 15,00 %	1 035 000 $
Coût d'achat	7,50 $	675 000 $		776 250 $
Profit brut	2,50 $	225 000 $		258 750 $
Frais d'exploitation	1,39 $	125 000 $		125 000 $
Profit net		100 000 $	+ 33,75 %	133 750 $

Pour trouver de combien les ventes doivent être augmentées pour avoir le même bénéfice qu'avec une diminution des achats de 5 %, on utilise la règle de trois, soit :

225 000 $ correspond à 258 750 $

900 000 $ correspond à X

En isolant X, on trouve 1 035 000 $

$$\text{Et } \frac{1\,035\,000 - 900\,000}{900\,000} \times 100 = 15\,\%$$

Ainsi, l'entreprise doit accroître ses ventes de 15 % pour obtenir le même profit qu'avec une réduction des achats de 5 %. L'augmentation des ventes peut se faire soit par un volume accru d'unités, soit par un prix de vente plus élevé ou par une combinaison des deux. Ce phénomène s'appelle l'effet de levier sur les ventes (ELV).

$$\text{ELV} = \frac{\%\ \text{de variation du profit net}}{\%\ \text{de variation des ventes}}$$

$$= \frac{\dfrac{133\,750 - 100\,000}{100\,000} \times 100}{\dfrac{1\,035\,000 - 900\,000}{900\,000} \times 100}$$

$$= \frac{33,75\,\%}{15\,\%}$$

$$= 2,25 \text{ fois}$$

Ces résultats indiquent que pour chaque augmentation de 15 % des ventes, le profit net s'accroît de 33,75 % (15 % × 2,25 fois).

Le tableau 2.5 présente la situation dans laquelle l'entreprise a la possibilité de réduire son coût d'achat de 5 %, mais elle doit pour cela accroître ses frais d'exploitation de 15 000 $.

TABLEAU 2.5

Les résultats avec une réduction du coût d'achat de 5 % et un accroissement des frais d'exploitation de 15 000 $

Postes	Coût unitaire	Coût total	Pourcentage	Coût total
Ventes	10,00 $	900 000 $		900 000 $
Coût d'achat	7,50 $	675 000 $	− 5,00 %	641 250 $
Profit brut	2,50 $	225 000 $		258 750 $
Frais d'exploitation	1,39 $	125 000 $	+ 12,00 %	140 000 $
Profit net		100 000 $		118 750 $

Les résultats de ce scénario indiquent que l'offre reçue permettra une augmentation du profit net de 18 750 $. L'entreprise aura intérêt à investir. L'ELA sera alors le suivant :

$$\text{ELA} = \frac{\%\ \text{de variation du profit net}}{\%\ \text{absolu de variation du coût d'approvisionnement}}$$

$$= \frac{\dfrac{118\,750 - 100\,000}{100\,000} \times 100}{\left| \dfrac{641\,250 - 675\,000}{675\,000} \times 100 \right|}$$

$$= \frac{18,75\,\%}{5\,\%}$$

$$= 3,25 \text{ fois}$$

Ces résultats indiquent que pour chaque diminution de 5 % du coût d'achat qui engendre une hausse des frais d'exploitation de 15 000 $, le profit net s'accroît de 18,75 % (5 % × 3,25 fois).

Le tableau 2.6 illustre la situation dans laquelle l'entreprise vise un profit net de 133 750 $ en se basant sur une stratégie d'accroissement des ventes. Pour atteindre son objectif, elle doit augmenter ses frais d'exploitation de 75 000 $.

TABLEAU 2.6

Les résultats suivant une stratégie d'accroissement des ventes

Postes	Coût unitaire	Coût total	Pourcentage	Coût total
Ventes	10,00 $	900 000 $	48,33 %	1 335 000 $
Coût d'achat	7,50 $	675 000 $		1 001 250 $
Profit brut	2,50 $	225 000 $		333 750 $
Frais d'exploitation	1,39 $	125 000 $	+ 60,00 %	200 000 $
Profit net		100 000 $	+ 33,75 %	133 750 $

Ainsi, pour atteindre son objectif, l'entreprise devra accroître ses ventes d'un peu plus de 48,33 %. Il appartient à ses dirigeants de statuer sur sa capacité d'accroître ses ventes de 48,33 %. L'ELV deviendra alors :

$$ELV = \frac{\% \text{ de variation du profit net}}{\% \text{ de variation des ventes}}$$

$$= \frac{133\,750 - 100\,000}{100\,000} \times 100$$

$$= \frac{1\,335\,000 - 900\,000}{900\,000} \times 100$$

$$= \frac{33,75\,\%}{48,33\,\%}$$

$$= 0,6983 \text{ fois}$$

Ces résultats indiquent que pour chaque augmentation de 48,33 % des ventes, le profit net s'accroît de 33,75 % (48,33 % × 0,6983 fois). Comme le résultat est inférieur à 1, on peut conclure qu'il n'y a pas d'effet de levier en tant que tel.

L'amélioration du rendement de l'actif   Les entreprises se soucient du rendement de leurs actifs. Pour obtenir une amélioration du rendement de l'actif, le gestionnaire utilise des ratios, un ratio étant un rapport entre deux grandeurs économiques ou financières. L'amélioration du rendement de l'actif (RA) provient de la multiplication du ratio du rendement des investissements (RRI) par le ratio de la marge bénéficiaire (RMB).

$$RA \quad = \quad RRI \quad \times \quad RMB$$

(rendement de l'actif)   (ratio du rendement des investissements)   (ratio de la marge bénéficiaire)

D'où :

$$RRI = \frac{Ventes}{Actifs}$$

Et :

$$RMB = \frac{Profit\ net}{Ventes}$$

Pour calculer le rendement de l'actif, imaginons que l'entreprise distributrice de soutiens en acier pour des arbres de Noël, dont nous avons parlé précédemment, possède un actif total de 350 000 $. À partir de ventes de 900 000 $ et d'un profit net de 100 000 $, le rendement de l'actif sera le suivant :

$$RRI = \frac{900\,000\,\$}{350\,000\,\$}$$

$$= 2{,}57\ fois$$

Et :

$$RMB = \frac{100\,000\,\$}{900\,000\,\$}$$

$$= 0{,}111$$

Le ratio du rendement de l'actif sera alors :

$$RA = RRI \times RMB$$

$$= 2{,}57\ fois \times 0{,}111$$

$$= 0{,}2853\ ou\ 28{,}53\,\%$$

Par conséquent, chaque dollar d'actif donne à l'entreprise un rendement de 28,53 %.

C'est ainsi qu'à partir de configurations de tableaux et d'exemples, on peut évaluer le ratio de rendement de l'actif et obtenir des résultats intéressants pour l'entreprise.

Revenons à la situation dans laquelle une diminution de 5 % du coût d'achat représente un bénéfice net qui passe de 100 000 $ à 133 750 $. La valeur du RRI ne sera pas modifiée, mais celle du RMB deviendra la suivante :

$$\text{RMB} = \frac{133\,750\,\$}{900\,000\,\$}$$

$$= 0,1486$$

Le ratio du rendement de l'actif sera alors le suivant :

$$\text{RA} = \text{RRI} \times \text{RMB}$$

$$= 2,57 \text{ fois} \times 0,1486$$

$$= 0,3819 \text{ ou } 38,19\,\%$$

Ainsi, une variation de 5 % à la baisse du coût d'achat donne maintenant une variation du rendement de l'actif de 9,66 % (38,19 % − 28,53 %).

La centralisation de l'information   La position du service des approvisionnements permet de recueillir auprès du marché des renseignements sur le mouvement des prix, sur les stocks disponibles, sur les nouvelles sources d'approvisionnement, sur les produits substituts, sur les nouveaux produits, sur les nouvelles technologies, sur la capacité du marché et sur les fusions et les acquisitions d'entreprises. Bref, ce service est à l'écoute du marché. L'entreprise recueille ainsi une information pertinente qui autrement aurait exigé d'elle des ressources substantielles.

De nos jours, les nouvelles technologies de l'information prennent de plus en plus de place dans les entreprises. On peut définir l'information comme étant constituée de données structurées qui réduisent l'incertitude ou augmentent les connaissances du destinataire sur des faits passés, présents ou projetés concernant ses objectifs sociaux, économiques et culturels. Il est important pour l'entreprise de saisir la bonne information au bon moment. Le service des approvisionnements est un centre nerveux pour l'arrivée de l'information dans l'entreprise. Ainsi, les acheteurs ont des contacts avec les fournisseurs qui proviennent de l'extérieur de l'entreprise ; ils sont également d'excellents lecteurs de nouvelles et d'articles de toutes sortes ; enfin, ils possèdent un réseau de relations parmi les autres acheteurs. Un acheteur se doit d'écouter et d'analyser l'information qu'il a en sa possession. Par contre, il doit garder secrète l'information privilégiée, comme l'indique le code de déontologie de cette profession.

Le maintien de la position concurrentielle de l'entreprise   La recherche constante d'un meilleur coût total et la prévision des risques d'approvisionnement pour l'entreprise permettent à celle-ci de maintenir une position concurrentielle sur un marché ou de répondre aux exigences de nouveaux marchés.

Le rendement d'une entreprise privée peut être mesuré par ses objectifs de ventes et de profits, par sa position concurrentielle et par la croissance de son marché. Par contre, comment peut-on évaluer le rendement d'une entreprise privée face aux objectifs d'équité, de transparence, de libre concurrence, de libéralisation des marchés, de développement démographique et de promotion de l'économie sur les marchés étrangers ? Pourtant, la fonction « approvisionnement » doit tenter d'atteindre ces objectifs. Il s'agit d'un défi de taille.

Mais pour les sociétés d'État, ce type de bénéfices est vu sous un angle différent. L'État est à la fois protecteur, fournisseur de services, procureur, administrateur et entité démocratique. Ces multiples définitions de l'État imposent aux gestionnaires des sociétés d'État une vision différente de la notion de bénéfices à générer. Les gouvernements communiquent les différents rôles des entreprises publiques au moyen des discours politiques, des lois, des règlements, des directives, des publications, des décrets, des jugements, etc. C'est ainsi que la fonction « approvisionnement » dans les entreprises d'État est tenue de respecter scrupuleusement une procédure et un mode de fonctionnement. Chaque mesure prise au regard de la procédure s'alignera sur les buts visés par le gouvernement et non sur les règles suivies par le monde des affaires.

Lorsque les entreprises privées et les sociétés d'État interagissent sur le même marché, il n'est pas rare d'assister à des attaques des unes contre les autres. Pour comprendre ce phénomène, regardons la situation du Canadien National et du Canadien Pacifique dans les années où le CN était la propriété exclusive du gouvernement fédéral tandis que le CP était une entreprise privée. Un des présidents du CP, Edward Beatty, a un jour déclaré : « C'est une bien étrange anomalie : plus l'exploitation du réseau national est déficitaire, plus les impôts du Canadien Pacifique augmentent. Toutefois, lorsque les chemins de fer nationaux prospèrent en détournant la clientèle du Canadien Pacifique, nous perdons plus de revenus que nous ne récupérons d'impôts. » De son côté, le CN se devait, en tant que société d'État, de louvoyer : d'une part, il voulait rapporter de l'argent au gouvernement pour que celui-ci puisse soutenir ses politiques sociales et économiques ; d'autre part, il désirait que les profits obtenus puissent servir à l'amélioration du réseau ferroviaire. Comme on peut le constater, le bénéfice est divergent malgré une concurrence sur le même marché.

Une meilleure image de l'entreprise sur le marché   Les entreprises dépensent beaucoup de ressources pour se créer une image et pour la maintenir. Ainsi, les mesures et les attitudes adoptées par le service des approvisionnements influencent la réputation de l'entreprise sur le marché. Lorsqu'un acheteur agit professionnellement avec un fournisseur, celui-ci aura tendance à citer cette entreprise lors de ses rencontres avec ses autres clients. Cette publicité, qui est gratuite, augmente la confiance du public envers l'entreprise. Or, une telle confiance se répercutera sur la commercialisation de la marque de commerce de l'entreprise.

Un lieu de formation Le service des approvisionnements est un lieu de formation idéal pour les nouveaux gestionnaires. C'est d'ailleurs dans ce centre nerveux de l'entreprise que plusieurs gestionnaires appelés à une carrière intéressante dans l'entreprise font un stage pour améliorer leur résistance au stress lié à la prise de décisions stratégiques, aux relations multiples avec les clients de l'entreprise, aux réactions suscitées par une pénurie, et ainsi de suite. Bref, un peu de temps passé dans ce service constitue un excellent investissement.

Le troisième « O » : l'organisation

L'organisation du processus d'approvisionnement comprend deux aspects, soit la structure de l'entreprise et son mode de fonctionnement.

La structure de l'entreprise influence la décision d'achat et y réagit. Les cinq rôles suivants interviennent dans l'évolution d'un dossier d'achat interne :
— l'initiateur : la personne qui entreprend la démarche en suggérant le désir d'acheter ;
— l'influenceur : la personne qui, directement ou indirectement, excerce une influence sur la décision finale ;
— le décideur : la personne qui détermine les différents aspects de la décision en apportant des réponses aux questions « Est-il opportun d'acheter ? », « Quoi ? », « Où ? », « Quand ? », « Combien ? » et « Comment ? » ;
— l'acheteur : la personne qui procède à la transaction ;
— l'utilisateur : la personne qui exploite le fruit du bien ou du service acquis.

Le mode de fonctionnement explique la démarche à suivre pour répondre à la demande. Entre la formulation de la demande d'achat et sa réalisation, plusieurs embûches se manifesteront, lesquelles donneront lieu à des compromis ou à des solutions. Si un problème de financement survient, il faudra alors modifier le désir, accepter un compromis, vérifier la volonté de procéder à l'achat ou changer l'approche face aux sources d'approvisionnement.

Guy Lafleur, un des meilleurs hockeyeurs du siècle, fournit un excellent exemple au sujet des compromis qu'il faut faire entre la situation souhaitée et la situation possible. Il mentionne en effet sa volonté d'« acheter » un peu de liberté à travers le désir de piloter un hélicoptère : « Piloter un hélicoptère [...] m'emballe ; mais je n'ai pas le temps de m'y consacrer autant que je le souhaiterais. J'aime la sensation de liberté et de détente que cette activité me procure[4]. » C'est pourquoi il aime acheter tous les objets qui se rapportent à l'hélicoptère, car il relie celui-ci au besoin de liberté et de détente qu'il tente de

---

4. Jean Bouchard, « Le défi que s'est donné mon fils », *7 jours*, 28 février 1998, p. 14.

combler. La demande d'achat ne s'effectuera qu'au moment où il réglera son problème de temps, lequel représente un frein. S'il persiste à vouloir satisfaire son désir, Guy Lafleur devra réorganiser son horaire de manière à se laisser suffisamment de temps pour piloter un hélicoptère.

Le quatrième « O » : l'opération

L'opération consiste à déterminer le procédé qui sera appliqué pour l'acquisition du bien ou du service. Pour l'acheteur, l'opération se définit par des règles précises qui permettent à n'importe qui de se substituer à l'acheteur et d'obtenir en tout temps le même résultat. C'est la partie de ce travail que l'acheteur doit tenter de déléguer. L'acheteur doit s'efforcer d'amener chaque utilisateur à suivre un procédé de façon uniforme. Une délégation bien planifiée permettra à l'acheteur de libérer une partie de son temps, laquelle pourra être consacrée à l'amélioration des ententes et des communications avec le marché.

L'opération du processus d'approvisionnement comprend quatre étapes, à savoir l'émission du bon de commande, la relance, la réception et le paiement.

L'émission du bon de commande

L'émission du bon de commande représente un contrat, une entente entre deux parties. Un bon de commande est un document de transaction qui contient l'information suivante :

— l'information générale sur les parties, à savoir leur nom, leur adresse, la date, etc. ;

— la description de l'objet, c'est-à-dire la quantité, les caractéristiques du produit, ses dimensions, l'emballage, les spécifications, etc., le fournisseur ne devant en aucun temps être appelé à interpréter un des éléments descriptifs de l'objet ;

— la détermination du prix, des escomptes, des ristournes, des remises, des clauses de protection de prix, des clauses d'indexation, de la monnaie choisie ;

— la détermination des engagements particuliers de chaque partie, soit les modalités de paiement, les dates de livraison, les conditions de transport, la responsabilité, la propriété de la marchandise durant le transport, les assurances, l'avance, l'acompte, les arrhes, l'arbitrage, le droit de retour, la garantie, le service après-vente, les références contractuelles écrites dans un contrat séparé sous forme de dispositions (générales, techniques, commerciales et juridiques), la valeur résiduelle, et ainsi de suite.

La figure 2.4 (p. 70) présente un bon de commande.

L'acceptation des obligations sur le bon de commande doit intervenir avant l'expiration du délai de validité de l'offre. Le fournisseur acceptera la commande et les conditions qui la régissent en signant le bon de commande ou en émettant un accusé de réception. La signature des deux parties indique que le contrat a une valeur juridique. Les parties doivent s'assurer que les signataires ont la capacité de passer un contrat, c'est-à-dire qu'elles ont reçu par délégation le pouvoir de négocier le contrat tel qu'il est présenté.

Une entente peut aussi être conclue par téléphone. Par contre, l'acheteur n'est pas dans l'obligation de se conformer aux conditions d'un contrat. Cette absence de formalisme s'appuie sur le consensus.

La relance

La relance auprès du fournisseur permet à l'acheteur de clarifier l'information contenue dans le bon de commande. Afin d'éviter d'exercer sur le fournisseur une pression indue et de l'irriter, il est préférable de le relancer dans un délai raisonnable après l'émission du bon de commande. Avec tact, l'acheteur peut demander au fournisseur s'il éprouve de la difficulté à respecter l'échéance.

La réception

Le contrôle de la marchandise à son entrepôt décharge le fournisseur de sa responsabilité par rapport au contrat d'achat en ce qui concerne la conformité des biens commandés. Les anomalies constatées à la réception doivent faire l'objet d'un règlement entre le fournisseur et l'entreprise. Il n'est pas recommandé de donner la responsabilité au réceptionnaire de refuser une livraison ; celui-ci devrait plutôt communiquer avec le service des approvisionnements s'il détecte une anomalie. L'entreprise devra prendre l'habitude d'accepter toute la marchandise qui lui est destinée ou de la refuser en entier. En effet, les transporteurs n'aiment pas servir d'entrepôt mobile ou se trouver au centre d'un litige. La rentabilité d'une entreprise de transport est générée uniquement si la marchandise à transporter se renouvelle constamment.

Le paiement

Le paiement met fin à la transaction d'achat. Aussi, dans ce cas, il est préférable de traiter chacune des transactions séparément. Si une des factures est erronée, il vaut mieux entrer en communication avec le fournisseur pour corriger la situation que de se faire justice soi-même, c'est-à-dire de déduire un crédit attendu des sommes dues au fournisseur sans son consentement. C'est une question d'éthique et de maintien d'une bonne relation d'affaires.

FIGURE 2.4

Un exemple de bon de commande

COMMANDE D'ACHAT / PURCHASE ORDER

	N° DE COMMANDE PURCHASE ORDER NO.
	DATE DE LA COMMANDE / ORDER DATE	N° RÉQUISITION / REQUISITION NO.
	CODE DE FOURNISSEUR / VENDOR CODE	SERVICE / DEPARTMENT

COMMANDÉ DE / ORDERED FROM

EXPÉDIEZ À / SHIP TO

CONDITIONS / TERMS

F.A.B. / F.O.B.

TAXE DE VENTE FÉDÉRALE
FEDERAL SALES TAX
☐ ☐ ☐ ☐
INCL . EXTRA N/A EXEMPT

TAXE DE VENTE PROVINCIALE
PROVINCIAL SALES TAX
☐ ☐ ☐ ☐

SAUF STIPULATION CONTRAIRE, LES TERMES ET CONDITIONS DU VERSO SONT APPLICABLES À CETTE COMMANDE
UNLESS OTHERWISE STIPULATED, THE TERMS AND CONDITIONS ON THE BACK HEREOF ARE PART OF THIS PURCHASE ORDER

QTÉ / QTY	U/M	DESCRIPTION	LIVRAISON / COMPTE DELIVERY / ACCOUNT	N° CAT. CAT NO.	PRIX UNITÉ / UNIT PRICE	MONTANT / AMOUNT

FACTURATION / BILLING

TOTAL

IMPORTANT LIRE ATTENTIVEMENT /   IMPORTANT READ CAREFULLY

1- INSCRIRE LE N° DE COMMANDE SUR TOUTE CORRESPONDANCE

QUOTE THE PURCHASE ORDER NUMBER ON ALL CORRESPONDENCE

2- JOINDRE À CHAQUE ENVOI LE BORDEREAU D'EXPÉDITION SOUS ENVELOPPE ROBUSTE.

SUPPLY PACKING SLIP IN HEAVY DUTY ENVELOPE WITH EACH SHIPMENT.

PAR / BY

TITRE / TITLE

1 - FOURNISSEUR- BLANCHE   SUPPLIER   - WHITE
2 - ACCUSÉ RÉCEPTION - JAUNE   ACKNOWLEDGEMENT- YELLOW
3 - COMPTABILITÉ - BLEU   ACCOUNTING - BLUE
4 - RÉCEPTION - VERTE   RECEIVING - GREEN
5 - ACHETEUR- BLANCHE   BUYER   - WHITE

FIGURE 2.5

La représentation de l'approvisionnement

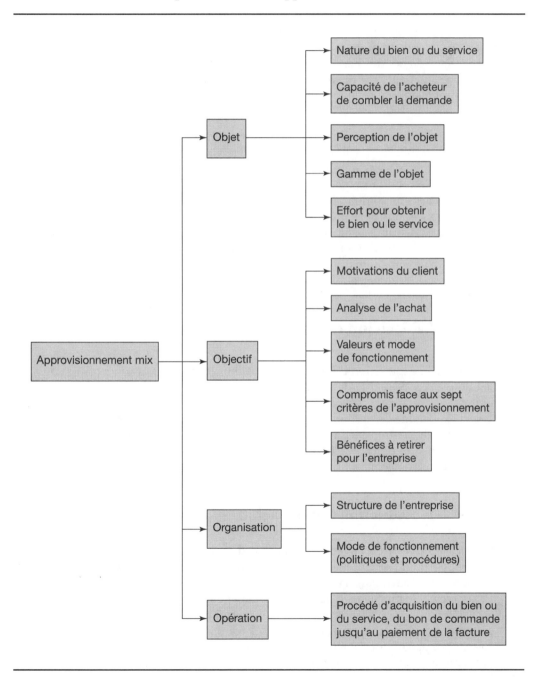

2.4.3   L'exploration du marché

Si le désir manifesté est intense et si l'approvisionnement mix est clairement défini, il y a beaucoup de chances pour que les intervenants réagissent de façon positive et veuillent poursuivre le processus d'approvisionnement en abordant la troisième étape, soit l'exploration du marché. Dans le cas contraire, la suite du processus peut être renvoyée à plus tard, à moins que celui-ci ne prenne tout simplement fin, ce qui viendra ajouter aux archives du service des approvisionnements.

Il existe plusieurs types de sources que l'acheteur doit examiner, soit les sources personnelles (la famille, les amis, les voisins, les connaissances), les sources commerciales (la publicité, les représentants, la réputation du produit, la marque, le conditionnement), les sources publiques (les catalogues de références, les tests de comparaison, les articles de revues) et celles qui sont liées à des expériences positives (l'utilisation du produit, l'examen, l'essai d'un échantillon). En tant que client, l'acheteur doit-il acheter à un détaillant? à un grossiste? à un distributeur? au fabricant? au fournisseur du fabricant? au fournisseur des matières premières? Il s'agit d'une décision importante qui influencera les ententes qu'il fera en matière d'approvisionnement.

2.4.4   La décision d'achat

À l'issue de l'exploration du marché, l'acheteur devra adopter une position de manière à répondre à la demande reçue. Parmi les critères de décision, citons l'intention d'acheter, ses préférences, le contexte social, l'importance de la source, la volonté de se conformer aux normes, le désir d'agir selon ses valeurs, l'influence de l'entreprise, la position de l'entreprise dans la chaîne de distribution et le risque perçu. La figure 2.1 (p. 46) présentée au début du chapitre indique d'autres éléments qui influencent la décision de l'acheteur.

2.4.5   L'évaluation après l'achat

La décision d'aller de l'avant dans l'achat d'un bien ou d'un service requiert une rétroaction. Cette étape axée sur le renforcement permet de modifier les probabilités d'achat dans la période à venir et met à l'épreuve le niveau de confiance envers le processus d'approvisionnement entrepris. C'est là la meilleure occasion pour le service des approvisionnements de promouvoir sa profession en tentant d'améliorer son approche et ses techniques, de mieux connaître ses sources d'approvisionnement et de mieux comprendre les attentes des clients. Malheureusement, on passe trop souvent par-dessus cette étape étant donné que le bien ou le service est déjà acquis. Pourtant, il ne faudrait pas oublier que cette démarche, qui requiert peu de temps, permet au service des approvisionnements d'enrichir ses connaissances et d'offrir un meilleur service à l'avenir.

--- **RÉSUMÉ** ---

Dans ce chapitre, nous avons distingué le concept d'approvisionnement mix du concept de marketing mix. Ces deux concepts se rencontrent lorsque, d'une part, il existe un désir de transiger et que, d'autre part, il y a une offre intéressante.

Le concept d'approvisionnement mix provient de la définition des quatre « O », à savoir l'objet, l'objectif, l'organisation et l'opération, relativement à une transaction d'affaires. L'acheteur travaillera de pair avec son client afin de préciser chaque élément qui touche le désir à combler. L'objet a trait à la nature du bien ou du service, à la capacité de l'acheteur de satisfaire à la demande, à la perception de l'objet, à sa gamme et à l'effort pour l'obtenir. L'objectif concerne les motivations du client, l'analyse de l'approvisionnement, les valeurs et le mode de fonctionnement, les compromis que l'acheteur devra faire au sujet des critères de l'approvisionnement (la quantité, la qualité, le délai de livraison, le lieu, le service, la source et le coût) et les bénéfices que retireront l'entreprise et son fournisseur. Quant à l'organisation, elle comprend la structure de l'entreprise et son mode de fonctionnement. Enfin, l'opération consiste dans le procédé qui sera adopté au regard de l'acquisition du bien ou du service.

Le processus d'approvisionnement est semblable d'une demande à l'autre. Le tout débute par le désir qui est éveillé chez le client. Ensuite, l'acheteur détermine l'approvisionnement mix. Puis, il explore le marché afin de trouver le fournisseur le plus susceptible de répondre à son désir. Par la suite, une décision est prise et des échanges s'effectuent entre le fournisseur et l'entreprise. Quelque temps après, l'acheteur évalue dans quelle mesure l'achat a répondu à son désir.

Questions

1. Qu'est-ce que l'approvisionnement mix (les quatre « O »)?

2. À quoi correspond l'objet dans l'approvisionnement mix?

3. Qu'est-ce qui différencie l'approche des bénéfices dans l'entreprise privée et dans l'entreprise publique ?

4. Que représente l'effet de levier ? Quelle est l'utilité de le calculer ?

5. Est-il possible d'obtenir un effet de levier dans le cas d'une augmentation des ventes ? Pourquoi ?

6. Quels ratios permettent de trouver le rendement de l'actif ?

7. Quelle est l'expression mathématique illustrant l'effet de levier par rapport à une variation du coût des achats ?

8. Quelle est l'expression mathématique illustrant l'effet de levier par rapport à une variation des ventes ?

9. En quoi le marketing mix est-il relié au domaine de l'approvisionnement ?

10. Quelles sont les caractéristiques du marketing mix (les quatre « P ») ?

11. Comment peut-on appliquer la pyramide des besoins selon Maslow au contexte d'un service des approvisionnements ?

p. 49

12. Quelles sont les cinq étapes du processus d'approvisionnement ?

13. Comment les données internes influencent-elles le processus d'approvisionnement ?

14. Qu'est-ce que l'évaluation après l'achat ?

■■■■■ *Exercices d'apprentissage*

1. Comment peut se manifester l'éveil du désir, qui correspond à la première étape du processus d'approvisionnement ?

2. Quelles données externes peuvent influencer un acheteur ?

3. Donnez un exemple d'un environnement économique qui joue un rôle prépondérant pour un acheteur.

4. Donnez un exemple d'un environnement technologique qui joue un rôle prépondérant pour un acheteur.

5. Donnez un exemple d'un environnement écologique qui joue un rôle prépondérant pour un acheteur.

6. Nommez trois types d'erreurs qui conduiront l'acheteur à arrêter le processus d'approvisionnement.

7. « Le poste "Stock de marchandises" dans un bilan financier peut être révélateur de l'importance qui lui est accordée et peut fournir une base de

comparaison avec d'autres entreprises du même secteur d'activité.»
Donnez un exemple de cette affirmation.

■■■□□ *Exercices de compréhension*

1. Précisez les données externes dans le cas d'un approvisionnement fait chez un manufacturier d'extincteurs.

2. Si le chiffre d'affaires d'un distributeur de chaussures en suède est de 1 million de dollars, que le prix de vente d'une paire de chaussures est de 50 $, qu'il lui en coûte 30 $ pour ses achats et que ses dépenses d'exploitation sont de 200 000 $, dont 150 000 $ sont rattachés aux coûts d'entreposage, calculez l'effet de levier sur l'approvisionnement dans le cas où il y a une baisse de 5 % du coût d'achat et de 2 % des coûts d'entreposage. Quelle devrait être l'augmentation des ventes pour que le profit net soit le même que dans le cas des baisses du coût d'achat ?

3. Quel serait le ratio du rendement de l'actif dans le cas du problème précédent si l'actif était de 400 000 $? Si l'on tient compte de la baisse de 5 % du coût d'achat et de 2 % des coûts d'entreposage, quel sera l'effet sur le ratio du rendement de l'actif ?

4. Un manufacturier de briquets à essence, qui a un chiffre d'affaires de 5 millions de dollars annuellement et une marge bénéficiaire brute de 40 %, désire augmenter son bénéfice afin de financer l'agrandissement de son usine. Pour ce faire, il embauche trois représentants commerciaux qui œuvreront dans des territoires à peine exploités par l'entreprise. L'embauche de ces représentants créera des frais d'exploitation de 100 000 $. Cependant, le président de l'entreprise espère augmenter ses ventes de 7,5 %. Le bénéfice net est évalué à 5 % du chiffre d'affaires.

   a) Calculez l'effet de levier sur les ventes et interprétez le résultat obtenu.

   b) Du même coup, l'entreprise entreprend un vaste programme de recherche en approvisionnement qui coûtera 40 000 $ mais qui devrait diminuer le coût des achats de 6 %. Calculez l'effet de levier sur l'approvisionnement et interprétez le résultat obtenu. Ne tenez pas compte de l'effet sur les ventes calculé en a).

   c) Si l'entreprise implante les deux stratégies précédentes en même temps, quel sera l'effet en pourcentage sur le bénéfice ?

5. Un distributeur de roulements à billes désire augmenter sa marge bénéficiaire brute, qui se situe actuellement à 750 000 $. Le coût de ses marchandises vendues représente 75 % de son chiffre d'affaires. Ses frais d'exploitation sont de 100 000 $. Afin d'augmenter son bénéfice, le distributeur entreprend une campagne de publicité qui lui permettra d'augmenter ses

ventes de 10 %. Cette même campagne lui coûte 50 000 $. De plus, un nouveau manufacturier de roulements à billes vient de s'implanter à quelques kilomètres du site d'affaires du distributeur. Sa stratégie de départ est de vendre ses produits finis au coût de production afin de pénétrer le marché très concurrentiel des roulements à billes. Cela aide grandement l'acheteur du distributeur. En effet, après avoir fait un calcul, celui-ci découvre qu'il économisera 8 % sur le coût des roulements à billes achetés sans que cela occasionne des dépenses exorbitantes (les dépenses causées par cette baisse du coût d'achat sont presque nulles).

a) Calculez l'effet de levier sur les ventes ainsi que l'effet de levier sur l'approvisionnement dans le cas où l'on utilise une stratégie à la fois et interprétez les résultats obtenus.

b) Par rapport au bénéfice net, y a-t-il un avantage à utiliser les deux stratégies en même temps plutôt qu'une ?

▪▪▪▪▫ *Exercices de recherche*

1. Dans le contexte d'une visite industrielle ou d'un stage dans une entreprise, examinez le processus d'approvisionnement de l'entreprise en question pour voir s'il est analogue à celui qui est présenté dans ce chapitre.

2. Une entreprise qui désire fonctionner selon une nouvelle philosophie de gestion, telle que le juste-à-temps, verra-t-elle son ratio du rendement de l'actif croître ou subir une baisse par rapport à sa situation de départ ? Expliquez votre réponse.

3. Rendez-vous dans une entreprise de votre choix. Demandez à l'acheteur s'il connaît l'effet de levier sur l'approvisionnement et quelle en est l'utilité. Si ce dernier répond négativement, démontrez-le-lui par un exemple qui lui permettra de justifier son poste (ses démarches journalières).

▪▪▪▪▪ *Cas*

Une nouvelle venue dans l'équipe des directeurs

Marie Laflèche vient d'être engagée par la firme Jouets Internationaux inc. Son supérieur immédiat lui a indiqué lors des entrevues de sélection que l'entreprise venait de créer un poste d'acheteur pour la première fois de son histoire. Marie a une formation scolaire dans ce domaine. Son supérieur, qui est enthousiasmé par son choix, désire intégrer Marie Laflèche en l'invitant à participer à la réunion de planification avec les autres directeurs de l'entreprise. Il lui révèle alors les deux questions qui seront posées à l'occasion de cette réunion :

1. À quel moment les directeurs de l'entreprise devront-ils solliciter l'expertise de Marie Laflèche ?

2. Quels bénéfices supplémentaires peuvent-ils s'attendre à obtenir avec l'arrivée de la nouvelle acheteuse ?

Question

Pouvez-vous aider Marie Laflèche à préparer des réponses aux deux questions qui seront posées lors de la réunion des directeurs de l'entreprise ?

3

Les sources
d'approvisionnement

Objectif général

Comprendre les concepts de sélection des sources
d'approvisionnement et de qualification de ces mêmes sources.

Objectifs spécifiques

◆ Décrire des moyens de s'approvisionner.

◆ Connaître les avantages de faire affaire avec un seul fournisseur
plutôt qu'avec plusieurs fournisseurs.

◆ Préciser les avantages de l'approvisionnement
fait directement auprès du manufacturier et ceux
de l'approvisionnement fait à l'aide d'un intermédiaire.

◆ Savoir ce qu'est le marketing à rebours.

◆ Appliquer les six étapes de la qualification des fournisseurs.

◆ Se familiariser avec la théorie des prix
en matière d'approvisionnement.

◆ Connaître les avantages pour un acheteur de procéder
à un appel d'offres.

◆ Se sensibiliser aux délais reliés à la réalisation d'un contrat d'achat.

◆ Connaître quelques modèles d'évaluation
des sources d'approvisionnement.

◆ Appliquer le modèle du niveau d'indifférence
dans un contexte d'approvisionnement.

Vidéotron Télécom ltée

Vidéotron Télécom ltée est une filiale du Groupe Vidéotron ltée. Cette entreprise développe et commercialise des services et des produits de télécommunication pour le marché d'affaires au Québec. Transmission de données, services de vidéoconférence, accès Internet, développement ou hébergement de sites Internet, intranet et téléphonie sont quelques-uns des services mis à la disposition de la clientèle d'affaires. Un réseau à large bande, comportant plus de 5 500 kilomètres de fibre optique, l'expertise acquise au cours des dix dernières années et une relation exceptionnelle avec la clientèle sont des bases solides qui permettent à Vidéotron Télécom d'être un partenaire à part entière et de jouer un rôle de premier plan dans l'avenir de l'industrie des communications au Québec.

Les télécommunications changent la façon de faire et de réussir en affaires. Dans ce contexte, la sélection de fournisseurs est d'une importance cruciale. Vidéotron Télécom investit un temps considérable dans la qualification de ses fournisseurs, cherchant ceux qui désirent investir avec elle dans le réseau de demain. Ainsi, l'entreprise choisit les fournisseurs selon les critères suivants :

— Ils doivent offrir une solution avant-gardiste entièrement intégrée, englobant tous les besoins actuels et futurs de la clientèle.

— Ils doivent fournir un service d'une qualité exemplaire.

— Ils doivent assurer un tarif hautement concurrentiel.

— Ils doivent développer et supporter des produits répondant à de très hauts standards de qualité.

Vidéotron Télécom ltée est une organisation jeune et dynamique qui regroupe plus de 560 personnes. Tournée vers l'avenir, l'entreprise a saisi pleinement le potentiel et la valeur que recèlent son réseau de partenaires ainsi que l'expertise et l'esprit d'entrepreneuriat de son équipe, dans un monde où convergent les technologies et les industries des communications.

Martin Corbeil
Directeur, communications et marketing

> *C'est l'action et non le fruit de l'action qui importe. Vous devez faire ce qui est juste, il n'est peut-être pas en votre pouvoir, peut-être pas en votre temps, qu'il y ait des fruits. Toutefois cela ne signifie pas que vous deviez cesser de faire ce qui est juste, vous ne saurez peut-être jamais ce qui résulte de votre geste, mais si vous ne faites rien, il n'en résultera rien.*
>
> Gandhi

INTRODUCTION

Alors que le fameux produit Big Mac, introduit par Jim Delligatti en 1968, constitue près de 19 % des ventes de McDonald's ; alors que 7 % de la population américaine mange dans les restaurants McDonald's quotidiennement ; alors qu'entre 1965 et 1989 les actionnaires de McDonald's ont bénéficié de 7 fractionnements, qui, à eux seuls, ont multiplié par 41 la valeur de l'action de McDonald's ; alors que, au moment de l'émission originale, l'action se négociait à 22,50 $ et qu'en 1989 elle valait 4 000 $[1], seulement 1 % de la population mondiale en 1997 connaissait McDonald's.

Si un géant tel que McDonald's est finalement peu connu, cela signifie qu'il reste énormément de possibilités pour d'autres sources d'approvisionnement. Ainsi, la recherche de nouvelles sources d'approvisionnement devient une fonction importante pour le service des approvisionnements. Le fait de vivre à l'âge de l'information permet aux acheteurs d'ouvrir leur horizon sur des sources possibles à l'échelle planétaire. Historiquement, la nécessité d'effectuer la recherche de nouvelles sources provenait du fait que la matière première se faisait de plus en plus rare. Par la suite, les crises économiques ont forcé les entreprises à essayer de trouver des sources moins coûteuses. De nos jours, la recherche en approvisionnement est un procédé de planification proactif visant à prévenir les entreprises face aux changements qui se produiront.

Tout acheteur recherche un fournisseur idéal, celui qui se rapproche le plus des valeurs et du mode de fonctionnement de l'entreprise qu'il représente. Parmi les qualités du fournisseur accompli, citons les suivantes : il satisfait en

---

1. Inspiré de John F. Love, *Sous les arches de McDonald's*, Paris, Éditions Michel Lafon, 1989, p. 221, 225-226.

tout temps aux exigences de l'acheteur, il n'est pas besoin de le relancer, il est flexible, il livre le lot optimal, il garantit un produit sans défaut ni rejet, il possède une assistance technique accessible, il offre un prix juste et des conditions avantageuses, il vise la réduction maximale de la paperasse, il inspire confiance, il présente une stabilité financière, il corrige les anomalies rapidement, il supporte le risque pris et il s'améliore constamment. Bref, il constitue une source qui servira de modèle à toutes les autres sources.

L'acheteur suit deux étapes lors du choix d'une source, soit la sélection et la qualification.

À l'étape de la sélection, il faut tout d'abord trouver la source, avant de se demander si, pour satisfaire le désir, il vaut mieux avoir une source unique ou multiple; s'il est préférable d'acheter ou de fabriquer le produit; de faire appel à la sous-traitance; de louer le bien ou le service; de travailler sous une forme traditionnelle ou selon une pyramide ou une hiérarchie de fournisseurs; de traiter avec le manufacturier ou avec un intermédiaire. Comment recommander une option par rapport à l'option opposée? En dernier recours, l'acheteur peut utiliser l'approche du marketing à rebours pour sélectionner ses sources. Nous verrons ces différents points dans le chapitre.

Quant à l'étape de la qualification, il s'agit d'un processus qui permet d'évaluer les sources sélectionnées. Certaines méthodes mathématiques simples reliées à une évaluation par points aident à déterminer le fournisseur ou encore le bien ou le service requis pour répondre à la demande reçue. Ces méthodes comprennent le niveau d'indifférence, la grille de pondération, différents modèles d'évaluation tels que le modèle de la prépondérance, les modèles conjonctif, disjonctif, lexicographique, attente-valeur ou du point idéal. Peu importe la manière de procéder, le but est de trouver la source idéale.

Un des éléments importants du choix d'un fournisseur est la détermination du prix, élément qui donnera une valeur à la transaction. Nous consacrerons une partie du présent chapitre à cette question. Il est important de noter que le prix fait partie du coût total. La définition du coût total sera vue plus en profondeur dans ce livre. Pour sa part, le prix tire son origine des relations basées sur le marché et sur les fournisseurs. Faire la sélection et la qualification des sources, c'est en quelque sorte attribuer une valeur à un fournisseur, à un achat ou à une série de transactions. Immanquablement, le prix se dresse entre le désir ultime et ce que l'entreprise est en mesure de payer. Il va sans dire que certaines décisions sont difficiles à prendre.

Pour terminer le chapitre, nous verrons certaines obligations relatives aux délais entourant la réalisation d'une entente. Nous finirons notre analyse des sources d'approvisionnement par la présentation de modèles d'évaluation qui permettront à l'acheteur de prendre une décision éclairée et rationnelle.

3.1 LA SÉLECTION DES SOURCES

Grâce à l'utilisation de répertoires, de revues spécialisées, d'émissions de radio et de télévision, l'acheteur procède à une sélection des sources potentielles. Au préalable, il aura pris soin de bien déterminer la source recherchée. L'annexe 3.1 (p. 117) présente une liste des répertoires permettant de sélectionner de nouvelles sources.

Les sources peuvent aussi provenir de représentants qui scrutent le marché, d'un réseau informatique tel qu'Internet, des fichiers de l'acheteur sur les fournisseurs, de visites chez les fournisseurs actuels, d'un programme de publicité orchestré par le fournisseur, de la réception d'échantillons, de rencontres avec les collègues de l'acheteur ou d'autres relations professionnelles.

Dans un article publié en 1988, Caroline Reich[2] énumère certaines caractéristiques que possède le fournisseur idéal recherché par plusieurs entreprises :

— Le fournisseur doit recourir à l'informatisation autant ou davantage que ses clients et offrir un excellent service de tenue de dossiers et de production de rapports de consommation.

— Le fournisseur doit disposer d'un système de facturation flexible.

— Le fournisseur doit vérifier les délais d'exécution des commandes et mettre tout en œuvre pour les respecter. S'il ne le peut pas, il doit avertir son client rapidement.

— Le fournisseur doit être disposé à négocier un contrat global, à long terme, pour les biens ou les services usuels et doit même en faire la suggestion.

— Le fournisseur doit être en mesure de répondre à tous les besoins de ses clients, et pas seulement à une partie de ces besoins.

— Le territoire attribué aux représentants du fournisseur devrait être assez restreint pour leur permettre de consacrer le temps voulu à chaque acheteur.

— Le fournisseur doit entretenir de bons rapports avec les fabricants et les grossistes auprès desquels il s'approvisionne.

— Le fournisseur doit enregistrer un profit raisonnable et faire des affaires depuis longtemps.

— Le fournisseur doit posséder une certaine flexibilité en matière d'expédition et de transport, notamment en assurant un emballage et une facturation séparés des commandes de chaque service de l'entreprise.

Une fois que l'acheteur se sera assuré de la présence de ces différentes caractéristiques chez le fournisseur, il lui restera à examiner ses prix !

---

2. Inspiré de Caroline Reich, « Le choix du bon fournisseur vous fait économiser plus que de l'argent », *Purchasing World*, mars 1988.

Obtenir un tel succès n'est pas une sinécure. Pour chaque situation, l'acheteur tente de définir le fournisseur idéal. Caroline Reich a décrit sa perception du fournisseur recherché. Ce n'est pas la même dans tous les cas. Pour chaque demande, l'acheteur dresse un portrait du fournisseur désiré, mais aussi de celui qui s'adapte le mieux à l'approche que préconise l'entreprise. En effet, plusieurs entreprises prônent une position claire quant au type de rapports qu'elles veulent avoir avec les sources d'approvisionnement. Nous verrons maintenant ces différentes approches.

3.1.1   Avoir une seule source ou plusieurs sources

Lors du processus de sélection des sources potentielles, l'acheteur se demande s'il fera affaire avec un ou plusieurs fournisseurs. Malgré l'adage disant qu'il est préférable de ne pas mettre tous ses œufs dans le même panier, il existe certains avantages à traiter avec une seule source. Le tableau 3.1 indique les avantages reliés aux deux options.

Comme on peut le voir, il n'est pas facile pour une entreprise de choisir une orientation vers une source unique ou vers des sources multiples. En pratique, l'entreprise éprouve une préférence pour certaines sources par rapport

TABLEAU 3.1

**Les avantages reliés à l'utilisation d'une source unique
et de sources multiples**

Source unique	Sources multiples
• Propriété exclusive de certains procédés, brevets essentiels	• Maintien de la compétitivité entre les fournisseurs
• Rendement hors pair de la part du fournisseur	• Assurance en ce qui a trait à l'approvisionnement en cas d'imprévu sur le marché
• Commande trop petite pour être divisée	• Augmentation de l'indépendance envers un fournisseur
• Économie d'échelle relativement au coût du transport et du produit lui-même	• Respect d'une politique de l'entreprise qui achète
• Produit fabriqué à partir de moules, de matrices ou de plaques	• Exigence ou incitation provenant d'une réglementation gouvernementale
• Réduction plus facile des coûts administratifs	• Flexibilité plus grande chez les fournisseurs quant au développement technologique
• Stratégie de flux de marchandises réduisant considérablement les stocks	• Possibilité de fixer ses propres normes face aux inventaires à détenir
• Échange de l'information stratégique	• Introduction plus facile d'une nouvelle source
• Entente stratégique avec un fournisseur	
• Adhésion à la culture et aux valeurs de la haute direction	

aux autres. Ainsi, il n'est pas rare de rencontrer des acheteurs qui accordent 70 % du volume de marchandises à un fournisseur, 20 % du volume à un deuxième et 10 % du volume à un troisième. Avec une telle approche, les acheteurs se ménagent une porte de sortie dans le cas où une source ne pourrait répondre adéquatement à ses demandes. Cette façon de faire sera judicieuse si la répartition s'effectue logiquement, sans discrimination, sans transgression du code de déontologie de la profession et dans le respect des lois sur la concurrence.

3.1.2   Acheter ou fabriquer le produit

Au cours du processus de sélection, l'acheteur doit déterminer s'il est préférable pour l'entreprise d'acheter le produit recherché ou de le fabriquer. Au-delà de la décision économique, il existe plusieurs raisons qualitatives de choisir une option plutôt qu'une autre (voir le tableau 3.2).

TABLEAU 3.2

Les raisons motivant l'achat ou la fabrication d'un produit

Achat	Fabrication
• La quantité requise est trop faible pour justifier la mise en route de la production.	• L'entreprise possède l'expertise.
• Le système de production n'est pas en mesure de fournir un produit de la même qualité.	• Elle a des ressources sous-utilisées.
• Le fournisseur offre un meilleur service que le système de production interne.	• Elle conserve le contrôle sur le développement technologique du produit.
• Le fournisseur possède un droit, un brevet ou une technologie qu'il est impossible d'utiliser.	• Elle prévoit une meilleure rentabilité à long terme.
• Le coût global de l'option est inférieur.	• Elle croit que cette option est la meilleure.
• Le système actuel de production est en panne ou en période de maintenance.	• Elle veut réduire le nombre de ses fournisseurs.
• Les fluctuations de la demande varient trop, ce qui crée une pression sur le système de production en place.	• Elle n'a pas confiance en une source extérieure.
• Le fournisseur apporte à l'entreprise un avantage concurrentiel autre que le produit fourni, tel que le développement de la clientèle sur un autre territoire, une meilleure position sociopolitique ou un profit indirect provenant d'autres mandats.	• Elle ne veut pas être dépendante d'une source.
	• Les employés exercent une pression sur l'entreprise pour garder la maîtrise de la fabrication.
• L'entreprise ne désire pas investir dans l'achat d'équipements.	• L'entreprise fait un choix purement émotif.
• L'entreprise fait un choix purement émotif.	

De nos jours, le choix des entreprises s'est grandement modifié. Antérieurement, l'entreprise recherchait une intégration verticale, c'est-à-dire qu'elle fabriquait les composantes, les sous-ensembles et les produits finis. Maintenant, elle concentre ses efforts sur les facteurs-clés, sur sa compétence uniquement, laissant à des fournisseurs le soin d'apporter certaines parties du produit fini. C'est ainsi qu'un comptable agréé, qui a pris l'habitude de confier certains services comptables à un client, demandera une expertise fiscale à un confrère spécialisé dans cette matière. Son opinion sera alors plus éclairée. On observe de plus en plus cette situation dans la médecine telle qu'elle se pratique aujourd'hui. Le rôle du médecin généraliste demeure, mais des spécialistes en tout genre gravitent autour de lui, l'aidant à poser des diagnostics là où son expertise est moins grande.

3.1.3   Faire appel à la sous-traitance

La sous-traitance est un mode d'acquisition de biens ou de services visant à accroître la capacité d'une entreprise de répondre à une demande. Les sous-traitants se divisent en deux catégories : les permanents et les occasionnels.

Les sous-traitants permanents interviennent lorsque l'entreprise donne la responsabilité de certaines activités à des fournisseurs. On peut penser aux cas suivants : les services d'entretien, de transport, de cafétéria, de recherche, d'informatique, d'imprimerie, de téléphonie ou de sécurité. À certains moments, un sous-traitant peut se voir confier la fabrication de certaines composantes d'un produit parce qu'il possède une technologie, une main-d'œuvre spécialisée ou un autre avantage concurrentiel.

En ce qui concerne les sous-traitants occasionnels, ils soutiennent l'entreprise au moment d'une demande accrue du marché ou d'un arrêt de production (arrêt de travail dû au bris d'une machine, à une grève, à un incendie, à une tempête de verglas, etc.).

Le tableau 3.3 indique les avantages et les inconvénients du recours à la sous-traitance comme source d'approvisionnement pour une entreprise.

Ce mode de sélection est de plus en plus populaire au Québec. C'est pourquoi le monde des affaires s'est doté d'un organisme à but non lucratif unique au monde, Sous-traitance industrielle Québec (STIQ), dont la mission est de favoriser l'établissement et le renforcement de relations d'affaires entre les entreprises. Les services offerts par la STIQ portent sur la recherche, l'évaluation et le développement de sous-traitants. Par exemple, la STIQ a exécuté un mandat pour Marconi Canada, un chef de file reconnu mondialement dans la conception, la fabrication et la vente de produits électroniques de haute technologie tels que les systèmes d'avionique, les systèmes de communications, de

TABLEAU 3.3

Les avantages et les inconvénients de la sous-traitance

Avantages	Inconvénients
La sous-traitance a pour effet de changer certaines faiblesses de l'entreprise en forces.	La sous-traitance entraîne une sous-utilisation des ressources internes.
La sous-traitance permet de transformer des frais fixes en frais variables.	L'entreprise risque de faire une mauvaise sélection.
L'entreprise confie à la sous-traitance les activités de son choix qui correspondent à des besoins qu'elle désire combler.	L'entreprise court le risque de sous-traiter de futurs facteurs-clés.
• La sous-traitance facilite la gestion des ressources humaines.	• Le fournisseur est susceptible d'augmenter ses prix lors du renouvellement du contrat.
• L'entreprise améliore son image en incorporant les forces du sous-traitant dans son procédé.	• L'entreprise risque de ne pas tenir compte du poids que représentent les frais indirects.
• La sous-traitance réduit les coûts de recherche et développement.	• En raison d'une mauvaise évaluation, l'entreprise risque de ne pas bénéficier de la relation avec le sous-traitant.
• L'entreprise tire profit de la qualité des produits offerts par le sous-traitant.	• Le passage d'un mode de fonctionnement à un autre peut causer des problèmes de continuité et d'ajustement dans l'activité sous-traitée.
• L'entreprise peut faire une meilleure gestion de la trésorerie.	
• La sous-traitance entraîne la transparence quant aux coûts.	
• La sous-traitance apporte une solution à un problème interne.	• Les ressources humaines de l'entreprise risquent de réagir face à une éventuelle perte d'emplois.
• La sous-traitance permet à l'entreprise d'augmenter sa capacité de production.	• L'entreprise fait faire un profit au sous-traitant.
• La sous-traitance donne lieu à un repositionnement des facteurs-clés de l'entreprise.	

radar et de navigation au sol, le matériel électronique destiné au transport de surface et les composantes électroniques spécialisées. Marconi voulait se doter d'un logiciel capable de rechercher des sous-traitants, d'évaluer leur rendement de même que celui des sous-traitants actuels, et ce grâce à des répertoires électroniques. La STIQ a alors reçu le mandat de développer, de faire fonctionner et d'améliorer le logiciel en question pour le service des approvisionnements de Marconi. Dans cet exemple, la STIQ a obtenu un mandat de sous-traitance de la part de Marconi pour contrôler les opérations reliées au logiciel. Ce logiciel servira à perfectionner le mode de fonctionnement choisi par le fournisseur.

3.1.4 Louer le bien ou le service

La location est une disposition contractuelle par laquelle un locateur établit des règles avec un locataire concernant l'utilisation d'un bien appartenant au locateur. Lorsque l'acheteur choisit cette option, il se trouve à faire intervenir plusieurs fournisseurs. Si l'on prend l'exemple de la décision de louer des automobiles d'une valeur totale de 500 000 $ pour le service des ventes, l'acheteur traitera avec les intermédiaires suivants :

— le locateur, qui est propriétaire des automobiles ;

— le bailleur de fonds, qui prend le risque financier de la transaction, soit 500 000 $;

— le prêteur, qui avance les fonds de 500 000 $;

— le fabricant, qui garantit l'entretien et la maintenance des automobiles ;

— l'assureur, qui protège les automobiles au nom du locataire ;

— le locataire, qui reçoit le droit d'utiliser l'automobile ;

— l'utilisateur, qui dispose de l'automobile.

Bref, ce mode requiert une excellente compréhension du rôle joué par chacun dans l'attribution d'un contrat. Le tableau 3.4 énumère les avantages et les inconvénients reliés à cette option.

TABLEAU 3.4
Les avantages et les inconvénients de la location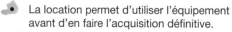

Avantages	Inconvénients
La location permet d'augmenter la capacité de production de l'entreprise pendant une très courte période.	L'entreprise paie un profit au locateur.
La location permet d'utiliser l'équipement avant d'en faire l'acquisition définitive.	Un contrat de location exige l'adoption d'un processus d'approvisionnement.
La location fait bénéficier l'entreprise d'un équipement plus récent.	Certaines clauses d'une entente de location d'un bien peuvent irriter l'une ou l'autre des parties, comme la durée d'utilisation, les assurances ou l'entretien.
La location permet à l'entreprise de se maintenir à la fine pointe de la technologie lors du renouvellement du bail.	L'entreprise est obligée de prendre le service complet du locateur même lorsqu'elle n'a besoin que d'une partie du service.
Le coût du bail est une dépense.	Le contrat de location peut comporter des coûts cachés qui deviennent importants à la fin de l'entente.
La location permet de transférer certaines parties de la maintenance au locateur.	La location exige de l'entreprise qu'elle travaille avec plusieurs fournisseurs.
La location permet à l'entreprise d'avoir une immobilisation en ne réduisant que partiellement son fonds de roulement.	

Aujourd'hui, tout se loue. Certaines entreprises font de la location leur spécialité. Dernièrement, le Salon du livre religieux de Montréal a eu à prendre une décision concernant la location. Cet événement se déroule pendant trois jours chaque année. Durant les premières années de ce salon, les kiosques étaient loués au prix de 5 000 $ par année. Si le Salon du livre religieux désirait acheter les kiosques, il devait débourser la somme de 12 000 $, soit un rendement de l'investissement sur trois ans. L'acheteur du Salon a recommandé aux organisateurs de conclure des ententes de trois années avec les éditeurs, les diffuseurs et les libraires, terme pour lequel l'investissement serait une option intéressante. Faute d'une telle entente, le risque pour le Salon serait trop élevé pour justifier l'achat des kiosques. Un contrat exhaustif a lié tous les intervenants et assuré l'engagement de chacun pour la durée minimale de trois ans. La commande de fabrication des kiosques devait découler de cette entente. L'annexe 3.2 (p. 121) présente les différentes clauses d'un contrat de location.

3.1.5 Travailler selon une pyramide ou une hiérarchie de fournisseurs

L'approvisionnement selon une pyramide ou une hiérarchie de fournisseurs est un processus d'organisation des fournisseurs qui vise à réduire le nombre d'interactions et le contrôle des différentes sources d'approvisionnement. L'acheteur n'a alors qu'à traiter avec les fournisseurs de premier niveau. Les fournisseurs de premier niveau supervisent les fournisseurs de deuxième niveau, et ainsi de suite. C'est le cas de General Motors. D'ailleurs, John McMillan écrit : « [...] jusqu'au début des années 1980, General Motors assemblait les sièges automobiles dans ses usines, achetant les composantes (comme les structures, les ressorts ou les tissus) à 8 à 10 fournisseurs. Maintenant, elle achète les sièges à un fournisseur qui a la responsabilité d'acquérir les pièces d'autres fournisseurs[3]. » C'est ainsi que certaines entreprises canadiennes et québécoises font des composantes de sièges pour les automobiles de General Motors sans avoir reçu le contrat de General Motors.

Fedrick Markos, ancien vice-président d'Hydro-Québec, croit que l'industrie automobile adoptera sous peu le modèle de gestion des approvisionnements pyramidal des Japonais. En effet, selon certaines statistiques, General Motors produit 6 millions de véhicules par année et a besoin de 6 000 acheteurs pour traiter avec 1 500 fournisseurs, alors que Toyota produit 3,6 millions de véhicules avec 340 acheteurs et 180 fournisseurs de premier niveau. Les 180 fournisseurs traitent avec 4 700 fournisseurs de deuxième niveau. Quant à ces

---

3. John McMillan, « Managing suppliers incentive systems in Japanese and U.S. industry », *California Management Review*, été 1990, p. 38-55 ; notre traduction.

derniers, ils traitent avec 31 600 fournisseurs de troisième niveau. La figure 3.1 permet de comparer l'approche traditionnelle avec l'approche pyramidale pour un fabricant de jeux de société.

FIGURE 3.1

L'approche traditionnelle et l'approche pyramidale

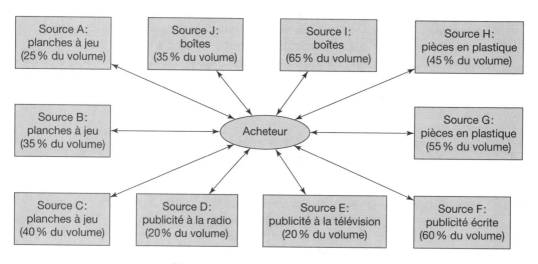

Figure 3.1*a* **L'approche traditionnelle**

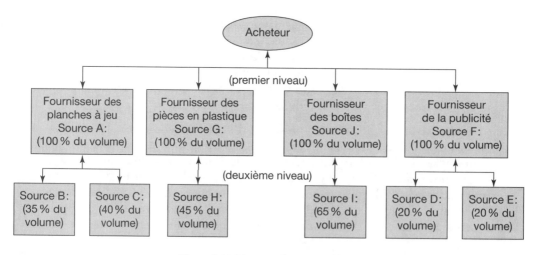

Figure 3.1*b* **L'approche pyramidale**

L'industrie automobile qualifie ses sources selon le niveau qu'occupe chacune d'elles. Ainsi, certains fournisseurs sont de premier niveau, c'est-à-dire qu'ils reçoivent leurs mandats directement du fabricant automobile. La pression qui s'exerce sur cette source est énorme, car une accumulation d'erreurs peut reléguer ce type de fournisseur au deuxième niveau ; par conséquent, il ne recevra qu'une partie du volume obtenu par le fournisseur de premier niveau. La concurrence entre les niveaux exige des fournisseurs une amélioration continue de leurs produits.

3.1.6   Traiter avec le manufacturier ou avec un intermédiaire

L'acheteur qui recherche une réduction du coût d'acquisition d'un bien ou d'un service se doit d'aller au-delà de la chaîne de distribution traditionnelle. Le désir très répandu d'éliminer les intermédiaires, tels que les agents manufacturiers, les grossistes, les détaillants et les courtiers, vise à permettre à l'entreprise de récupérer la marge de profit prise par chacun d'eux. Le fait de payer plus cher un produit parce qu'il provient d'un intermédiaire plutôt que du manufacturier va à l'encontre de la mission de l'approvisionnement. Pourtant, les manufacturiers souhaitent pouvoir s'appuyer sur un réseau d'intermédiaires. Ce paradoxe s'explique. Un acheteur cherche auprès de ses intermédiaires une justification pour maintenir ses relations d'affaires avec eux, espérant obtenir d'autres bénéfices que le bénéfice économique. Le tableau 3.5 (p. 92) énumère les avantages et les inconvénients de faire affaire avec un intermédiaire.

Malgré les inconvénients mentionnés dans le tableau 3.5, les fabricants tendent de plus en plus à recourir, pour les raisons qui suivent, à des intermédiaires pour la distribution des biens.

L'importance relative de la distribution   La distribution ne représente pas un facteur-clé pour le fabricant ; elle n'est pas sa raison d'être. De plus en plus, les manufacturiers ont besoin de fonds pour investir dans la recherche et le développement de nouveaux produits. Plus ils conservent le contrôle de certains secteurs, plus cela requiert de capitaux. C'est pourquoi ils préfèrent sous-traiter la distribution en s'adressant à des spécialistes plus performants qu'eux-mêmes.

La mondialisation des marchés   La mondialisation des marchés a compliqué la distribution des biens. Alors qu'antérieurement les entreprises effectuaient un simple déplacement des marchandises, aujourd'hui elles font face à une gestion de la logistique qui est devenue une fonction stratégique majeure dans le succès d'une entreprise. En effet, la logistique, telle qu'elle est définie

TABLEAU 3.5

Les avantages et les inconvénients du recours à un intermédiaire

Avantages	Inconvénients
• L'entreprise a la possibilité d'acheter de plus petites quantités. • Elle peut faire financer les frais d'entreposage par l'intermédiaire. • Elle obtient un service plus personnalisé. • Elle reçoit son approvisionnement plus rapidement. • L'intermédiaire se trouve proche de l'entreprise. • L'entreprise peut acheter plusieurs produits au même endroit. • Elle peut obtenir du crédit. • Elle peut s'approvisionner sur un marché local. • Elle bénéficie de la connaissance de l'intermédiaire sur les produits complémentaires et sur les substituts. • Elle obtient une correction plus rapide des anomalies. • Elle investit constamment dans le canal de distribution.	• L'intermédiaire conserve la différence entre le coût d'acquisition et le prix de vente. • Il est moins au fait des progrès technologiques. • Il se préoccupe peu de recherche et développement. • Il est à la merci du service qu'offre le manufacturier. • La diffusion de l'information sur les produits est plus grande, ce qui amène l'entreprise à s'interroger sur la ligne de produits offerte.

actuellement, vise à optimiser la coordination dans la chaîne de distribution — laquelle comprend le fabricant, le distributeur et le client —, pour favoriser le meilleur mouvement des biens au coût le plus bas possible.

La force de vente   Lorsque le fabricant possède sa propre force de vente, il doit gérer des ressources humaines et faire des dépenses reliées à un réseau de vente. Ainsi, il est préférable de recourir à un intermédiaire, dont la force de vente représente plusieurs lignes de produits.

La gestion des stocks   La gestion des stocks est devenue une spécialité, et ses spécialistes se trouvent chez les intermédiaires. En effet, les intermédiaires ne peuvent vivre que grâce à la marge qui existe entre le coût d'acquisition du bien et le prix de vente. Alors que le fabricant contrôle 100 % de ses coûts, l'intermédiaire tente d'obtenir un profit avec des marges brutes variant de 15 % à 25 %. La principale dépense d'une entreprise de distribution demeure l'acquisition de stocks. Très rapidement, les intermédiaires ont compris l'importance de bien gérer le niveau de stocks et ils ont acquis une expertise dans ce domaine.

La maîtrise de l'information   Les technologies de l'information exercent une pression additionnelle sur le fabricant qui voudrait tout contrôler lui-même.

Les choses avancent si rapidement que chacun a sa spécialité et se doit de maîtriser une partie de l'information considérable qui déclenche et oriente les transformations requises par le mouvement des biens.

L'approvisionnement dans une situation d'urgence   La garantie de l'approvisionnement se faisait jadis par la possession du stock sur les lieux de transformation. Aujourd'hui, le service des approvisionnements a recours à une gestion de l'approvisionnement dans une situation de crise pour prévenir l'arrêt de la circulation des biens. Les intermédiaires occupent une place prépondérante dans la gestion des situations de crise. En effet, au lieu de garder toutes les pièces de plomberie sur les lieux de 10 entreprises, au cas où il y aurait un bris de tuyaux, celles-ci se tournent maintenant vers des distributeurs qui font la gestion des tuyaux en se basant sur la probabilité qu'au maximum 3, 4 ou 5 d'entre elles auront besoin d'un tuyau rapidement durant le délai de réapprovisionnement. L'intermédiaire aura donc réduit la quantité minimale de tuyaux de 10 à 5.

L'emballage et le conditionnement   L'emballage et le conditionnement des produits constituent une dépense importante lors de la transformation des biens. Le fabricant tente de protéger, au-delà des exigences ou des besoins, les biens durant leur transport, alors que l'expertise de l'intermédiaire, qui manipule quotidiennement ces biens, permet d'obtenir l'emballage approprié à leur protection.

3.1.7   Utiliser le marketing à rebours

Le marketing à rebours est une approche imaginative, car elle demande à l'acheteur de faire une offre à une source d'approvisionnement. L'offre doit être complète et apporter une réponse aux questions suivantes.

Pourquoi ?   En approchant un fournisseur en vue de l'intégrer dans la stratégie globale de l'entreprise, l'acheteur doit définir parfaitement le rôle que l'entreprise veut le voir jouer, le type d'approvisionnement qui s'établira avec lui et ses possibilités de profit.

Quoi ?   L'acheteur décrit les produits ou les services inclus dans l'offre.

Qui ?   Il faut que l'offre comprenne le nom des personnes qui seront responsables de la négociation de l'entente et celui des personnes qui auront la tâche d'évaluer la relation.

Comment ?   L'acheteur doit décrire les règles entourant l'approvisionnement (les transactions périodiques) et le mode d'évaluation des transactions.

Où ?   Cette question doit aller au-delà de l'aspect géographique. Il est important, en effet, de préciser aussi le type de fournisseur recherché, à savoir un fournisseur local ou de classe mondiale, le nombre de points de livraison, le nombre de sources sollicitées à l'échelle mondiale ainsi que tous les aspects relatifs au flux des marchandises transigées.

Quand ?   Un calendrier d'approvisionnement doit être établi, car il aura une influence directe sur la rentabilité des transactions.

Combien ?   Il est nécessaire que le fournisseur connaisse le volume qui se transigera avec lui de façon globale et par transaction.

Quel prix ?   Le prix d'acquisition du produit peut être déterminé sur la base du coût, du marché ou de la position concurrentielle. Le prix basé sur le coût tient compte du coût de revient de fabrication qui est prévu. Quant au coût basé sur le marché, une recherche en marketing indiquera un prix de vente, qui se traduira par un coût d'acquisition. L'entente reflétera alors le montant d'argent disponible pour conclure la transaction avec le fournisseur. Enfin, en ce qui concerne le coût basé sur la position concurrentielle, pour faire une percée sur le marché, le service du marketing doit offrir un prix meilleur que celui de la concurrence. Le coût d'acquisition indiqué sur le contrat devra concorder avec la position concurrentielle souhaitée.

Le fournisseur qui reçoit l'offre doit y trouver son profit ; à ce titre, il peut accepter, refuser ou modifier la proposition reçue. Le plus grand défi pour l'acheteur est de ne pas se tromper dans l'adoption de sa stratégie. Le choix du fournisseur doit en effet s'aligner sur la stratégie globale de l'entreprise. Régulièrement, les deux parties doivent s'asseoir ensemble pour évaluer la relation ou pour la réorienter. Par exemple, un acheteur travaillant dans un hôpital peut approcher un fournisseur du service de la nutrition et lui faire une offre plutôt que d'attendre une proposition de ce dernier. Ainsi, il lui dira que les repas doivent être conformes au *Guide alimentaire canadien*, être diversifiés, obéir à un cycle de quatre semaines (le même repas ne reviendra pas au menu avant quatre semaines) et représenter un coût unitaire de 3,25 $, incluant le prix de la nourriture, de la main-d'œuvre et de la logistique. Quant au fournisseur, il peut accepter ou refuser cette offre.

3.2   LA QUALIFICATION DES FOURNISSEURS

Il existe plusieurs méthodes pour évaluer une source. Parmi celles-ci citons l'évaluation informelle, la rencontre avec la source, la réputation du fournisseur ou du produit, l'évaluation d'échantillons, un système formel d'évaluation, un système de notation pondérée et le processus de qualification des fournisseurs. Nous examinerons cette dernière méthode, qui s'avère la plus complète étant donné qu'elle englobe les autres méthodes d'évaluation.

Le processus de qualification des fournisseurs poursuit les buts suivants :

— déterminer le fournisseur idéal (celui qui performera le mieux) ;

— améliorer un des critères de l'approvisionnement mix ;

— obtenir davantage des sources actuelles ;

— distinguer les aspects stratégiques de l'entreprise qui influencera la stratégie d'approvisionnement ;

— obtenir un certain respect de la part du marché grâce à une démarche sérieuse ;

— conclure des ententes mutuellement profitables ;

— réduire le nombre de fournisseurs ;

— mieux positionner l'entreprise sur le marché face à ses concurrents ;

— passer d'un climat basé uniquement sur des relations à un climat basé sur l'intégration.

Ainsi, la qualification des fournisseurs est un processus d'évaluation structuré qui vise à découvrir les fournisseurs capables de procurer à l'entreprise les biens ou les services dont elle a besoin.

Ce processus tente de générer plusieurs types de bénéfices, tels qu'une meilleure gestion des fournisseurs, une réduction du coût total de l'approvisionnement, une amélioration de la qualité, de meilleures relations de travail autant à l'intérieur de l'entreprise qu'à l'extérieur de cette dernière, un approvisionnement à plus long terme, l'échange de certains renseignements, un meilleur processus de résolution de problèmes, la réduction de la paperasse, une motivation différente face au marché et une productivité accrue des ressources. Pour être efficace, le processus de qualification devra être structuré, flexible, simple, global, précis, créatif et rentable.

Trois éléments s'avèrent essentiels dans cette démarche, à savoir :

— l'intégration des fournisseurs au système actuellement en place ;

— la reconnaissance d'un fournisseur susceptible d'aider l'entreprise en ce qui concerne la rentabilité, la productivité et la position concurrentielle ;

— l'établissement d'un processus basé sur la consultation, le travail en équipe et la participation des autres services de l'entreprise.

Le processus de qualification des fournisseurs comporte six étapes, soit la détermination des besoins à combler, l'établissement des objectifs à réaliser, l'évaluation des fournisseurs, le choix d'une base réduite de fournisseurs, l'établissement d'une relation étroite et l'évaluation du processus de qualification des fournisseurs.

La première étape, qui consiste dans la détermination des besoins à combler, comprend la définition du mandat, la consultation dans l'entreprise et à l'extérieur de l'entreprise, l'établissement des ressources nécessaires et la composition d'une équipe.

Pour ce qui est de la deuxième étape, soit l'établissement des objectifs à réaliser, il s'agit de définir des objectifs quantifiables, mesurables et réalisables.

Pierre Beaulé, chargé de cours en approvisionnement à l'École des Hautes Études Commerciales, propose la liste suivante de critères de qualification :

— la qualité, qui comprend le système de contrôle et d'amélioration de la qualité, la formation du personnel et la certification ISO ;

— la livraison, soit les délais, la flexibilité et la localisation de la source ;

— l'appareil de production, qui inclut le système de planification et de contrôle, la gestion des stocks à toutes les étapes, le retrait des produits défectueux, le contrôle des temps de production et le désir de partager la technologie utilisée ;

— le prix, soit le prix initial du produit, la surcharge possible, l'escompte et les coûts associés (comme la livraison) ;

— la position financière, à savoir la rentabilité (profits bruts et nets, liquidités) et la croissance (ventes, profits et actifs) ;

— la technique, qui comprend la technologie utilisée, la formation du personnel, la R & D (recherche et développement) sur les produits et le niveau d'informatisation ;

— le management et l'organisation, c'est-à-dire la structure de l'entreprise (les tâches, les fonctions, la spécialisation), les compétences des dirigeants et des cadres supérieurs, la compatibilité avec les valeurs et le mode de fonctionnement de l'entreprise, l'avantage concurrentiel, la compréhension des facteurs de succès et les plans à long terme sur une expansion ou sur d'autres changements ;

— le service après-vente, soit la formation du personnel de soutien et l'accessibilité des pièces ;

— l'attitude et la volonté, à savoir la volonté du fournisseur de faire affaire avec l'entreprise, les relations contractuelles passées (les problèmes éprouvés et le processus suivi pour les résoudre), la possibilité de s'entendre à long terme et la compréhension du fournisseur quant aux objectifs de l'entreprise et à son contexte ;

— la gestion des ressources humaines, qui comprend les relations du travail passées et actuelles de même que le type de formation donnée et sa fréquence ;

— l'approvisionnement, soit les objectifs poursuivis dans ce domaine, le processus d'inspection, de retrait et de retour des produits défectueux ainsi que la formation du personnel ;

— les autres critères, c'est-à-dire la taille de l'entreprise du fournisseur par rapport à l'entreprise cliente, le type de clients servis et la satisfaction de ces derniers, et enfin la localisation du fournisseur et la facilité de communiquer avec lui.

À la troisième étape, qui est l'évaluation des fournisseurs, l'entreprise devrait disposer d'une méthode systématique et quantifiable pour donner une note à chaque critère évalué. Une méthode courante consiste à utiliser une grille de pondération (voir l'annexe 3.4, p. 123).

Lors de la quatrième étape, soit le choix d'une base réduite de fournisseurs, l'entreprise dresse une liste des fournisseurs qui répondent à ses besoins et à ses objectifs. Il s'agit d'un premier tri.

La cinquième étape consiste dans l'établissement d'une relation étroite. L'entreprise sélectionne alors une ou plusieurs sources qui devraient répondre aux besoins précisés à la première étape du processus. Elle pourra alors établir avec cette source ou ces sources une relation basée sur la poursuite de ses objectifs et sur la satisfaction de ses besoins actuels et futurs.

La dernière étape est l'évaluation du processus de qualification. Après qu'un certain temps s'est passé, l'entreprise procède à l'analyse des écarts entre ses objectifs et les résultats qu'elle a obtenus.

3.3 LE PRIX

Dans le choix d'un fournisseur, l'entreprise doit considérer la fixation d'un prix. Le prix représente la valeur du bien ou du service à acquérir. Pour le fournisseur, le prix s'établit à partir d'éléments provenant soit de l'environnement général (la conjoncture économique, les lois et la réglementation, ses propres politiques, les habitudes d'achat de ses clients), soit du marché (la concurrence, le cycle de vie du produit, l'offre et la demande, l'effort pour acquérir le bien ou le service), ou des initiatives des fournisseurs qui désirent obtenir un bénéfice différent.

Pour l'acheteur, le prix aura des répercussions majeures sur les autres services de l'entreprise, pouvant aller jusqu'à menacer la survie de cette dernière. Un acheteur doit aller au-delà du prix et tenir compte du coût total de la transaction. Ce coût inclut le prix de départ du fournisseur, le coût du transport, le coût de l'emballage, les frais de douane, le taux de change des devises, les frais de financement et d'autres frais inhérents à l'acquisition du bien ou du service.

Le choix de l'acheteur se portera sur le coût total le plus bas. Nous verrons maintenant, en matière de prix, l'image et l'interprétation du prix, la provenance des différents prix de même que les remises, les rabais, les réductions et les escomptes.

Précisons d'abord que l'acheteur ne doit pas mésestimer les lois régissant la détermination des prix, dont la plus connue est la Loi sur la concurrence, ainsi que les pratiques relatives aux marges, aux remises, aux rabais ou à d'autres avantages similaires. Toutes ces dispositions visent à laisser libre cours à la concurrence des prix sur le marché, à empêcher la formation de coalitions, de cartels, de collusions, à éviter la tricherie, la discrimination entre distributeurs, l'utilisation d'une force abusive dans la détermination du prix, les rabais illusoires, les remises occultes ou tout autre comportement répréhensible. Les lois sont votées par les gouvernements, et la trangression de ces dernières mérite d'être dénoncée et punie. Sans compter que de telles pratiques peuvent ternir la profession tout entière.

3.3.1 L'image et l'interprétation du prix

Le prix représente la valeur de la transaction avec un fournisseur. Pour le fournisseur, c'est une décision très importante, car un prix trop élevé entraînera probablement une mévente, alors qu'un prix trop bas causera un manque à gagner.

Un acheteur doit connaître l'interprétation que fait le fournisseur de la notion de prix. Pour l'un, le prix de vente provient de son prix de revient ajouté à son bénéfice (concepts américain et européen). Pour l'autre, le prix de vente moins son bénéfice détermine son prix de revient (concept asiatique). Cette nuance peut avoir un effet majeur sur le véritable prix à payer pour obtenir le bien ou le service. Ainsi, une entreprise japonaise fabriquant des chaînes stéréo détermine, à partir de plusieurs études, un prix de vente sur le marché québécois. À partir de ce prix de vente, elle enlève le profit qu'elle recherche, ce qui lui laisse le coût de fabrication. L'entreprise japonaise tentera de fabriquer le meilleur produit en fonction du coût de fabrication établi. Par contre, l'entreprise nord-américaine établit la qualité du produit recherché par le consommateur. Par la suite, elle calcule son coût de fabrication et son profit, ce qui donne le prix de vente de la chaîne stéréo. Bref, l'entreprise japonaise a ciblé le prix de vente avant de fabriquer le produit, alors que l'entreprise nord-américaine a défini le produit avant de fixer le prix de vente.

Avant de décider d'un prix, il faut que l'acheteur s'assure que le fournisseur choisi fera un bénéfice raisonnable. Un fournisseur qui vend à perte est une bombe à retardement qui constituera un risque important pour l'acheteur. En effet, le fait de reprendre la sélection et la qualification d'un nouveau fournisseur exige des ressources que l'entreprise ne tient pas à investir. La rentabilité de la transaction, à savoir qu'un bénéfice reviendra à chacune des parties, est une affaire d'éthique pour l'acheteur.

Par contre, un acheteur ne doit pas se laisser influencer par la notion de prix psychologique, c'est-à-dire avoir une idée préconçue du prix en l'associant à un autre paramètre. Par exemple, certains acheteurs font une relation entre le prix payé et la qualité d'un fournisseur. Un fournisseur habile démontrera à l'acheteur la qualité du produit offert pour ensuite lui faire accepter un écart entre le prix de vente réel et le prix que son client est prêt à payer. Dans la préparation de la rencontre portant sur la fixation du prix, l'acheteur analysera les différentes possibilités. L'entreprise s'attend à ce que ce dernier achète au bon prix et non sur la base d'un prix établi selon une perception.

3.3.2   La provenance des différents prix

Pour qu'il y ait un consentement sur le prix de la transaction, il doit y avoir au départ une offre. L'offre proviendra de l'une ou l'autre des parties. L'acceptation de l'offre par l'autre partie déterminera la valeur du bien ou du service qui sera acquis. Une offre doit être sérieuse, c'est-à-dire marquer une volonté réelle de s'engager, et complète, autrement dit comporter tous les éléments essentiels d'un contrat. Si un des éléments est manquant, l'offre ressemblera plutôt à une invitation à des pourparlers. Ainsi, le prix indiqué dans le pare-brise d'une voiture représente une invitation à passer un contrat, car il est fonction de la description complète de l'objet, soit la voiture, et d'une volonté sérieuse de transiger. De même, une enseigne «à vendre» d'un agent immobilier représente une invitation à conclure une entente, car la personne désirant faire l'acquisition de l'immeuble présentera éventuellement une offre avec l'intention d'en faire l'acquisition.

En général, le prix peut avoir cinq origines, à savoir le prix affiché, le prix provenant d'une liste de prix, le prix négocié, le prix du marché et l'appel d'offres.

Le prix affiché

Une des façons de connaître le prix de la transaction consiste à regarder l'étiquetage des biens. Cette manière de faire s'observe souvent dans les magasins qui offrent leurs produits au public.

Le prix provenant d'une liste de prix

Certaines ententes spécifient que les prix peuvent fluctuer dans le temps, soit à la baisse ou à la hausse. Le fournisseur préparera alors une liste de prix avec une date d'entrée en vigueur, alors que le contrat indiquera la manière d'interpréter cette liste de prix. Le tableau 3.6 donne un exemple de prix basé sur un volume d'achat.

TABLEAU 3.6

Une liste de prix du fournisseur ABC

Produit	Prix unitaire				
	De 1 à 1 000 unités	De 1 001 à 5 000 unités	De 5 001 à 10 000 unités	De 10 001 à 20 000 unités	20 001 unités ou plus
3325	0,18 $	0,17 $	0,16 $	0,15 $	0,14 $
4123	0,21 $	0,19 $	0,17 $	0,15 $	0,14 $
5530	0,33 $	0,32 $	0,31 $	0,30 $	0,30 $
6518	0,28 $	0,28 $	0,28 $	0,26 $	0,26 $

Ainsi, l'acheteur aura le choix d'acheter le produit 3325 dans un volume de 1 à 1 000 unités à 0,18 $ l'unité, de 1 001 à 5 000 unités à 0,17 $ l'unité, de 5 001 à 10 000 unités à 0,16 $ l'unité, de 10 001 à 20 000 unités à 0,15 $ l'unité ou de 20 000 unités ou plus à 0,14 $ l'unité. Avec l'aide d'autres renseignements, il choisira le prix correspondant le mieux à ce que recherche son entreprise.

Le prix négocié

Le prix négocié est le prix obtenu à la suite d'une négociation au cours de laquelle les parties ont fixé la valeur du bien ou du service. Cette entente peut être privée ou semi-privée. Il y a deux types de prix négociés : le prix net à l'achat et le prix comprenant une remise à la fin d'une période. Le prix net à l'achat s'avère semi-privé, car il se trouve sur une facture. En effet, si par mégarde cette facture est envoyée à la mauvaise adresse, il y a de fortes chances pour que le prix négocié soit connu des clients ou des concurrents, ou encore qu'un prix spécial ne soit pas attribué aux fins prévues. Par exemple, un distributeur d'une matière de base achète un wagon de 80 000 kilos de cette matière à un prix net pour le projet A, qui n'a besoin que de 60 000 kilos ; ce distributeur pourra utiliser les 20 000 kilos restants comme avantage concurrentiel pour le projet d'un autre client. La remise en fin de mois garde confidentiel ou privé le prix final ; par contre, il faudra remplir plus de paperasse pour le réclamer. Ce choix appartient à la relation entre le fournisseur et le client.

Le prix du marché

Le prix du marché est le prix qui provient de l'offre, de la demande et des stocks. Ce prix est généralement obtenu par des mouvements boursiers, des décisions politiques qui s'y rattachent et des prévisions sur l'évolution du marché. Comme l'écrit Marie de Varney :

> Les produits de base sont souvent considérés comme des indicateurs de la croissance pour maintes raisons, et en particulier celle-ci, évidemment : un pays en pleine croissance achète des matières premières ; dans le cas contraire, il regarde à la dépense. La récession économique que traversent la plupart des pays industriels depuis quelques années est la cause première du plafonnement de la consommation et, par conséquent, de la baisse des prix[4].

L'appel d'offres

Le service des approvisionnements utilise fréquemment l'appel d'offres pour obtenir un prix. Un appel d'offres complet et bien préparé ne laisse place qu'à une inconnue, soit la détermination du prix. L'appel d'offres est utilisé dans deux cas distincts, à savoir :

— lors d'une procédure d'appel à la concurrence entre plusieurs fournisseurs selon laquelle des demandes d'achat sont approuvées et des sources d'approvisionnement sont choisies en fonction des conditions établies ;

— lors d'une opération, appuyée par un cahier des charges, par laquelle l'acheteur éventuel de biens, de fournitures ou de services invite des fournisseurs potentiels à faire une proposition précise (soumission, devis, offre de service) en vue de la conclusion d'une entente.

Dans ces deux cas, l'appel d'offres vise à solliciter des propositions du marché sans garantir la volonté de transiger. Il existe deux types d'appels d'offres :

— L'appel d'offres sur invitation, où seuls les fournisseurs qui ont été approchés par l'entreprise peuvent soumissionner. Cette manière de faire comporte des avantages et des inconvénients (voir le tableau 3.7, p. 102).

— L'appel d'offres public, qui consiste en un avis diffusé au public permettant à toutes les entreprises de soumissionner. Tout comme l'appel d'offres sur invitation, cette forme comporte des avantages et des inconvénients (voir le tableau 3.8, p. 102).

---

4. Marie de Varney, *Les matières premières*, Paris, Le Monde Éditions, 1995, p. 122.

TABLEAU 3.7

Les avantages et les inconvénients de l'appel d'offres sur invitation

Avantages	Inconvénients
• Il s'agit d'une procédure assez rapide et peu coûteuse dans le contexte d'un organisme public. • Elle s'adresse à des fournisseurs choisis. • Elle permet de cibler l'expertise des fournisseurs. • Le choix s'effectue rapidement. • Cette procédure évite les problèmes qui pourraient survenir avec des fournisseurs peu recommandables.	• Cette procédure ne respecte pas les règles démocratiques. • Elle élimine des fournisseurs potentiels. • Elle favorise certaines sources au détriment d'autres. • Elle peut susciter la réplique des fournisseurs qui n'ont pas été invités. • Elle ne garantit pas le meilleur prix à l'entreprise.

TABLEAU 3.8

Les avantages et les inconvénients de l'appel d'offres public

Avantages	Inconvénients
• Cette procédure est une sollicitation juste et équitable des sources. • Le principe d'équité est respecté. • L'entreprise a plus de chances d'obtenir le meilleur prix. • Cette procédure laisse agir la libre concurrence entre les sources. • Elle laisse peu de place à l'interprétation de l'approvisionnement mix.	• Cette procédure limite le choix au bien ou au service décrit. • Il s'agit d'un processus long et coûteux. • Cette procédure n'est pas flexible dans les situations d'urgence. • L'entreprise risque de recevoir des soumissions de la part de fournisseurs peu recommandables. • Cette procédure laisse peu de place aux avantages qualitatifs des fournisseurs. • Le rendement démontré par les fournisseurs n'est pas considéré dans la décision concernant l'attribution d'un contrat. • Il y a beaucoup de paperasse à remplir.

La culture d'entreprise détermine le type d'appel d'offres voulu. Par contre, les organismes publics doivent suivre des règles très strictes en cette matière. Ainsi, un appel d'offres public doit être diffusé dans un quotidien connu. L'encadré ci-contre présente un exemple d'appel d'offres public.

McGill
APPEL D'OFFRES

projet 978-11
NOUVEAU PAVILLON
DES SERVICES AUX ÉTUDIANTS
LOT 1 DÉMOLITION

PROPRIÉTAIRE :
Université McGill
840, avenue Docteur-Penfield
Montréal (Québec)

GESTION DE PROJET :
GESPRO S.S.T. INC.
1372, rue Notre-Dame Ouest, 2e étage
Montréal (Québec)

ARCHITECTES :
Architem + Fichten Soiferman Architectes
3431, rue Drummond, bureau 300
Montréal (Québec)

INGÉNIEURS EN STRUCTURE :
Saïa Deslauriers Kadanoff
1, Place-du-Commerce, bureau 270
Île-des-Sœurs (Québec)

INGÉNIEURS EN MÉCANIQUE ET EN ÉLECTRICITÉ :
Génivar
8355 A, boul. Saint-Laurent
Montréal (Québec)

L'Université McGill, propriétaire, demande des soumissions pour la démolition du bâtiment situé au 1000-1002, avenue Docteur-Penfield.

Les plans, devis et documents contractuels pourront être obtenus au bureau de l'architecte au coût de cinquante dollars (50 $), non remboursables, **à partir de 13 heures, le 20 mai 1998.** Pour des renseignements, appelez Patrick Bernier au (514) 849-1277.

Les soumissions dans les enveloppes cachetées et adressées au soussigné seront reçues à l'Université McGill, Développement des installations, 840, avenue Docteur-Penfield, bureau 413, Montréal (Québec) H3A 1A4, **jusqu'à 15 heures, heure en vigueur localement, le 10 juin 1998,** pour être ouvertes publiquement au même endroit, le même jour et à la même heure.

→

McGill
APPEL D'OFFRES (*suite*)

Les soumissions devront être accompagnées d'un chèque visé d'un montant correspondant à 10 % de la valeur de la soumission à l'ordre du propriétaire, Université McGill, ou d'un cautionnement de soumission, établi au même montant, valide pour une période de soixante (60) jours de la date d'ouverture des soumissions. Cette garantie de soumission devra être échangée à la signature du contrat contre une garantie d'exécution et une garantie des obligations pour gages, matériaux et services. Lorsque ces garanties sont sous forme de cautionnement, le montant de chacune d'elles correspond à 50 % du prix du contrat et lorsqu'elles sont sous forme de chèque visé, le montant de chacune d'elles correspond à 10 % du prix du contrat.

Seules seront considérées aux fins d'octroi du contrat les soumissions des entrepreneurs ayant un établissement au Québec ou, lorsqu'un accord intergouvernemental est applicable, dans une province ou un territoire visé par cet accord, et détenant, le cas échéant, la licence requise en vertu de la Loi sur le bâtiment (L.R.Q., c.B-1-1).

Les entrepreneurs soumissionnaires sont responsables du choix des sous-traitants, tant pour leur solvabilité que pour le contenu de leurs soumissions.

Toutes les soumissions devront être faites conformément aux dispositions du Règlement sur les contrats de la construction des immeubles des commissions scolaires en vigueur depuis le 16 août 1990 (Décret 1015.90 comme modifié par le Décret 360-94).

Une visite des lieux est prévue le **28 mai 1998, à 10 heures**, à l'emplacement des travaux. Les intéressés pourront se présenter à l'extérieur, sur le parterre avant du 1000-1002, avenue Docteur-Penfield. Il est à noter qu'aucun stationnement n'est offert à cette adresse. Les soumissionnaires devront se nommer et signer une feuille de présence.

Le propriétaire ne s'engage à accepter aucune des soumissions reçues.

Source : *La Presse*, 16 mai 1998, p. G15.

Si l'appel d'offres est accepté, celui-ci prendra la forme d'un contrat et ne nécessitera pas la rédaction d'une entente.

Le document préparatoire à un appel d'offres s'appelle le cahier des charges. Ce cahier décrit en détail l'objet et les règles du contrat. L'obligation de l'entreprise envers les offres reçues est indiquée dans les clauses du cahier des charges. Les clauses contenues le plus souvent dans les appels d'offres sont les suivantes :

— les instructions à suivre pour remplir la soumission ;

— les dates de remise des offres ;

— la manière de choisir le fournisseur conforme, les offres retenues devant accepter toutes les clauses du cahier des charges sous peine d'être exclues ;

— la non-obligation de l'entreprise qui fait l'appel d'offres d'accepter l'offre la plus basse, un tel choix devant toutefois être justifié et ne pas contrevenir à l'éthique de l'acheteur envers ses sources ;

— l'obligation du fournisseur de posséder tous les permis requis pour remplir les obligations envers l'objet ;

— l'énumération en détail de l'objet d'achat, incluant toutes les normes requises ;

— les garanties financières requises ;

— les obligations de l'entreprise faisant l'appel d'offres entre l'attribution du contrat et la mise en vigueur des obligations contractuelles, nommées les obligations implicites de diligence ;

— des clauses de révision des structures de prix en cours de contrat ;

— des clauses de pénalité ou de bonis pour les jours au-delà ou en deçà de la fin prévue des travaux ;

— les recours pour les soumissionnaires rejetés ;

— le cautionnement ou la garantie de soumission, soit un montant variant de 5 % à 10 % de la valeur du contrat, annexé au dépôt de l'appel d'offres en vue de protéger le client quant à l'exécution du contrat.

Les appels d'offres peuvent provenir d'entreprises privées ou d'organismes publics. Les premières sont régies par leurs manuels des politiques et des procédures au sujet des appels d'offres, tandis que les seconds sont régis par des lois et des règlements imposés par les gouvernements provinciaux ou municipaux.

3.3.3 Les remises, les rabais, les réductions et les escomptes

Dans un premier temps, nous définirons les termes-clés de cette section. La remise est une somme accordée à la suite de la réalisation d'un objectif fixé au préalable. Par exemple, pour un achat de 200 000 $, l'entreprise accorde une remise de 1 %. Le rabais est une diminution faite sur le prix. Par exemple, le prix courant moins 15 %. La réduction est un montant accordé sur une certaine valeur d'achat. Par exemple, on accorde 2 $ sur un achat de 100 $. Enfin, l'escompte est une réduction qu'on accorde pour raccourcir le délai de paiement. Par exemple, on accorde un escompte de 2 % si le montant est payé dans les 30 jours.

Lors d'une discussion sur la fixation des prix, le fournisseur peut offrir une diminution des prix basée sur des obligations que l'acheteur doit respecter. Chaque avantage pécuniaire se négocie indépendamment des autres. Ces avantages peuvent prendre différentes formes. À titre d'exemple, le tableau 3.9 présente certains avantages pécuniaires supplémentaires qu'un important grossiste en fournitures de bureau peut obtenir d'un fabricant de papeterie. La colonne de gauche indique les titres des paragraphes de l'entente alors que la colonne de droite énumère les conditions ou l'interprétation reliées au type d'avantage.

TABLEAU 3.9
Les avantages et les conditions d'une entente
entre un grossiste et un fabricant

Avantages accordés sur le prix par le fabricant	Conditions rattachées aux avantages
• Pénétration du marché	Le fabricant accorde une meilleure « colonne » de prix pour chaque produit acheté.
• 2 %, 10 jours sur le paiement rapide des factures (2/10 ; N30)	Il accorde une réduction de 2 % si le paiement final de chaque facture est fait en moins de 10 jours, sinon le paiement sera complet, sans escompte, dans les 30 jours.
• Escompte de 10 % sur le prix du produit en promotion	Cet avantage s'applique pourvu que le produit soit annoncé dans une circulaire ou utilisé pour une promotion radiophonique ou télévisée. Le contrôle s'effectue par une preuve documentée de la promotion.
• Réduction de 3 % sur le prix des produits montrés en couleur dans le catalogue du grossiste et réduction de 1,5 % sur le prix des produits montrés en noir et blanc	Cet avantage s'applique à chaque produit inclus dans le catalogue du grossiste. Le contrôle s'effectue par la remise au fabricant de deux exemplaires du catalogue.

→

TABLEAU 3. 9

Les avantages et les conditions d'une entente entre un grossiste et un fabricant (*suite*)

Avantages accordés sur le prix par le fabricant	Conditions rattachées aux avantages
• Rabais de 1 % des achats pour une valeur d'achat annuelle de plus de 500 000 $; rabais de 1,5 % pour une valeur de 750 000 $ et de 2 % pour une valeur de 1 000 000 $	La valeur d'achat doit être respectée sur la base de la valeur pécuniaire.
• Rabais de 5 % la première année de l'introduction d'un nouveau produit	Le grossiste doit avoir une localisation dans l'entrepôt pour le produit pour une période minimale de trois mois.
• Réduction de 1 % sur le prix unitaire pour la première commande de chaque mois	Le fabricant doit s'assurer de la concentration maximale de produits à acheter pour cette commande.
• Réduction de 1 % sur le prix unitaire pour chaque commande dont le volume représente un demi-camion et réduction de 1,5 % pour un volume représentant un camion complet	Le fabricant doit s'assurer de la dimension de chaque produit pour contrôler cet avantage offert.
• Remise de 1 % sur le prix d'une catégorie de produits lors d'un programme d'incitation aux ventes du grossiste	Cet avantage est conditionnel à l'approbation du fournisseur quant à l'élaboration du programme.
• Protection du prix : 30 jours avant ou après l'annonce d'une modification de prix. S'il s'agit d'une augmentation, le prix sera majoré pour ce grossiste 30 jours après la date d'introduction officielle sur le marché. S'il s'agit d'une baisse de prix, le fournisseur paiera, à la date d'introduction officielle, la différence de prix pour la marchandise en entrepôt à la condition que les produits aient été commandés dans les 45 jours précédant cette date	Le grossiste doit appliquer la politique de l'entreprise en matière de prévision des ventes à la suite de l'annonce d'une hausse de prix. Dans le cas d'une baisse de prix, le grossiste doit soumettre un document à l'appui.
• Droit de retour de la marchandise chaque mois de mars et de septembre, dans le cas des produits standard seulement, à la condition que les emballages soient complets, faciles à revendre, et que ces produits aient été commandés dans un délai de neuf mois précédant la date du retour, le tout au prix unitaire de la commande originale moins 5 %	Le grossiste doit soumettre un document à l'appui.

Bref, pour le grossiste, tous ces points négociés influencent le prix qu'il aura à payer pour le bien. D'autres clauses semblables peuvent s'ajouter au contrat. Mais peu importe les avantages offerts, l'acheteur devra comprendre chaque point touchant le prix afin d'en faire une administration adéquate pour le meilleur intérêt de l'entreprise.

3.4 LES DÉLAIS RELIÉS À LA RÉALISATION D'UN MANDAT

La volonté de transiger avec une autre partie exige que la durée soit définie clairement. L'acheteur doit connaître les termes rattachés à une entente ainsi que les délais requis pour une éventuelle révocation de l'entente. Les termes peuvent être futurs et certains, c'est-à-dire fixés dans le temps à la suite d'une série d'événements connus, ou indéterminés.

En effet, sur le plan légal, une offre acceptée qui comporte un délai précis s'appelle un délai irrévocable. L'une ou l'autre des parties ne peut renoncer à ses engagements pendant ce délai, sinon elle contreviendra aux articles sur les fautes contractuelles ou de mauvaise foi dans la formation de l'entente, selon le Code civil. Par contre, une procédure peut être entreprise si, durant ce délai, il y a un risque quant à la garantie d'un bien ou à la sécurité des êtres humains.

Un autre type de délai s'avère impératif lors de la formation d'un contrat, soit les clauses de caducité d'une entente. Une entente devient caduque en raison de l'expiration du temps fixé ou des attitudes de l'autre partie. L'annexe 3.3 (p. 122) présente 10 clauses de caducité qui dictent la fin d'une entente.

Afin de ne pas avoir de mauvaise surprise, l'acheteur devrait s'assurer que toutes les clauses de délai font partie intégrante de l'entente avec un fournisseur. Il est à noter que la notion de délai d'exécution est suspendue, selon la loi, dans les cas de force majeure, que l'on peut résumer par l'adage « à l'impossible nul n'est tenu ». Pour prendre un exemple, pensons aux faits causés par les personnes (tels que les révolutions, les incendies, les guerres, les grèves, les vols, les maladies ou les accidents), aux caprices de la nature (les tempêtes de neige ou de verglas, les tremblements de terre ou les inondations) ou aux faits provoqués par les autorités (les lois, les règlements et les décrets). Dans tous ces cas, l'obligation de respecter le délai d'exécution est éteinte.

3.5 L'ÉVALUATION

L'acheteur est appelé à prendre une décision sur les sources avec lesquelles il transigera. Afin de fixer son choix, il lui faut prendre du temps pour évaluer les offres reçues. Plusieurs techniques l'aideront à faire cette évaluation. Nous en proposons quelques-unes, mais une technique personnelle peut tout aussi bien faire l'affaire si elle favorise la prise de décisions. Ce processus d'évaluation peut être divisé en trois parties, à savoir les modèles connus, l'analyse du coût de cession et l'analyse du niveau d'indifférence.

Certaines décisions sont de type qualitatif, c'est-à-dire qu'elles sont basées sur l'intuition, sur les préférences, sur la réputation, etc. D'autres décisions sont de type quantitatif, car elles permettent de prendre une décision fondée sur une interprétation mathématique des résultats.

3.5.1　Les modèles connus

À l'aide d'une analyse rationnelle, l'acheteur déterminera une manière d'évaluer le résultat de ses recherches et des offres reçues. Il peut ainsi considérer six modèles pour effectuer son évaluation.

Le modèle de la prépondérance　Lorsqu'un bien ou un service dépasse ses concurrents en ce qui a trait aux attentes du client, il est évident qu'il sera choisi de préférence à toutes les autres offres. Ainsi, ce modèle entraîne l'élimination d'une option qui serait inférieure à une autre.

Le modèle conjonctif　L'acheteur peut catégoriser les offres en deux familles : celles qui sont acceptables et celles qui ne le sont pas. Par exemple, toute offre de service qui comportera un coût supérieur de 20 % par rapport aux attentes sera rangée dans la famille des offres non acceptables. L'acheteur sélectionnera donc une offre parmi celles qui sont acceptables.

Le modèle disjonctif　Selon ce modèle, l'acheteur retient uniquement les offres qui ont dépassé le seuil acceptable dans un certain nombre de catégories. Par exemple, pour être conservée, une offre doit avoir obtenu 75 % dans 4 des 10 catégories relatives à des besoins.

Le modèle lexicographique　C'est le principe de l'entonnoir selon lequel les offres sont évaluées par ordre d'importance des critères, ce qui amène l'élimination d'offres à chaque critère évalué. Par exemple, toutes les offres seront évaluées selon le critère des coûts. Celles qui passeront cette étape avec succès seront évaluées selon la qualité. Puis, les offres restantes seront évaluées selon la quantité. Et ainsi de suite, jusqu'à ce qu'il ne reste plus qu'une offre.

Le modèle attente-valeur　L'acheteur donne un poids à chaque critère d'évaluation. Après avoir défini les critères recherchés lors de l'élaboration de l'approvisionnement mix, il pondère ceux-ci. Le critère ainsi pondéré permettra de faire une évaluation scientifique des offres reçues des différentes sources. La source obtenant la meilleure note sera retenue. L'outil utilisé s'appelle la grille de pondération. L'annexe 3.4 (p. 123) présente un exemple de grille de pondération, ainsi que son fonctionnement.

Le modèle du point idéal   Ce modèle suggère une décision à prendre au regard des probabilités que des événements surviennent. L'outil utilisé est l'arbre de décision. Vous trouverez un exemple d'arbre de décision à l'annexe 3.5 (p. 129).

3.5.2   L'analyse du coût de cession

Lorsque l'acheteur utilise l'analyse du coût de cession pour déterminer le point d'indifférence, il recherche trois zones :
— la zone où l'option A est supérieure à l'option B ;
— la zone où l'option A est égale à l'option B (le point d'indifférence) ;
— la zone où l'option A est inférieure à l'option B.

Le coût de cession provient de la différence entre le coût que l'entreprise paie directement pour acquérir le bien ou le service et le coût d'option provenant du fournisseur.

Le coût direct payé pour l'acquisition du bien ou du service est le coût payé au fournisseur dans une relation directe pour l'acquisition d'un bien ou d'un service. Il faut inclure dans ce coût le prix facturé par le fournisseur ainsi que tous les coûts qui permettent de rendre le bien ou le service accessible à l'utilisateur. Le coût du transport, les frais de douane, les frais financiers et le taux de change des devises ne sont que quelques exemples de coûts additionnels qui s'ajoutent au prix pour en déterminer le coût d'acquisition.

Quant au coût d'option, il consiste dans la possibilité pour une entreprise de générer un profit grâce à l'utilisation de ses ressources dans une activité rentable ou grâce au fait d'avoir un fournisseur qui soit aussi un client. L'exemple suivant permettra de se représenter ce qu'est le coût d'option pour une entreprise. Un cabinet d'avocats utilise l'expertise d'un avocat afin qu'il prépare une cause pour laquelle il ne peut présenter d'honoraires ; cependant, faute de temps, il doit refuser un mandat lucratif. Si l'avocat en question était disponible, le second mandat aurait été accepté et il en aurait retiré un profit. Par contre, comme il a accepté un mandat qui n'est pas rentable, le profit est perdu à jamais. Il en est de même pour un imprimeur qui accepterait un mandat pour occuper sa presse au prix coûtant et qui ne serait pas disponible lorsqu'on lui offrirait un mandat rentable.

À partir de l'exemple 3.1, nous expliquerons la notion de coût de cession. Un imprimeur reçoit deux offres de cabinets d'avocats pour régler un litige auquel il est mêlé : le premier cabinet acceptera le mandat pour un prix forfaitaire de 5 000 $; le second l'acceptera pour un prix forfaitaire de 6 000 $. L'imprimeur en question choisira le premier cabinet d'avocats, car le prix de la transaction est de 1 000 $ inférieur à celui que propose le second cabinet. Le coût de cession sera donc de 5 000 $.

Par contre, une autre donnée non négligeable interviendra dans la décision de l'imprimeur. Le second cabinet d'avocats est aussi un client de l'imprimeur et ses demandes en services d'imprimerie apportent à l'imprimeur un profit de 1 500 $. L'évaluation finale de l'offre du second cabinet sera alors de 4 500 $ (6 000 $ − 1 500 $). L'imprimeur optera par conséquent pour le second cabinet d'avocats. Le coût de cession sera de 4 500 $ tandis que la valeur de la transaction sera de 6 000 $.

3.5.3   L'analyse du niveau d'indifférence

L'analyse du niveau d'indifférence permet à l'acheteur de déterminer la quantité pour laquelle le fait de fabriquer lui-même le produit sera équivalent au fait de l'acheter. Le point de jonction se nomme le point d'indifférence. Abordons cette analyse par un exemple.

EXEMPLE 3.1

Un acheteur doit choisir entre les deux options suivantes :

a)   recommander l'option A, soit fabriquer le produit désiré (OF) ;

b)   recommander l'option B, soit acheter le produit désiré (OA).

Dans le cas de OF, les frais de départ de la production (frais fixes) sont de 1 000 $ et les frais de production (frais variables) sont de 20 $ par unité.

L'acheteur obtiendra les résultats finaux suivants :

$$1 \text{ unité} = 1\,000 + (1 \times 20) = 1\,020\ \$$$
$$10 \text{ unités} = 1\,000 + (10 \times 20) = 1\,200\ \$$$
$$25 \text{ unités} = 1\,000 + (25 \times 20) = 1\,500\ \$$$
$$50 \text{ unités} = 1\,000 + (50 \times 20) = 2\,000\ \$$$
$$100 \text{ unités} = 1\,000 + (100 \times 20) = 3\,000\ \$$$

Dans le cas de OA, le prix d'achat est de 40 $ par unité.

L'acheteur obtiendra les résultats finaux suivants :

$$1 \text{ unité} = (1 \times 40) = 40\ \$$$
$$10 \text{ unités} = (10 \times 40) = 400\ \$$$
$$25 \text{ unités} = (25 \times 40) = 1\,000\ \$$$
$$50 \text{ unités} = (50 \times 40) = 2\,000\ \$$$
$$100 \text{ unités} = (100 \times 40) = 4\,000\ \$$$

L'acheteur peut déduire que, pour moins de 50 unités, il vaut mieux recommander l'achat que la fabrication, que pour 50 unités les deux options s'équivalent (c'est le point d'indifférence) et qu'au-delà de 50 unités, la recommandation sera la fabrication plutôt que l'achat. Sous une forme mathématique, l'acheteur obtiendra le point d'indifférence en équilibrant les deux options, soit en déterminant la valeur de Z :

$$OF = OA$$
$$1\,000 + 20\,Z = 40\,Z$$
$$20\,Z = 1\,000$$
$$Z = 50$$

La figure 3.2 illustre le résultat.

FIGURE 3.2
La décision de fabriquer ou d'acheter le produit

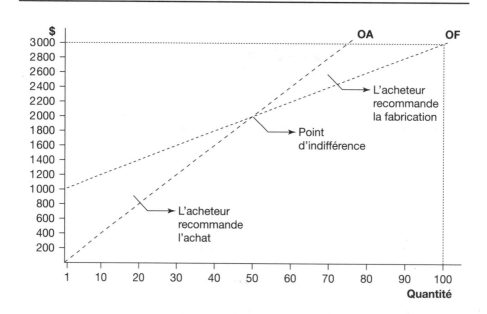

nombreux facteurs pour choisir une source parmi celles qui la sollicitent. Ainsi, traitera-t-elle avec une source ou avec plusieurs sources ? Fabriquera-t-elle le produit elle-même ou l'achètera-t-elle ? Fera-t-elle appel à la sous-traitance ? Louera-t-elle le bien ou le service ? Travaillera-t-elle de façon traditionnelle ou selon une pyramide ou une hiérarchie de fournisseurs ? Chaque orientation amène une entreprise à se différencier par rapport à une autre quant à son mode de fonctionnement.

Nous avons ensuite examiné les différents aspects relatifs à la qualification d'un fournisseur. Consécutivement à la sélection des sources, l'acheteur doit déterminer lesquelles seront susceptibles de combler la majorité des besoins des clients de l'entreprise. Ainsi, une entreprise qui a choisi de fonctionner avec un seul fournisseur devra examiner l'ensemble des sources pour trouver celle qui pourra répondre à ses attentes.

Puis, nous avons étudié la question du prix. Le prix peut être envisagé sous trois angles, à savoir l'image et l'interprétation du prix, la provenance des différents prix de même que les remises, les rabais, les réductions et les escomptes, qui modifient la valeur de la transaction.

Ensuite, nous avons abordé les délais qui sont reliés à la réalisation d'un mandat et qui lient les parties au moment de leur transaction. Il existe deux types de délais : les clauses à respecter et les clauses de caducité. Les premières clauses obligent les parties à donner suite à leur engagement. Les secondes consistent dans les règles qui mettent fin à une entente.

Enfin, nous avons passé en revue les différents modèles qui permettent à l'acheteur d'évaluer des sources ou des propositions. Il est à noter qu'une technique personnelle peut être tout aussi valable, pourvu qu'elle favorise la prise de décisions. Parmi ces modèles, citons l'analyse du coût de cession et l'analyse du niveau d'indifférence.

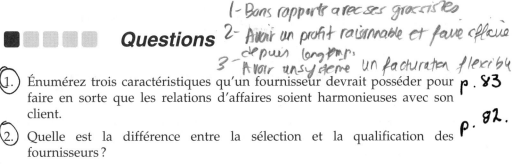

Questions

1. Énumérez trois caractéristiques qu'un fournisseur devrait posséder pour faire en sorte que les relations d'affaires soient harmonieuses avec son client.

2. Quelle est la différence entre la sélection et la qualification des fournisseurs ?

3. Donnez trois avantages et trois inconvénients reliés au fait de traiter avec une source unique.

4. Donnez trois avantages et trois inconvénients reliés au fait de recourir à un sous-traitant.

5. Donnez trois avantages et trois inconvénients reliés au fait de traiter avec un intermédiaire tel qu'un détaillant.

6. Donnez trois avantages et trois inconvénients reliés au fait de louer le bien ou le service plutôt que de l'acheter.

7. Qu'est-ce que le marketing à rebours ?

8. Qu'est-ce que le coût de cession ?

9. Qu'est-ce que le point d'indifférence ?

■■■□□ *Exercices d'apprentissage*

1. Il existe deux types de sous-traitance, soit la sous-traitance permanente et la sous-traitance occasionnelle. Dans quels cas utilise-t-on l'un ou l'autre type de sous-traitance dans l'entreprise ?

2. Donnez deux raisons pour lesquelles il est préférable de louer un outil plutôt que de l'acheter.

3. Quel est le principal avantage de fonctionner à l'aide d'une pyramide de fournisseurs ?

4. Citez deux inconvénients reliés au fait de traiter directement avec un manufacturier plutôt que de passer par un détaillant.

5. Pourquoi un acheteur ne peut-il pas pratiquer le marketing à rebours tout de suite après son embauche dans une entreprise ?

6. Quels sont les six modèles d'évaluation des offres reçues ?

7. Relevez deux situations dans lesquelles un contrat peut devenir caduc.

■■■□□ *Exercices de compréhension*

1. Dans une stratégie de négociation acheteur-fournisseur, de quelle façon vous y prendriez-vous, en tant qu'acheteur, pour vous assurer d'obtenir le prix désiré ?

2. Quel fournisseur de structures d'acier pour des cadres de portes d'acier une entreprise devrait-elle privilégier dans le cas où le premier fournisseur propose un prix de vente de 125 000 $, où le deuxième fait un prix de 100 000 $ et où le troisième suggère un prix de 140 000 $? Précisons que le premier fournisseur est également un client de l'entreprise, avec lequel celle-ci fait un profit de 20 000 $ pour la même période. De plus, le dernier fournisseur, qui est aussi un client, rapporte à l'entreprise un profit de 45 000 $ pour la même période.

3. Les responsables de l'approvisionnement et de la production d'une entreprise forment un comité afin de décider s'il vaut mieux fabriquer un produit que de l'acheter. Si l'entreprise fabrique elle-même ce produit, cela engendrera des coûts fixes de 35 000 $ par année. Le coût d'achat de la matière est de 32 $ par unité. Le coût de la main-d'œuvre, lui, est de 7 $ par unité. Cependant, si l'entreprise achète ce produit directement au fournisseur, le prix d'achat sera de 46 $ par unité. Que devrait décider ce comité ? Dressez un graphique illustrant les courbes de coûts.

4. L'acquisition de socles en bois coûte 22 $ par unité. Par contre, si l'entreprise décide de les fabriquer, cela coûtera 15 000 $ en frais fixes (équipements, outillage, etc.), et si l'on ajoute les frais variables (coût de la main-d'œuvre et de la matière, etc.), cela coûtera 16 $ par unité. Pour quel volume de production reviendrait-il au même de faire l'acquisition de socles en bois ou de les produire ? Faites un graphique illustrant les courbes de coûts et déterminez à quel moment l'entreprise devrait acheter les socles en bois et à quel moment elle devrait les fabriquer.

5. Un sous-traitant connu propose de fabriquer les socles en bois de l'entreprise (voir la question précédente) à un coût de 18 $ par unité, ce qui évitera à celle-ci de faire faire à sa main-d'œuvre des heures supplémentaires et abaissera par le fait même ses coûts de fabrication variables à 14 $ par unité. Quelle décision l'entreprise devrait-elle prendre maintenant qu'elle dispose de ces nouvelles données ? Faites un graphique illustrant les coûts des trois options et précisez tous les points d'indifférence, qu'ils soient pertinents ou non.

6. Un de vos amis d'enfance songe à devenir consultant dans le domaine de la conception mécanique. Il aura évidemment à traiter une multitude de plans sur ordinateur, et il devra se procurer un ordinateur ayant une assez grande puissance afin de concevoir et de produire des plans le plus rapidement possible. Il se demande s'il serait plus avantageux pour lui de faire l'acquisition d'un ordinateur tout équipé ou encore de le louer. Pouvez-vous le conseiller ?

7. Quelle stratégie de distribution un fabricant devrait-il utiliser dans le cas d'un nouveau produit sur un canal de distribution déjà existant ?

8. Quelle est la principale différence entre une remise, un rabais, une réduction et un escompte dans la détermination d'un prix?

■■■■ *Exercices de recherche*

1. Trouvez dans votre entourage trois entreprises qui adoptent un processus de qualification de leurs fournisseurs. Demandez-leur quels sont leurs critères de qualification. Y a-t-il un lien entre les différents critères utilisés par ces trois entreprises?

2. Demandez à l'acheteur d'une entreprise manufacturière quels moyens il utilise pour déterminer avec le plus d'exactitude possible les coûts fixes et les coûts variables reliés à la fabrication et à l'achat de biens.

3. Essayez d'apprendre comment une entreprise située près de chez vous applique le processus d'appel d'offres.

4. Dans cette entreprise, quelles sont les politiques rattachées aux approvisionnements dans le cas d'un appel d'offres?

■■■■■ *Cas*

Une grève qui n'avait pas été prévue

Un jeune acheteur qui a été recruté directement sur les bancs d'école fait face à un dilemme. En effet, il a appris que le fait de traiter avec un seul fournisseur pour un produit donné était nettement préférable à celui de faire affaire avec plusieurs fournisseurs. Il met donc en pratique ce qui lui a été enseigné, soit d'utiliser une seule source dans le cas d'un produit, et ce afin de diminuer le nombre excessif de fournisseurs qui sont sur les listes de l'entreprise. Le problème, c'est que même s'il compte sur de très bons fournisseurs pour les différents produits, les employés d'un des fournisseurs viennent de déclencher une grève, ce qui rend la livraison du produit impossible. Ce produit est par surcroît indispensable à l'entreprise. L'acheteur n'a prévu aucune clause dans le contrat entre les deux parties qui puisse lui venir en aide.

Question

Que feriez-vous à la place de cet acheteur?

ANNEXE 3.1

Liste de répertoires permettant de sélectionner de nouvelles sources[5]

1. *Abi Inform*

   Banque de données sur les affaires en général. Comprend approximative-
   ment 800 publications contenant des informations non colligées qui ont
   trait au monde des affaires et aux secteurs connexes. Donne l'information
   applicable à plusieurs types d'entreprises et d'industries.

2. *BRS After Dark*

   Donne plusieurs banques de données qui sont accessibles à un taux réduit
   en dehors des heures d'affluence.

3. *Canadian Business & Current Affairs* (DIALOG et disque)

   Donne un index d'articles publiés dans plus de 500 périodiques traitant
   des affaires au Canada et 10 journaux. Procure des notes descriptives sur
   diverses informations concernant des entreprises, des produits et des
   industries.

4. *Dialog Information Services*

   Source d'information assez complète qui donne un accès instantané à des
   résumés d'articles et de rapports, à des données financières détaillées et à
   des listes de directeurs d'entreprise, à des statistiques, des résumés de nouvelles et à des articles complets. Ce service donne accès à plus de 350 banques de données dans tous les champs reliés au monde des affaires.

5. *Info Globe*

   Plusieurs banques de données dans trois catégories : nouvelles, données
   financières et informations gouvernementales.

6. *Dun & Bradstreet*

   Canadian Dun's Market Identifiers : utile pour localiser les fournisseurs d'un
   millier de produits au Canada ; comprend 357 000 entreprises canadiennes.

   European Dun's Market Identifiers : une information détaillée sur plus de
   1,5 million d'entreprises localisées dans 36 pays européens.

   Electronic Yellow Pages : répertoire d'information sur plus de 8,2 millions
   d'entreprises et de professionnels répartis aux États-Unis.

---

5. D'après le Séminaire sur la recherche en approvisionnement de l'Association canadienne de
   gestion des achats.

Million Dollar Directory : informations complètes sur les affaires de plus de 160 000 entreprises publiques aux États-Unis.

7. *FP Online*

   Pleine documentation du *Financial Post*, de la revue *Maclean's*, de la *Survey of Industrial*, de la *Survey of Mines & Energy Resources* et du *Directory of Directors*.

8. *Kompass*

   Banque de données mondiale répertoriant par ordre alphabétique les produits et les services, les sources d'approvisionnement, les renseignements sur les entreprises et les agences, et les marques de commerce.

9. *Management Contents*

   Répertoire d'articles portant sur plus de 120 journaux, comptes rendus et transactions aux États-Unis et à l'étranger.

10. *Sympacriq*

    Donne le répertoire des produits vendus au Québec provenant des manufacturiers, des distributeurs et des grossistes.

11. *Predicasts*

    PTS Prompt (Predicast Overviews of Markets and Technology) : information internationale sur les entreprises, sur les marchés, sur les produits et sur les technologies.

    Forecasts : plus de 5 000 entrées fournies chaque mois sur le marché actuel, prévisions à moyen terme et à long terme sur des produits spécifiques, sur les industries, sur les tendances, etc.

    F & S Index : répertoire révisé chaque semaine donnant plus de 4 500 sommaires (une ou deux lignes) sur l'évolution des affaires dans le monde et résumant la presse commerciale.

    New Product Announcements/Plus (NPA/Plus) : procure une information rapide concernant les nouveaux produits, la nouvelle technologie, les fusions et les acquisitions, les accords de licence et autres événements commerciaux. Cette information est fournie par les entreprises elles-mêmes ou par leurs agents commerciaux.

12. *BOSS (Business Opportunities Sourcing System)*

    Répertoire publié en 1990 par le ministère de l'Industrie, du Commerce et de la Technologie de l'Ontario.

13. *Business Periodicals Index*

    Répertoire de plus de 160 journaux publiés dans plusieurs pays traitant de presque tous les aspects du monde des affaires.

14. *Canadian Periodical Index*

    Répertoire de journaux canadiens qui traitent des affaires en général.

15. *Canadian Statistic Index*

    Liste bibliographique des publications statistiques canadiennes. Elle comprend les publications des gouvernements fédéral et provinciaux, celles des sociétés d'État, des maisons d'édition commerciales, des associations et groupes professionnels. Les publications régulières du Bureau de la statistique du Canada sont incluses (à l'exception des données sur le recensement).

16. *Canadian Trade Index*

    Répertoire des manufacturiers canadiens présenté par ordre alphabétique et également selon leur localisation. Il comprend une liste par catégorie de produits fabriqués par ces manufacturiers faisant affaire au Canada.

17. *Fraser's Canadian Trade Directory*

    Répertoire des manufacturiers canadiens présentés par ordre alphabétique et par produit. Il donne aussi la liste des marques de commerce utilisées. De même, il comprend la liste des entreprises étrangères (incluant leurs agents ou distributeurs) qui font affaire au Canada.

18. *Répertoire des produits offerts au Québec*

    Publié par le Centre de recherche industrielle du Québec (CRIQ), ce répertoire donne la liste des manufacturiers, des distributeurs et des grossistes qui font affaire au Québec avec la liste des produits offerts.

19. *Made in Ontario*

    Répertoire du ministère de l'Industrie, du Commerce et de la Technologie de l'Ontario listant plus de 12 000 manufacturiers et 40 000 produits vendus dans cette province.

20. *Commercial News USA*

    Répertoire décrivant certains produits vendus aux États-Unis, que les ambassades et les consulats utilisent pour promouvoir les produits américains.

21. *Microlog*

    Répertoire de publications gouvernementales (dans tous les domaines) et de plus de 150 organismes de recherche (publics et privés).

22. *Point de repère*

    Répertoire de plus de 265 publications de langue française. Comprend principalement les périodiques publiés au Québec et une soixantaine de titres provenant d'Europe.

23. *Scott's Directories*

    Répertoire régional et industriel qui donne une liste alphabétique des manufacturiers localisés dans une région donnée. Les manufacturiers sont également listés par produit. On y trouve une liste d'agences gouvernementales et une liste de référence du SIC USA avec le repertoire du SIC de Statistique Canada.

24. *Thomas Register of American Manufacturers*

    Information sur approximativement 148 000 compagnies manufacturières nord-américaines comprenant plus de 50 000 classes de produits et plus de 110 000 marques de commerce.

25. *Trade Publication's Buyers' Guides*

    Numéro annuel spécial publié par la plupart des journaux commerciaux : se veut un guide de l'acheteur.

26. *Protégez-vous*

    Revue publiée par l'Office de la protection du consommateur du Québec, qui décrit aux consommateurs le résultat des analyses effectuées sur une famille de produits destinés au même usage.

27. *Guide du transport*

    Répertoire publié par les éditions Bomart, qui liste les compagnies de transport routier faisant affaire dans les différentes zones nord-américaines.

ANNEXE 3.2

Les clauses d'un contrat de location

Un contrat de location comprend plusieurs clauses, dont les plus répandues sont les suivantes :

1. La description du produit

    La description doit être suffisamment précise pour que chaque partie puisse distinguer le bien entre plusieurs biens. Il est important d'avoir une excellente description de ce bien en cas de dommage ou de perte du bien durant la période de l'entente.

2. La durée de l'entente

    Il faut déterminer le délai d'exploitation du bien au-delà duquel les règles régissant la fin de l'entente s'appliqueront. Certains contrats permettent de mettre prématurément fin au contrat sous certaines conditions, telles que l'amélioration technologique du bien ou la maintenance rendue impossible par les conditions du marché.

3. Le paiement du loyer

    Chaque partie déterminera le prix du loyer, le délai requis entre chaque paiement, les clauses relatives à l'augmentation du loyer durant l'entente et les coûts d'utilisation variables qui se rattachent à cette dernière.

4. Les assurances

    Chaque partie doit savoir qui assurera les dommages causés au bien, qui paiera la police et quel est le processus de règlement des litiges.

5. Le droit d'utilisation

    Il faut établir une distinction entre une exploitation normale du produit et une exploitation abusive ou hors des limites permises. Le locataire doit recevoir du locateur une formation adéquate en vue d'une exploitation normale.

6. Les clauses d'entretien

    Chaque partie doit savoir ce qu'elle a l'obligation de faire pour maintenir le bien dans un bon mode de fonctionnement. Les parties doivent aussi connaître les conditions qui s'appliquent à la suite de la perte de jouissance du bien durant la période de maintenance.

7. Les règles régissant la fin de l'entente

    Sur le marché, il existe deux types de règles : le locataire remet le bien à la fin de l'entente ou il acquiert ce bien aux conditions établies à l'origine de la transaction.

ANNEXE 3.3

Les clauses de caducité d'une entente

Lors de la rédaction d'une entente d'approvisionnement, les termes relatifs à la durée doivent être bien définis. Il arrive que pendant l'exécution d'une entente la notion de durée soit altérée. Il existe 10 clauses de caducité reconnues légalement.

1. L'une des parties désire mettre fin aux transactions à la fin du délai irrévocable fixé. Par exemple, un paragraphe de l'entente pourrait indiquer : « L'une ou l'autre des parties peut mettre fin à l'entente en signifiant à l'autre partie, dans un délai de 60 jours, la volonté d'y mettre fin. »

2. Le délai qui lie les parties est expiré. Par exemple : « La présente entente prendra fin trois années suivant la date de la dernière signature de l'acceptation du contrat. »

3. Après un délai raisonnable, si l'entente est assujettie à un délai révocable.

4. Dans le cas du refus de l'offre de transiger. Par exemple, une offre d'achat d'un immeuble précise : « L'offre deviendra caduque si aucune réponse n'est parvenue à l'offrant dans les 10 jours suivant la réception du document. »

5. Si le tribunal fixe les modalités de la fin de l'entente.

6. Dans le cas du décès de l'une ou l'autre des parties ou de sa mise en faillite ou sous un régime de protection.

7. Dans le cas où il y a eu des anomalies lors de la signature de l'entente, telles que des manœuvres frauduleuses (ou déclarations mensongères), des lésions (par exemple l'exploitation de l'une ou l'autre des parties, comme le spécifie la Loi sur la protection du consommateur) ou le recours à la peur (comme la signature d'une entente effectuée à la suite de menaces verbales ou d'une prise d'otages des membres de la famille d'une partie).

8. Dans le cas où l'objet n'est plus accessible, comme un immeuble dont la prise de possession est prévue dans six mois, ou qui est détruit par le feu (les règles juridiques ou le tribunal déterminera la responsabilité de chaque partie dans un éventuel litige).

9. Il existe des conditions suspensives ou résolutoires provenant d'événements futurs, incertains ou qui ne peuvent se produire, comme une mention dans une offre d'achat d'un immeuble selon laquelle « l'achat s'effectuera si la banque accepte le contrat de financement y afférent ».

10. Toute autre forme de caducité indiquée dans le contrat, mais qui ne contrevient pas aux lois d'ordre public.

ANNEXE 3.4

Exemple de grille de pondération

Évaluation d'un équipement multifonction
(télécopieur, photocopieur, imprimante, numérisateur)

Première étape : la réception du mandat

Un acheteur reçoit le mandat d'évaluer cinq modèles d'un équipement de bureautique intégrant les fonctions de télécopieur, photocopieur, imprimante et numérisateur. Après avoir effectué une recherche préliminaire, il établit les paramètres de comparaison suivants : la vitesse de transmission, le type d'impression, la qualité de l'impression, la qualité de la numérisation, la capacité en pages de l'alimentation automatique, la capacité de pages en mémoire, le nombre de numéros de composition abrégée accessibles par une touche, le nombre de numéros de composition abrégée accessibles par deux touches, le nombre de pages pouvant être imprimées avec une cartouche d'encre, la capacité en feuilles vierges de la cassette, le coût de l'installation, le coût de l'impression par page et, enfin, le prix d'achat.

Deuxième étape : la préparation des paramètres d'évaluation

Dans une deuxième étape, l'acheteur établit les notes pour chaque paramètre et l'importance des paramètres de la façon indiquée au tableau 3.10 (p. 124).

Troisième étape : l'exploration du marché

À la troisième étape, l'acheteur reçoit les informations du marché qu'il mettra sous forme de deux tableaux, un pour les données, l'autre pour l'analyse (voir les tableaux 3.11 et 3.12, p. 125 et 126).

Quatrième étape : la recommandation

L'acheteur recommandera le modèle 5500, malgré le fait que l'investissement est plus élevé. Son second choix sera le modèle 1950ML.

◆ ◆ ◆

Sur la base du même principe que celui de la grille de pondération que nous avons vue précédemment, il est possible d'évaluer le rendement des fournisseurs. Le tableau 3.13 (p. 127) permet de voir la croissance ou la diminution du rendement d'un fournisseur.

Le fournisseur ABC aura donc obtenu les notes de 83,4 % le premier mois, 91,3 % le deuxième mois, 85,2 % le troisième mois, 91,8 % le quatrième mois et 90,1 % le cinquième mois. Les cinq premiers mois donnent une note de 88,4 %.

TABLEAU 3.10

L'attribution de la note de chaque paramètre

Paramètre	Pondération	Attribution de la note
Vitesse de transmission (Vitesse)	8 %	Vitesse de 28 800 bauds = 100 % ; 14 400 bauds = 50 % ; moins de 14 400 bauds = 0
Type d'impression (Impression)	5 %	Laser = 100 % ; jet d'encre = 50 % ; sous forme de transfert thermal ou carbone = 50 % ; autre = 0
Qualité de l'impression	5 %	Supérieure à 300 points sur 300 points = 100 % ; égale à 300 points sur 300 points = 50 % ; inférieure à 300 points sur 300 points = 0
Qualité de la numérisation (Numérisation)	7 %	Supérieure à 200 caractères par pouce (critère dpi) = 100 % ; égale à 200 caractères par pouce = 50 % ; inférieure à 200 caractères par pouce = 0
Capacité en pages de l'alimentation automatique (Alimentation)	3 %	En fonction des informations sur les fiches techniques des manufacturiers
Capacité de pages en mémoire (Mémoire)	7 %	En fonction des informations sur les fiches techniques des manufacturiers
Nombre de numéros accessibles par une touche (Une touche)	9 %	En fonction des informations sur les fiches techniques des manufacturiers
Nombre de numéros accessibles par deux touches (Deux touches)	3 %	En fonction des informations sur les fiches techniques des manufacturiers
Nombre de pages pouvant être imprimées avec une cartouche d'encre (Cartouche)	7 %	En fonction des informations sur les fiches techniques des manufacturiers
Capacité en feuilles vierges de la cassette (Cassette)	3 %	En fonction des informations sur les fiches techniques des manufacturiers
Coût de l'installation (Installation)	10 %	Prix demandé par le fournisseur potentiel
Coût de l'impression par page ($/page)	10 %	Prix de la cartouche divisé par nombre de pages par cartouche (le paramètre Cartouche)
Prix d'achat (Prix $)	23 %	Prix fourni par le fournisseur

Note : La somme des pondérations doit toujours être égale à 100 %.

TABLEAU 3.11

Les données pour l'évaluation d'un achat d'équipement multifonction

Paramètre	Note minimale ou maximale	Note				
		1350M	1550MC	1950ML	4500	5500
Vitesse		50 %	100 %	100 %	50 %	50 %
Impression		50 %	50 %	50 %	100 %	100 %
Qualité de l'impression		50 %	100 %	100 %	50 %	50 %
Numérisation		50 %	50 %	100 %	100 %	100 %
Alimentation	30	20	20	20	30	30
Mémoire	50	10	20	20	20	50
Une touche	30	20	30	30	24	24
Deux touches	100	90	100	100	100	100
Cartouche	3 000	1 500	750	1 500	3 000	3 000
Cassette	200	200	200	200	200	200
Installation	60	60	60	60	60	60
$/page	0,030 $	0,066 $	0,066 $	0,066 $	0,030 $	0,030 $
Prix $	874 $	874 $	957 $	1 074 $	1 559 $	1 795 $

TABLEAU 3.12

L'analyse d'un achat d'équipement multifonction

Paramètre	Formule	Pondération %	Évaluation				
			1350M	1550MC	1950ML	4500	5500
Vitesse	La note multipliée par la pondération	8,0 %	4,0 %	8,0 %	8,0 %	4,0 %	4,0 %
Impression	La note multipliée par la pondération	5,0 %	2,5 %	2,5 %	2,5 %	5,0 %	5,0 %
Qualité de l'impression	La note multipliée par la pondération	5,0 %	2,5 %	5,0 %	5,0 %	2,5 %	2,5 %
Numérisation	La note multipliée par la pondération	7,0 %	3,5 %	3,5 %	7,0 %	7,0 %	7,0 %
Alimentation	(La note divisée par la note maximale) multipliée par la pondération	3,0 %	2,0 %	2,0 %	2,0 %	3,0 %	3,0 %
Mémoire	(La note divisée par la note maximale) multipliée par la pondération	7,0 %	1,4 %	2,8 %	2,8 %	2,8 %	7,0 %
Une touche	(La note divisée par la note maximale) multipliée par la pondération	9,0 %	6,0 %	9,0 %	9,0 %	7,2 %	7,2 %
Deux touches	(La note divisée par la note maximale) multipliée par la pondération	3,0 %	2,7 %	3,0 %	3,0 %	3,0 %	3,0 %
Cartouche	(La note divisée par la note maximale) multipliée par la pondération	7,0 %	3,5 %	1,8 %	3,5 %	7,0 %	7,0 %
Cassette	(La note divisée par la note maximale) multipliée par la pondération	3,0 %	3,0 %	3,0 %	3,0 %	3,0 %	3,0 %
Installation	(La note minimale divisée par la note) multipliée par la pondération	10,0 %	10,0 %	10,0 %	10,0 %	10,0 %	10,0 %
$/page	(La note minimale divisée par la note) multipliée par la pondération	10,0 %	4,5 %	4,5 %	4,5 %	10,0 %	10,0 %
Prix $	(La note minimale divisée par la note) multipliée par la pondération	23,0 %	23,0 %	21,0 %	18,7 %	12,9 %	11,2 %
Total		100,0 %	68,6 %	76,1 %	79,0 %	77,4 %	79,9 %

TABLEAU 3.13

L'évaluation du fournisseur ABC après cinq mois

Paramètre	Description	Mois					Total
		1	2	3	4	5	
Qualité	Nombre d'unités acceptées (A)	1 380	1 290	1 185	1 400	1 197	6 452
	Nombre total d'unités reçues (B)	1 500	1 400	1 300	1 500	1 300	7 000
	Nombre de certificats reçus à temps (C)	140	128	117	141	123	649
	Nombre total de certificats reçus (D)	150	140	130	150	130	700
Quantité	Nombre de lignes en rupture (E)	23	28	18	22	33	124
	Nombre de lignes commandées (F)	500	450	425	500	430	2 305
Temps	Nombre de livraisons en retard (G)	5	3	5	1	3	17
	Nombre total de livraisons (H)	20	27	23	18	21	109
Lieu	Nombre de livraisons au bon endroit (I)	19	26	19	16	18	98
	Nombre total de livraisons (J)	20	27	23	18	21	109
Service	Nombre de commandes urgentes remplies à temps (K)	5	5	7	8	9	34
	Nombre total de commandes urgentes (L)	7	5	8	8	9	37
	Nombre d'appels pour revoir le contrat (M)	5	5	4	4	3	21
	Nombre total d'appels (N)	12	13	11	10	9	55
Coûts	Nombre de factures erronées (O)	8	6	4	3	1	22
	Nombre de factures traitées (P)	28	23	25	16	19	111

→

TABLEAU 3.13

L'évaluation du fournisseur ABC après cinq mois (*suite*)

Paramètre	Description : calcul	Pondé-ration *p*	Mois					Total
			1	2	3	4	5	
Qualité	Rejets : (A/B) * *p*	15 %	13,2	13,8	13,7	14,0	13,8	13,8
	Certificats : (C/D) * *p*	5 %	4,7	4,6	4,5	4,7	4,7	4,6
Quantité	Rupture : [(1 − E)/F] * *p*	15 %	14,3	14,0	14,4	14,3	14,4	14,3
Temps	Retards : [(1 − G)/H] * *p*	20 %	15,0	17,8	15,6	18,9	17,1	16,9
Lieu	Livraison : (I/J) * *p*	20 %	19,0	19,3	16,5	17,8	17,1	18,0
Service	Urgent : (K/L) * *p*	15 %	10,7	15,0	13,1	15,0	15,0	13,7
	Appels : [(1 − M)/N] * *p*	5 %	2,9	3,1	3,2	3,0	3,3	3,1
Coûts	Factures : [(1 − O)/P] * *p*	5 %	3,6	3,7	4,2	4,1	4,7	4,0
Total		100 %	83,4	91,3	85,2	91,8	90,1	88,4

ANNEXE 3.5

Exemple d'arbre de décision

L'arbre de décision est une visualisation graphique permettant à l'acheteur d'évaluer les probabilités qu'un événement survienne. La branche qui donnera le moins haut niveau de risque et la réalisation la plus probable représentera le choix de l'acheteur.

Par exemple, un acheteur doit choisir quotidiennement entre trois quantités de pain à fabriquer. Il ne peut reporter sa décision sur une autre journée, car la mission de l'entreprise indique que la marchandise vendue est toujours fraîche. Alors les surplus sont jetés. Le tableau 3.14 présente les ventes possibles.

TABLEAU 3.14

Les ventes possibles de pain

Quantité	Probabilités de vendre cette quantité
100	25 %
150	40 %
200	35 %

Une pénurie de marchandise coûte 10 $ à l'entreprise alors qu'un surplus constitue une perte de 2 $. L'arbre de décision présenté à la figure 3.3 (p. 130) permettra à l'acheteur de déterminer la quantité de pain à produire.

FIGURE 3.3

L'arbre de décision permettant de déterminer la quantité de pain à produire

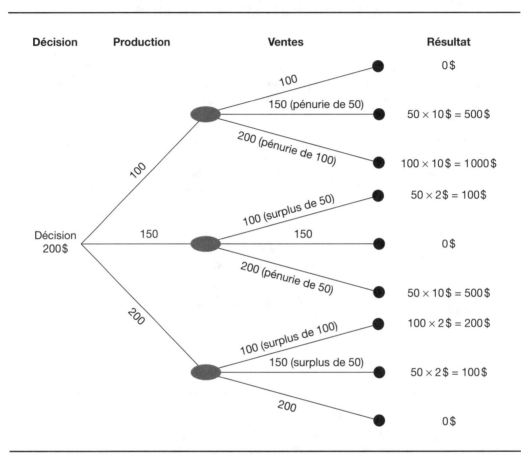

La décision de l'acheteur sera de produire 200 pains, car la somme totale du risque associé à cette branche est de 300$, alors que le risque pour la branche de 150$ est de 600$ et que le risque pour la branche de 100$ est de 1 500$.

4

Le concept de qualité

Objectif général

Sensibiliser l'élève au phénomène de plus en plus important
de la qualité dans les entreprises.

Objectifs spécifiques

◆ Exposer les principales méthodes employées pour décrire
la qualité dans le contexte de l'approvisionnement.

◆ Préciser les principales étapes de l'historique de la qualité.

◆ Acquérir la terminologie relative au secteur de la qualité.

◆ Se familiariser avec les normes ISO 9000 et ISO 14000.

◆ Nommer les types d'audit reliés à la qualité.

*La municipalité
de Saint-Augustin-de-Desmaures
a reçu la certification ISO 9001*

La municipalité de Saint-Augustin-de-Desmaures, dans la banlieue ouest de Québec sur la rive nord du Saint-Laurent, qui possède un parc industriel d'une grande superficie et qui est située tout près de la Voie maritime et des grands axes routiers, a entamé une démarche qualité en 1994.

Au début des années 1990, la Ville a connu une rationalisation de ses effectifs, ce qui a engendré beaucoup d'insécurité et de méfiance envers elle. La gestion quotidienne et stratégique a été éprouvée fortement. Le manque de communication entre les divers services municipaux, les objectifs ambigus et le manque de vision à long terme ont réduit l'efficacité des divers services rendus aux citoyens.

Afin de ne pas perdre le contrôle des opérations, les responsables se sont entendus pour participer à un programme d'amélioration continue de la qualité des services. En vue de favoriser la planification et la réalisation de la démarche qualité, ils ont utilisé un outil de gestion appelé la norme de qualité ISO 9001, qui est reconnue mondialement.

Pour réussir une telle démarche, la municipalité de Saint-Augustin-de-Desmaures a fait appel à tous ses employés qui avaient au préalable manifesté leur intérêt face à un tel projet. Elle a mis sur pied une équipe responsable du projet en plus de la création d'un programme de formation pour tous ses employés. Elle a dû développer également des ententes de partenariat entre le patronat et les syndicats.

L'implantation de la démarche qualité s'est faite en deux temps. Il y a d'abord eu l'écoute des clients. À l'aide d'un sondage auquel tous les citoyens ont été soumis, on a voulu connaître les points forts et les points faibles de l'organisation, et découvrir ce qui engendrait de l'insatisfaction chez la clientèle. On a demandé aux clients s'ils avaient des solutions à proposer. En fonction des réponses obtenues, les employés ont développé des indicateurs de rendement.

Ensuite, on a implanté la norme ISO 9001 proprement dite. Il va sans dire que le programme d'amélioration continue de la qualité des services entamé en 1994 et la norme ISO 9001 vont de pair. L'entreprise a donc développé un système de gestion des requêtes faites par les clients pour assurer un meilleur suivi. Elle a mis sur pied un tableau de bord de gestion afin de connaître de façon continue le taux de satisfaction des citoyens à propos de tous les services offerts. Elle a également établi un système d'information téléphonique en tout temps.

L'implantation de la norme ISO 9001 a permis à la municipalité de Saint-Augustin-de-Desmaures d'élaborer une nouvelle façon de travailler. Tous les employés ont remis en question leur manière de faire (la mise au point de procédés propres à chaque service exécuté). La mise en place d'une nouvelle façon d'effectuer le travail au service des approvisionnements a permis de diminuer de 25 % le temps consacré au processus de qualification des fournisseurs et à l'optimisation des sept critères de l'approvisionnement.

La norme ISO 9001 assure aux citoyens de Saint-Augustin-de-Desmaures une qualité continuelle des divers services offerts. Les responsables de l'implantation s'assurent qu'on indiquera à tous les niveaux hiérarchiques les problèmes éprouvés lors de l'application des nouveaux procédés. Ils veillent également à ne pas répéter les mêmes erreurs en instaurant des mesures correctives et préventives.

De plus, tous les fournisseurs adjudicataires qui transigent pour plus de 25 000 $ font l'objet d'un audit complet de leurs installations afin que la municipalité soit convaincue qu'ils se conforment aux exigences en matière de qualité.

Les gains pécuniaires réalisés grâce à l'implantation de la norme ISO ont permis d'améliorer quelques services et d'en créer certains autres.

De toute évidence, l'implantation d'une telle structure ne s'est pas faite sans réticence. Lorsque tout le monde a bien compris son rôle dans l'organisation et navigue dans le même sens, la mise en place de la démarche qualité ne peut faire autrement que réussir. C'est ce qui s'est produit à Saint-Augustin-de-Desmaures, une municipalité qui peut se vanter d'être un exemple à suivre en matière de qualité des services offerts aux citoyens.

Robert Doré
Coordonnateur, qualité des services

> *On se souvient de la qualité*
> *bien plus longtemps que du prix.*
>
> Devise de la famille Gucci

INTRODUCTION

Depuis quelques années, on entend parler de plus en plus de la qualité. En effet, ce concept est employé abondamment dans la documentation et il fait partie de la conversation de la plupart des dirigeants d'entreprise. Aujourd'hui, on sait bien qu'une entreprise qui ne se préoccupe pas de la qualité, peu importe à quel niveau hiérarchique, ne pourra survivre à long terme, surtout avec la mondialisation des marchés et les technologies de plus en plus sophistiquées.

Dans ce chapitre, nous ferons la lumière sur l'ensemble des méthodes utilisées pour décrire la qualité. Par la suite, nous ferons un bref historique de la qualité dans les entreprises. Puis, afin d'éviter les ambiguïtés, nous examinerons les différents concepts utilisés dans le domaine de la gestion de la qualité. Une section sera consacrée aux normes ISO 9000 et ISO 14000 en relation avec le service des approvisionnements, étant donné que celles-ci deviennent de plus en plus nécessaires dans les entreprises. Nous donnerons un exemple d'implantation d'une démarche qualité dans un service des approvisionnements et finalement nous préciserons comment on effectue des audits reliés à la qualité.

4.1 LES DIFFÉRENTES FAÇONS DE DÉCRIRE LA QUALITÉ

Pour que l'acheteur puisse réaliser son travail de façon efficace, le service qui fait la demande doit décrire ses besoins le plus précisément possible. Il existe plusieurs moyens de décrire la qualité d'un produit ou d'un service. Les plus connus sont la marque de commerce, les spécifications du produit ou du service, les plans et devis, les échantillons, les normes déterminées par des associations reconnues du marché, l'analyse de balisage et l'analyse de la valeur d'un produit ou d'un service.

4.1.1 La marque de commerce

On fait appel à la réputation d'une marque de commerce lorsque le service client connaît très bien une marque et est entièrement satisfait de cette dernière. On utilise également la réputation d'une marque pour faire l'acquisition d'un produit ou d'un service dans le cas où on ne peut investir ni temps ni argent dans la description complète d'un produit ou encore dans le cas où le fournisseur est unique dans son champ d'activité, comme Hydro-Québec dans le domaine de l'électricité.

Pour l'acheteur, cette façon de décrire la qualité d'un produit lui fait gagner énormément de temps, car il n'a pas à négocier un prix avec son fournisseur. Par contre, s'il prend l'habitude de travailler de cette façon avec ses fournisseurs, il risquera de perdre rapidement le pouls du marché et finira par acheter un produit qui ne sera pas le meilleur dans une situation donnée.

4.1.2 Les spécifications du produit ou du service

La méthode des spécifications du produit ou du service est la méthode la plus utilisée dans l'industrie. Il s'agit pour le service qui fait la demande et pour l'acheteur de décrire les caractéristiques du produit ou du service tant du point de vue physique et chimique que du point de vue du rendement attendu, et ce dans le but d'éviter toute ambiguïté avec les fournisseurs. Il va sans dire que cette façon de faire demande plus de temps ; cependant, elle donne habituellement de bons résultats.

Il existe différents types de spécifications. Citons les suivants :

— les spécifications physiques, telles que le poids, la taille ou les dimensions ;

— les spécifications chimiques, comme la composition chimique ou le degré de concentration ;

— les spécifications de rendement, telles que la résistance au frottement ou la dureté ;

— les spécifications qualitatives, telles que l'esthétique ou le goût ;

— les spécifications de transformation, comme le type de procédé à utiliser ou la précision d'usinage à respecter ;

— les spécifications industrielles, telles qu'un boîtier de protection NEMA 12 dans le domaine électrique ou une vis en acier inoxydable à tête fraisée ;

— les spécifications gouvernementales, telles que les normes de la Commission de la santé et de la sécurité du travail ou les exigences politiques quant à la charge de travail devant être exécutée à l'intérieur des frontières du Québec.

4.1.3   Les plans et devis

La méthode des plans et devis est très utilisée dans l'industrie de la construction et dans les industries dont les produits demandent un haut degré de précision comme l'industrie aérospatiale. Cette méthode consiste à reproduire le bien commandé sur du papier conçu à cet effet ; la reproduction faite à l'échelle constitue un plan. Le devis, qui sert d'accompagnement au plan, met en évidence tous les détails qui ne peuvent être inclus sur le plan, comme le pourcentage de précision de chaque matière entrant dans le produit à fabriquer ou comme les caractéristiques du rendement de chaque produit utilisé, par exemple du béton ayant une résistance en compression de 30 mégapascals et un affaissement de 75 millimètres.

Cette méthode ne laisse aucun doute quant au produit à acquérir. Elle peut susciter des réactions de la part de la concurrence, car il est plus facile de faire des comparaisons entre les produits avec cette façon de faire. Toutefois, cette méthode est longue, fastidieuse et coûteuse. Une entreprise doit être structurée suffisamment afin de faire un suivi efficace sur l'achat.

4.1.4   Les échantillons

L'acheteur peut demander à un fournisseur potentiel de lui donner un échantillon du produit qu'il désire acheter. Une fois l'échantillon reçu, il le montrera au service en cause, lequel approuvera ou non le produit suivant les caractéristiques recherchées.

Cette méthode est très utilisée dans l'industrie minière (dans les carrières, les sablières, etc.), dans l'industrie textile (le coton et la laine) ainsi que dans l'industrie agroalimentaire (les fruits et les légumes). Comme il y a un risque de variations d'un mois à l'autre dû à la différence entre les lots de production, l'entreprise qui fera l'achat doit être sur ses gardes. Pour ce faire, elle exigera un échantillon du produit à acheter.

4.1.5   Les normes déterminées par des associations reconnues du marché

Certains organismes de normalisation font autorité au Québec et au Canada. Beaucoup d'entreprises utilisent ces normes dans le but de faciliter les échanges avec les fournisseurs. Citons l'Association canadienne de normalisation (ACNOR), le Bureau de normalisation du Québec (BNQ), le Protocole national sur l'emballage (PNE), l'International Standards Organization (ISO) et les normes QS 9000 dans l'industrie automobile.

4.1.6   L'analyse de balisage

Une analyse de balisage est une analyse comparative ou un étalonnage concurrentiel (reconnu sur le marché comme étant du *benchmarking*). Une telle analyse permettra de standardiser le niveau de qualité de l'entreprise par rapport à celui qu'on trouve sur le marché. C'est un processus long et rigoureux d'analyse du mode de fonctionnement de l'entreprise, de découverte des anomalies à corriger et de sélection des sources qui partageront leur expérience en vue de devenir des modèles d'inspiration pour les changements à entreprendre à l'intérieur de l'entreprise. L'objectif de cette démarche est de comparer l'entreprise aux entreprises les plus performantes de son secteur d'activité et de s'inspirer des meilleurs modes de fonctionnement internationaux pour s'améliorer constamment.

Comme l'indique Gérald A. Ponton :

> Le balisage n'est pas sorti du jour au lendemain d'une boîte à chapeau. La première expérience remonte aux années 70, à l'époque où Xerox Corporation, aux États-Unis, assistait à l'entrée massive de copieurs japonais sur son propre territoire. Ils étaient vendus à des prix quasi inférieurs à ses propres coûts de fabrication. Xerox décida alors d'entreprendre une étude approfondie des processus de fabrication et de gestion de ses concurrents. Depuis la méthode a fait ses preuves[1].

4.1.7   L'analyse de la valeur d'un produit ou d'un service

L'analyse de la valeur d'un produit ou d'un service est une méthode systématique qui remet en question l'optimisation de la fonction du produit, le besoin de l'utilisateur, la qualité requise et le prix d'un produit ou d'un service pour répondre aux attentes de l'utilisateur. Nous examinerons cette approche à la section 9.2.2 (p. 328) de ce livre.

---

1.   Gérald A. Ponton, *L'usine*, avril 1997, p. 9.

4.2 UN HISTORIQUE DE LA QUALITÉ

La qualité comme telle a toujours existé malgré le fait qu'elle n'a pas été comprise de la même façon par les agents économiques au fil des ans. Les exigences des consommateurs sont devenues de plus en plus grandes face à l'acquisition d'un bien. Ce qu'on acceptait dans les années 1960 comme qualité de biens de consommation est maintenant une chose révolue. La mentalité par rapport à la qualité a changé. En effet, les années d'après-guerre ont amené des productions de masse pour compenser certaines pertes dues à la guerre. On parlait à cette époque de l'*American way of life*. On produisait une quantité X d'un bien quelconque, et le consommateur s'approvisionnait selon cette quantité produite. Rien n'était fait en fonction du client.

De nos jours, un manufacturier qui ne se soucie guère de ses clients ne restera pas en affaires très longtemps. Toutes les activités doivent être accomplies en fonction des exigences du client, qui demeure le roi dans l'échange commercial quel qu'il soit. Le développement du concept de qualité s'est fait en trois étapes, soit le contrôle de qualité, l'assurance qualité et la qualité totale.

4.2.1 Le contrôle de qualité

Dans les années 1950, alors que le management scientifique était prépondérant, les entreprises ont commencé à considérer comme importante la vérification du produit. À ce moment-là, on contrôlait strictement le produit lorsqu'il était sous forme de produit fini. Les produits impropres à la consommation étaient tout simplement mis de côté par le contrôleur de qualité, du moins ceux où l'on pouvait détecter une faille. Par la suite, on s'est rendu compte qu'il devenait essentiel de vérifier qualitativement le produit à la source.

Le contrôle de qualité est maintenant effectué de façon beaucoup plus systématique. Dans la mesure du possible, chaque employé prend un peu de temps pour vérifier le travail qu'il vient d'accomplir. Autrement dit, le mot d'ordre est de bien faire du premier coup, à tous coups. De cette manière, on s'assure de la qualité du produit et d'une perte de temps minimale.

4.2.2 L'assurance qualité

Un peu plus tard, soit dans les années 1970, on a assisté au développement de produits demandant une plus grande expertise vu leur complexité. Par le fait même, les entreprises se sont trouvées dans l'obligation de contrôler non seulement le produit à fabriquer, mais aussi le procédé de fabrication, c'est-à-dire les machines et les outils utilisés. On a dû, de plus, former le personnel en place afin qu'il soit au courant du niveau de qualité à maintenir. Le but ultime de l'assurance qualité est de susciter une confiance sans borne envers le produit face aux clients et également face aux employés de l'entreprise eux-mêmes. Les employés éprouvent alors un sentiment de fierté par rapport à l'image que projette leur entreprise.

4.2.3 La qualité totale

Au début des années 1980, nous sommes entrés dans l'ère de la mondialisation des marchés ; on observe aussi l'immense succès que connaît la philosophie de gestion japonaise propagée par deux gourous américains, Deming et Juran, et qui concerne la qualité totale. Ce ne sont plus seulement les services des approvisionnements et de la production qui pratiquent la qualité totale, mais bien tous les services de l'entreprise. On n'en fait plus mystère : chaque employé doit partager cette manière de penser, du préposé à l'entretien ménager au président-directeur général. Le mot d'ordre est « vaut mieux prévenir que guérir », car les coûts associés à la guérison sont souvent très durs à supporter. Encore faut-il que le président-directeur général croie à ce concept. Dans un processus d'instauration ou d'amélioration d'un programme de qualité, le plus difficile est sans aucun doute de changer la mentalité existante, surtout lorsqu'elle est très négative.

Certains diront que le processus mis en place pour améliorer la qualité d'un produit coûte trop cher pour en valoir la peine. Il s'agit d'une vision à court terme. Le coût pour corriger une bévue, qu'on appelle « coût de non-qualité », est souvent beaucoup plus élevé que le coût pour prévenir cette même bévue, qu'on appelle « coût de qualité ».

La non-qualité ne se reconnaît pas seulement aux erreurs faites par les employés. L'insouciance professionnelle engendre aussi la non-qualité. Par exemple, un employé de bureau payé à temps plein qui arrive au travail vers 10 heures le matin, qui repart vers 11 heures pour aller luncher et qui revient vers 16 heures après sa partie de golf témoigne d'une non-qualité. Un conseiller financier auprès des particuliers dans une banque qui n'esquisse aucun sourire pendant l'entrevue avec son client témoigne également d'une non-qualité. Finalement, un soudeur affecté à la fabrication de classeurs qui n'enlève pas les éclats de métal après son travail de soudure dans les coins des classeurs manifeste aussi une non-qualité.

L'évolution du concept de qualité amène à penser que les croyances de jadis auront complètement disparu au tournant du prochain millénaire. Le tableau 4.1 (p. 140) démontre l'évolution du concept de qualité dans les entreprises.

TABLEAU 4.1

L'évolution du concept de qualité

Croyances des années passées	Croyances des années à venir
Il faut réduire le nombre de produits retournés.	Il faut assurer le niveau de qualité dès le début de la fabrication du produit.
Il faut accepter les produits défectueux.	Il faut offrir un produit ou un service sans défaut.
Il est important de contrôler la qualité.	Il est nécessaire d'implanter un programme d'assurance qualité.
La qualité d'un produit découle des spécifications de celui-ci.	La qualité est fonction de ce que désire le client.
La qualité ne vise qu'à satisfaire le client.	Il faut être proactif et dépasser les attentes du client.
Il faut rechercher un niveau de qualité acceptable.	Il importe d'améliorer continuellement les équipements de transformation et les intrants.

EXEMPLE 4.1

L'exemple fourni par une entreprise fabriquant un shampooing peut nous aider à comprendre l'évolution du concept de qualité. Cette entreprise produit sa propre marque de shampooing, qu'elle remise dans un entrepôt. Elle achète des bouteilles en plastique, des capuchons en plastique, des étiquettes, différents formats de boîtes et le matériel nécessaire à l'expédition.

Il y a une quinzaine d'années, les règles du service des approvisionnements permettaient un taux de rejet des intrants de l'ordre de 3 %. La plus grande partie du travail de remplissage et d'emballage était effectuée manuellement par les employés de l'entreprise. Le tableau 4.2 présente les différents intrants reliés à la fabrication des bouteilles de shampooing.

Dans cet exemple, le coût du rejet des bouteilles s'élevait, il y a 15 ans, à 1 500 $: (100 000 unités × 0,50 $/unité) × 3 %. Au moment où une anomalie sur une bouteille était détectée, l'employé la rejetait étant donné la valeur minime de la perte.

On peut montrer qu'en supprimant le coût de rejet, l'entreprise pourrait réaliser deux économies, soit la récupération d'une perte de 1 500 $ provenant du rejet des bouteilles et l'installation d'une ligne de production automatisée qui apporterait une économie additionnelle de 0,297 $ par bouteille en main-d'œuvre seulement (la production réelle est de 48,5 bouteilles à l'heure, soit 97 000 bouteilles acceptées divisé par 2 000 heures. De plus, le coût de la main-d'œuvre est de 14,40 $ l'heure. En divisant 14,40 $ l'heure par 48,5 bouteilles par heure, on obtient 0,297 $ par bouteille.).

TABLEAU 4.2

Les intrants de la fabrication des bouteilles de shampooing

Quantité de bouteilles achetées annuellement	100 000 unités
Coût d'acquisition par bouteille	0,50 $
Salaire de chaque employé (comprenant des avantages sociaux équivalents à 20 %)	14,40 $ l'heure
Temps d'arrêt de la chaîne de remplissage pour chaque déversement	2 heures
Temps de travail annuellement (250 jours à 8 heures par jour)	2 000 heures
Profit sur chaque bouteille vendue	0,10 $
Prix de vente au distributeur	2,25 $

S'il fallait que l'entreprise garde les 3 000 bouteilles défectueuses, le temps d'arrêt de la production s'élèverait à 6 000 heures (3 000 bouteilles à 2 heures par déversement). Cette solution inacceptable représentait pourtant il y a 15 ans la solution la moins dispendieuse. Aujourd'hui, compte tenu de la qualité exigée des intrants, ce n'est plus la solution optimale.

L'acheteur exerce une pression sur ses fournisseurs pour qu'ils lui remettent un produit sans défaut qu'il pourrait payer un peu plus cher, car sa marge de manœuvre est passée de 0,50 $ à 0,812 $ (à savoir [(100 000 × 0,50 $) + (97 000 × 0,297 $)]/97 000. Sa nouvelle marge de manœuvre est suffisante pour financer ses installations, acheter un produit un peu plus cher et même supporter une baisse de prix pour le consommateur de 2,25 $ à 2 $. Voilà un effet réel d'une exigence de qualité accrue de la part de l'entreprise cliente envers son fournisseur.

Au fil des ans, la concurrence internationale a exercé une pression à la baisse sur les prix. À qualité et à prix égaux, le consommateur encouragera l'entreprise locale. Le consommateur a aussi modifié sa perception à propos de la qualité des produits des entreprises importatrices. Au-delà de ces perceptions, les dirigeants des entreprises locales doivent se poser les questions suivantes : comment l'entreprise importatrice peut-elle avoir un produit de qualité égale à un prix égal à celui des entreprises locales malgré le fait qu'elle doit payer un coût de transport supplémentaire ? Si l'entreprise importatrice décidait d'installer une usine de production sur le marché local, avec sa technologie et son expertise, ne serait-elle pas plus performante que les entreprises locales ? Qu'arriverait-il si l'entreprise importatrice vendait son produit 2 $ plutôt que 2,25 $ à la suite du rapprochement de ses usines de production du marché à servir, occasionnant par le fait même une réduction du coût de transport ?

4.3 LES CONCEPTS RELIÉS À LA QUALITÉ

4.3.1 La politique en matière de qualité

Dans le jargon administratif, on emploie souvent l'expression « politique qualité ». La politique en matière de qualité d'une entreprise représente ni plus ni moins les objectifs généraux que définit la haute direction en ce qui concerne la qualité. Il faut garder à l'esprit que la politique en matière de qualité d'une entreprise découle de la mission de celle-ci, c'est-à-dire de sa raison d'être.

Dans une entreprise, il existe plusieurs types de politique. En effet, on peut trouver une politique ayant trait aux ressources humaines (par exemple une formation obligatoire) ou encore une politique relative à la santé et à la sécurité du travail. En fait, une politique sera élaborée dans chaque secteur de l'entreprise. Le tableau 4.3 présente l'exemple de la politique en matière de qualité établie par un manufacturier de poêles à bois.

TABLEAU 4.3

La politique en matière de qualité d'un manufacturier de poêles à bois

Mission de l'entreprise	Vendre des poêles à bois dans toute l'Amérique du Nord
Politique en matière de qualité	Donner une pleine satisfaction aux clients pour tout ce qui a trait à la qualité
Objectif A	Devenir un fournisseur privilégié
Objectif B	Réduire le nombre de commandes en retard à deux par mois
Objectif C	Viser une rotation des stocks deux fois plus élevée qu'à la période précédente

La mission de ce manufacturier pourrait être de vendre des poêles à bois dans toute l'Amérique du Nord. Sa politique en matière de qualité serait de faire en sorte que les clients soient pleinement satisfaits sous tous les aspects de la qualité. Par la suite, en fonction de la politique avancée, l'entreprise établira des objectifs spécifiques comme ceux-ci : devenir un fournisseur privilégié pour la plupart des clients avec lesquels elle fait des affaires, réduire le nombre de commandes en retard à deux par mois ou encore viser une rotation des stocks deux fois plus élevée qu'à la période précédente. Il est à noter qu'il peut y avoir plus de trois objectifs en ce qui a trait à la qualité. Le but n'est pas d'en avoir un grand nombre ou quelques-uns seulement, mais de respecter les engagements pris.

4.3.2   La gestion de la qualité

La gestion de la qualité représente la partie de la fonction de gestion qui détermine la politique en matière de qualité et qui la met en œuvre. Sans doute connaissez-vous déjà le fameux processus de gestion, c'est-à-dire la planification, l'organisation, la direction et le contrôle. Dans le contexte de la gestion de la qualité, la planification est en quelque sorte l'élaboration du plan de gestion ainsi que du plan d'action tant au point de vue stratégique qu'au point de vue opérationnel. Par exemple, l'entreprise définit une façon de fonctionner en matière de qualité. Elle peut faire appel aux normes ISO 9000, que nous verrons un peu plus loin dans ce chapitre. Pour ce qui est de l'organisation, il s'agit de mettre en place toutes les ressources, qu'elles soient humaines, matérielles, financières ou informationnelles, dans le contexte du projet d'implantation de la qualité. En ce qui a trait à la direction, celle-ci consiste à diriger les ressources, à les motiver, à les former et à régler les différends entre elles pour s'assurer que les plans établis lors de la planification n'iront pas à la dérive. Finalement, le contrôle dans un projet d'implantation de la qualité vise à vérifier si ce qui a été planifié se rapproche de la réalité. L'étape du contrôle sert également à prendre les mesures nécessaires pour accorder les faits avec la planification initiale. Dans un projet de ce genre, le contrôle est effectué fréquemment, c'est-à-dire après chaque étape qui mobilise des ressources, et ce afin d'éviter l'apparition d'écarts trop importants.

4.3.3   La démarche qualité

La démarche qualité s'apparente au concept de gestion de la qualité. En fait, elle représente un ensemble d'éléments fondamentaux (voir la figure 4.1, p. 144) qui permettent de mettre sur pied une gestion de la qualité. On y trouve donc premièrement les ressources. À ce stade, l'entreprise doit dresser une liste des différentes ressources dont elle dispose afin de mener à bien son projet. Celles-ci pourraient comprendre, entre autres, le directeur du projet d'implantation de la démarche qualité, le directeur du service des approvisionnements, les transpalettes utilisées dans l'usine et les fonds octroyés par la banque.

Le deuxième élément fondamental de la démarche qualité consiste dans les procédés utilisés. De façon générale, on illustre les procédés de production à l'aide d'un diagramme de procédés, comme cela est indiqué dans un cours de gestion des opérations ou de gestion de la production au sujet de l'étude du travail. La figure 4.2 (p. 144) présente ce type de diagramme. Celui-ci s'avère très utile dans une démarche d'amélioration de la qualité ou de réingénierie des processus, car il permet de voir à quel endroit on n'ajoute aucune valeur au produit.

FIGURE 4.1

La démarche qualité

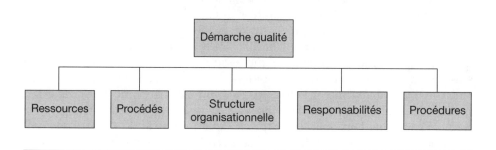

FIGURE 4.2

Exemple d'un diagramme de procédés

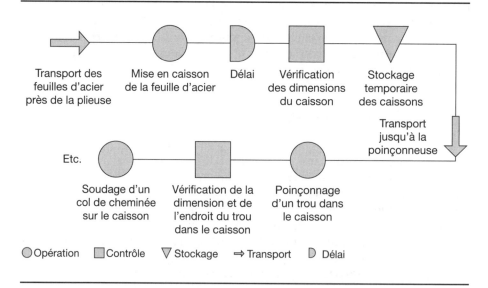

Le troisième élément fondamental est la structure organisationnelle qui représente, en quelque sorte, une photographie de l'entreprise à une date donnée. Elle permet de constater la dépendance de certains postes vis-à-vis d'autres. La structure organisationnelle permet également d'éviter la situation où un employé relève de plusieurs supérieurs. Ce phénomène va à l'encontre d'un principe de base en gestion, mais il constitue une réalité dans l'entreprise. Cela dit, chaque entreprise devrait établir une structure organisationnelle.

Le quatrième élément concerne les responsabilités de chacun. Grâce à la structure organisationnelle, on peut apprendre de qui un employé relève. Par contre, on ne connaît pas nécessairement les tâches de cet employé. Les responsabilités sont la description des tâches de chaque poste de l'entreprise ; cette description vise à éviter le redoublement des tâches et par le fait même les pertes de temps qu'il engendre.

Le dernier élément représente les procédures ou la manière de faire chaque activité. Cet élément peut sembler alourdir le système à mettre en place, surtout dans le cas où l'on doit écrire toutes ces procédures ; cependant, il est nécessaire dans le contexte d'une remise en question des façons de faire de l'entreprise. Par exemple, dans le cas de l'emballage d'une petite pièce métallique dans une boîte rigide en carton, la procédure pourrait être la suivante :

— la mise en forme de la boîte en carton ;

— la pose du ruban adhésif sur la fente extérieure du bas de la boîte ;

— le dépôt de la pièce métallique dans la boîte ;

— l'ajout de particules de styromousse dans la boîte afin d'éviter les vides et le bris de la boîte ;

— la fermeture de la boîte ;

— la pose du ruban adhésif sur la partie supérieure de la boîte ;

— l'étiquetage.

Bref, la démarche qualité permet à l'entreprise de composer un manuel de la qualité qui servira tout au long de la démarche visant à améliorer la qualité des produits ou des services. En fait, cette opération consiste à formaliser toutes les activités par écrit dans le but d'améliorer la productivité et de modifier les opérations qui n'apportent rien au produit ou au service. Beaucoup d'entreprises ont compris l'importance de cette démarche ces dernières années. On n'a qu'à penser au Mouvement Desjardins qui veut améliorer son service à la clientèle. Les employés qui sont en contact avec les clients deviendront des individus-clés dans l'entreprise. Il faudra penser à élaborer des programmes de formation pour optimiser ce genre de service. Les dirigeants du Mouvement Desjardins ont pensé à la réingénierie des processus et donc à l'amélioration de la productivité en formalisant leurs activités et en se questionnant.

4.3.4 La maîtrise de la qualité

Afin que les employés assimilent parfaitement l'idée maîtresse d'un projet d'amélioration de la qualité, on demande à chacun d'écrire la procédure reliée au champ d'activité dans lequel il travaille. Cela a pour effet d'enlever le côté mystérieux ou de réduire la résistance au changement relativement à ce genre d'implantation et de redonner confiance aux employés. De plus, on pourra compter sur une plus grande polyvalence de la part de chaque employé parce que si un employé est malade une journée donnée, un de ses collègues pourra le remplacer à pied levé.

4.3.5   L'assurance qualité

Selon le dictionnaire de l'American Production and Inventory Control Society[2], l'assurance qualité représente l'ensemble des activités planifiées et systématiques qui font en sorte qu'un produit ou un service respecte les exigences requises quant à la qualité.

Il s'agit donc de s'assurer que le procédé fonctionnera de façon qu'aucune faille ne puisse apparaître dans le produit ou le service. Ainsi, on se préoccupera non seulement du produit ou du service, mais également des ressources humaines qui ont à fabriquer le produit ou à rendre le service, de même que de la machinerie et des outils, qui serviront d'intermédiaires pour la fabrication du produit, et ce tout le long du processus, c'est-à-dire de la conception du produit jusqu'au service après-vente. L'assurance qualité peut être vue selon deux facettes, soit l'assurance interne, qui a un rapport avec les fournisseurs, avec tous les employés participant à l'extrant et avec la direction qui manifeste sa confiance, et l'assurance externe, qui a trait à la confiance du client.

À ce sujet, il existe des normes de qualité appelées « ISO » qui ont été établies par l'Organisation internationale de standardisation. Ces normes peuvent être d'une grande utilité pour une entreprise désirant prendre le virage de la qualité. D'ailleurs, de plus en plus d'entreprises souhaitent faire affaire uniquement avec des entreprises (fournisseuses ou clientes) qui ont reçu leur certification ISO. Plusieurs entreprises clientes participent maintenant aux activités internes reliées à la démarche qualité, par exemple en collaborant à la préparation des devis dans le but de faire respecter le plus possible leurs exigences.

4.3.6   Le contrôle de qualité

Le contrôle de qualité est en quelque sorte une méthode permettant d'établir la conformité du produit en comparant les résultats obtenus avec un standard déterminé au préalable. Si l'on constate un écart entre la réalité et le standard, cet écart sera corrigé par la suite.

Contrairement à l'assurance qualité, le contrôle de qualité ne touche que le produit ou le service comme tel. Dans le cas d'un service, cependant, étant

---

2. *APICS Dictionnary*, 8e éd., Fall Church, Virginie, 1995, 104 p.

donné son intangibilité, il est plus difficile de bien contrôler sa qualité. Il faut alors cerner des critères que l'on pondérera selon leur importance. Ce travail de vérification devra être effectué par l'acheteur au cours de son travail quotidien. La façon de contrôler la qualité requiert certaines notions de statistique, comme l'échantillonnage aléatoire, c'est-à-dire la prise d'articles au hasard parmi un certain nombre dans le but de vérifier la conformité du produit. De plus, certains paramètres statistiques comme la moyenne, l'écart type, le coefficient de variation ou l'étendue sont très utilisés dans le contrôle de qualité. Habituellement, l'acheteur met au point des cartes de contrôle qui permettent de se faire une idée de la qualité du produit à court, à moyen et même à long terme. La figure 4.3 montre un exemple d'une carte de contrôle qu'on appelle « R » (pour *range* ou « variation ») dans le but de vérifier les variations d'épaisseur dans le cas de la fabrication de feuilles d'acier roulé à froid. Plusieurs rouleaux ont été testés. En tout, 10 lots de fabrication ont été échantillonnés. On peut remarquer dans cette figure que trois lots ne répondent pas aux normes. L'acheteur cherchera à connaître les raisons pour lesquelles ces lots ne respectent pas les standards établis. Ce peut être à cause d'un manque de supervision de la part de l'employé chargé de faire fonctionner la machine ou encore d'un bris de la machine elle-même.

FIGURE 4.3

Exemple d'une carte de contrôle R

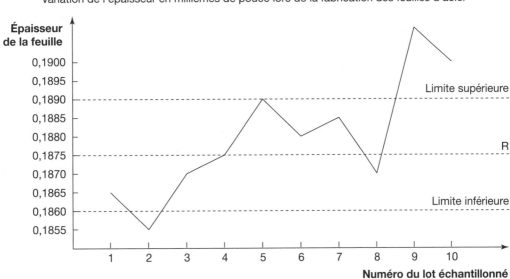

4.3.7 Le cercle de qualité

Un cercle de qualité est un groupe de travail comprenant de quatre à neuf individus qui se rencontrent sur une base régulière pour résoudre des problèmes reliés à la qualité des articles produits, à produire ou à distribuer. Normalement, le cercle de qualité adopte la philosophie et la politique qualité qui ont été déterminées par la direction de l'entreprise. Par exemple, au service des approvisionnements, depuis quelque temps on se rend compte que les matières premières n'arrivent pas à la date convenue sur le contrat d'achat, ce qui cause un retard dans le calendrier de production et, par le fait même, retarde les commandes aux clients. Le vice-président approvisionnements peut alors décider de former un comité qui regroupera le directeur du service des approvisionnements, un commis aux achats, l'adjointe administrative du service des approvisionnements et lui-même afin de trouver des solutions aux problèmes reliés aux approvisionnements qui se présentent à court et à long terme. Le comité peut se réunir une fois par semaine. Ce comité peut être qualifié de cercle de qualité.

4.4 LES NORMES ISO

Comme nous l'avons mentionné précédemment, l'acronyme ISO signifie « *International Standards Organization* » (« Organisation des normes internationales »). L'ISO est en quelque sorte une fédération mondiale d'organismes nationaux de normalisation. À l'intérieur de l'ISO, il existe plusieurs comités techniques et sous-groupes de travail dont le but est justement de construire des normes internationales. La figure 4.4 illustre quelques acteurs prenant part à la préparation de normes. L'organisme canadien chapeautant ces normes est le Conseil canadien des normes (CCN). Le CCN mandate des organismes comme le Bureau des normes du Québec (BNQ), le Quality Management Institute (QMI), le Groupe québécois de certification de la qualité (GQCQ), l'Association québécoise de la qualité (AQQ) et quelques autres pour agir à titre de registraire ou d'auditeur externe dans le processus de certification ISO dans les entreprises.

4.4.1 Les normes ISO 9000

Les normes internationales les plus connues sont sans l'ombre d'un doute les normes de la série ISO 9000, qui comprend les normes ISO 9001, ISO 9002 et

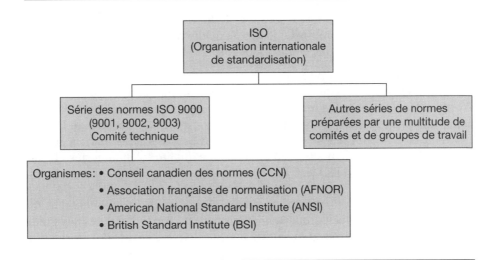

FIGURE 4.4

Les organismes nationaux préparant des normes

ISO 9003. La norme ISO 9001 est un modèle pour l'assurance qualité en matière de conception et développement, de production, d'installation et de soutien après la vente. Elle est la norme la plus rigide, en ce sens qu'elle doit assurer la qualité de la conception du produit jusqu'au service après-vente, c'est-à-dire tout au cours de l'évolution du produit. Certaines entreprises de grande envergure (comme IPL et Pratt & Whitney) ont pris jusqu'à deux ans pour faire l'implantation de cette norme dans leurs opérations.

La norme ISO 9002, quant à elle, ressemble étrangement à la norme ISO 9001, si ce n'est que la conception du produit n'est pas incluse dans la norme comme telle. La norme ISO 9002 peut convenir à une entreprise qui n'effectue pas de conception ou qui fait de la conception, mais désire entamer sa démarche qualité de façon plus modeste. C'est la norme qui est implantée le plus souvent parmi les trois normes que nous avons énumérées.

Finalement, la norme ISO 9003 est un modèle pour l'assurance qualité en matière de contrôle et d'essais finaux. Cette norme est de loin la moins contraignante. Cependant, son utilisation n'assure qu'une qualité superficielle du produit étant donné que les essais se font à la fin, c'est-à-dire lorsque le produit prend la forme d'un produit fini.

Les normes ISO ne sont pas obligatoires, mais si l'entreprise veut augmenter son chiffre d'affaires et sa productivité et développer des marchés dans le monde, elles s'avèrent presque essentielles. Elles sont connues mondialement; par conséquent, elles peuvent inspirer confiance aux entreprises désireuses de conclure une transaction commerciale. Depuis quelques années, les gouvernements provinciaux et fédéral exigent de leurs fournisseurs, selon une spécification mentionnée dans leurs appels d'offres, une certification ISO. Les normes ISO ne sont pas l'effet d'une mode; elles font plutôt partie d'une manière de voir les choses relativement au processus d'amélioration continue des opérations stratégiques et journalières.

Une série de guides peuvent assister l'acheteur dans l'implantation de telles normes. Ainsi, le guide ISO 8402 constitue un glossaire des termes reliés à la qualité. En outre, le guide ISO 9000 est un fascicule donnant les lignes directrices pour la sélection et l'utilisation des différentes normes de la série ISO 9000. Le guide ISO 9004-1 donne les lignes directrices concernant la gestion de la qualité et les éléments reliés à la démarche qualité selon la norme choisie (ISO 9001, ISO 9002 ou ISO 9003). L'ISO 9004-4 est un guide visant l'amélioration de la qualité en ce qui a trait aux méthodes et aux outils. L'ISO 10013 est un guide touchant l'élaboration d'un manuel de la qualité. Ce manuel est indispensable quand on effectue une démarche qualité. L'ISO 10015 est un guide pour la formation continue. On sait qu'avec la démarche qualité la formation continue des employés devient primordiale. La liste précédente est loin d'être exhaustive; les comités techniques ont créé plusieurs autres guides en vue de faciliter la tâche aux personnes adoptant une telle démarche.

Les normes ISO 9000 ne permettent pas aux entreprises de faire des miracles. Toutefois, elles les aident à prendre conscience du fait qu'elles doivent établir une structure, un mode de fonctionnement et des procédés pour pouvoir maîtriser la moindre opération qui agira sur la qualité du produit que le consommateur achètera. Ces normes ne dictent pas une façon d'acheter ou de produire; elles n'indiquent pas non plus si l'entreprise est efficiente.

4.4.2 Les normes ISO 14000

Dans la même optique, l'Organisation internationale de standardisation a mis au point récemment la série ISO 14000, un ensemble de normes permettant aux entreprises de mieux gérer leurs activités environnementales.

Ces normes définissent ce qu'est un bon système de gestion environnementale (SGE) pour une entreprise en donnant des lignes directrices et en instituant des principes fondamentaux à respecter en ce qui concerne une gestion axée sur la protection de l'environnement. Une entreprise aura la possibilité d'obtenir la certification ISO 14001 après avoir été passée au peigne fin par un registraire (auditeur externe), comme c'est le cas pour la série de normes ISO 9000. Actuellement, la firme Stablex inc., qui œuvre dans le domaine de la gestion des déchets dangereux et qui est située à Sainte-Thérèse, se trouve à l'avant-garde, étant une des premières entreprises à obtenir la certification ISO 14001. Citons également la firme Prévost Car, sise à Sainte-Claire-de-Bellechasse près de Québec, qui a aussi obtenu la norme ISO 14001 dernièrement.

Les raisons qui poussent une entreprise à chercher à acquérir la certification à propos de normes environnementales de ce type sont multiples. Par exemple, cette certification permet d'établir un lien de confiance entre l'entreprise, les groupes de pression, les investisseurs, les créanciers et la population en général.

Dans ce cas, l'entreprise fait montre d'une certaine sensibilité face à la gestion environnementale ; elle réduit ainsi les poursuites de la part de tierces parties. Étant donné que la certification améliore l'image de l'entreprise, cette dernière pourra bénéficier d'une valeur accrue de revente de ses biens. Finalement, les employés travaillant dans ce type d'entreprise éprouveront une certaine fierté de voir leur employeur faire sienne la préoccupation de plus en plus marquée que l'on observe actuellement en matière de protection de l'environnement. Cela aura également pour effet d'augmenter leur motivation et, conséquemment, la qualité de leur travail.

4.5 L'AUDIT DE LA QUALITÉ

Selon Bernillon et Cérutti, « l'audit est somme toute un examen destiné à vérifier la conformité d'une situation par rapport à un référentiel préétabli dans le but de faire produire une qualité suffisante et constante[3] ». Il existe deux types d'audit ou de vérification de la qualité, soit l'audit interne et l'audit externe.

4.5.1 L'audit interne

L'audit interne porte souvent sur un aspect spécifique de l'entreprise. En effet, on peut choisir de faire un audit sur le produit comme tel ou encore de faire une vérification dans un service donné pour déterminer si les procédés établis dans ce même service suivent la démarche qualité de l'entreprise.

On peut également faire un audit chez un fournisseur dans le but d'établir une meilleure relation d'affaires ou d'élaborer un processus de qualification des fournisseurs.

---

3. Alain Bernillon et Olivier Cérutti, *Implanter et gérer la qualité totale*, Paris, Éditions d'Organisation, 1988, p. 206.

4.5.2   L'audit externe

L'audit externe est effectué soit par un client ou par un registraire pour la certification ISO. Dans le cas d'un audit effectué par un client, le but est surtout de détecter les anomalies qui pourraient survenir en cours de fabrication. Le client sera à même de faire des recommandations au manufacturier, qui aura à ce moment-là à se réajuster. Ce type d'audit se produit fréquemment lorsqu'un nouveau contrat est à l'étude. L'audit fait par un client peut également avoir pour effet de créer une relation plus harmonieuse entre le client et le fournisseur. Le manufacturier connaît davantage les désirs et les préférences de son client lorsque celui-ci lui fait des critiques constructives.

Dans le cas d'un audit effectué par un registraire, c'est-à-dire par une personne habilitée à vérifier une démarche qualité et n'ayant aucun conflit d'intérêts avec l'entreprise soumise à l'audit, cela fait partie intégrante du processus visant à recevoir la certification ISO 9000. La personne qualifiée pour procéder à l'audit, qui provient d'une entreprise approuvée par le Conseil canadien des normes, doit réviser religieusement tous les aspects reliés à l'implantation de la norme choisie avant de faire des recommandations.

Parfois, l'entreprise devra apporter à sa démarche qualité des modifications mineures ou majeures en un laps de temps déterminé par le registraire. Après coup, l'auditeur externe reviendra dans l'entreprise pour vérifier si les modifications ont été effectuées. Dans le seul cas où les modifications auront été faites, on pourra poursuivre le processus de certification. Par exemple, une entreprise bien connue dans le domaine du polymère n'exécutait pas certaines opérations de production conformément au guide des méthodes qui fait partie intégrante du manuel de la qualité. L'auditeur externe a donc averti l'entreprise de s'ajuster si elle désirait toujours obtenir la certification ISO.

4.5.3   Le fonctionnement de l'audit externe

Le vérificateur doit faire un plan d'audit, qu'il fera parvenir à l'entreprise qui désire être soumise à un audit. Le plan comprend l'identification des personnes responsables autant chez l'entreprise faisant l'objet de l'audit que chez l'auditeur, la langue dans laquelle se fera l'audit, le plan des activités d'audit, le calendrier des réunions d'audit ainsi que les modalités de diffusion du rapport final. Par la suite, quand les deux parties s'accordent sur le plan d'audit, on prépare la réunion d'ouverture, qui sert à faire les présentations d'usage et à communiquer le déroulement exact de l'audit. Puis, l'audit proprement dit a lieu pendant une période donnée. C'est à ce stade que l'on doit indiquer à l'entreprise soumise à l'audit les modifications à apporter ou encore l'arrêt de l'audit en raison d'un manquement grave. L'étape suivante est constituée de la réunion de clôture. L'auditeur mentionne alors les anomalies qui devront être corrigées et les points positifs qu'il a constatés.

Plus tard, l'auditeur remet son rapport final à l'entreprise. Ce rapport contiendra un plan détaillé de l'audit, une description des anomalies observées, les documents de référence de l'audit et son point de vue sur la valeur de la démarche qualité instaurée par l'entreprise. Finalement, l'auditeur doit faire un suivi de l'audit afin de vérifier si les anomalies ont bel et bien été corrigées.

4.6 L'IMPLANTATION D'UNE DÉMARCHE QUALITÉ DANS UN SERVICE DES APPROVISIONNEMENTS

Pour illustrer la manière de réaliser l'implantation d'une démarche qualité dans une entreprise, et qui plus est dans un service des approvisionnements, nous utiliserons la norme ISO 9001. Cette norme est la plus complète, car elle doit répondre à 20 éléments (voir le tableau 4.4) inclus dans l'entreprise. Pour ce faire, nous prendrons l'exemple d'un manufacturier de bottes d'hiver.

TABLEAU 4.4
Les éléments d'une démarche qualité avec la norme ISO 9001

1. Responsabilités de la direction	12. État des contrôles et des essais
2. Démarche qualité	13. Maîtrise du produit non conforme
3. Revue du contrat	14. Mesures correctives
4. Maîtrise de la conception	15. Manutention, stockage, conditionnement et livraison
5. Maîtrise des documents	
6. Contrat d'achat	16. Enregistrements relatifs à la qualité
7. Produit fourni par l'acheteur	17. Audit interne de la qualité
8. Repérage du produit	18. Formation
9. Maîtrise des procédés	19. Service après-vente
10. Contrôles et essais	20. Techniques statistiques
11. Maîtrise des équipements de contrôle, de mesure et d'essai	

4.6.1 Les responsabilités de la direction

Le rôle de la direction dans une entreprise de fabrication de bottes d'hiver dans le contexte de l'implantation d'une démarche qualité est de définir et de consigner une politique en matière de qualité, comme celle-ci : « Les clients de l'entreprise doivent être constamment satisfaits du produit offert sur le marché. »

À partir de cette politique, la direction établira des objectifs relatifs à la qualité tels que les suivants : « Nous ne tolérons pas plus de 1 % de produits finis défectueux. » ; « Nous devons avoir absolument au moins un centimètre de laine autour du périmètre intérieur de la botte. » ; « Nous devons utiliser exclusivement du cuir de vache à l'intérieur de la botte. »

Un point non négligeable est l'engagement que la direction doit prendre pour amorcer le virage de la qualité. De façon concrète, cela peut se traduire par une déclaration écrite de ce type-ci : « Nous, membres de la haute direction, nous engageons à satisfaire les clients en allouant de façon optimale nos ressources, qu'elles soient humaines, financières, matérielles ou informationnelles, dans le but d'établir avec eux une relation des plus harmonieuses. »

De plus, la direction doit définir les responsabilités et les liens d'autorité qui existent dans l'entreprise. Pour ce faire, les dirigeants décriront concrètement les tâches effectuées par chaque membre de l'entreprise afin d'éviter toute confusion. Les organigrammes sont des figures qui montrent les liens d'autorité qu'on trouve dans une entreprise donnée (voir la figure 4.5).

FIGURE 4.5

Exemple d'organigramme

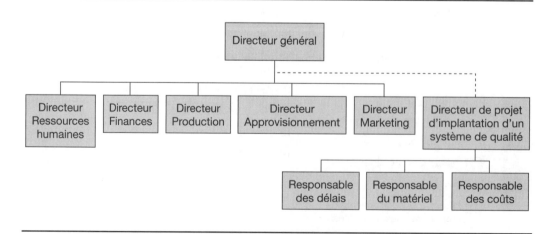

La direction doit déterminer également qui aura la responsabilité de vérifier si le travail est conforme aux exigences du client. Quelle formation doit posséder ce vérificateur ? Aura-t-il besoin d'une formation ? Dans une manufacture de bottes, on effectue des vérifications surtout pour s'assurer de la qualité des matières premières entrant dans la botte, de la conformité des coutures, de la dimension de chaque partie de la botte et des conditions climatiques de l'usine. Dans un projet d'implantation d'une démarche qualité, la direction désignera un représentant afin de veiller à ce que la norme soit mise en œuvre de façon adéquate. Ce représentant doit être une personne qui n'a aucun lien direct avec la production afin d'éviter les conflits d'intérêts.

Finalement, la direction doit vérifier régulièrement les extrants des vérifications effectuées par son représentant dans le but de connaître l'efficacité de sa démarche qualité.

4.6.2   La démarche qualité

À ce stade, on formalise par écrit toutes les opérations qui sont effectuées depuis des années. Autrement dit, on compose un manuel de la qualité incluant toutes les procédures de travail suivies par chaque employé de l'entreprise, et ce afin de respecter les spécifications données par le client.

Par exemple, on décrira la façon de fabriquer une botte. La personne responsable des approvisionnements établira une procédure décrivant le cycle complet de l'approvisionnement dans le cas de l'acquisition du cuir qui entre dans la fabrication de la botte. Elle établira également une procédure dans le cas de l'approvisionnement en pièces de rechange, car le cycle d'approvisionnement dans ce cas-ci risque d'être un peu différent, les pièces de rechange ne dépendant pas directement de la production à effectuer. Au service des approvisionnements, on pourra s'assurer que les fournisseurs faisant affaire avec l'entreprise ont obtenu une certification quant à la qualité du produit. De même, la personne responsable des ressources humaines consignera une procédure sur le processus de recrutement des employés de même que sur le type de rémunération de ces derniers.

En ce qui touche la production proprement dite, le directeur de la production mettra sur papier des instructions concernant le contrôle de qualité. Par exemple, ces instructions peuvent consister à vérifier le travail accompli après chaque poste de travail quantitativement et qualitativement (La quantité de cuir utilisée par botte est-elle conforme aux calculs effectués au départ ? La laine est-elle bien collée à l'intérieur du cuir ? Est-ce que la laine dépasse la partie supérieure de la botte ?). La personne affectée à un poste de travail doit vérifier les outils et les machines de son poste de façon régulière pour s'assurer que la fonction accomplie par cet équipement est adéquate. Par exemple, une alène qui n'arrive plus à percer le cuir entraînera automatiquement la fabrication de produits non conformes.

Le directeur de la production écrira également des instructions sur l'assurance qualité. Par exemple, pour faire en sorte que les peaux de cuir ne deviennent pas trop sèches prématurément, on gardera un certain niveau d'humidité dans l'entrepôt de matières premières. Pour acquérir une laine blanche quasi immaculée, on s'assurera de faire une vérification au préalable chez chaque fournisseur potentiel.

De plus, chaque inspection ou chaque vérification devrait être soigneusement notée dans des cahiers conçus à cet effet autant en ce qui a trait au contrôle de qualité qu'à l'assurance qualité, car il faut toujours avoir à l'esprit que les paroles s'envolent, les écrits restent.

4.6.3   La revue du contrat

Le manufacturier de bottes d'hiver doit vérifier sur les contrats conclus avec ses clients si les exigences sont définies adéquatement. Par exemple, si un client important désire obtenir plusieurs douzaines de paires de bottes d'hiver en caoutchouc sans laine ni cuir, et ce dans un délai relativement court, le fabricant doit être au courant de ces exigences et les respecter. Dans le cas où il ne peut se conformer à toutes les exigences du client, il devra trouver une solution qui plaira aux deux parties avant d'exécuter le contrat. Ainsi, si le client désire obtenir des paires de bottes dans un délai d'une journée alors que la chaîne de production n'est pas assez flexible et que la capacité de production prévue a atteint son maximum, le manufacturier devra négocier une livraison partielle de la commande, ce qui représente un bon compromis pour les deux parties.

4.6.4   La maîtrise de la conception

Le manufacturier de bottes d'hiver doit établir des procédures relatives à la conception, élaborer un plan détaillé pour chaque activité de conception et veiller à tenir ces plans à jour. De façon concrète, cela signifie qu'il doit planifier et écrire toutes les activités de création, en précisant d'abord les types de matériaux (cuir de porc, cuir de vache, cuir d'agneau, caoutchouc, laine, œillet d'acier, etc.) et leurs dimensions respectives.

Les calculs, les analyses de même que les modifications mineures et majeures acceptées par le client doivent être documentés et tenus à jour.

Enfin, le manufacturier doit faire faire une vérification de la conception par un expert dans ce domaine. Un ingénieur ou un technicien expérimenté pourra procéder à des essais et à des tests pour mesurer la résistance au froid intense, à l'usure (frottement) et aux chocs afin de s'assurer que la conception est conforme aux exigences du client.

4.6.5   La maîtrise des documents

Bien entendu, le fait de respecter une norme comme ISO 9001 est de nature à créer une foule de documents. Ces documents (codes de procédures, instructions, figures, légendes, tableaux) doivent faire l'objet d'un examen approfondi par un vérificateur externe avant d'être diffusés dans les différents services à la suite de leur approbation. Tous les changements effectués dans une procédure donnée doivent faire l'objet d'une attention particulière. En effet, il faut veiller à apporter les changements dans le manuel de la qualité à tous les endroits de l'entreprise où ce cahier est utilisé. Par exemple, après l'acquisition d'une nouvelle machine à contrôle numérique ultramoderne, le fabricant est appelé à modifier un procédé de fabrication en ce qui a trait à la couture de la base de la botte. La personne responsable de l'implantation de la démarche qualité devra alors faire le changement dans les codes de procédures de tous les services de l'entreprise après qu'un vérificateur aura approuvé cette modification.

4.6.6   Le contrat d'achat

Dans le cas où le fabricant doit faire appel à la sous-traitance pour la fabrication d'un des produits composant les bottes d'hiver en raison d'un manque d'expertise, d'un manque de temps ou d'une capacité de production limitée, il doit s'assurer que le sous-traitant possède la compétence nécessaire, tant du point de vue de la main-d'œuvre que du point de vue technique, pour mener à bien cette commande. Une des façons les plus courantes de s'assurer de la compétence d'un sous-traitant est de lui rendre visite afin d'explorer les lieux.

Le contrat d'achat doit absolument comporter toutes les spécifications quant à la quantité, aux types de matériaux utilisés, aux dimensions, aux couleurs, à la résistance au froid et au frottement, aux pointures, etc. De cette manière, on pourra éviter toute ambiguïté. Dans le cas où il y a des plans, il faut les joindre au contrat d'achat. Cette remarque s'applique aussi lorsque le client possède un échantillon de ce qu'il désire obtenir.

De plus, le client a le droit de rendre visite au manufacturier ou à son sous-traitant lors de la fabrication de sa commande dans le cas où cela a été spécifié dans le contrat.

4.6.7 Le produit fourni par l'acheteur

Il se peut qu'un client désire obtenir des bottes d'hiver avec une laine particulière provenant de Laponie. Le client qui possède cette laine peut la fournir au manufacturier. Dans ce cas, celui-ci doit consigner une procédure en ce qui a trait à l'entreposage et à l'entretien de cette laine, et la tenir à jour.

4.6.8 Le repérage du produit

Le fabricant devrait concevoir une façon de repérer facilement son produit tout le long de la chaîne de production et de distribution. Aujourd'hui, avec les systèmes de codes optiques, il est beaucoup moins ardu de déterminer à quel endroit se trouve un produit donné (une matière première, un produit en cours ou un produit fini) dans l'entreprise. De plus, cela permet de faire des inventaires plus précis. Bref, cette manière de procéder facilite le travail de tout le monde dans l'entreprise.

4.6.9 La maîtrise des procédés

Le fabricant de bottes d'hiver doit faire la preuve qu'il maîtrise parfaitement les procédés de fabrication de ces bottes.

Il va de soi que des procédures et des instructions de travail sont de mise encore ici pour illustrer et formaliser les différentes façons de produire les bottes d'hiver. Pour illustrer la fabrication d'un tel produit, on peut tracer des diagrammes de processus qui montrent toutes les opérations à effectuer pour la fabrication d'une botte. On devra également décrire toutes les machines utilisées dans les procédés. Le fait d'écrire toutes ces opérations peut rendre le travail moins routinier pour un manœuvre ; la direction de l'entreprise peut d'ailleurs favoriser la polyvalence des tâches sur les lieux de production. En tout cas, dans le contexte d'une démarche qualité, toutes les opérations sont précisées et expliquées par écrit, ce qui rend la tâche d'un néophyte beaucoup moins difficile.

4.6.10 Les contrôles et les essais

Le fabricant de bottes d'hiver doit faire un contrôle au début du processus, soit à la réception des matières premières et des composantes, de manière à s'assurer de respecter les exigences de son client. Ce type de contrôle ne doit pas avoir lieu uniquement à la réception du matériel ; il doit également être fait pendant toute la durée du procédé de fabrication (après chaque poste de travail) et lorsque le produit est prêt à être utilisé. Il est important d'enregistrer tous les contrôles et essais effectués sur le produit afin de prouver au client le sérieux de la démarche qualité. Ce type de norme est basé sur la prévention. Là comme ailleurs, il vaut mieux prévenir que guérir.

4.6.11   La maîtrise des équipements de contrôle, de mesure et d'essai

Afin de s'assurer que les équipements permettant de fabriquer les bottes, de les tester et de les contrôler sont adéquats, le manufacturier devra mettre au point un programme de maintenance préventive en tâchant de déterminer la fréquence d'entretien de chaque équipement ainsi que la façon détaillée de faire la maintenance pour tous les types d'équipements et de machines. Il devra mentionner dans son registre la précision désirée afin de se conformer aux exigences de ses clients pour chaque machine.

Par exemple, un poinçon pour faire des trous dans le cuir pourrait être examiné tous les trois mois. Toutes les pièces faisant partie de cette alène pourraient être revues à fond. Pour ce qui est de la précision, on pourrait exiger que les trous aient 6 millimètres plus ou moins 100 microns. Lorsque les trous du poinçon auront un diamètre supérieur à cette dimension, ce poinçon ne pourra plus être utilisé dans le processus de production.

Il sera primordial de conserver des registres de maintenance pour chaque machine et chaque outil afin de connaître leur évolution dans le temps et ainsi prévenir les bris et les pannes. On devra prendre soin également de stocker les équipements de contrôle à des endroits qui préviendront leur détérioration. Par exemple, un hygromètre en métal (appareil servant à mesurer le degré d'humidité de l'air) ne devrait pas être entreposé dehors ou à un endroit très humide, et ce pour éviter la corrosion.

4.6.12   L'état des contrôles et des essais

Le fabricant de bottes doit établir une procédure à l'aide d'un marqueur ou de cartes de production indiquant si un produit est conforme ou non tout le long du processus de production.

4.6.13   La maîtrise du produit non conforme

Aussitôt qu'une botte en cours de fabrication n'est pas conforme aux standards, on doit s'assurer qu'elle ne se rendra pas jusqu'au consommateur. Lors d'un bris mineur, comme un œillet d'acier qui a été bosselé, on mettra de côté la botte, mais on ne la jettera pas nécessairement au rebut, car une petite retouche de la part de la personne responsable de la pose des œillets suffira. Cependant, si le cuir extérieur d'une botte est éraflé ou déchiré après une manipulation inadéquate, il y a de fortes chances pour que l'on rejette cette botte.

Dans certains cas, un client acceptera un lot de bottes comportant des défauts après avoir examiné ces derniers et avoir obtenu un rabais du manufacturier.

4.6.14 Les mesures correctives

Pour éviter de répéter les mêmes erreurs qui rendent un produit non conforme, le manufacturier doit établir une procédure visant à trouver la cause du défaut et à prendre des mesures correctives afin que l'anomalie ne se reproduise plus. Il va de soi que les modifications apportées par les mesures correctives doivent être notées sur un registre. Par exemple, l'éraflure sur le cuir de la botte résulte peut-être d'une erreur de conduite de l'opérateur d'un chariot élévateur due à l'étroitesse des allées entre la chaîne de fabrication et les étagères d'entreposage. Pour régler ce problème, on élargira l'allée pour faire en sorte que l'opérateur puisse conduire plus librement son véhicule.

De même, il faut noter soigneusement les plaintes de clients relatives au produit ou à un aspect du service après-vente dans le but de détecter plus rapidement les causes possibles d'anomalies. Si plusieurs clients mentionnent pendant une période relativement courte que la couture du haut de la botte est fragile, on pourra être beaucoup plus vigilant quand on sera rendu à ce poste de travail lors de la fabrication des prochaines bottes.

4.6.15 La manutention, l'entreposage, le conditionnement et la livraison

Le manufacturier doit établir des procédés de manutention et de stockage qui faciliteront sa tâche. Ainsi, il doit utiliser des façons de faire qui préviendront les dommages physiques et la détérioration pendant la manutention et l'entreposage. Ainsi, il pourrait interdire l'empilement de plus de cinq boîtes contenant des bottes pour éviter que les boîtes qui sont au bas de la pile ne soient écrasées.

En ce qui a trait au conditionnement, le fabricant de bottes d'hiver doit s'assurer que celles-ci seront protégées convenablement par l'emballage et par le mode de conservation jusqu'à ce que le produit soit livré aux différents clients.

Le système de marquage comme les codes à barres, qui sont utilisés fréquemment aujourd'hui, doit apparaître sur chaque unité d'emballage. Dans ce cas, il est plus aisé pour le manufacturier de repérer le lot dans lequel le produit a été fabriqué lors d'une plainte d'un client ou d'un retour massif de la marchandise.

Finalement, la livraison du produit du quai de chargement du fabricant au quai du client doit se faire sans anicroche, surtout lorsque les termes du transport indiquent «FAB destination» (franco à bord), ce qui signifie que la responsabilité du matériel relève du manufacturier.

4.6.16 Les enregistrements relatifs à la qualité

Le manufacturier a tout intérêt à établir des enregistrements qui montrent que le produit a passé une batterie de tests. Autrement dit, il doit conserver des documents sur tout ce qui touche la démarche qualité, tant sur le plan des objectifs établis au préalable que sur celui du contrôle de qualité.

Dans le cas d'un contrat d'achat, le fabricant doit s'engager à garder tout document relatif à la qualité afin que le client puisse s'y référer pendant la durée du contrat. Il se peut, par exemple, que le client veuille vérifier sur le papier la pointure qu'il a achetée ainsi que les matériaux qui ont été utilisés dans la fabrication des bottes.

4.6.17 L'audit interne de la qualité

Le fabricant doit implanter une procédure d'audit interne afin de s'assurer que les commandes sont exécutées en bonne et due forme. L'audit sera toujours effectué par une personne responsable qui n'a pas d'intérêt personnel dans le domaine faisant l'objet de la vérification. Par exemple, on pourrait demander au directeur des ressources humaines de vérifier si le sous-système d'approvisionnement joue son rôle en vertu de la démarche qualité en vigueur. De même, on pourrait demander au contrôleur financier de vérifier le sous-système de production pour une commande donnée. Les conclusions tirées de l'audit doivent être divulguées à la personne responsable du service soumis à l'audit afin que celle-ci ait la possibilité de prendre des mesures correctives pour rendre un produit de qualité.

4.6.18 La formation

Le manufacturier doit mettre en place un plan de formation afin que tous les employés qui ont un rôle à jouer dans la démarche qualité actuelle ou à venir soit qualifiés. Évidemment, des registres doivent être tenus en permanence par rapport au programme de formation. Par exemple, un acheteur qui n'a aucune notion de la gestion de la qualité peut être invité à suivre un cours dans ce domaine.

La Loi 90 votée par le gouvernement québécois en 1995 va dans le même sens. En effet, chaque entreprise doit investir au moins 1 % de sa masse salariale dans la formation de son personnel. Avec des politiques comme celle-ci, la société sera de plus en plus sensibilisée à la qualité comme mode de gestion et comme mode de vie.

4.6.19   Le service après-vente

Dans le cas où un service après-vente est spécifié dans le contrat d'achat, que ce soit pour l'entretien ou la réparation des bottes d'hiver, le fabricant doit mettre au point une procédure qui facilitera le suivi du service après-vente soit en créant un service qui s'occupera spécifiquement de cet aspect, soit en affectant une personne du service des ventes qui entrera fréquemment en contact avec les clients. Le fait d'envoyer des lettres de remerciement ou de meilleurs vœux lors d'anniversaires ou encore de distribuer à prix modique des bombes aérosol pour protéger le cuir peut faire partie du service après-vente.

4.6.20   Les techniques statistiques

Une technique très utilisée en matière de contrôle de qualité est ce qu'on appelle les cartes de contrôle. Cette façon de faire permet d'effectuer un excellent suivi tout le long du processus de production tant du point de vue de la main-d'œuvre que du point de vue de l'équipement et des matériaux. De même, on effectue fréquemment les calculs de la moyenne et de l'écart type pour préciser des standards de production et des limites (inférieure et supérieure) à ne pas dépasser. Les techniques statistiques sont aussi utilisées dans le calcul des prévisions de la demande, de la planification du travail d'achat et de production et de la gestion de projet (méthode du cheminement critique — *critical path method* [CPM] — et technique d'évaluation et de contrôle de projet — *program evaluation review technic* [PERT]).

━━━━━━━━━━ **RÉSUMÉ** ━━━━━━━━━━

La qualité est un champ d'action qui prend de plus en plus d'importance dans les opérations stratégiques et tactiques des entreprises. En premier lieu, ce chapitre expose les principales façons de décrire la qualité d'un produit. Par la suite, on trouve un bref historique relatant l'évolution de la qualité dans les entreprises. D'autre part, il existe plusieurs concepts reliés à la gestion de la qualité, que ce soit dans le contexte du service des approvisionnements ou de tout autre service de l'entreprise. Les principaux concepts sont la politique en matière de qualité, la démarche qualité, la maîtrise de la qualité, l'assurance qualité, le contrôle de qualité, le cercle de qualité et la qualité totale.

Par ailleurs, la série de normes ISO 9000 prend de plus en plus d'ampleur dans la vie quotidienne des entreprises québécoises. La norme ISO 14000, qui a fait son apparition en 1996 et qui porte sur le système de gestion environnementale, est également traitée dans ce chapitre. On y décrit aussi le fonctionnement d'un audit entre un auditeur externe ou un registraire et une entreprise faisant l'objet de la vérification. Finalement, ce chapitre présente un exemple permettant d'appliquer les 20 exigences que comporte la norme ISO 9001.

Questions

1. Quelles sont les principales façons de décrire la qualité d'un produit ou d'un service ?

2. Quelle est la signification de l'acronyme ACNOR ?

3. Qu'est-ce que l'analyse de balisage et quelle est son utilité ?

4. Faites un historique du concept de qualité dans les entreprises nord-américaines.

5. Qu'est-ce qu'une politique en matière de qualité ?

6. Quelle est la différence entre l'assurance qualité et le contrôle de qualité ?

7. Qu'entend-on par « maîtrise de la qualité » ?

8. Définissez en vos propres mots le cercle de qualité. Dans quelles situations est-il utile à l'entreprise ?

9. Quelle est la signification de l'acronyme ISO ?

10. Que signifie le mot « audit » en matière de qualité ?

11. Nommez 5 exigences parmi les 20 qui existent auxquelles il faut satisfaire dans le cas de l'implantation de normes ISO.

■■■■■ *Exercices d'apprentissage*

1. Donnez deux avantages reliés au fait de décrire la qualité d'un produit à l'aide d'une marque de commerce.

2. Dans quels secteurs utilise-t-on surtout la description d'un produit à l'aide de plans et devis? Pourquoi?

3. Faites un parallèle entre les anciennes croyances et les croyances futures au sujet de la qualité.

4. « Il est indispensable de concevoir une politique en matière de qualité dans le cas d'un projet d'implantation d'une démarche qualité.» Discutez cette affirmation.

5. Un distributeur de produits alimentaires aimerait obtenir la certification ISO. Quelle norme lui conseilleriez-vous pour qu'il puisse atteindre ses objectifs en matière de qualité? Pourquoi?

6. Dans quel but principalement une entreprise chercherait-elle à obtenir la certification ISO 9001?

7. Faites la distinction entre un audit interne et un audit externe, et mentionnez leur but respectif.

8. Comment fait-on un audit externe habituellement?

■■■■■ *Exercices de compréhension*

1. Qu'est-ce qui est fondamental dans l'élaboration d'une nouvelle approche comme une démarche qualité dans le cas des ressources humaines d'une entreprise?

2. Comment feriez-vous l'implantation de la norme ISO 9001 chez un manufacturier de pelles à neige en plastique?

3. Quel est le principal champ d'action des normes ISO 14000? L'implantation de ces normes dans l'entreprise exige-t-elle une mobilisation aussi grande de la part des ressources humaines que dans le cas de l'implantation des normes ISO 9000?

■■■■■ *Exercices de recherche*

1. Rendez-vous dans une entreprise à proximité de chez vous qui a reçu sa certification ISO et cherchez à savoir ce qui a motivé le responsable des approvisionnements à implanter une démarche de cette ampleur.

2. En relation avec la question précédente, demandez à ce responsable quels sont les principaux obstacles auxquels il a fait face lors de l'implantation de la norme.

 *Cas*

Une qualité douteuse

Lise Robichaud, une jeune femme dynamique travaillant depuis peu au service des approvisionnements d'une entreprise fabriquant des réfrigérateurs, est très perplexe quant à la qualité de l'acier reçu servant à la fabrication des réfrigérateurs. En effet, les livraisons qui ont été effectuées ces derniers temps ont fait l'objet de plaintes de la part de clients. Les plaintes portaient surtout sur des problèmes de rouille et de planéité du métal. Il faut dire que les relations d'affaires entre le manufacturier et ses fournisseurs n'ont jamais été des plus cordiales. Lise Robichaud s'en remet donc à ses fournisseurs d'acier pour savoir ce qui se passe réellement.

Question

Que suggéreriez-vous à Lise Robichaud pour régler ses problèmes d'approvisionnement?

5

Les concepts de coût et de quantité

Objectif général

Familiariser le lecteur avec tous les éléments rattachés
aux critères du coût et de la quantité dans le domaine
de l'approvisionnement.

Objectifs spécifiques

◆ Décrire tous les types de stocks qui sont susceptibles
d'être gérés dans une entreprise.

◆ Savoir à quoi servent les stocks.

◆ Préciser les principaux coûts pertinents
dans la gestion des stocks.

◆ Appliquer la loi de Pareto pour classifier les stocks
dans une entreprise.

◆ Acquérir les principales méthodes qu'on utilise
pour faire des prévisions.

IPL inc.

IPL inc., qui constitue une entreprise familiale, est le leader canadien dans le domaine des produits du plastique. La revue *Affaires* affirme qu'IPL inc. fait partie des 500 entreprises les plus importantes du Québec. Cette entreprise compte plus de 500 employés. Son siège social est situé à Saint-Damien, dans la circonscription de Bellechasse, au Québec. Elle a aussi des usines à Edmunston, au Nouveau-Brunswick, à Windsor, en Ontario, ainsi qu'à Worcester, au Massachusetts. De plus, IPL inc. a des bureaux à Toronto, à Detroit, à Atlanta et à Saint Louis.

IPL possède une expertise dans la fabrication à partir des procédés d'injection et d'extrusion. Son service de la recherche et du développement l'a conduite vers des créneaux où la clientèle exige des produits de très haute qualité et un respect des délais de livraison. Le défi à relever pour IPL inc. consiste à maintenir sa réputation de haute qualité tout en tentant de réduire les délais de fabrication de chaque produit.

Sa réputation a permis à IPL de devenir un fournisseur attitré pour l'industrie automobile. Les normes de cette industrie sont souvent prises comme exemple dans l'établissement des standards de qualité parce qu'elles s'avèrent rigoureuses quant à la qualité et aux spécifications des produits moulés, à la quantité des stocks et aux délais de livraison. Ce respect des normes établies permet à IPL de servir d'autres clients de même envergure et de mieux répondre aux demandes dans le moulage sur devis.

L'approvisionnement chez IPL doit être à la hauteur de la réputation de l'entreprise sur le marché. Ainsi, elle est amenée à gérer de façon continue les critères du délai de livraison et du volume minimal en inventaire, en plus de l'entreposage. En outre, l'entreprise doit s'adapter rapidement aux changements qui se produisent chez ses clients.

Une fiabilité constante des inventaires et une accessibilité continuelle de l'information sont devenues des facteurs indispensables aux acheteurs afin qu'ils puissent prendre des décisions promptement tout en réduisant les coûts supplémentaires. IPL achète certaines marchandises par wagon de chemin de fer, ce qui constitue une variabilité dans les délais de livraison. L'information en temps réel lui permet d'être proactive quant à la disponibilité des marchandises. Ces comportements permettent ainsi d'optimiser la productivité des stocks.

Jean-Paul Chassé
Directeur des approvisionnements

L'extraordinaire richesse de l'expérience humaine y perdrait de sa joie gratifiante s'il n'y avait pas de limites à dépasser. Les sommets atteints ne seraient pas aussi exaltants sans les tristes vallées à traverser.

Helen Keller

INTRODUCTION

Le mot « stock » peut être défini comme étant un produit que l'on garde en vue d'une utilisation ultérieure. Dans toutes les entreprises, on conserve des stocks. La gestion des stocks s'avère de plus en plus stratégique compte tenu du fait que les membres de la haute direction se rendent compte que ce poste représente une part importante des dépenses et de l'actif d'une entreprise. En établissant le ratio financier appelé « ratio de liquidité » (l'actif à court terme divisé par le passif à court terme) et en le comparant avec le ratio de liquidité immédiate (l'actif à court terme moins le stock divisé par le passif à court terme), on s'apercevra qu'il existe un écart majeur entre ces deux ratios pour beaucoup d'entreprises.

Le fait de garder une quantité considérable de stocks en tout genre peut avoir un effet néfaste sur la gestion de l'entreprise. En effet, les stocks peuvent prendre énormément d'espace, ils peuvent dépérir, ils impliquent souvent un emprunt bancaire, ils mobilisent beaucoup d'individus (un réceptionnaire, un manutentionnaire, un acheteur, un gestionnaire des stocks, etc.). Toutefois, ils sont nécessaires pour pallier les aléas reliés aux délais de livraison, aux comportements des consommateurs et aux canaux de distribution. L'acheteur situe le niveau de stock à détenir entre deux grandes fonctions de l'entreprise : les ventes et les finances. S'il manque de stock, le service des ventes exercera des pressions pour accroître le niveau de stock. L'aggravation de la pénurie, les ventes manquées, la perte de la réputation et l'insatisfaction des représentants payés à la commission sont de nature à inquiéter les dirigeants des ventes. Par contre, dans le cas d'un niveau élevé de stock, le service des finances fera des pressions pour réduire ce niveau. Il justifiera ces dernières en rappelant la responsabilité qu'il a de bien gérer les deniers des actionnaires, la hausse des coûts de stockage, les obligations provenant de l'extérieur (la banque, les actionnaires, etc.), l'espace d'entreposage requis, les normes de balisage, et ainsi de suite. Bref, la gestion des stocks est un défi quotidien.

La figure 5.1 présente l'ensemble des stocks d'une entreprise manufacturière au moyen d'un diagramme de circulation.

La section suivante consiste dans l'explication des principaux types de stocks qu'on rencontre dans une entreprise, laquelle est accompagnée d'exemples pour chacun d'eux.

5.1 LES TYPES DE STOCKS

5.1.1 Les matières premières

Les matières premières envisagées dans un contexte économique constituent les éléments extraits de la surface de la terre, de l'intérieur de la terre, de la mer et des airs. Les éléments extraits de la surface de la terre comprennent entre autres le bois, le sable, l'humus, le blé et la roche. Les éléments extraits du souterrain et de la mer, quant à eux, sont les minerais et les roches économiquement rentables ainsi que le pétrole. Finalement, les éléments pris dans les airs incluent l'azote, l'oxygène et les gaz de l'atmosphère.

Cependant, dans un contexte manufacturier, les matières premières d'une usine donnée peuvent correspondre plutôt à un dérivé des matières premières d'un point de vue économique. Effectivement, si on prend l'exemple d'une compagnie d'extrusion d'aluminium (procédé par lequel l'aluminium, une fois chauffé, est poussé à l'aide d'une presse dans une matrice), l'entreprise qui veut faire des profilés s'approvisionne en aluminium, qui constitue sa matière première. Mais avant d'en faire de l'aluminium, son fournisseur, en l'occurrence l'aluminerie, a reçu sa matière première sous forme de minerai de bauxite, qu'elle a transformé en alumine et finalement en aluminium.

FIGURE 5.1

Un diagramme de circulation

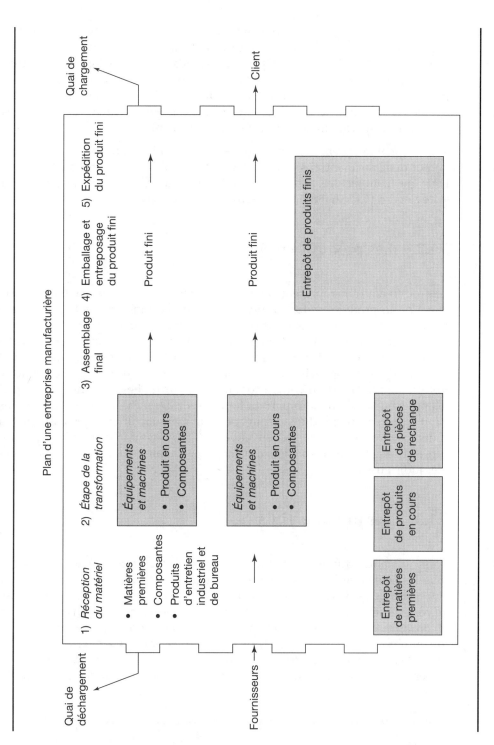

Plan d'une entreprise manufacturière

Un autre exemple peut nous aider à mieux cerner ce type de stock. Une manufacture de poêles à bois a comme principale matière première des feuilles d'acier de 4 pieds (1,20 m) de largeur sur 8 pieds (2,40 m) de longueur de différentes épaisseurs[1]. Cependant, cette matière première représente un produit transformé pour l'aciérie qui a fait fondre du minerai de fer ainsi que des retailles d'acier pour créer différentes formes, soit des feuilles rectangulaires, des rouleaux d'acier ou des feuillards servant à l'emballage.

Une matière première, pour une entreprise qui ne fait que de la distribution et donc aucune transformation, deviendra un produit prêt à être vendu. Pour une manufacture, la matière première subira une série de transformations et deviendra par le fait même un nouveau type de stock.

5.1.2 Les produits en cours

Le produit en cours représente un type de stock qui n'est plus une matière première ni un produit rendu à la fin du stade de la transformation. Il constitue plutôt un produit qui a subi une ou quelques transformations ayant requis de la machinerie et de la main-d'œuvre ainsi que diverses dépenses qu'on appelle communément des frais généraux de fabrication. Comme exemple, on pourrait citer un cycle d'approvisionnement inachevé, c'est-à-dire que l'acheteur se trouve à l'émission d'un bon de commande pour un besoin donné, mais qu'il n'a pas reçu la facture de la part du fournisseur. De même, une chaussure sans talon représente un produit en cours pour un manufacturier de chaussures. Les coûts reliés à ce type de stock peuvent être exorbitants dans certaines usines du genre atelier (comme les ateliers d'usinage) si les commandes ne sont pas agencées judicieusement.

5.1.3 Les produits finis

Pour un manufacturier, le produit fini signifie le bien fabriqué qui a passé par tous les stades de la transformation, incluant le conditionnement. Pour une entreprise de génie-conseil, le produit fini correspond au service rendu relatif au contrat signé entre l'entreprise elle-même et son client. Pour un distributeur, le produit acheté comme une matière première constitue un produit fini lorsqu'il est prêt à être vendu. Tous les produits finis ou services rendus propres à la consommation, et donc mis sur le marché par les manufacturiers et les entreprises de services, constituent des produits finis. C'est le cas, par exemple,

---

1. Il est à noter qu'en ferblanterie on travaille encore beaucoup avec le système impérial.

d'une bouteille de boisson gazeuse, d'une tondeuse à gazon, d'une table de travail ou d'un prêt hypothécaire signé par les deux parties.

5.1.4   Les composantes

Ce type de stock représente un produit qui n'est ni une matière première ni un produit en cours, mais il est inclus dans le processus de transformation du produit par l'intermédiaire d'un sous-traitant. Voici un exemple. Vous êtes un manufacturier de moteurs pour les hors-bord. Vous concevez le bâti du moteur et la fabrication générale de ce dernier ; cependant, vous ne fabriquez pas certaines pièces primordiales comme le stator et le rotor du moteur. Une entreprise les fabrique et vous les vend. Dans votre système de stocks, le stator et le rotor sont considérés comme des composantes.

Un autre exemple nous est donné par la fabrication de foyers. Quand un manufacturier vend un foyer, celui-ci comprend un tuyau flexible isolé qui sert d'entrée et de sortie d'air pour faciliter la combustion. Le tuyau flexible n'est pas nécessairement fabriqué par le manufacturier de foyers. Ce n'est donc pas une matière première ni un produit en cours, car il ne transforme pas ce produit, mais bien une composante. Pour ce type de stock, l'acheteur envoie toujours un calendrier d'approvisionnement au fournisseur pour ne pas passer en second lieu, car les composantes constituent rarement des produits qui font de l'acheteur un client privilégié auprès de son fournisseur. À l'aide de ce calendrier, la gestion des stocks est facilitée.

5.1.5   Les produits d'entretien et de réparation industriels

Toutes les entreprises qui effectuent les transformations d'une matière première pour en arriver à un produit fini le font à l'aide d'outils et de machines. Ces machines et outils ont une durée de vie préétablie. Cependant, si on ne les entretient pas, la durée de leur vie peut en être réduite. Il existe des produits qui permettent de conserver les machines quasiment intactes, soit les huiles et les graisses de lubrification. Il existe également des produits qui servent de pièces de remplacement ou pièces de rechange lors de réparations éventuelles. Citons, par exemple, les roulements, les valves, les paliers, les détecteurs d'approche ou les commutateurs.

Les entreprises de distribution conservent également ce type de stock. En effet, dans les centres de distribution, on recourt énormément aux chariots élévateurs ou aux transpalettes. Les quais de chargement et de déchargement sont constamment utilisés. Les étagères peuvent aussi être sujettes à des bris. Pour toutes ces raisons, les produits d'entretien et de réparation industriels sont indispensables.

Ainsi, le stock d'entretien et de réparation industriel joue deux rôles : il assure les périodes de maintenance (arrêt de la production des usines de traitement du minerai, de l'aluminium, du verre ou des pâtes et papiers) et il prévient les bris impromptus (stock conservé en cas de besoin).

Dans le premier cas, l'entreprise peut planifier ses besoins lorsqu'elle connaît la période d'arrêt pour l'entretien des machines. Dans le second cas, le stock est plus difficile à gérer, car l'entreprise ne connaît pas toujours avec exactitude le moment où elle en aura besoin à cause d'un bris. Des recherches dans le domaine de l'approvisionnement ont permis de concevoir certaines solutions pour assurer une alimentation très rapide dans des situations de bris. Nous retiendrons deux des solutions les plus utilisées.

La première solution consiste pour l'entreprise à connaître l'importance (quant au volume et au coût) des stocks de son fournisseur. Dans le cas où l'article représente une bonne somme (pour ce qui est du volume ou du coût) pour le fournisseur, il y a fort à parier que le fournisseur aura l'article en stock et qu'il sera donc toujours possible d'obtenir l'article rapidement. Il restera seulement la question de la distance à régler. Dans le cas où, en raison de sa stratégie de gestion, le fournisseur risque peu d'avoir l'article recherché ou dans celui où le délai de réapprovisionnement est relativement long, il serait opportun pour l'acheteur de disposer de ce stock.

La seconde solution consiste à déléguer à un fournisseur la responsabilité du stock d'entretien et de réparation industriel au nom de l'entreprise. Les entreprises multinationales utilisent fréquemment ce type de stratégie. Un fournisseur sélectionné par le service des approvisionnements aura un espace à lui dans l'entreprise. Ainsi, après la détermination du stock de maintenance par l'entreprise cliente, le fournisseur a la responsabilité de mettre du stock en consignation chez le client. Le service de l'entretien de l'entreprise cliente aura accès à ce stock et prendra le stock nécessaire pour effectuer ses travaux. À la fin d'une période donnée, le fournisseur approvisionnera de nouveau l'entreprise cliente et fera une facture uniquement pour la partie utilisée.

Une pièce de rechange peut demeurer longtemps (soit plus de deux ans) en stock sans être utilisée. Cela occasionne toutefois des frais. L'acheteur s'assurera toujours que les frais reliés au stockage de la pièce sont inférieurs aux frais causés par la pénurie de cette pièce.

5.1.6 Les produits d'entretien de bureau et les fournitures

Ce type de stock concerne la papeterie, les formulaires, l'équipement de bureau, le matériel de bureau, l'équipement d'entretien des toilettes et tout ce qui a trait au bureau. Dans les entreprises, ce type de stock est souvent géré par un commis qui ne fait pas nécessairement partie du service des approvisionnements. Celui-ci peut en effet relever directement du service des finances ou encore d'un service auxiliaire.

Il va sans dire que certains produits d'entretien et de réparation industriels peuvent également faire partie de ces produits-ci qui ont un but administratif, comme les fluorescents de plafond, les formulaires d'impression ou encore le savon. Il s'agit du genre d'articles que l'on trouve à la fois dans les bureaux et dans l'usine.

5.1.7   Les surplus

Jusqu'à récemment, les entreprises ne se préoccupaient vraisemblablement pas de leurs résidus de fabrication. Tous les résidus étaient rejetés dans des sites d'enfouissement ou dans les cours d'eau avoisinant les entreprises. Encore aujourd'hui, certains déchets irrécupérables sont envoyés dans des sites d'enfouissement ou à l'incinérateur. Par contre, la sensibilisation au recyclage aidant, certaines entreprises récupèrent leurs déchets dans le but de les revendre. Autrement dit, certains déchets d'une entreprise représentent une matière première pour une autre entreprise. Ainsi, la sciure de bois (bran de scie) dans les scieries peut être revendue à des usines de pâtes et papiers, qui l'incorporeront dans leur procédé de fabrication. Le principe est le même pour les quincailliers qui travaillent le verre. La vitre cassée (résidu de verre ou groisil) est achetée par des usines qui l'incluront dans leur procédé de fabrication en tant que matière première.

Aujourd'hui, lors de la conception de leurs produits, la plupart des entreprises se penchent sur le recyclage des matériaux. Cela constitue un bienfait au point de vue environnemental. Si les produits sont recyclables, ils n'ont pas à être brûlés ou enfouis, du moins à court et à moyen terme. Les générations futures auront moins à subir les affres du je-m'en-foutisme de certaines compagnies. Sur le plan économique, l'entreprise est gagnante lorsqu'elle conçoit des produits avec des matières recyclables, car elle sera en mesure de vendre ces déchets, et alors le cycle recommencera.

On trouve actuellement dans certaines industries un type de gestion des surplus qui illustre bien la récupération dont nous venons de parler et qu'on appelle la logistique inversée. Contrairement à la logistique traditionnelle de l'amont (les matières premières) à l'aval (les produits finis), la logistique inversée est en quelque sorte le retour des divers produits à différents endroits de la chaîne de distribution.

FIGURE 5.2

L'approche systémique de la fonction « gestion des stocks »

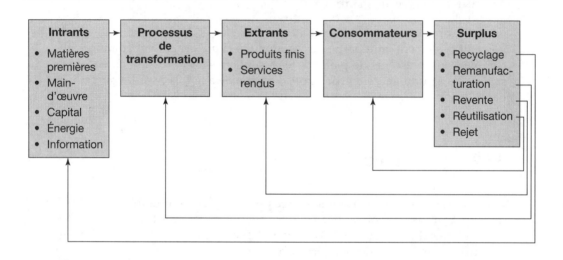

La logistique inversée est un programme basé sur les « cinq R », soit la réutilisation, la revente, la remanufacturation, le recyclage et le rejet[2]. Prenons l'exemple d'une compagnie de transport qui doit gérer l'ensemble de ses camions. Que faire des camions qui ont plusieurs années d'usure ou qui affichent plusieurs milliers de kilomètres de route au compteur ? Antérieurement, les transporteurs usaient au maximum les camions dans les mêmes opérations et ne les retiraient de la circulation que pour les expédier à la ferraille. Aujourd'hui, de nouvelles options pourront apporter des bénéfices au gestionnaire. Ainsi, nous appliquerons à une compagnie de transport par camion les effets des cinq R :

— La **réutilisation** consiste à trouver une nouvelle fonction pour un produit. Après un certain nombre d'années ou de kilomètres, le même camion sera employé aux livraisons urbaines ou sur de courtes distances.

— La **revente** permet de trouver un nouvel utilisateur pour le produit. L'entreprise peut vendre les camions les moins performants sur le plan de la consommation d'essence ou sur le plan de l'entretien.

---

2. Cette typologie des « cinq R » s'inspire de Jean-Pierre Ménard, « La logistique inversée : des bénéfices renversants », *Gestion logistique*, juin 1998, p. 16.

— La **remanufacturation** ou le réusinage est la remise à neuf du camion. La carrosserie peut être revue de fond en comble si l'aspect mécanique demeure performant. De même, on peut remettre à neuf le moteur dans le but d'en prolonger la vie.

— Le **recyclage** consiste à prendre les morceaux du moteur ou de la carrosserie pour en faire des pièces de maintenance qui serviront aux autres camions.

— Le **rejet** est le fait d'envoyer le camion à la ferraille et d'en tirer le prix du métal ou du plastique.

Une bonne gestion de chaque R signifie un revenu supplémentaire pour l'entreprise.

À partir des sept types de stocks qui ont été présentés, on pourrait illustrer la notion de système pour la fonction « gestion des stocks » afin de faciliter l'apprentissage de cette partie importante d'une entreprise (voir la figure 5.2).

5.2 L'UTILITÉ DES STOCKS

Maintenant que nous avons énuméré les différents types de stocks qu'une entreprise peut posséder, nous essaierons de comprendre pourquoi l'entreprise garde des stocks, sachant qu'ils représentent une grosse somme d'argent dans la plupart des cas. En fait, il y a quatre raisons de conserver des stocks, soit par mesure de sécurité, par souci de prévision, à cause d'un besoin cyclique ou parce qu'ils sont en transit.

5.2.1 Le stock de sécurité

La protection contre une variation de la demande

Comme le comportement du consommateur est quasi impossible à déterminer avec précision face à un produit donné, l'entreprise se doit de conserver du stock pour éviter les pénuries, lesquelles entraîneraient l'insatisfaction chez plusieurs clients. Il n'existe pas dans l'industrie une demande d'un produit quelconque qui soit constante. Si c'était le cas, la gestion des stocks n'aurait aucune raison d'être car il ne serait pas nécessaire de conserver du stock.

La protection contre un délai de livraison instable

Il peut arriver qu'un fournisseur promette une livraison dans un certain laps de temps et qu'à cause d'un bris, ou encore d'une gestion qui n'est pas orientée vers le client, ce délai ne soit pas respecté. Dans cette situation, par mesure de prudence, l'entreprise cliente devrait planifier une quantité de stock additionnelle pour ne pas être prise au dépourvu.

La protection contre une demande et un délai de livraison instables

Il arrive souvent que l'entreprise éprouve une incertitude totale autant pour ce qui est de la demande que pour ce qui est du délai de livraison. Par exemple, si l'entreprise avait l'habitude de s'approvisionner en Bosnie-Herzégovine ces dernières années, il est fort possible que la guerre qui y a sévi ait nui à la livraison et, qui plus est, au réapprovisionnement pour un produit donné.

5.2.2   Le stock de prévision

La hausse ou la baisse prévue du prix

Certaines industries, comme celles du pétrole ou du textile, font face à des hausses de prix draconiennes, ce qui pousse l'acheteur à vouloir garder un certain stock pour ne pas être pénalisé. Ici, il suffit de s'assurer que le fait de garder du stock en grande quantité ne coûte pas plus cher que la hausse éventuelle du prix du produit. On devrait également considérer l'espace d'entreposage additionnel dans ce cas-ci, ce qui ne doit évidemment pas représenter une contrainte pour l'entreprise.

La grève d'un fournisseur important ou la rareté soudaine d'un bien

Si les relations de l'entreprise cliente avec un fournisseur sont telles que celui-ci connaît le prix de revient de l'entreprise et qu'il participe activement au développement du produit, il serait alors opportun de conserver des stocks additionnels en provenance de ce fournisseur si celui-ci mentionne qu'il y a une menace de grève chez lui. Dans le cas contraire, l'entreprise risque de voir s'interrompre la transformation de son produit ou encore de voir se modifier la distribution de ce produit pour un certain temps, ce qui peut occasionner des pertes de plusieurs centaines de milliers de dollars. L'usine de General Motors (GM) à Boisbriand a vécu ce phénomène il y a quelques années avec son fournisseur d'Indianapolis. Elle pratiquait le juste-à-temps, une philosophie de gestion axée sur l'élimination du gaspillage (voir le chapitre 9). Il s'agit alors de pratiquer une gestion avec le moins de stocks et de pièces défectueuses possible. La compagnie d'Indianapolis était le seul fournisseur du produit en question avec lequel GM traitait. Quand les employés de cette compagnie se sont mis en grève, GM a dû interrompre ses activités de production et elle a perdu une somme considérable.

Un autre exemple illustre assez bien la modification de la distribution et donc de la gestion des stocks d'un produit. De décembre 1997 à avril 1998, il y a eu une grève des débardeurs dans le port de Québec. Une compagnie exportatrice de la région de Québec qui avait l'habitude de transiger avec le port de Québec a vu sa gestion des stocks et sa distribution modifiées légèrement. Cette compagnie devait alors transiger avec un autre port de la vallée du Saint-Laurent, en l'occurrence Gros-Cacouna ou Bécancour, ce qui l'a obligée à conserver davantage de stocks pour pallier l'augmentation du délai de livraison.

De même, si la rareté d'un bien peut être prévue comme dans le cas de l'industrie agroalimentaire qui a subi une catastrophe naturelle (un ouragan en Floride), à ce moment-là l'acheteur devrait prendre le risque de garder plus de stocks en inventaire.

La période des vacances

La plupart des usines de traitement du minerai d'or, de cuivre, de zinc, etc., les raffineries de pétrole, les usines de pâtes et papiers et les aciéries se réservent environ deux semaines pendant l'année pour faire un arrêt de la production (*shutdown*) afin de procéder à l'entretien nécessaire des machines et d'effectuer les réparations majeures. Durant cette période, l'acheteur doit prévoir un arrêt de travail de la part de son fournisseur et s'approvisionner en conséquence.

5.2.3 Le stock cyclique

La grosseur des lots

Une entreprise peut avoir à fabriquer un certain nombre de tables de travail pour un client donné. Pour ce faire, elle aura besoin de certaines pièces. Le lot le plus économique qu'elle devra acheter varie d'une pièce à l'autre. La sous-patte en caoutchouc servant à protéger le plancher peut avoir été calculée à un lot économique de 880 unités. Si le client ne veut que 20 tables de travail, il restera donc dans le stock du fournisseur 800 sous-pattes en caoutchouc. En fait, dans ce cas, le fournisseur garde du stock en fonction de la demande des consommateurs, qui peut être cyclique.

Le cycle connu ou provoqué

Durant la période des fêtes et à l'occasion d'autres fêtes comme la fête des Mères et la fête des Pères, les dépenses des consommateurs sont supérieures à la moyenne annuelle. Les entreprises tendent à profiter de cette situation pour faire de la promotion dans le but de faire mousser leurs ventes. L'acheteur doit alors être aux aguets et conserver plus de stocks que dans les périodes habituelles.

5.2.4 Le stock en transit

La plupart des entreprises multinationales possèdent plusieurs usines ou entrepôts régionaux. Avec la rapidité des échanges qu'on observe aujourd'hui, on peut s'imaginer facilement que du stock d'une certaine usine se retrouve dans un camion ou un train à un moment donné et circule vers une autre usine, et vice-versa. Il est essentiel de garder du stock en circulation pour éviter des pénuries dans une partie du réseau.

On voit donc que même si les stocks comportent des contraintes quant à la durée de leur vie (les fruits, les légumes, les journaux, etc.), à leur taille (les feuilles d'acier, les motoréducteurs, les vis sans fin, etc.) ou à l'investissement requis (un emprunt bancaire), ceux-ci demeurent indispensables.

5.3 LE COÛT EN MATIÈRE D'APPROVISIONNEMENT

Maintenant que nous avons précisé les types de stocks ainsi que leur utilité, nous nous attarderons sur les coûts reliés à la gestion des approvisionnements. Un acheteur fait toujours face à un dilemme. En effet, d'un côté il se dira : « Ça coûte cher de garder trop de stocks. » Et d'un autre côté il songera à ceci : « Si je ne garde pas assez de stocks, je risque d'en manquer. Ça peut donc me coûter aussi cher que si j'en garde beaucoup. » Toute personne initiée au domaine des approvisionnements a déjà fait ces deux affirmations. Nous essaierons donc de démystifier les types de coûts afin de pouvoir proposer une réponse à l'acheteur. Il existe quatre types de coûts pouvant influencer les décisions quant à l'approvisionnement d'une quantité de biens ou de services, soit le coût d'acquisition, le coût de stockage, le coût de commande et le coût de rupture.

5.3.1 Le coût d'acquisition

Le coût d'acquisition doit être considéré de deux façons différentes, soit selon le coût unitaire d'acquisition du produit et selon le coût unitaire de fabrication du produit.

Le coût unitaire d'acquisition du produit correspond au prix payé lors de l'achat d'un bien. Il comprend le coût unitaire du bien, les frais de transport, les frais de douane, les assurances, les frais d'emballage, les taxes de vente fédérale et provinciale et l'escompte de caisse.

Quant au coût unitaire de fabrication du produit, il est un peu plus complexe. En effet, il fait intervenir trois types de coûts intermédiaires, soit le coût de la main-d'œuvre directe, le coût du matériel et les frais généraux de fabrication.

Le coût de la main-d'œuvre directe est le coût lié à la main-d'œuvre qui participe directement à la fabrication du produit. Ici, on doit faire une distinction entre la main-d'œuvre directe et la main-d'œuvre indirecte. La main-d'œuvre indirecte représente une main-d'œuvre de supervision, comme un contremaître de production.

En ce qui concerne le coût du matériel, il correspond au coût d'acquisition du produit.

Enfin, les frais généraux de fabrication représentent tous les coûts rattachés à la production du bien de façon indirecte, comme l'énergie utilisée pour faire fonctionner les équipements, le chauffage de l'usine ou la main-d'œuvre indirecte. Ce type de coût intermédiaire devrait être vu en profondeur dans un cours de comptabilité du prix de revient.

Pour un manufacturier, il paraît donc logique que le coût unitaire de stockage d'un produit fini soit plus élevé que le coût unitaire de stockage d'un produit en cours, qui lui-même est plus élevé que le coût unitaire de stockage d'une matière première.

Le coût unitaire d'acquisition du produit est inversement proportionnel à la quantité fabriquée ou achetée. Dans le cas de la quantité fabriquée, cela fait intervenir le concept d'économies d'échelle, c'est-à-dire que pour un manufacturier le fait de fabriquer des lots importants réduira le coût unitaire ; par conséquent, il pourra accorder un escompte substantiel à ses clients. On dira alors que les clients bénéficient d'économies d'échelle. Pour ce qui est de la quantité achetée, dans le cas où l'acheteur fait l'acquisition d'un produit en grande quantité, on dira qu'il bénéficie d'un escompte sur quantité ou d'une remise quantitative. Nous reviendrons sur ce concept au chapitre 6 lors de l'étude de certains modèles quantitatifs rattachés à la gestion des stocks.

5.3.2   Le coût de stockage

Le coût de stockage est le coût obtenu par la somme de trois coûts distincts, à savoir le coût d'option, le coût d'entreposage et le coût de détention.

Le coût d'option consiste dans la décision de l'entreprise d'investir dans les stocks plutôt que d'obtenir des intérêts de la banque ou d'investir dans un autre projet.

En ce qui concerne le coût d'entreposage, il s'agit du coût relié au fait de posséder un espace pour détenir la totalité des stocks, ce coût étant réparti selon l'espace occupé par chaque produit d'après une analyse comptable. Les assurances de la bâtisse, le chauffage, les taxes foncières et la maintenance font partie de ce type de coût.

Enfin, le coût de détention consiste dans le coût relié à l'environnement requis pour protéger un produit précis. Il inclut les risques de désuétude et d'obsolescence[3], les bris, les disparitions mystérieuses, les modules de chauffage ou de refroidissement nécessaires aux produits, les fiches signalétiques dans le cas des matières dangereuses, le salaire du magasinier lorsque celui-ci travaille exclusivement dans les stocks et le salaire du manutentionnaire.

Pour évaluer le coût de stockage, on détermine un pourcentage du coût unitaire pour chacun des trois types de coûts reliés au coût de stockage. Par exemple, le coût du capital relatif à un emprunt bancaire est relativement bas si l'on se fie aux taux d'intérêt qu'offrent les caisses populaires et les banques à charte depuis quelques années. En additionnant les trois pourcentages calculés, on trouve le pourcentage total, qu'on appelle «taux de stockage» (t). Maintenant, pour connaître le coût de stockage unitaire (Csu) ou, si l'on préfère, le coût pour garder en stock un article, on multiplie le taux de stockage (t) par le coût unitaire du produit qui correspond au coût d'acquisition (Ca). Finalement, pour trouver le coût de stockage (Cs), on multiplie le coût de stockage unitaire (Csu) par le stock moyen relatif à la période comprise entre deux approvisionnements.

Mathématiquement, on aura :

$$Csu = Ca \times t$$

Et :

$$Cs = Csu \times Q/2$$

Pour trouver le stock moyen ($Q/2$), on additionne le stock initial, qui, par convention dans le domaine de la gestion des stocks, correspond au stock maximal entre deux approvisionnements, avec le stock final, qui, par convention, correspond au stock minimal à conserver entre deux approvisionnements.

---

3. Une distinction s'impose entre la désuétude et l'obsolescence d'un produit. On dit qu'un produit est désuet lorsqu'il ne peut plus être utilisé pour cause d'usure. Par ailleurs, un produit est dit obsolescent lorsqu'une nouvelle conception de ce produit apparaît, l'ancien produit restant vendable, mais s'avérant moins attrayant aux yeux des clients.

On divise le tout par deux, car on suppose que la consommation du stock se fait de façon régulière et continue durant la période donnée. Plus loin dans ce livre, nous verrons que le stock minimal à conserver correspond au stock de sécurité. Il est évident que, dans ce cas, si le stock de sécurité est nul, cela implique que le stock minimal est égal à 0.

EXEMPLE 5.1

Un menuisier cherche à connaître le coût de stockage de la moulure XYZ fréquemment utilisée pour les cadres de porte. On sait qu'il faut commander cette moulure selon une quantité de 1 250 unités à la fois. Par mesure de prudence à cause des fluctuations qui se produisent couramment dans l'industrie du bois, le menuisier se garde un stock de sécurité de 100 unités. Le coût d'acquisition de chaque moulure est de 24,30 $. Finalement, on sait que le coût du capital est de 5,75 % du coût d'acquisition, que le coût d'entreposage et le coût de détention représentent respectivement 4 % et 3 % du coût d'acquisition.

Le coût de stockage unitaire est égal au coût d'acquisition multiplié par le taux de stockage :

$$Csu = Ca \times t$$

$$= 24,30\ \$ \times (5,75\ \% + 4\ \% + 3\ \%)$$

$$= 3,10\ \$/\text{unité}$$

Le coût de stockage est égal au coût de stockage unitaire multiplié par le stock moyen :

$$Cs = Csu \times Q/2$$

$$= 3,10\ \$/\text{unité} \times (1\ 350 + 100)/2$$

$$= 3,10\ \$/\text{unité} \times 725\ \text{unités}$$

$$= 2\ 247,50\ \$$$

5.3.3 Le coût de commande

Le coût de commande (Cc) représente le coût pour passer une commande multiplié par le nombre de commandes que l'on fait au cours de la période retenue.

Le coût de commande est l'ensemble des coûts rattachés à l'appropriation d'un bien. On y trouve principalement le salaire de l'acheteur, le salaire du commis aux achats, le salaire total ou partiel de l'adjoint administratif, le salaire du réceptionnaire, le coût du téléphone local et interurbain, le coût du télécopieur local et interurbain, les formulaires comme le bon de réquisition et le bon de commande, la paperasserie administrative, etc. Il existe différentes façons de déterminer le coût de commande, dont la suivante : on fait le total de tous les coûts relatifs aux commandes et on le divise par le nombre de commandes que l'on effectue pendant une certaine période.

Le nombre de commandes (C) que l'on fait au cours d'une période donnée correspond à la consommation pour cette même période (D) divisée par la quantité achetée lors de l'approvisionnement (Q).

Mathématiquement, on aura :

$$Cc = C \times (D/Q)$$

EXEMPLE 5.2

Le menuisier de l'exemple 5.1 estime après certains calculs que le coût de commande équivaut à 32 $. De plus, la quantité consommée annuellement est de 11 250 moulures. Sachant qu'il commande par lot de 1 250, quel sera son coût de commande ?

$$Cc = C \times (D/Q)$$
$$= 32 \, \$ \times (11\,250/1\,250)$$
$$= 288 \, \$$$

Il est à noter que la période donnée que nous avons mentionnée précédemment peut être exprimée en heures, en jours, en semaines, en mois ou en années. Ce qui importe plus que tout dans ces types de coûts, c'est de toujours comparer des pommes avec des pommes ; autrement dit, si le coût de commande est exprimé en années, on doit en faire autant pour les trois autres coûts.

5.3.4 Le coût de rupture

Il y a rupture de stock lorsque l'entreprise ne peut satisfaire à une demande. Sa position pourra être de refuser la commande ou de remplir celle-ci de toute urgence. Peu importe sa décision, l'entreprise devra composer avec un coût de rupture (Cr), c'est-à-dire :

— l'interruption de la production, avec des coûts additionnels d'expédition, d'heures supplémentaires, de mise en route de la machinerie, d'embauche et de formation de la main-d'œuvre ;

— un coût supplémentaire pour poursuivre la production qui ne rapporte pas ;

— un manque à gagner sur les ventes perdues ;

— des escomptes sur quantité éventuellement perdus ;

— des achats supplémentaires et des coûts de transport accrus ;

— une perte de son prestige.

Mathématiquement, il est moins facile de modéliser ce type de coût. Quand on l'emploiera, on prendra une valeur préétablie (sans calcul) de la perte d'une vente en dollars. Finalement, le coût total d'approvisionnement $(Ct) = Ca + Cs + Cc + Cr$.

Il s'agira donc de trouver un compromis entre ces différents coûts pour déterminer la quantité adéquate de stock à conserver. Cela fait l'objet d'une partie du chapitre 6.

5.4 LA CLASSIFICATION ABC OU LOI DE PARETO

Un des premiers outils que l'acheteur aura à utiliser dans son travail est ce qu'on appelle la classification ABC. Pour retracer l'origine de cette dernière, mentionnons qu'un économiste et sociologue du XVIIIe siècle nommé Wilfredo Pareto a avancé que 80 % de toutes les richesses de la terre étaient possédées par seulement 20 % des individus du globe. Ce constat a servi de base à tous les systèmes de classification utilisés. En effet, dans le domaine de la gestion des stocks, on peut affirmer qu'environ 20 % des articles en stock représentent 80 % de la valeur monétaire de ce même stock. Il s'agira alors de grouper les articles selon leur importance.

Il est essentiel pour un acheteur de connaître ce fondement, car il devrait accorder beaucoup plus de temps aux articles qui correspondent à une bonne somme d'argent. Les critères permettant de faire ce genre de classification sont le volume en dollars d'un article durant une période préétablie (souvent une année), le délai de livraison, l'espace d'entreposage, la disponibilité du matériel et de la main-d'œuvre, le risque de vol et le coût de rupture. Nous verrons d'abord le volume en dollars d'un article. Le tableau 5.1 (p. 186) présente le degré d'importance de chaque classe en pourcentage.

TABLEAU 5.1

Le degré d'importance de chaque classe

Type de classe	Pourcentage d'articles	Pourcentage de la valeur monétaire
A	De 5 % à 20 %	~ 80 %
B	De 20 % à 50 %	~ 20 %
C	De 40 % à 75 %	Le reste de la valeur monétaire

On peut également consulter la figure 5.3 pour voir l'importance de chaque classe.

FIGURE 5.3

La répartition du pourcentage des articles et du coût annuel par classe

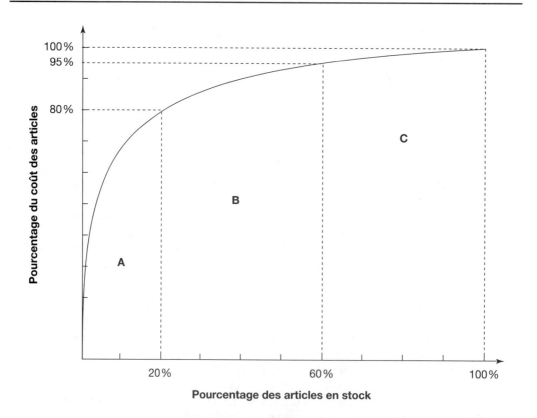

Dans l'industrie, les acheteurs ont souvent devant eux une liste très longue d'articles (de 200 à 10 000 articles différents, tout dépendant de l'endroit où ils évoluent). Un truc utilisé fréquemment consiste à effectuer une classification ABC pour chaque type de stock. Autrement dit, on classifie le stock de matières premières par ordre d'importance et on fait de même pour les produits en cours, les produits finis, les composantes, les produits d'entretien et de réparation industriels, les surplus (déchets, rebuts, etc.) s'il y a lieu.

Pour qu'un outil de gestion soit efficace, il faut suivre une procédure. Ainsi, le tableau 5.2 présente une façon de concevoir une classification ABC.

TABLEAU 5.2

Une procédure à suivre pour l'établissement d'une classification ABC sur une base annuelle

1. On détermine la quantité consommée pour chaque article.

2. On associe la quantité consommée de chaque article à son coût unitaire.

3. On trouve la valeur monétaire de chaque article en multipliant la quantité consommée par le coût unitaire de l'article correspondant.

4. On calcule la valeur monétaire totale en faisant la somme des valeurs monétaires des différents articles.

5. On détermine le pourcentage de la valeur monétaire pour chaque article par rapport à la valeur monétaire totale.

6. On liste les articles par ordre décroissant selon les pourcentages trouvés.

7. On refait la séquence, c'est-à-dire qu'on réinscrit la description de chaque produit, mais cette fois dans le même ordre que les pourcentages trouvés au point 6.

8. On établit le pourcentage cumulé afin de se faciliter la tâche lors de la conception des classes.

9. Finalement, on est prêt à former les classes.

EXEMPLE 5.3

Un distributeur de boulons et d'écrous possède 15 articles en stock. Les quantités consommées ou, si l'on préfère, les quantités vendues varient énormément d'un article à l'autre. Le tableau 5.3 (p. 188) présente les articles ainsi que la quantité vendue et le coût unitaire pour chacun d'eux.

TABLEAU 5.3

**Une liste des articles ainsi que de la quantité vendue
et du coût unitaire pour chacun d'eux**

Nom de l'article	Quantité vendue	Coût unitaire ($)
A	100 000	0,04
B	4 000	0,10
C	200	0,20
D	350	0,09
E	5 500	0,05
F	2 700	0,15
G	20 000	0,24
H	7 200	0,02
I	450	0,11
J	25 000	0,01
K	100	0,52
L	3 000	0,13
M	1 200	0,07
N	12 500	0,03
O	950	0,08

À partir des données et de la procédure qui précèdent, on peut facilement faire une classification ABC. En suivant la procédure, on multipliera la quantité vendue par le coût unitaire de chaque article. On trouvera alors la valeur monétaire de chaque article (voir le tableau 5.4).

TABLEAU 5.4

La valeur monétaire de chaque article

Nom de l'article	Quantité vendue	Coût unitaire ($)	Valeur monétaire ($)
A	100 000	0,04	4 000,00
B	4 000	0,10	400,00
C	200	0,20	40,00
D	350	0,09	31,50
E	5 500	0,05	275,00
F	2 700	0,15	405,00
G	20 000	0,24	4 800,00

→

TABLEAU 5.4
La valeur monétaire de chaque article (*suite*)

Nom de l'article	Quantité vendue	Coût unitaire ($)	Valeur monétaire ($)
H	7 200	0,02	144,00
I	450	0,11	49,50
J	25 000	0,01	250,00
K	100	0,52	52,00
L	3 000	0,13	390,00
M	1 200	0,07	84,00
N	12 500	0,03	375,00
O	950	0,08	76,00

La prochaine étape consiste à trouver la valeur monétaire totale. Pour ce faire, on additionne toutes les valeurs de la dernière colonne du tableau 5.4. En faisant cette opération, on trouve 11 372,00 $.

L'étape suivante consiste à déterminer le pourcentage de la valeur monétaire de chaque article par rapport à la valeur monétaire totale. Pour ce faire, on divise la valeur monétaire de chaque article par la valeur monétaire totale. Le résultat sera multiplié par 100. Le tableau 5.5 présente les données obtenues.

TABLEAU 5.5
Le pourcentage de la valeur monétaire de chaque article

Nom de l'article	Quantité vendue	Coût unitaire ($)	Valeur monétaire ($)	Pourcentage de la valeur monétaire (%)
A	100 000	0,04	4 000,00	35,10
B	4 000	0,10	400,00	3,50
C	200	0,20	40,00	0,35
D	350	0,09	31,50	0,28
E	5 500	0,05	275,00	2,40
F	2 700	0,15	405,00	3,60
G	20 000	0,24	4 800,00	42,20
H	7 200	0,02	144,00	1,30
I	450	0,11	49,50	0,44
J	25 000	0,01	250,00	2,20

TABLEAU 5.5

Le pourcentage de la valeur monétaire de chaque article (*suite*)

Nom de l'article	Quantité vendue	Coût unitaire ($)	Valeur monétaire ($)	Pourcentage de la valeur monétaire (%)
K	100	0,52	52,00	0,46
L	3 000	0,13	390,00	3,40
M	1 200	0,07	84,00	0,74
N	12 500	0,03	375,00	3,30
O	950	0,08	76,00	0,67

À la prochaine étape, il s'agit de mettre les articles en ordre décroissant d'importance selon les pourcentages trouvés à l'étape précédente, comme l'illustre le tableau 5.6.

TABLEAU 5.6

L'ordre d'importance des articles en pourcentage

Nom de l'article	Quantité vendue	Coût unitaire ($)	Valeur monétaire ($)	Pourcentage de la valeur monétaire (%)	Pourcentage en ordre décroissant (%)
A	100 000	0,04	4 000,00	35,10	42,20
B	4 000	0,10	400,00	3,50	35,10
C	200	0,20	40,00	0,35	3,60
D	350	0,09	31,50	0,28	3,50
E	5 500	0,05	275,00	2,40	3,40
F	2 700	0,15	405,00	3,60	3,30
G	20 000	0,24	4 800,00	42,20	2,40
H	7 200	0,02	144,00	1,30	2,20
I	450	0,11	49,50	0,44	1,30
J	25 000	0,01	250,00	2,20	0,74
K	100	0,52	52,00	0,46	0,67
L	3 000	0,13	390,00	3,40	0,46
M	1 200	0,07	84,00	0,74	0,44
N	12 500	0,03	375,00	3,30	0,35
O	950	0,08	76,00	0,67	0,28

Par la suite, on réinscrira la description de l'article, mais cette fois en fonction de l'ordre décroissant des pourcentages. Le tableau 5.7 illustre ce nouvel ordre.

TABLEAU 5.7

La description des articles en ordre d'importance

Nom de l'article	Quantité vendue	Coût unitaire ($)	Valeur monétaire ($)	Pourcentage de la valeur monétaire (%)	Pourcentage en ordre décroissant (%)	Nom en ordre
A	100 000	0,04	4 000,00	35,10	42,20	G
B	4 000	0,10	400,00	3,50	35,10	A
C	200	0,20	40,00	0,35	3,60	F
D	350	0,09	31,50	0,28	3,50	B
E	5 500	0,05	275,00	2,40	3,40	L
F	2 700	0,15	405,00	3,60	3,30	N
G	20 000	0,24	4 800,00	42,20	2,40	E
H	7 200	0,02	144,00	1,30	2,20	J
I	450	0,11	49,50	0,44	1,30	H
J	25 000	0,01	250,00	2,20	0,74	M
K	100	0,52	52,00	0,46	0,67	O
L	3 000	0,13	390,00	3,40	0,46	K
M	1 200	0,07	84,00	0,74	0,44	I
N	12 500	0,03	375,00	3,30	0,35	C
O	950	0,08	76,00	0,67	0,28	D

Une fois que l'ordre d'importance des articles est établi, on calcule le pourcentage cumulé. En principe, le résultat de ce calcul devrait donner 100 % au quinzième article. Toutefois, il dépassera de peu 100 % ou y sera légèrement inférieur à cause des arrondissements à une ou à deux décimales. La façon de compter les pourcentages cumulés est simple. Effectivement, chaque pourcentage cumulé est le résultat de l'addition des pourcentages qui le précèdent avec le pourcentage correspondant à l'article pour lequel on fait le calcul. Par exemple, le pourcentage cumulé du troisième article correspond à l'addition du pourcentage du premier article avec le pourcentage du deuxième article et le pourcentage du troisième (voir le tableau 5.8, p. 192).

Puis, nous arrivons à l'étape ultime, c'est-à-dire l'établissement des classes. Pour ce faire, il faut revenir au tableau 5.1 (p. 186), qui illustre les pourcentages relatifs de chaque classe. Le tableau 5.9 (p. 193) constitue la classification elle-même.

TABLEAU 5.8

Le pourcentage cumulé

Nom de l'article	Quantité vendue	Coût unitaire ($)	Valeur monétaire ($)	Pourcentage de la valeur monétaire (%)	Pourcentage en ordre décroissant (%)	Nom en ordre	Pourcentage cumulé (%)
A	100 000	0,04	4 000,00	35,10	42,20	G	42,20
B	4 000	0,10	400,00	3,50	35,10	A	77,30
C	200	0,20	40,00	0,35	3,60	F	80,90
D	350	0,09	31,50	0,28	3,50	B	84,40
E	5 500	0,05	275,00	2,40	3,40	L	87,80
F	2 700	0,15	405,00	3,60	3,30	N	91,10
G	20 000	0,24	4 800,00	42,20	2,40	E	93,50
H	7 200	0,02	144,00	1,30	2,20	J	95,70
I	450	0,11	49,50	0,44	1,30	H	97,00
J	25 000	0,01	250,00	2,20	0,74	M	97,74
K	100	0,52	52,00	0,46	0,67	O	98,41
L	3 000	0,13	390,00	3,40	0,46	K	98,87
M	1 200	0,07	84,00	0,74	0,44	I	99,31
N	12 500	0,03	375,00	3,30	0,35	C	99,66
O	950	0,08	76,00	0,67	0,28	D	99,94

TABLEAU 5.9

La classification des articles

Nom de l'article	Quantité vendue	Coût unitaire ($)	Valeur monétaire ($)	Pourcentage de la valeur monétaire (%)	Pourcentage en ordre décroissant (%)	Nom en ordre	Pourcentage cumulé (%)	Type de classe
A	100 000	0,04	4 000,00	35,10	42,20	G	42,20	A
B	4 000	0,10	400,00	3,50	35,10	A	77,30	A
C	200	0,20	40,00	0,35	3,60	F	80,90	B
D	350	0,09	31,50	0,28	3,50	B	84,40	B
E	5 500	0,05	275,00	2,40	3,40	L	87,80	B
F	2 700	0,15	405,00	3,60	3,30	N	91,10	B
G	20 000	0,24	4 800,00	42,20	2,40	E	93,50	B
H	7 200	0,02	144,00	1,30	2,20	J	95,70	B
I	450	0,11	49,50	0,44	1,30	H	97,00	C
J	25 000	0,01	250,00	2,20	0,74	M	97,74	C
K	100	0,52	52,00	0,46	0,67	O	98,41	C
L	3 000	0,13	390,00	3,40	0,46	K	98,87	C
M	1 200	0,07	84,00	0,74	0,44	I	99,31	C
N	12 500	0,03	375,00	3,30	0,35	C	99,66	C
O	950	0,08	76,00	0,67	0,28	D	99,94	C

On remarque que 2 articles seulement seraient classés A parmi les 15 du distributeur. Il va sans dire qu'on aurait pu insérer le troisième article le plus important dans la classe A. À ce stade-ci, il importe de respecter les pourcentages illustrés au tableau 5.1 (p. 186) tant pour ce qui est du volume en dollars que du nombre d'articles. Cela veut dire que, dans notre exemple, il n'aurait pu y avoir 4 articles classés A, mais bien un maximum de 3 articles (de 5 % à 20 % des articles : 3/15 = 20 %). Également, l'article H aurait pu être classé B plutôt que C. La démarcation entre les classes n'est pas quelque chose d'immuable. Le jugement de l'acheteur entre ici en ligne de compte.

Nous avons donc effectué la classification ABC de 15 articles d'une entreprise fictive en considérant strictement la valeur monétaire des articles (la quantité vendue multipliée par le coût unitaire). Toutefois, en réalité, il arrive fréquemment que certains articles soient soumis à des contraintes diverses, comme un délai de livraison très long, un coût de rupture exorbitant, l'absence de produits sur le marché pour remplacer un produit donné ou l'obsolescence prochaine du produit. Nous pourrions donc refaire la classification ABC en intégrant ces diverses contraintes. Le tableau 5.10 présente les contraintes rattachées à chaque article du distributeur de boulons et d'écrous.

TABLEAU 5.10

Les contraintes rattachées aux articles pour la classification ABC

Nom de l'article	Quantité vendue	Coût unitaire ($)	Type de classe	Contrainte
A	100 000	0,04	A	Aucune
B	4 000	0,10	B	Livraison prenant 8 semaines
C	200	0,20	C	Aucune
D	350	0,09	C	Pas de substituts
E	5 500	0,05	B	Aucune
F	2 700	0,15	B	Aucune
G	20 000	0,24	A	Aucune
H	7 200	0,02	C	Aucune
I	450	0,11	C	Aucune
J	25 000	0,01	B	Aucune
K	100	0,52	C	Fournisseur en Allemagne
L	3 000	0,13	B	Aucune
M	1 200	0,07	C	Aucune
N	12 500	0,03	B	Aucune
O	950	0,08	C	Lot minimal de 1 000 unités

À partir des contraintes connues de l'acheteur précisées au tableau 5.10, l'acheteur peut réajuster la classification ABC effectuée avec le critère de la valeur monétaire du stock utilisé. En effet, pour les articles comportant des contraintes, l'acheteur prendra soin de hausser la classification pouvant nuire au bon déroulement de la gestion de l'entreprise ; autrement dit, si un article était classé C avant qu'on tienne compte de la contrainte pouvant compliquer le réapprovisionnement, alors il sera reclassé B. On appliquera le même principe à un article classé B *a priori* (compte non tenu de la contrainte) ; il se verra ainsi octroyer la classe A. Finalement, pour un article classé A *a priori*, il est évident qu'il restera classé A étant donné qu'il ne peut y avoir de classe supérieure ; l'acheteur devra prêter une attention particulière à cet article, s'il y a lieu.

5.4.1   La gestion des articles des diverses classes

Pour gérer les articles de la classe A, l'acheteur devrait faire les opérations suivantes :

1.   Faire un décompte de ces articles toutes les semaines.

2.   S'assurer d'avoir la bonne quantité de stocks dans le but de se prémunir contre une variation de la demande trop accentuée.

3.   S'assurer que les données informatiques relatives aux stocks sont pertinentes, et ce de façon permanente.

4.   Lors d'un approvisionnement de ce type d'articles, faire un suivi serré pendant le délai de livraison.

En ce qui a trait aux articles de la classe B, l'acheteur fera sensiblement les mêmes opérations que pour les articles de la classe A, si ce n'est qu'il les fera moins fréquemment.

Finalement, en ce qui a trait aux articles de la classe C, étant donné que ce type d'articles n'est pas celui qu'il coûte le plus cher de garder en stock, l'acheteur devra s'assurer de l'avoir toujours en stock et faire un décompte semestriellement ou annuellement.

L'acheteur doit comprendre que la classification ABC n'est pas quelque chose de statique. En effet, il faut réviser cette classification de façon périodique, car les quantités vendues ainsi que les contraintes associées à chaque article sont sujettes à varier selon la période à laquelle on fait la classification (habituellement chaque année).

La classification ABC ou loi de Pareto peut être utilisée chaque fois qu'on juge nécessaire de distinguer les éléments importants de ceux qui le sont moins. Dans le contexte d'une entreprise, on pourrait essayer de classer les mouvements faits par un magasinier dans un entrepôt pour déterminer les articles qui devraient être entreposés près de lui. De même, on pourrait, grâce à cette classification, chercher à connaître l'importance des clients et celle des fournisseurs.

Pour conclure, on pourrait affirmer que la classification ABC est un bon point de départ lorsqu'il s'agit de faire la gestion des stocks, car elle est un outil de diagnostic fiable.

5.5 LES PRÉVISIONS

Nous verrons maintenant différents modèles susceptibles d'être très utiles à un acheteur qui œuvre dans la gestion des stocks. Une fois que les articles ont été déterminés et que leur importance est connue, l'acheteur devra composer avec l'utilisation de chacun d'eux dans l'entreprise. Il devra donc savoir quels produits requièrent un réapprovisionnement, à quel moment et en quelle quantité. Ces questions fondamentales dans le domaine de la gestion des stocks semblent très simples, mais il existe une foule de choses à connaître afin d'y répondre adéquatement.

Une des premières choses à faire dans la gestion des stocks est de planifier les mouvements (entrées et sorties du matériel) internes et externes des stocks eux-mêmes. L'acheteur, avec l'aide de son supérieur immédiat, aura à exécuter une recherche sur les mouvements antérieurs ainsi que sur les mouvements prévus. Un groupe de personnes à l'intérieur de l'entreprise qui peut lui être très utile est sans contredit le groupe affecté au marketing et aux ventes. En effet, ce groupe prend le pouls du marché, car il œuvre avec les clients de l'entreprise. Il fera donc à l'acheteur un pronostic sur les ventes futures de l'entreprise. Ce pronostic correspond aux prévisions dans le langage de l'entreprise. Il existe deux grands types de prévisions, soit les prévisions qualitatives et les prévisions quantitatives.

5.5.1 Les prévisions qualitatives

Les prévisions qualitatives sont des prévisions qui, comme leur nom l'indique, relèvent de l'intuition, du jugement, de l'expérience et de l'expertise des individus. Une méthode de prévision qualitative qui est souvent utilisée dans l'entreprise consiste à faire appel à un individu au sein de l'entreprise qui connaît les rouages de cette dernière parce qu'il y travaille depuis longtemps. Il s'agit d'une espèce d'**encyclopédie vivante** qui peut donner des réponses très précises aux questions de l'acheteur. Une autre méthode est l'**étude de marché,** qui consiste à bâtir un questionnaire et à le faire passer à un échantillon représentatif de la population. Les questions chercheront à cerner le comportement du consommateur face à un produit donné. Cette méthode, qui permet de faire de bonnes prévisions, est cependant très coûteuse.

Par ailleurs, la **méthode Delphi** consiste à réunir plusieurs experts (jusqu'à 20) afin de connaître leur opinion sur un produit quelconque. Chaque expert communique à l'entreprise son point de vue par écrit. Par la suite, l'entreprise renvoie une copie des opinions de tout le monde à chaque expert. Ainsi, les experts ont la chance de raffiner leur opinion. Ce processus, qui est effectué deux ou trois fois, peut prendre de trois à six mois. Cette méthode, qui coûte également très cher, ne peut vraisemblablement pas être utilisée par une petite ou une moyenne entreprise (PME).

Enfin, le **groupe d'experts** est une méthode de prévision qui s'apparente à la méthode Delphi ; cependant, les experts ne donnent leur avis qu'une fois. Par exemple, une entreprise pourrait demander à chacun de ses représentants des ventes son opinion concernant les ventes futures. Ceux-ci constituent en quelque sorte les experts du point de vue des ventes de l'entreprise.

5.5.2 Les prévisions quantitatives

Les prévisions quantitatives sont beaucoup moins coûteuses que les prévisions qualitatives dans la plupart des cas. Quand l'entreprise a en sa possession des données sur le mouvement des produits, elle peut donc utiliser des modèles relativement simples. Les méthodes de prévision qualitative, quant à elles, sont surtout employées lors de l'introduction d'un produit sur le marché, car l'entreprise ne dispose d'aucune donnée pouvant l'aider.

Le premier modèle servant à faire des prévisions est la **moyenne arithmétique,** qui est sans contredit le modèle le plus simple à utiliser. Il va sans dire, cependant, que moins le nombre de données est important, plus la précision du modèle sera déficiente. De plus, si les données ne suivent pas une certaine tendance ou si elles sont plutôt disparates, le modèle laissera à désirer quant à sa précision.

Un autre modèle est la **moyenne mobile.** On peut recourir à cette dernière lorsque la demande d'un produit demeure sensiblement la même d'une période à l'autre. Cette méthode est utilisée également lorsque les membres de l'entreprise qui font des prévisions quantitatives n'ont pas de connaissances mathématiques. Il s'agit de prévoir les ventes, la consommation d'un bien ou tout autre élément sujet à des prévisions pour une certaine période (souvent un mois, tout dépendant du nombre de données accessibles) à partir des données des mois précédents. Le nombre de mois dépend de la base choisie par l'acheteur. Cette base peut varier de deux mois à plusieurs mois. Toutefois, il est déconseillé de dépasser six mois, sinon les prévisions risquent d'être peu fiables, à moins bien sûr que les données ne soient quasi identiques de mois en mois. Quelle base sera la meilleure ? Il est difficile de répondre à cette question. Habituellement, on utilise comme indicateur l'écart absolu moyen entre les prévisions et la réalité. Le plus petit écart absolu moyen peut être la meilleure base pour une situation donnée, mais elle n'est pas nécessairement la meilleure en tout temps. Par exemple, si on choisit une moyenne mobile de base 3, alors on calculera les prévisions en faisant la moyenne des trois mois précédant le mois pour lequel on veut avoir des prévisions.

EXEMPLE 5.4

Le menuisier de l'exemple 5.1 (p. 183) veut prévoir les ventes de moulures pour le mois de septembre 1999 alors qu'il connaît celles de janvier à août 1999. Il se demande s'il doit utiliser une base de 2 mois ou encore une base de 5 mois pour faire ces prévisions.

Ce menuisier devra d'abord établir les prévisions pour les mois connus avec les deux bases et calculer l'écart absolu (en valeur absolue) entre les ventes elles-mêmes et les prévisions. Par la suite, il prendra le total des écarts absolus pour les deux bases et calculera une moyenne dans les deux cas, soit l'écart absolu moyen. Le plus petit écart absolu moyen entre les deux bases indiquera au menuisier quelle base il devra utiliser pour faire les prévisions pour septembre 1999 (voir le tableau 5.11).

TABLEAU 5.11

Les prévisions et les écarts absolus avec une base de 2 mois et une base de 5 mois avec le modèle de la moyenne mobile

Mois	Ventes	Base 2	Écart absolu	Base 5	Écart absolu
Janvier	900				
Février	940				
Mars	950	920	30		
Avril	910	945	35		
Mai	930	930	0		
Juin	900	920	20	926	26
Juillet	910	915	5	926	16
Août	960	905	55	920	40

Après avoir déterminé les écarts absolus pour les deux bases de calcul, on trouvera l'écart absolu total et finalement l'écart absolu moyen.

Base 2 (écart absolu total = 30 + 35 + 0 + 20 + 5 + 55 = 145

Base 5 (écart absolu total) = 26 + 16 + 40 = 82

Base 2 (écart absolu moyen) = 145/6 = 24,17

Base 5 (écart absolu moyen) = 82/3 = 27,33

Le menuisier effectuera donc ses prévisions pour le mois de septembre à l'aide de la base 2. Pour ce faire, il utilisera les ventes de juillet et août 1999. Il s'agit de les additionner et de les diviser par 2 :

$$910 + 960 = 1\,870/2 = 935$$

Selon ce modèle, les prévisions concernant le nombre de moulures qui seront vendues en septembre 1999 s'établissent à 935.

Un cas particulier de la moyenne mobile est la **moyenne mobile pondérée.** Ce modèle colle beaucoup plus à la réalité parce qu'il permet d'attribuer un poids différent à chaque mois servant à déterminer l'importance de chacun. Habituellement, on accorde un poids plus important aux mois qui sont les plus près de ceux pour lesquels on effectue des prévisions.

EXEMPLE 5.5

Nous reprendrons l'exemple 5.4 en attribuant un poids équivalent à 2 dans le cas du mois le plus près des prévisions et un poids de 1 pour l'autre mois dans le cas où l'on utilise une base de calcul de 2 mois. Le calcul se fera ainsi pour les prévisions du mois de mars 1999 :

$$[(940 \times 2) + (900 \times 1)]/(2 + 1) = 926,67$$

Si l'on prend une base de calcul de 5 mois, les poids correspondants seront de 5 pour le mois le plus près, de 4 pour le deuxième plus près, de 3 pour le suivant, de 2 pour l'avant-dernier et de 1 pour le dernier mois. Les prévisions pour le mois de juin 1999 s'établiront donc comme suit :

$$[(930 \times 5) + (910 \times 4) + (950 \times 3) + (940 \times 2) + (900 \times 1)]/(5 + 4 + 3 + 2 + 1) = 928$$

Les autres valeurs se trouvent dans le tableau 5.12 (p. 200).

Base 2 (écart absolu moyen) = [(23,33 + 36,67 + 6,67 + 23,33 + 0 + 53,33)]/6 = 23,89

Base 5 (écart absolu moyen) = [(28 + 9,33 + 46)]/3 = 27,78

Pour effectuer ses prévisions, le menuisier ferait mieux de prendre la base de calcul de 2 mois étant donné que l'écart absolu moyen est plus petit que celui de la base de calcul de 5 mois.

TABLEAU 5.12

**Les prévisions et les écarts absolus avec une base de 2 mois et une
base de 5 mois avec le modèle de la moyenne mobile pondérée**

Mois	Ventes	Base 2	Écart absolu	Base 5	Écart absolu
Janvier	900				
Février	940				
Mars	950	926,67	23,33		
Avril	910	946,67	36,67		
Mai	930	923,33	6,67		
Juin	900	923,33	23,33	928,00	28,00
Juillet	910	910,00	0	919,33	9,33
Août	960	906,67	53,33	914,00	46,00

Les prévisions pour le mois de septembre 1999 sont donc les suivantes :

$$[(960 \times 2) + (910 \times 1)]/(2 + 1) = 943,33 \text{ moulures}$$

On voit que la base utilisée diffère d'un modèle à l'autre. Cela est dû au fait que les valeurs des ventes n'étaient pas assez stables et n'indiquaient pas une tendance régulière soit à la hausse ou à la baisse.

La **régression linéaire** est une méthode de calcul très utilisée pour connaître le lien existant entre deux variables, par exemple l'âge des travailleurs et leur revenu annuel. Pour que cette méthode soit concluante, il faut absolument que le lien entre les deux variables étudiées (s'il y a plus de deux variables, on parlera alors de régression linéaire multiple) soit linéaire, sinon ce sera un fiasco. On définit toujours *a priori* une variable dépendante Y et une variable indépendante X. Le fait que la variable Y est dépendante et que la variable X est indépendante est strictement conventionnel. À partir d'une série de données, on peut établir l'équation de la droite de régression de la forme Y = *a* + *b*X, où *a* représente l'ordonnée à l'origine et *b*, la pente de la droite. Après avoir déterminé la valeur de *a* et de *b*, pour une valeur de X (variable indépendante qui, dans ce cas-ci, serait l'âge) qui ne ferait pas partie des données initiales, on pourrait prévoir une valeur de Y (variable dépendante qui, dans ce cas-ci, serait le revenu annuel). Ces prévisions seront adéquates dans la mesure où le lien entre les deux variables est linéaire.

Pour mesurer la force du lien linéaire, on recourt à un coefficient appelé « coefficient de corrélation linéaire », noté *r*, qui varie de −1 à 1. Un coefficient de corrélation linéaire de 0 signifie qu'il n'existe aucun lien linéaire entre les deux variables étudiées, tandis qu'un coefficient de corrélation linéaire égal à 1 indique un lien linéaire positif et parfait. Vous aurez sans doute deviné qu'un coefficient de −1 signifie que le lien linéaire est également parfait, mais que ce lien est négatif, c'est-à-dire que si la variable indépendante X augmente, la variable dépendante Y diminue.

Les **séries chronologiques** ou **temporelles** sont une autre méthode souvent employée, laquelle s'avère un cas particulier de la régression linéaire. L'exemple classique d'une série temporelle dans le domaine de l'administration est la comparaison des ventes d'une entreprise au fil des ans. Cette méthode s'utilise surtout lorsqu'on remarque une tendance dans les données.

EXEMPLE 5.6

Dans la menuiserie de l'exemple 5.1 (p. 183), on cherche à prévoir le budget qu'on allouera à la publicité pour l'année 1999. En se basant sur les données des 10 dernières années dans le tableau 5.13, on pourrait tenter de connaître la droite de régression qui aiderait à prévoir le budget de publicité pour 1999.

TABLEAU 5.13
Le budget de publicité des 10 dernières années

Année (variable indépendante X)	Budget de publicité en dollars (variable dépendante Y)
1989	20 000
1990	22 000
1991	24 000
1992	26 000
1993	28 000
1994	30 500
1995	33 000
1996	35 500
1997	38 000
1998	40 500

À partir de ces données, on devrait trouver l'équation de la droite de régression afin de prévoir le budget de publicité pour l'année 1999.

Le **lissage exponentiel** est une méthode de prévision qu'on utilise lorsque la demande est peu stable, c'est-à-dire lorsque la demande est saisonnière, comme c'est le cas au Québec pour la plupart des produits dérivés de la construction (les poêles à bois, les soutiens métalliques d'arbres de Noël, les bains à remous, etc.). Le lissage exponentiel est très utilisé également lorsqu'on s'aperçoit que la demande du consommateur suit une certaine tendance au fil des ans. Le lissage exponentiel simple fait intervenir seulement un facteur de pondération (α), qui tient compte d'un facteur comme les saisons. Quant au lissage exponentiel multiple, il peut faire intervenir jusqu'à trois facteurs de pondération, qui tiennent compte des saisons, des cycles ou tendances ainsi que du hasard.

La méthode du lissage exponentiel simple ressemble étrangement à la méthode de la moyenne mobile pondérée, si ce n'est que le facteur de pondération est toujours le même. Afin de trouver les prévisions pour une période donnée, on doit multiplier le facteur de pondération choisi (entre 0 et 1) par les données du mois précédent et additionner le produit du complément du facteur de pondération et des prévisions pour le mois précédent. Mathématiquement, on obtient :

$$\text{Prévisions (mois } n) = [\alpha \times \text{ventes (mois } n-1)] + [(1-\alpha) \times \text{prévisions (mois } n-1)]$$

Comme on peut le constater, l'acheteur aura l'embarras du choix lorsque viendra le temps d'employer une méthode de prévision. Les tableaux 5.14 et 5.15 résument les avantages et les inconvénients des différentes méthodes de prévision qualitative et quantitative respectivement. Cependant, l'acheteur

TABLEAU 5.14

Les avantages et les inconvénients des méthodes de prévision qualitative

Méthode	Avantages	Inconvénients
Encyclopédie vivante	• Très rapide • Peu coûteuse	• Favorise la résistance au changement
Étude de marché	• Bonnes prévisions	• Coûteuse
Méthode Delphi	• Excellent pronostic	• Très coûteuse • Très long processus
Groupe d'experts	• Excellent pronostic	• Relativement longue

TABLEAU 5.15

Les avantages et les inconvénients des méthodes de prévision quantitative

Méthode	Avantages	Inconvénients
Moyenne mobile	• Très simple • Requiert peu de mathématiques	• Peut s'écarter beaucoup de la réalité
Régression linéaire	• Donne de bons résultats dans la mesure où le lien est linéaire	• Assez longue • Demande une base en informatique et en mathématiques
Séries chronologiques ou temporelles	• Donne de bons résultats dans la mesure où le lien est linéaire	• Assez longue • Demande une base en informatique et en mathématiques
Lissage exponentiel	• Assez conforme à la réalité	• Demande une bonne base en mathématiques

doit toujours se rappeler que les données historiques que l'entreprise possède sur un produit quelconque ne garantissent pas que l'avenir sera identique. Il doit donc faire montre de jugement lors de l'utilisation de ces méthodes. Si, par exemple, l'entreprise a conçu et mis en branle une campagne de publicité pour l'année qui vient et que, de plus, cette stratégie est nouvelle, l'acheteur qui se base sur des données historiques risquera de prévoir des résultats qui seront en deçà de la réalité. En outre, par mesure de prudence, il faudrait que, dans le contexte de ces méthodes, les données antérieures portent sur une période minimale de deux ans (de vingt-quatre mois si les données sont mensuelles). Rappelons que pour qu'un modèle soit efficace, il doit fournir le plus petit écart absolu moyen possible. Finalement, plus l'entreprise veut que les prévisions soient précises, plus elle devra investir du temps, de l'argent et des ressources humaines. En d'autres mots, dans certains cas, des prévisions qualitatives pourront suffire lorsque les visées ne sont pas stratégiques.

RÉSUMÉ

La gestion des stocks occupe une place des plus importantes dans l'entreprise si l'on se fie aux chiffres qui apparaissent sur les états financiers de la plupart des entreprises. Il existe plusieurs types de stocks, soit les matières premières, les produits en cours, les produits finis, les composantes, les produits d'entretien et de réparation industriels, les produits d'entretien de bureau et les surplus. Les principales raisons pour lesquelles on garde des stocks sont la protection contre une variation de la demande, la protection contre un délai de livraison instable, une hausse ou une baisse prévue du prix, une grève d'un fournisseur important ou la rareté soudaine d'un bien, une période de vacances du fournisseur, la grosseur des lots commandés et le transit.

Le coût total d'approvisionnement peut être déterminé par quatre coûts, soit le coût d'acquisition du produit acheté ou fabriqué, le coût de stockage, le coût de commande et, finalement, le coût de rupture.

Un des outils de base de l'acheteur est la classification ABC ou loi de Pareto. De plus, une fois que l'acheteur connaît bien ses articles et qu'il est convaincu de leur importance, il sera à même d'élaborer des modèles de prévision en se basant sur des données antérieures. Enfin, il existe deux grandes catégories de prévisions : les prévisions qualitatives et les prévisions quantitatives.

Questions

1. Pourquoi les stocks occupent-ils une place importante dans l'entreprise ?

2. Nommez quatre types de stocks et donnez un exemple pour chacun d'eux.

3. Pour quelles raisons une entreprise doit-elle garder des stocks ?

4. Comment s'appelle le coût relatif aux stocks dans le cas où une entreprise perd une vente ?

5. De quel type de coût le salaire d'un acheteur fait-il partie dans la gestion des stocks ?

6. Qu'est-ce que la loi de Pareto ?

7. Qu'est-ce que l'acheteur doit connaître afin d'effectuer une bonne classification ABC ?

8. Quelles sont les deux grandes catégories de prévisions ?

9. Quels inconvénients sont liés à l'utilisation de la méthode Delphi ?

10. Donnez un avantage de la moyenne mobile.

Exercices d'apprentissage

1. Quelles matières premières entrent dans la fabrication d'un grille-pain ?

2. Quels déchets recyclables trouve-t-on dans un centre de distribution alimentaire ?

3. Nommez une composante qui entre dans la fabrication d'un grille-pain.

4. D'après vous, un produit fini d'une entreprise donnée peut-il devenir une matière première pour une autre entreprise? Si non, pourquoi? Si oui, donnez un exemple.

5. Le chauffage d'une usine fait partie de quel coût intermédiaire pour un manufacturier?

6. Le fait de contracter un emprunt bancaire pour acquérir du stock a-t-il un effet sur le coût total d'approvisionnement? Si oui, avec quel type de coût devrait-on l'associer?

7. Calculez le nombre de commandes pour un article donné qu'un acheteur aura à passer dans une année dans le cas où sa consommation annuelle est de 10 000 unités et où il s'approvisionne par lots de 200.

8. Quelle est la valeur monétaire annuelle d'un bien qui a un coût unitaire de 5,23 $ et dont on achète 200 unités par mois?

9. Que devrait-on faire avec un article classé C *a priori* (compte non tenu des contraintes) dont le délai de livraison varie d'un approvisionnement à l'autre?

10. Dans quelle méthode de prévision trouve-t-on le concept de pente d'une droite?

■■■■■■ *Exercices de compréhension*

1. Calculez le coût unitaire de fabrication d'un bien dont la matière première vaut 12,50 $. On sait qu'il faut trois employés pour fabriquer le produit. La fabrication de chaque unité prend 1 h 45. Les employés gagnent 10,33 $ l'heure. On a besoin d'un superviseur, qui a un salaire de 15 $ l'heure. On évalue, grâce aux factures d'électricité, un montant de 18,75 $ d'électricité par heure. Le reste des frais peut être chiffré à 2 000 $ pour une semaine de 80 heures.

2. Déterminez le coût de stockage unitaire d'un article valant 13,66 $ si le coût du capital pour se procurer cet article est de 6 % du coût unitaire. De plus, on sait que les salaires de tous les employés ayant un lien avec l'entrepôt représentent 5 % du coût de l'article. Les taxes municipales et scolaires ainsi que les assurances équivalent à 1,5 % du coût unitaire. Le coût du chauffage, de l'électricité et de l'entretien général de l'entrepôt s'élève à 4,5 % du coût. Finalement, étant donné que le produit sera abandonné dans les semaines qui suivent, il existe un coût d'obsolescence important, qui est de 7 % du coût unitaire.

3. Calculez le coût de commande d'un produit dans le cas où la consommation annuelle de ce produit est de 1 200 unités. On commande par lots de

Q

60 unités. L'acheteur a un salaire de 30 000 $ par année et il a à gérer environ 300 articles d'égale importance ; l'adjointe administrative, qui consacre la moitié de son temps à la passation de commandes, gagne 20 000 $ annuellement. Les fournisseurs sont tous à proximité de l'entreprise, ce qui n'occasionne par le fait même aucuns frais d'interurbains. On évalue à 25 $ par semaine les coûts de papeterie. Les frais de réception représentent 2 $ par commande. Finalement, le préposé aux comptes fournisseurs a un salaire annuel de 25 000 $.

4. Établissez la classification ABC dans le cas d'une petite entreprise qui démarre et qui gère seulement huit produits. Voici des précisions au sujet de ces produits.

Pas dans l'examen

Nom de l'article	Consommation annuelle	Coût unitaire ($)
ABC	13 450	2,25
DEF	132	0,12
GHI	1 961	1,76
JKL	2 354	1,95
MNO	333	1,03
PQR	1 002	0,67
STU	567	2,10
VWX	2 222	0,04

5. Un fabricant de yoyos vend 10 sortes de yoyos aux consommateurs. Il se demande dans quel ordre il devrait gérer ceux-ci. Il vous fournit les renseignements suivants :

Nom de l'article	Ventes annuelles	Coût unitaire ($)	Contrainte
Yoyo A	350	2,50	Aucune
Yoyo B	1 200	3,50	Délai de livraison non fiable
Yoyo C	15	15,50	Importation des îles Fidji
Yoyo D	13 000	2,00	Aucune
Yoyo E	1 300	1,50	Aucune
Yoyo F	15 000	2,25	Aucune
Yoyo G	275	5,00	Yoyo dernière vague, donc un risque de vol
Yoyo H	135	1,75	Aucune
Yoyo I	1 500	3,00	Aucune
Yoyo J	500	10,00	Yoyo fait en bois d'acajou, donc assez rare

Établissez la classification ABC pour cette entreprise afin d'y améliorer la gestion des stocks.

6. Un manufacturier désirant implanter une démarche qualité se demande quels fournisseurs il devrait privilégier parmi les 15 avec lesquels il fait des affaires dans le même champ d'activité. Les données suivantes donnent le total des achats chez chaque fournisseur ainsi que les contraintes ou les remarques pertinentes:

Numéro du fournisseur	Achats annuels ($)	Contrainte ou remarque
FO 1	5 000 000	Fournisseur fiable
FO 2	100 000	Aucune contrainte
FO 3	3 500 000	Aucune contrainte
FO 4	650 000	Nouveau fournisseur
FO 5	200 000	Aucune contrainte
FO 6	700 000	Aucune contrainte
FO 7	350 000	Fournisseur ayant la certification ISO 9002
FO 8	500 000	Aucune contrainte
FO 9	250 000	Vieille connaissance recyclée dans une seconde carrière
FO 10	1 000 000	Fournisseur ayant la certification ISO 9001
FO 11	300 000	Aucune contrainte
FO 12	400 000	Aucune contrainte
FO 13	150 000	Aucune contrainte
FO 14	50 000	Délai de livraison instable
FO 15	425 000	Aucune contrainte

Établissez une classification ABC qui aidera le manufacturier à mettre de l'ordre dans ses affaires.

7. Voici les données concernant le nombre de zancles pêchés en 1998 sur la côte est de l'océan Indien:

Mois	Zancles (centaines)
Janvier	99
Février	105
Mars	114
Avril	111
Mai	106
Juin	116
Juillet	100
Août	101
Septembre	107
Octobre	118
Novembre	103
Décembre	102

On vous demande de calculer l'écart absolu moyen (EAM) à l'aide des méthodes suivantes :

a) la moyenne arithmétique ;

b) la moyenne mobile avec une base de 2 mois ;

c) la moyenne mobile avec une base de 4 mois ;

d) la moyenne mobile avec une base de 6 mois ;

e) la moyenne mobile pondérée à 3 mois en considérant le fait que le mois le plus récent est 3 fois plus important que le mois le plus éloigné pour l'établissement des prévisions et que le deuxième mois est 1,5 fois plus important que le mois le plus éloigné pour l'établissement des prévisions.

Calculez les prévisions pour le mois de janvier 1999 selon les cinq méthodes. Avec quelle moyenne mobile trouve-t-on les meilleures prévisions ?

8. Dans le cas où l'équation de la droite de régression correspond au nombre d'échecs dans le cours de gestion des approvisionnements et des stocks depuis 10 ans, $Y = 1{,}3 + 0{,}4X$. Quel sera le nombre d'échecs prévus pour 1999 correspondant à la onzième année étudiée ?

9. Faites des prévisions pour le treizième mois à l'aide de la moyenne mobile avec une base de 2 mois, 3 mois, 4 mois dans le cas d'une entreprise distribuant une bouilloire électrique dont les ventes pour les 12 mois précédents ont été de 150, 175, 165, 185, 205, 225, 215, 200, 160, 155, 145, 170.

10. Refaites le problème précédent, mais cette fois avec la méthode du lissage exponentiel avec premièrement un facteur de pondération alpha (α) de 0,2 et deuxièmement un facteur de pondération α de 0,8.

 **Exercices de recherche**

1. Rendez-vous dans une PME à proximité de chez vous et informez-vous sur la façon dont l'acheteur s'y prend pour évaluer le coût de stockage ainsi que le coût de commande.

2. Feuilletez un quotidien (comme *Le Soleil*, *La Presse* ou *Le Devoir*) et essayez de trouver cinq articles où l'on parle de matières premières dans un contexte économique. Quel effet majeur l'annonce d'une hausse draconienne du prix du blé peut-elle avoir sur une boulangerie ?

■■■■■ *Cas*

Où sont les données ?

Pierre Brébeuf, qui est acheteur chez Draperie Santé inc., arrive tout juste d'un séminaire où l'on vantait les bienfaits de la loi de Pareto en matière de gestion des stocks. Comme tout acheteur qui se respecte, il décide de faire une classification ABC dans l'entreprise où il travaille après en avoir parlé avec son supérieur Gérard Lallemand.

Il se rend toutefois compte que l'entreprise ne garde pas de registres informatiques sur la consommation antérieure de chaque produit. Il n'a en sa possession que le coût unitaire de chaque article.

Question

Si vous étiez à la place de Pierre Brébeuf, que feriez-vous ?

6

Les modèles de gestion des stocks

Objectif général

Familiariser le lecteur avec les modèles quantitatifs
de détermination de la quantité à commander, que ce soit
pour une demande dépendante ou une demande indépendante.

Objectifs spécifiques

◆ Appliquer les modèles à paramètres fixes ou variables
(quantité de commande et intervalle
entre chaque approvisionnement).

◆ Utiliser la QEC et les différents modèles dérivés de celle-ci
(QEC avec une réception échelonnée
ou QEP, QEC avec un escompte).

◆ Tracer un graphique de l'évolution des stocks.

◆ Connaître les intrants d'une PBM
(planification des besoins de matières).

◆ Appliquer une PBM.

◆ Savoir la différence entre la PBM et la PBD
(planification des besoins de distribution).

◆ Appliquer une PBD.

Johnson & Johnson

produits **Johnson & Johnson** products I N C.

Johnson & Johnson est l'organisation qui offre la plus grande gamme de produits destinés aux soins de la santé dans le monde. Elle sert une clientèle allant du consommateur quotidien aux marchés pharmaceutiques et répond aux besoins des professionnels de la santé, incluant les outils de diagnostic.

Johnson & Johnson vend des produits dans 175 pays et gère plus de 180 entreprises dans 51 pays. Les ventes en 1997 ont été de 22,6 milliards de dollars américains, dont environ la moitié provenaient de l'extérieur des États-Unis.

La firme Johnson & Johnson peut compter sur une main-d'œuvre hautement qualifiée de 90 500 employés, dont 42 900 aux États-Unis.

Johnson & Johnson tire sa force, sur les marchés où elle œuvre, d'une activité intense représentant plus de 2,1 milliards de dollars américains dans les domaines de la recherche et du développement des produits.

Au Canada, Johnson & Johnson est active dans la vente, dans la recherche et dans la fabrication de produits. Les consommateurs peuvent obtenir tous les jours des produits comme les Produits pour Bébés Johnson[MD], les analgésiques Tylenol[MD] et Motrin[MD], les Tampons Ob[MD], les serviettes sanitaires Stayfree[MD] et Carefree[MD], les pansements Band-Aid[MD], les brosses à dents Reach[MD], les produits Neutrogena[MD] et Roc[MD], les lentilles Accuvue[MD], de même que de nombreux produits d'ordonnance et de diagnostic médicaux.

L'usine de Montréal exporte ses produits d'hygiène féminine dans plus de 30 pays et se procure des matières premières et des services d'une valeur de plusieurs dizaines de millions de dollars annuellement. Elle génère ainsi des emplois pour plusieurs centaines de personnes.

Dotée de systèmes de gestion avant-gardistes, l'unité de production montréalaise utilise des outils modernes de gestion de l'informatique tels que :

— des systèmes évolués de gestion d'inventaires supportés par des périphériques efficaces comme des lecteurs de code à barres et des mises à jour instantanées des inventaires par transmission de fréquences radio ;

— une transmission de données automatisées vers les fournisseurs et les clients de l'entreprise par télécopieur, échange de données informatisé (EDI), courrier électronique et Internet ;

— des ententes d'approvisionnement avec ses principaux partenaires qui lui permettent de gérer ses stocks efficacement et à moindre coût ;

— une maintenance exhaustive de ses systèmes d'information pour approvisionner aux niveaux préétablis ses unités de production et surtout en temps requis pour lui permettre d'effectuer des expéditions internationales planifiées.

Une gestion serrée et efficace des stocks de Johnson & Johnson permet à l'entreprise :

— de réagir adéquatement et à moindre coût aux fluctuations de ses marchés extrêmement compétitifs de produits de consommation ;

— de dégager une plus grande marge bénéficiaire ;

— d'investir dans des équipements à la fine pointe de la technologie pour satisfaire une clientèle de plus en plus exigeante sur la qualité et le rendement de ses produits.

Comment survivre sur une planète rendue de plus en plus petite par la mondialisation des marchés ? Comment réagir instantanément à la compétition sur le marché chinois, par exemple, avec un décalage horaire de 12 heures et une langue de travail qui n'utilise pas la même terminologie ? Ou encore, quel processus d'approvisionnement doit-on mettre en place pour répondre à un client autralien lorsque le Centre de recherche sur les adhésifs se trouve au New Jersey, le fournisseur en Alabama, le fabricant d'équipement en Allemagne et la production à Montréal ?

La réponse à ces questions réside dans la gestion serrée de tous les processus de Johnson & Johnson qui sont reliés au temps : l'amélioration de la collecte et du traitement de l'information, la réduction des délais de fabrication de ses fournisseurs et de livraison des approvisionnements, l'accélération de la mise sur le marché des produits, la détection et la correction rapide des écarts de standards, et, surtout, l'amélioration et l'intensification de la formation de tous ses employés.

Gaétan Chevalier
Chef national des approvisionnements

> *Rien au monde ne peut remplacer la persévérance. Ni le talent*
> *— les hommes talentueux qui n'ont pas réussi sont légion*
> *— ni le génie — les histoires de génies méconnus*
> *sont quasi proverbiales. Seules la persévérance*
> *et la détermination sont toutes-puissantes.*
>
> Calvin Coolidge

INTRODUCTION

Dans le domaine de la gestion des stocks, il existe beaucoup de modèles mathématiques dont peut se servir l'acheteur afin de déterminer une quantité à commander. L'acheteur doit toujours se rappeler les deux questions fondamentales en matière de gestion des stocks : combien (quelle quantité) commander ? Quand commander ? Nous verrons dans ce chapitre que tous les modèles sont faits en fonction de ces deux interrogations de base.

En effet, certains modèles sont applicables lorsque la quantité à commander est fixe et que l'intervalle entre deux approvisionnements est fixe également. On pourra constater aussi qu'il existe des modèles pour une quantité de commande fixe et un intervalle variable ainsi que des modèles pour une quantité de commande variable et un intervalle fixe. Finalement, les modèles les plus difficiles à conceptualiser, même s'ils se rapprochent le plus de la réalité, sont ceux dans lesquels la quantité à commander et le temps entre chaque approvisionnement sont variables. Ces modèles sont utilisés surtout lorsque la demande d'un article donné est indépendante, c'est-à-dire lorsque l'entreprise a très peu de contrôle sur la consommation de l'article proprement dit, comme dans le cas des produits finis achetés par les consommateurs et des produits d'entretien et de réparation (pièces de rechange).

Il existe également des modèles pour une demande dépendante, c'est-à-dire lorsque la consommation d'un article dépend de la consommation d'un autre article, comme les matières premières ou encore les produits en cours de fabrication. Si on doit fabriquer 20 bicyclettes, on aura absolument besoin de 40 jantes, de 20 guidons, de 20 pédaliers, de 40 pédales, de rayons pour combler 40 roues, etc. Dans le cas d'une entreprise manufacturière, on parlera de planification des besoins de matières (PBM) ; dans l'industrie, on utilise beaucoup l'expression anglaise *material requirements planning* (MRP). Et dans le cas d'une entreprise de distribution, le modèle porte le nom de planification des besoins de distribution (PBD) (ou *distribution requirements planning* [DRP]).

6.1 LES MODÈLES DE DÉTERMINATION DES QUANTITÉS À COMMANDER

6.1.1 Les modèles de la quantité de commande fixe

En ce qui concerne les modèles de la quantité de commande fixe, le modèle le plus simple est sans aucun doute celui où la demande est constante, c'est-à-dire que la consommation demeure la même tout le temps. Il va sans dire que ce modèle colle très peu à la réalité, car dans les entreprises, la demande d'un produit donné ne peut être constante. Elle varie toujours, aussi minime que soit la variation. Les produits d'entretien sanitaire peuvent entrer dans cette catégorie, mais encore faut-il que le nombre d'employés d'une période à l'autre soit relativement constant. Des ententes peuvent être conclues avec des fournisseurs pour la livraison de certains produits. Ces ententes peuvent faire en sorte que la consommation de l'entreprise soit constante d'une période à l'autre. Par exemple, une entente annuelle portant sur des gants de cuir pour les travailleurs pourrait prendre cette forme-ci : «Livraison de 200 paires de gants par mois pendant 12 mois.» Dans ce cas, la demande sera constante pendant toute l'année, ce qui sera beaucoup plus facile à gérer.

La façon de commander dans une situation comme la précédente consiste pour l'acheteur à se fixer arbitrairement une période où il disposera d'une quantité minimale tout en s'assurant d'éviter une rupture de stock. Il y a plusieurs manières de ne pas oublier de passer une commande quand le stock se trouve à un certain niveau. Effectivement, on peut soit programmer un seuil minimal par article dans le système d'information de gestion (SIG) ou encore insérer une fiche entre deux unités d'un même article dans le magasin. La quantité minimale atteinte est ce qu'on appelle le point de commande. Il existe différentes variantes de la méthode du point de commande. Nous étudierons les principales.

La méthode du min-max

Il s'agit d'une méthode de gestion des stocks qui met en valeur deux quantités de stocks, soit la quantité minimale et la quantité maximale, Dans ce modèle, la quantité de commande ne varie pas, mais l'intervalle entre les approvisionnements, lui, est soit fixe, soit variable. Il est fixe dans le cas où la consommation de l'article est stable (voir la figure 6.1, p. 216). Par contre, l'intervalle est variable lorsque la consommation entre chaque approvisionnement sera instable (voir la figure 6.2, p. 217). On passera donc une commande lorsqu'on aura atteint un certain seuil critique, en d'autres mots une quantité minimale fixée d'avance, soit le point de commande. La quantité calculée d'avance ou choisie

FIGURE 6.1

Le modèle min-max dans le cas d'une demande stable

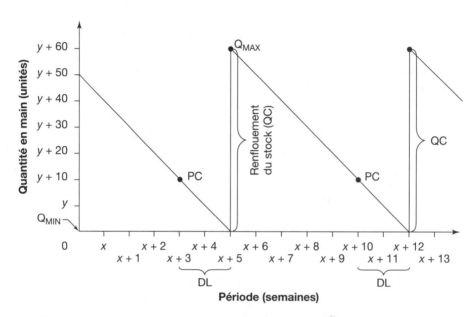

Où : Q_{MIN} = quantité minimale ou seuil minimal de stock (ici, Q_{MIN} = 0, car on ne considère aucun stock de sécurité)

Q_{MAX} = quantité maximale à conserver pour l'article

DL = délai de livraison de chaque commande

PC = point de commande (correspond au niveau de stock auquel on doit passer une commande pour éviter une rupture de stock)

QC = quantité de commande

arbitrairement ne dépassera pas le seuil maximal établi *a priori,* lequel tiendra compte de la consommation pendant le délai de livraison. Pour utiliser ce modèle de façon efficiente, il faut que la demande soit relativement constante de la part des consommateurs et que le fournisseur soit fiable, c'est-à-dire que le délai de livraison s'avère assez stable.

En regardant la figure 6.1, on remarque que la droite correspondant à la consommation de l'article a toujours la même pente ; c'est donc dire que la consommation ou la demande du produit est constante, commande après commande. Lorsqu'on arrive au point de commande correspondant au taux moyen de consommation durant le délai de livraison (le taux de consommation multiplié par le délai de livraison) auquel s'ajoute un stock de protection qu'on

FIGURE 6.2

Le modèle min-max dans le cas d'une demande instable

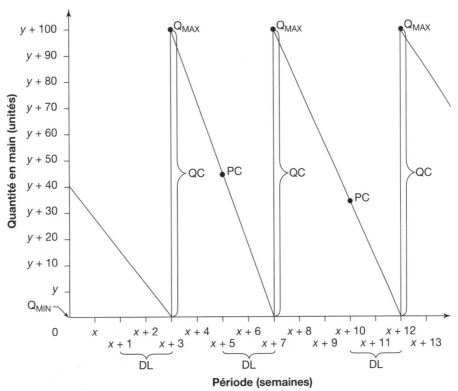

Où : Q_{MIN} = quantité minimale

Q_{MAX} = quantité maximale

DL = délai de livraison

PC = point de commande

QC = quantité de commande

Note : La consommation entre chaque réapprovisionnement est différente d'un intervalle à l'autre, ce qui rend différentes par le fait même les quantités aux points de commande.

appelle « stock de sécurité », l'acheteur est appelé à passer une commande dont le délai de livraison correspond à deux semaines[1]. La quantité achetée est

---

1. Il est à noter que le graphique de la figure 6.1 a été établi avec des périodes exprimées en semaines. Ces périodes auraient pu être des jours ou des mois, selon l'article à acheter.

équivalente à la quantité maximale dans le cas où l'entreprise ne garde pas de stock de sécurité. Cette même quantité peut être fixée soit arbitrairement par l'acheteur, soit à l'aide de l'expérience vécue au sein de l'entreprise ou encore avec un modèle quantitatif comme la quantité économique de commande (QEC) que nous étudierons un peu plus loin.

Pour ce qui est de la figure 6.2 (p. 217), les conclusions que l'on peut tirer sont semblables à celles qui ont été faites pour la figure 6.1 (p. 216), si ce n'est que la consommation varie entre chaque approvisionnement, ce qui fait varier par conséquent l'intervalle entre chaque commande ainsi que le point de commande.

La méthode du min-max est employée autant par le profane que par l'initié en matière de gestion des stocks. Elle est utilisée pour presque tous les types d'articles, parfois à tort. La plupart du temps, on s'en sert pour les articles de moindre importance qui ne sont pas reliés directement à la fabrication d'un bien.

EXEMPLE 6.1

La quantité de commande de protecteurs des voies respiratoires jetables en papier est de 500 par mois. Le taux de consommation et donc les intervalles entre les approvisionnements sont variables. Ils sont établis comme suit :

250 protecteurs par semaine pour les 2 premières semaines

50 protecteurs pour les 10 autres semaines

100 protecteurs par semaine pour le reste de l'horizon de planification

On cherche à connaître les points de commande selon l'horizon de planification pour des délais de livraison de 2 semaines. On suppose qu'il n'y a aucun stock de sécurité et que le stock est à son maximum au début de l'horizon de planification.

On peut trouver mathématiquement chaque point de commande (PC) grâce à l'équation que nous avons vue précédemment :

PC = taux moyen de consommation durant le délai de livraison + stock de sécurité

Pendant le premier intervalle, on consomme 250 protecteurs par semaine. Comme le délai de livraison est de 2 semaines, le taux de consommation pendant ces deux semaines sera de 500 protecteurs. Dans les intrants de l'exemple, il n'y a pas de stock de sécurité ; cela veut dire que le premier point de commande de l'horizon de travail (PC_1) sera de 500 + 0 = 500 protecteurs. Graphiquement (voir la figure 6.3), le point PC_1 sera situé au début de l'horizon de planification à zéro semaine.

Pendant le deuxième intervalle, on consomme 50 unités par semaine en moyenne. Comme la quantité commandée est de 500 unités, cela signifie que cet intervalle sera échelonné sur 10 semaines. Le taux moyen de consommation pendant le délai de livraison s'établit donc comme suit :

50 protecteurs par semaine × 2 semaines de délai de livraison = 100 protecteurs

Encore une fois, étant donné que l'entreprise ne garde aucun stock de sécurité, le point de commande sera de 100 protecteurs. Graphiquement (figure 6.3), on le reconnaîtra comme étant PC_2 ; il sera donc situé à l'intersection de la semaine 10 et du nombre de protecteurs équivalent à 100.

FIGURE 6.3

Le modèle min-max avec une demande instable

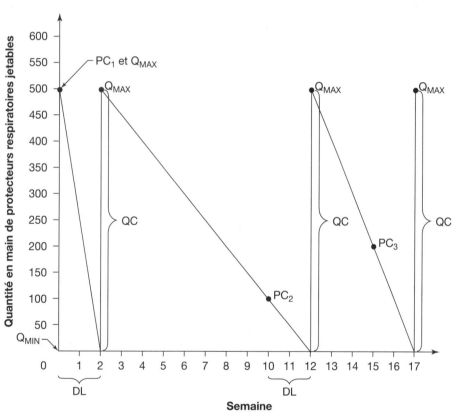

Où : Q_{MIN} = quantité minimale = 0 protecteur (aucun stock de sécurité)
Q_{MAX} = quantité maximale à conserver = 500 protecteurs
DL = délai de livraison = 2 semaines
PC = point de commande
PC_1 = 500 protecteurs
PC_2 = 100 protecteurs
PC_3 = 200 protecteurs
QC = quantité de commande = 500 protecteurs

Pour ce qui est du dernier intervalle, la consommation moyenne étant de 100 protecteurs par semaine, le raisonnement demeure strictement le même. Le PC_3 est alors de 200 protecteurs. Graphiquement, il se situe à la quinzième semaine.

FIGURE 6.4

Le modèle min-max avec un stock de sécurité

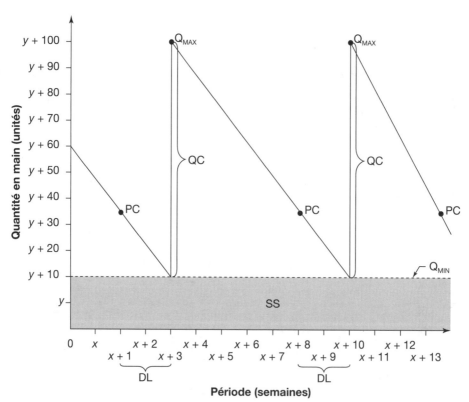

Où : Q_{MIN} = quantité minimale
Q_{MAX} = quantité maximale
DL = délai de livraison
PC = point de commande
QC = quantité de commande
SS = stock de sécurité

Note : On voit ici que la quantité minimale à conserver correspond au stock de sécurité.

La méthode du min-max avec un stock de sécurité

La plupart du temps, lorsque l'acheteur utilise la méthode du min-max, il le fait en prévoyant un stock de sécurité. En effet, étant donné que la demande d'un article n'est jamais constante, le fait d'avoir un délai de livraison qui, lui, l'est peut jouer de vilains tours. Si l'on revient aux figures 6.1 et 6.2 (p. 216 et 217), on se rend compte que le point de commande est fixé en fonction du délai de livraison. Si, par contre, pour une raison aléatoire, la demande durant le délai de livraison est le double de ce qu'elle est habituellement, l'entreprise risque fortement de connaître une rupture de stock, et cela pourra entraîner la perte d'un client, voire de plusieurs clients.

Lorsqu'on examine la figure 6.4, on comprend davantage ce phénomène. Ainsi, si la consommation est plus élevée que celle qui est illustrée, l'acheteur pourra puiser dans son stock de sécurité pour satisfaire son client. Il devra cependant penser à renouveler son stock de sécurité à court terme.

EXEMPLE 6.2

Nous reprendrons l'exemple 6.1, mais en y ajoutant un stock de sécurité de 50 protecteurs. Nous cherchons à savoir où sont situés graphiquement les points de commande pour l'horizon de travail correspondant.

En ce qui a trait au premier intervalle, le point de commande (PC_1) sera le suivant :

PC_1 = taux moyen de consommation durant le délai de livraison + stock de sécurité
= (250 protecteurs $\times$ 2 semaines) + 50 protecteurs
= 550 protecteurs

Le point de commande (PC_2) sera :

PC_2 = (50 protecteurs $\times$ 2 semaines) + 50 protecteurs
= 150 protecteurs

Finalement, le point de commande (PC_3) sera :

PC_3 = (100 protecteurs $\times$ 2 semaines) + 50 protecteurs
= 250 protecteurs

En regardant la figure 6.5 (p. 222), le lecteur pourra constater que les points de commande sont situés aux mêmes semaines qu'à la figure 6.3 (p. 219) si ce n'est qu'ils sont augmentés de 50 unités. Cette augmentation représente le stock de sécurité.

FIGURE 6.5

Le modèle min-max avec un stock de sécurité selon l'exemple 6.2

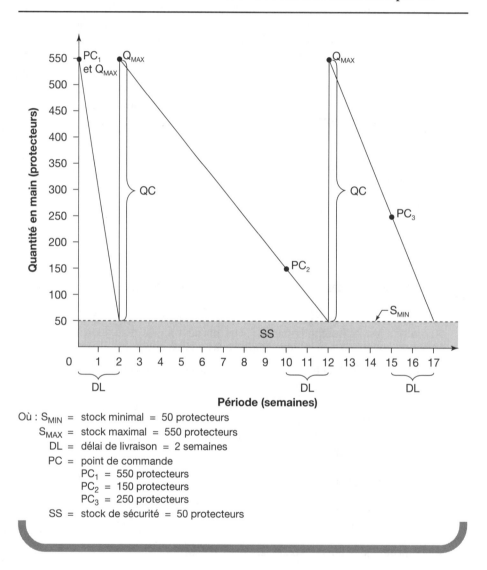

Où : S_{MIN} = stock minimal = 50 protecteurs
S_{MAX} = stock maximal = 550 protecteurs
DL = délai de livraison = 2 semaines
PC = point de commande
PC_1 = 550 protecteurs
PC_2 = 150 protecteurs
PC_3 = 250 protecteurs
SS = stock de sécurité = 50 protecteurs

La méthode des deux tiroirs

La méthode des deux tiroirs est analogue à la méthode du min-max, mais son application est beaucoup plus artisanale. Cette méthode consiste à faire du stockage dans deux tiroirs (casiers, paniers ou étagères) différents. Les tiroirs n'ont habituellement pas le même format. Le tiroir 1 est le plus grand et le tiroir 2, le plus petit. Le tiroir 2 contient le nombre d'unités nécessaires pour répondre à la demande pendant le délai de livraison, tandis que le tiroir 1 contient le nombre d'unités commandées, incluant les unités du tiroir 2, comme l'illustre la figure 6.6. La consommation de l'article commence par le tiroir 1. Quand ce dernier est vide, on ouvre alors le tiroir 2 et on s'empresse de faire une commande pour remettre le stock à son niveau précédent. C'est donc dire que le point de commande est atteint lorsque le tiroir 1 est vide.

FIGURE 6.6

La méthode des deux tiroirs

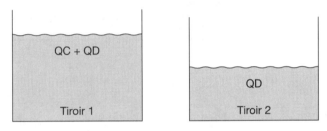

Où : QC = quantité de commande

QD = quantité consommée durant le délai de livraison

Note : Lorsque l'on commande pour le tiroir 1, on remplit le tiroir 2 d'une quantité QD. Il reste alors QC dans le tiroir 1.

Depuis le début de cette section, nous parlons d'une quantité de commande pour atteindre un niveau maximal établi au préalable. Cette quantité peut être déterminée de façon à réduire les coûts rattachés à cet approvisionnement. On appelle celle-ci la quantité économique de commande (QEC). Elle fera l'objet de la section 6.2 (p. 228).

6.1.2 Les modèles de la quantité de commande variable

Le modèle de la revue périodique

Le modèle de la quantité de commande variable le plus connu est le modèle de la revue périodique. Il consiste à passer des commandes à un intervalle régulier. Il va sans dire que même si l'intervalle entre les commandes est fixe, la quantité commandée, elle, peut varier. L'intervalle choisi dépend de la consommation de l'article sur une période donnée ; ce peut être tous les jours, toutes les semaines, tous les mois, tous les trois mois, etc. La figure 6.7 illustre le fonctionnement de ce modèle. L'acheteur s'assurera de bien connaître le délai de livraison. S'il suppose qu'il est d'une semaine et que la consommation est de 10 unités par semaine, en connaissant ses besoins pour l'intervalle fixé, le stock qu'il lui reste actuellement et celui qu'il désire avoir à la fin de l'intervalle, il sera à même de connaître la quantité à commander. La figure 6.7 indique que la consommation pendant chaque intervalle fixe n'est pas uniforme, ce qui rend la quantité de commande inégale d'une fois à l'autre.

FIGURE 6.7

Le modèle de la revue périodique
(intervalle fixe, quantité de commande variable)

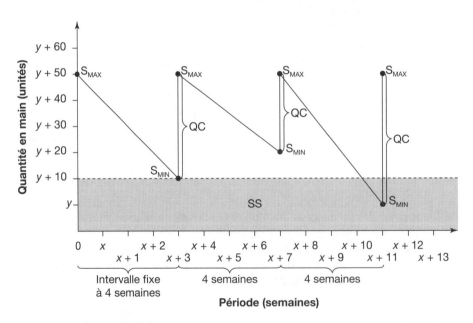

Où : S_{MIN} = stock minimal
S_{MAX} = stock maximal
QC = quantité de commande
SS = stock de sécurité

Note : On voit que l'intervalle entre chaque commande est fixe, que le taux de consommation à chaque intervalle est variable et que la quantité de commande est variable également.

L'acheteur prévoira les besoins (la consommation) en fonction de l'intervalle fixé au préalable. Étant donné que la consommation varie d'une fois à l'autre, il devra faire le calcul à chaque commande.

Avec ce modèle, on devrait toujours conserver un stock de sécurité pour se protéger contre les variations fréquentes de la consommation (figure 6.7).

Ce genre de modèle est très utilisé pour des articles de peu de valeur ou encore dans le cas d'un procédé de production où l'on fait entrer une matière liquide comme du propane ou du polyuréthane dans un réservoir sans connaître le niveau du liquide avec précision. Il peut également être utilisé lorsque l'on passe une commande de plusieurs articles au même endroit, comme dans une quincaillerie, chez un pourvoyeur industriel ou dans une pharmacie.

EXEMPLE 6.3

Un acheteur œuvrant dans le domaine de l'usinage commande toutes les deux semaines des gants de sécurité en cuir de vache pour les manœuvres de la production (les semaines sont de cinq jours ouvrables). Aujourd'hui, il reste en stock deux douzaines de gants. Les manœuvres en consomment habituellement une douzaine par jour pendant cette période intense de l'année qui dure un mois.

Le délai de livraison est de deux jours. L'acheteur souhaite qu'il ne reste aucun gant en stock à la fin de l'intervalle entre ses commandes. Quelle devrait être la quantité de commande pour le prochain intervalle ?

La quantité de commande sera égale au stock que l'acheteur désire avoir à la fin de l'intervalle, auquel on ajoute la consommation pendant cette période moins le stock que l'acheteur possède lorsqu'il passe la commande.

$$0 \text{ douz.} + 10 \text{ douz.} - 2 \text{ douz.} = 8 \text{ douz.}$$

Donc, la quantité de commande pour cette intervalle est de huit douzaines de gants. La consommation prévue est la même pour un mois. Cependant, dans ce genre de situation, l'acheteur devrait veiller à contrôler une variation possible de la consommation pendant cette période d'un mois, et évidemment par la suite.

Le modèle de la quantité de commande variable et de l'intervalle variable

Il arrive fréquemment que les délais de livraison pour un produit donné ne soient pas toujours les mêmes, ce qui rend la quantité de commande variable au fil du temps. De même, la consommation de ce même produit est souvent variable, ce qui rend l'intervalle entre chaque commande également variable. L'acheteur fera face régulièrement à ce genre de situation.

Lorsque cette situation se présentera, l'acheteur n'aura d'autre choix que de surveiller le marché du produit en question. Par exemple, un acheteur dans le domaine des profilés de polyéthylène apprend de l'un de ses fournisseurs qu'une hausse du prix du pétrole brut est attendue sous peu. Suivant l'état actuel de ses stocks, il devra probablement se procurer une grande quantité de particules de plastique servant à faire les profilés de polyéthylène, par exemple l'équivalent d'une consommation de quelques mois (s'il a l'espace requis, bien entendu) pour éviter une hausse draconienne du prix des particules de plastique. On sait que le polyéthylène est fait à base de pétrole.

Dans le cas d'un produit qui subirait une baisse de prix au fil des ans comme les micro-ordinateurs, un acheteur qui travaille chez un distributeur de micro-ordinateurs s'arrangera pour commander la quantité minimale des produits demandés, quitte à passer régulièrement des commandes chez ses fournisseurs afin d'éviter une certaine obsolescence des micro-ordinateurs.

Dans les deux situations précédentes, l'acheteur devrait utiliser un stock de sécurité pour pallier les variations non prévues et ainsi éviter les ruptures de stock, qui peuvent être fatales pour une entreprise.

La détermination du stock de sécurité

La quantité qui doit être gardée comme stock de sécurité est établie fréquemment en fonction d'un certain niveau de service. Par exemple, si l'entreprise désire avoir un niveau de service de 98 %, cela veut dire qu'elle cherche à servir sans contrainte 98 % de ses clients (commandes sans rupture). Il va sans dire qu'un niveau de service de 100 % peut entraîner des coûts exorbitants pour l'entreprise, lesquels ne seraient pas nécessairement justifiés. Un niveau de service de 95 % et un niveau de service de 100 % peuvent signifier une différence énorme quant à la quantité de stock à garder. Habituellement, les entreprises ont comme politique de satisfaire 8 ou 9 clients sur 10.

Il existe une méthode pour déterminer la quantité de stock de sécurité à conserver. Premièrement, on doit évaluer l'écart absolu moyen (EAM) de la consommation ou des ventes à l'aide de données historiques, c'est-à-dire mesurer l'écart moyen entre la consommation réelle et la consommation prévue. Par la suite, à l'aide d'une table[2] (voir le tableau 6.1), on déterminera un facteur de sécurité en fonction d'un niveau de service choisi au préalable. Enfin, on multipliera l'écart absolu moyen par le facteur de sécurité trouvé dans la table. Évidemment, plus le niveau de service désiré sera élevé, plus le facteur de sécurité le sera et, par le fait même, le stock de sécurité aussi.

2. James B. Dilworth, *Production and Operations Management, Manufacturing and non Manufacturing*, 4e éd., New York, Random House, 1989, p. 276.

TABLEAU 6.1

**Les facteurs de sécurité à considérer dans le calcul
d'un stock de sécurité selon un niveau de service**

Niveau de service (pourcentage de commandes ou d'articles en commande selon le cas sans rupture ou qui ne sont pas en souffrance)	Facteur de sécurité utilisé avec l'écart absolu moyen (EAM)
50,00	0,00
75,00	0,84
80,00	1,05
84,13	1,25
85,00	1,30
89,44	1,56
90,00	1,60
93,32	1,88
94,00	1,95
94,52	2,00
95,00	2,06
96,00	2,19
97,00	2,35
97,72	2,50
98,00	2,56
98,61	2,75
99,00	2,91
99,18	3,00
99,38	3,13
99,50	3,20
99,60	3,31
99,70	3,44
99,80	3,60
99,86	3,75
99,90	3,85
99,93	4,00
99,99	5,00

Source : Traduit et adapté de George W. Plossl et Oliver W. Wight, *Production and Inventory Control*, Englewood Cliffs, N.J. : Prentice-Hall, 1967, p. 108. © 1967. Reproduit avec l'autorisation de Prentice-Hall, Inc., Upper Saddle River, N.J.

EXEMPLE 6.4

Nous reprendrons l'exemple 5.4 (p. 198) du chapitre 5 où il était question de la méthode de prévision quantitative que l'on appelle la moyenne mobile. Nous avions trouvé un écart absolu moyen (EAM) de 24,17 avec la base de calcul de 2 mois. Si la menuiserie désire offrir un niveau de service de 95 %, c'est-à-dire si elle veut servir sans contrainte ses clients 95 % du temps, quel stock de sécurité de moulures doit-elle conserver ?

Lorsqu'on regarde le tableau 6.1, on se rend compte qu'à un niveau de service de 95 % correspond un facteur de sécurité de 2,06. Alors, le niveau de stock de sécurité à conserver sera celui-ci :

$$
\begin{aligned}
\text{Stock de sécurité} &= \text{facteur de sécurité} \times \text{EAM} \\
&= 2,06 \times 24,17 \\
&= 49,79 \sim 50 \text{ moulures}
\end{aligned}
$$

L'acheteur devra donc conserver 50 moulures pour remédier aux irrégularités des approvisionnements.

6.2 LA QUANTITÉ ÉCONOMIQUE DE COMMANDE

Au chapitre 5, nous avons vu les coûts reliés à la gestion des stocks, soit le coût d'acquisition (Ca) de l'article, le coût de stockage (Cs), le coût de commande (Cc) ainsi que le coût de rupture (Cr). L'acheteur essaiera d'optimiser ces coûts afin de connaître la quantité économique (ou optimale) de commande.

6.2.1 Les hypothèses reliées à la quantité économique de commande

Le modèle de la quantité économique de commande peut sembler très intéressant de prime abord. On doit cependant l'utiliser avec circonspection. En effet, la QEC donne seulement un ordre de grandeur de la quantité à commander. Elle dépend des hypothèses suivantes :

— La demande est constante et connue d'avance.

— Le coût unitaire de l'article ne dépend pas de la quantité commandée (il n'y a aucun escompte).

— Toute la quantité commandée est livrée en une seule fois.

— Le délai de livraison est constant et connu.

— Le coût de la passation d'une commande ne dépend pas de la quantité commandée.

— Le coût unitaire de stockage est constant.

— Il n'existe pas de stock de sécurité.

Finalement, étant donné que les salaires des membres du service des approvisionnements augmentent au moins tous les ans, que les frais rattachés au coût de passation d'une commande sont à la hausse chaque année et que le coût unitaire de chaque article a tendance à monter au fil des ans, tout bon acheteur devrait réévaluer le coût de stockage et le coût de commande et, par le fait même, la quantité économique de commande périodiquement, c'est-à-dire au moins une fois par année.

Pour bien comprendre le concept de quantité économique de commande, lequel est fondamental dans le domaine de la gestion des stocks, nous prendrons un exemple.

EXEMPLE 6.5

Un manufacturier de clapets de retenue, employés abondamment dans les procédés industriels, utilise 50 000 tiges d'acier inoxydable par année dans la fabrication de ses clapets. Le coût pour passer une commande a été calculé avec des données très récentes. Selon l'évaluation du manufacturier, il est de 30 $. Il a également pris la peine d'évaluer le coût de stockage, qui se chiffre à 20 % du coût unitaire de la tige. La tige vaut 20 $. L'acheteur de ce manufacturier se demande quelle quantité serait la plus rentable pour l'entreprise. Sans avoir de base en gestion des stocks, il procédera par essais et erreurs. Il commence donc par des commandes de 100 unités. Il doit alors calculer le coût de stockage ainsi que le coût de commande.

On se rappelle que, mathématiquement, le coût de stockage est :

$$Cs = Csu \times \frac{S_{MAX} + S_{MIN}}{2}$$

où
S_{MAX} = stock maximal
S_{MIN} = stock minimal ou stock de sécurité
Q = quantité commandée
S_{MAX} = $Q + S_{MIN}$

Comme on ne considère aucun stock de sécurité, S_{MIN} est égal à 0. De plus, comme $S_{MAX} = Q$, on peut dire que $Cs = Csu \times Q/2$

De plus, $Csu = Ca \times t$

où Csu = coût de stockage unitaire
  Ca = coût d'acquisition
   t = taux de stockage (en %)

Par conséquent, en appliquant les données mentionnées ci-dessus, on trouve :

$$Csu = 20\,\$ \times 20\,\% = 4\,\$$$

Et donc :

$$Cs = 4\,\$ \times \frac{100}{2} = 200\,\$$$

Faisons le même exercice avec une quantité de commande de 300 unités. On trouve donc :

$$Cs = 4\,\$ \times \frac{300}{2} = 600\,\$$$

Ici, on n'a pas à recalculer le coût de stockage unitaire (Csu), car le taux de stockage (t) est le même ainsi que le coût unitaire.

En faisant le calcul pour des quantités de commande de 500, 800, 1 000, 1 500, 3 000 et 5 000 unités, on trouvera les valeurs qui sont illustrées au tableau 6.2.

Refaisons le calcul, mais cette fois afin de déterminer le coût de commande. On se rappelle que, mathématiquement, le coût de commande est :

$$Cc = C \times \frac{D}{Q}$$

où   C = coût pour passer une commande
  D = consommation souvent exprimée sur une base annuelle
  Q = quantité de commande

En appliquant la quantité de commande de 100 unités, on trouve :

$$Cc = 30\,\$ \times \frac{50\,000}{100} = 15\,000\,\$$$

Si, maintenant, on refait le calcul avec une quantité de commande de 300 unités comme pour le coût de stockage, on aura :

$$Cc = 30\,\$ \times \frac{50\,000}{300} = 5\,000\,\$$$

Comme dans le cas du coût de stockage, le tableau 6.2 présente le calcul du coût de commande pour les quantités de commande de 500, 800, 1 000, 1 500, 3 000 et 5 000 unités.

TABLEAU 6.2

Les coûts rattachés aux diverses quantités de commande

Quantité de commande	Coût de stockage (Cs)	Coût de commande (Cc)	Coût combiné (Cs + Cc)
100	200	15 000	15 200
300	600	5 000	5 600
500	1 000	3 000	4 000
800	1 600	1 875	3 475
1 000	2 000	1 500	3 500
1 500	3 000	1 000	4 000
3 000	6 000	500	6 500
5 000	10 000	300	10 300

Bien sûr, le coût d'acquisition n'a pas été mentionné ici. La raison en est fort simple : le coût d'acquisition ne varie pas avec la quantité achetée, mais avec la consommation annuelle, ce qui le rend identique pour toutes les quantités de commande calculées précédemment. Certains trouveront illogique le fait que le coût d'acquisition ne varie pas avec la quantité achetée. En réalité, plus on achète de grands lots, plus le coût d'acquisition devrait diminuer. C'est le principe des remises quantitatives ou des escomptes sur quantité que nous verrons plus loin. Pour ce modèle de base, on doit faire l'hypothèse que le coût d'acquisition ne varie pas avec la quantité achetée.

Pour ce qui est du coût de rupture, on n'en tiendra pas compte dans le modèle de base parce que, pour utiliser ce modèle, on tient pour acquis qu'il n'y a aucune rupture de stock.

À la lumière des résultats inscrits au tableau 6.2, on pourrait affirmer que la quantité de commande qui serait la meilleure est de 800 unités. En effet, le coût combiné (Cs + Cc) le plus bas, soit 3 475 $, correspond à une quantité de commande de 800 unités. Mais est-ce vraiment la quantité qui réduit au minimum les coûts totaux ? Pour le savoir, on devrait étaler ces résultats sur un graphique. Ainsi, la figure 6.8 (p. 232) illustre les courbes du coût de stockage, du coût de commande et du coût combiné.

On peut voir que la quantité de commande de 800 unités ne représente pas le coût combiné le plus bas. Ce dernier correspond plutôt au croisement de la courbe du coût de stockage et de la courbe du coût de commande. On est donc certain que la quantité économique de commande se situe entre 800 et 1 000 unités. Pour le savoir précisément, il faut procéder de façon algébrique. Si on sait que la quantité économique de commande correspond au croisement de la courbe du coût de stockage et de la courbe du coût de commande, on peut chercher à déterminer cette quantité en égalant les deux

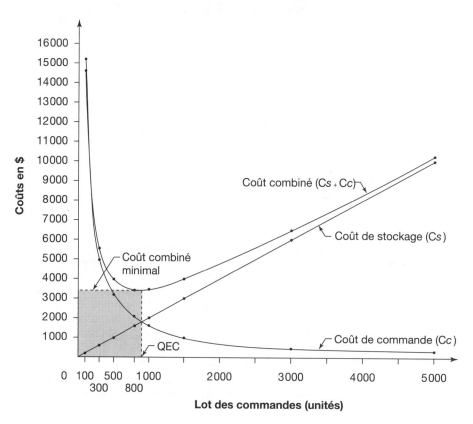

Où : QEC = quantité optimale
     = quantité économique à commander

termes algébriquement. Cela revient à dire que l'on doit isoler Q dans l'équation suivante :

$$\frac{C \times D}{Q} = Csu \times \frac{S_{MAX} + S_{MIN}}{2}$$

$$\frac{C \times D}{Q} = Csu \times \frac{S_{MAX} + 0}{2}$$

De plus, comme $S_{MAX} = Q$, alors :

$$\frac{C \times D}{Q} = Csu \times \frac{Q}{2}$$

Donc :

$$C \times D = Csu \times \frac{Q^2}{2}$$

$$\frac{C \times D}{Csu} = \frac{Q^2}{2}$$

$$\frac{2(C \times D)}{Csu} = Q^2$$

$$\sqrt{\frac{2(C \times D)}{Csu}} = Q$$

Si on appliquait cet exemple à la formule trouvée précédemment, on pourrait déterminer la quantité économique de commande. En effet :

$$\sqrt{\frac{2(30\,\$ \times 50\,000)}{20\,\$ \times 20\,\%}} = 866,03 \text{ tiges}$$

Il va sans dire que l'on ne peut commander 0,03 tige à un manufacturier. Habituellement, lorsque le résultat de la quantité économique de commande comporte des décimales, on arrondit ce résultat. Ici, il faudrait donc passer une commande à une quantité optimale de 867 tiges.

On pourrait déterminer le coût combiné relié à cet exemple. On sait que l'on fait abstraction du coût d'acquisition pour la raison que nous avons déjà expliquée. Le coût combiné sera donc égal à la somme du coût de stockage et du coût de commande. On aura alors :

$$Cs + Cc = \left(C \times \frac{D}{Q}\right) + \left(Csu \times \frac{Q}{2}\right)$$

$$Cs + Cc = \left(30\,\$ \times \frac{50\,000}{867}\right) + \left(4\,\$ \times \frac{867}{2}\right)$$

$$Cs + Cc = 1\,730,10\,\$ + 1\,734\,\$$$

$$Cs + Cc = 3\,464,10\,\$$$

On remarque donc que le coût combiné est encore plus bas que les coûts combinés présentés dans le tableau 6.2 (p. 231). Il est à noter que, habituellement, à la quantité économique de commande, le coût de stockage est égal au coût de commande. Dans notre exemple, ce n'est pas tout à fait le cas en raison de l'arrondissement de 866,03 à 867 unités. Lorsqu'il connaît ce petit truc, l'élève a l'occasion de faire un retour sur ses calculs.

Voici un détail qui peut sembler anodin, mais qui est très important pour un acheteur. L'entreprise qui fournit les tiges peut obliger l'entreprise cliente à acheter par lots de 10, de 100 ou de 1 000 unités. Si, par exemple, la contrainte d'achat oblige l'acheteur à faire l'acquisition de tiges par lots de 10 unités, celui-ci aura à choisir entre une quantité de commande de 860 unités et une quantité de commande de 870 unités. Pour connaître la quantité la plus économique des deux, il devra faire le calcul du coût combiné pour les deux quantités. Le même principe s'applique aux lots de 100 et de 1 000 unités.

Donc, le coût combiné pour une quantité commandée de 860 unités est de :

$$\left(30\,\$ \times \frac{50\,000}{860}\right) + \left(4\,\$ \times \frac{860}{2}\right) = 3\,464{,}186\,\$$$

Quant au coût combiné pour une quantité de commande de 870 unités, il est de :

$$\left(30\,\$ \times \frac{50\,000}{870}\right) + \left(4\,\$ \times \frac{870}{2}\right) = 3\,464{,}138\,\$$$

On voit que le fait de commander 860 ou 870 unités ne comporte pas une économie substantielle (0,05 $). La différence aurait probablement été plus marquée si les quantités comparées avaient été plus grosses. Ici, rationnellement parlant, l'acheteur optera pour la quantité de commande qui lui offre le coût combiné le plus économique, soit 870 unités.

Il est très important de considérer la même période (habituellement un an) pour tous les facteurs (C, Csu, D) relatifs à la QEC.

Si, maintenant, on voulait connaître l'intervalle entre chaque commande afin de déterminer une politique en matière de commandes, on n'aurait qu'à diviser la QEC par la consommation annuelle (D). Dans notre exemple, l'intervalle entre chaque commande est le suivant :

$$\frac{QEC}{D} = \frac{867}{50\,000} = 0{,}017 \text{ année}$$

On pourrait convertir cette réponse en mois et même en jours pour donner une signification plus grande à l'intervalle. Le nombre 0,017 année correspond à 0,204 mois, nombre qui correspond à son tour à 4,08 jours (~ 4 jours) si on considère qu'il y a 20 jours ouvrables par mois. En résumé, l'acheteur devra passer une commande de 867 tiges en acier inoxydable tous les 4 jours ouvrables.

6.2.2 La quantité économique de commande avec une réception échelonnée ou quantité économique de production

La quantité économique de commande avec une réception échelonnée signifie que la quantité commandée n'est pas reçue en une seule fois. Cependant, le reste des hypothèses énoncées à la section 6.2.1 (p. 228) demeurent. Ce concept s'expliquera dans le contexte de la production (quantité économique de production ou QEP). On pourra quand même faire une analogie avec la QEC avec une réception échelonnée. Ici, on considère une demande ou une consommation D ainsi qu'un taux de production P. Évidemment, la consommation ou la vente du bien sera toujours différente du taux de production. Dans le contexte de la distribution, on dira que la quantité achetée et reçue n'est pas égale à la quantité consommée. Si elles étaient égales, on retrouverait la QEC de base. De plus, la consommation ou la vente du bien ne pourra jamais excéder le taux de production, sans quoi il y aurait rupture de stock. Le coût combiné à considérer, dans le contexte de la production, sera :

[Stock moyen × coût de stockage unitaire] + [nombre de mises en route × coût de la mise en route]

Dans le contexte de l'approvisionnement, le coût total sera plutôt celui-ci :

[Stock moyen × coût de stockage unitaire] + [nombre de commandes × coût de passation d'une commande]

La démarche pour en arriver à l'équation de la quantité économique de commande se fera dans le contexte de la production. Notons que dans le contexte de l'approvisionnement, la logique est strictement la même.

La détermination du stock moyen

On sait que, par définition, le stock moyen est égal au stock maximal auquel on ajoute le stock minimal, le tout divisé par 2. Selon la figure 6.9 (p. 236), au temps t, on a produit $P \times t$ et on a consommé ou vendu $D \times t$. Le stock maximal représente donc la différence entre la production effectuée et la consommation du produit au temps t. Mathématiquement, cela donne :

$$S_{MAX} = (P \times t) - (D \times t) = (P - D)t$$

Comme la quantité produite est égale à la production au temps t, c'est-à-dire $Q = P \times t$, on peut isoler t. Donc, $t = Q/P$.

Finalement, par substitution, on peut affirmer que :

FIGURE 6.9

La détermination d'un stock moyen dans un contexte de production

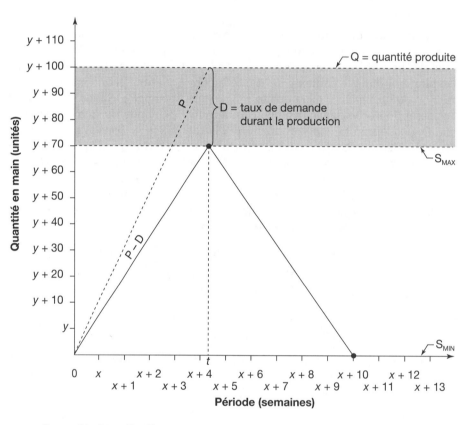

$$S_{MAX} = Pt - Dt = (P - D)t$$

Comme $Q = Pt$ alors $t = \dfrac{Q}{P}$

$$S_{MAX} = (P - D)\dfrac{Q}{P}$$

$$= Q\left(1 - \dfrac{D}{P}\right)$$

$$S_{MOYEN} = \dfrac{S_{MAX} + S_{MIN}}{2} = \dfrac{Q\left(1 - \dfrac{D}{P}\right) + 0}{2} = \dfrac{1}{2}Q\left(1 - \dfrac{D}{P}\right)$$

où : P = taux de production

D = taux de la demande

$P - D$ = taux de reconstitution du niveau d'inventaire

$$S_{MAX} = P - D\left(\frac{Q}{P}\right)$$

$$S_{MAX} = Q\left(1 - \frac{D}{P}\right)$$

Si on considère que $S_{MIN} = 0$ étant donné qu'il n'y a pas de stock de sécurité, le stock moyen défini comme étant $(S_{MAX} + S_{MIN})/2$ devient alors :

$$S_{MOYEN} = \frac{1}{2}Q\left(1 - \frac{D}{P}\right)$$

Le nombre de mises en route

Le nombre de mises en route consiste dans la consommation sur une base annuelle que l'on divise par la quantité produite. Mathématiquement, le nombre de mises en route sera défini comme étant D/Q.

Le coût combiné ($Cs + Cc$) devient donc :

$$Cs + Cc = \left[\frac{1}{2}Q\left(1 - \frac{D}{P}\right) \times Csu\right] + \left(C \times \frac{D}{Q}\right)$$

On sait que le coût combiné est réduit au minimum lorsque les deux termes de droite sont égaux :

$$\left[\frac{1}{2}Q\left(1 - \frac{D}{P}\right) \times Csu\right] = C \times \frac{D}{Q}$$

Finalement, en isolant Q dans l'équation, on trouve alors :

$$QEP = \sqrt{\frac{2DC}{Csu\left(1 - \frac{D}{P}\right)}}$$

EXEMPLE 6.6

Si l'on reprend l'exemple 6.5 (p. 229), on pose que l'entreprise fabrique elle-même la tige d'acier inoxydable. Son taux de production est de 400 tiges par jour (on considère qu'il y a 250 jours ouvrables par année). Dans ce cas-ci, la quantité économique de production sera :

$$QEP = \sqrt{\frac{2 \times 50\,000 \times 30\,\$}{4\,\$ \times \left(1 - \frac{50\,000}{100\,000}\right)}}$$

$$QEP = 1\,224,74 \text{ tiges} \sim 1\,225 \text{ tiges}$$

Le coût combiné ($Cs + Cc$) deviendra alors :

$$Cs + Cc = \left(30\,\$ \times \frac{50\,000}{1\,225}\right) + \frac{4\,\$ \times \left[1\,225\left(1 - \dfrac{50\,000}{100\,000}\right)\right]}{2}$$

$$Cs + Cc = 1\,225\,\$ + 1\,225\,\$$$

$$Cs + Cc = 2\,450\,\$$$

On pourrait chercher à déterminer l'intervalle entre chaque production. Dans ce cas-ci, si l'on connaît la demande annuelle et la quantité économique de production, il suffit de diviser les deux termes, D/Q :

50 000 tiges par année/1 225 tiges par mise en route = 40,8 mises en route par année ~ 41 ;

comme il y a 250 jours ouvrables par année, alors 250/41 = 6,09 jours ~ 6 jours.

Alors, la politique en matière de production pour cet article serait de commencer la production des 1 225 tiges d'acier inoxydable tous les 6 jours au coût de 2 450 $.

Sous l'angle d'un distributeur, on pourrait affirmer que 50 000 tiges sont consommées par année et que le taux d'approvisionnement est de 400 tiges par jour. En faisant le calcul pour trouver la QEC avec une réception échelonnée, on arriverait au même résultat.

Le tableau 6.3 permet de comparer les résultats trouvés pour la QEC et la QEP, ou QEC avec une réception échelonnée.

TABLEAU 6.3
Une comparaison entre la QEC et la QEP

	QEC	QEP
Quantité économique	867	1 225
Stock moyen	433,5 ~ 434	306,25 ~ 307
Nombre de commandes	58	41
Cs ($)	1 734	1 225
Cc ($)	1 730	1 225
$Cs + Cc$ ($)	3 464	2 450

L'acheteur constatera alors qu'il peut être avantageux de fonctionner avec le modèle de la quantité économique de commande avec une réception échelonnée. En effet, le coût combiné ($Cs + Cc$) est plus bas, car il passe moins de commandes par année et le stock moyen en inventaire est moins élevé que dans le cas où il travaille avec la QEC de base.

Dans la perspective du travail selon le juste-à-temps, il serait de mise d'opter pour le second modèle (QEP) afin de diminuer les stocks le plus possible. Pour les entreprises qui possèdent peu d'espace d'entreposage, ce modèle pourrait leur être bénéfique. Évidemment, si l'entreprise veut utiliser ce modèle, elle doit connaître suffisamment son fournisseur pour en arriver à ce genre d'entente.

Ce type de modèle est très utilisé dans les entreprises manufacturant des produits de base comme l'acier, le verre ou le papier. Il est adopté non pas pour les matières premières, mais pour les pièces de rechange. En effet, lorsque l'entreprise fait l'approximation de sa consommation annuelle (par exemple des roulements à billes pour un convoyeur à rouleaux), elle peut s'entendre avec un fournisseur pour qu'il lui livre une partie de sa consommation annuelle tous les mois.

6.2.3 La quantité économique de commande avec un escompte

La plupart du temps, lorsque l'on achète un article en grande quantité, on obtient un escompte sur quantité parce que le manufacturier fournisseur peut bénéficier d'économies d'échelle. Cela revient à dire que le coût unitaire de l'article varie à la baisse lorsqu'on achète davantage.

On aura alors une échelle de coûts unitaires en fonction de segments de quantité. Autrement dit, lorsque la quantité achetée sera plus petite qu'une quantité Qa, on obtiendra un coût unitaire Ca; lorsque la quantité achetée sera comprise entre Qa et Qb, on obtiendra un coût Cb; lorsque la quantité achetée sera comprise entre Qb et Qc, on obtiendra un coût Cc; et ainsi de suite. Nous verrons un peu plus loin un exemple qui facilitera la compréhension de ce concept.

Encore une fois ici, on devra déterminer la quantité qui donnera le coût combiné le plus bas. En plus du coût de stockage (Cs) et du coût de commande (Cc), le calcul du coût combiné comprend le coût d'acquisition (Ca), car celui-ci varie avec la quantité achetée.

Voici une démarche qui aidera à trouver la quantité économique de commande avec un escompte :

1. On commence par utiliser le coût le moins élevé de l'échelle de coûts unitaires.

2. On calcule la QEC relative à ce coût. Si la QEC trouvée entre dans l'échelle du coût utilisé, alors il est inutile d'aller plus loin, car il s'agit de la solution optimale.

3. Si ce n'est pas le cas, on prendra alors le coût supérieur au coût précédent.

4. On calcule donc la QEC relative à ce nouveau coût. Si la QEC entre dans le segment de quantité de ce nouveau coût, alors on calcule le coût combiné ($Ca + Cs + Cc$) pour cette quantité ainsi que pour les segments de quantités supérieurs qui offrent des escomptes. La quantité optimale est celle qui présente le plus petit coût combiné.

EXEMPLE 6.7

Si l'on reprend l'exemple des tiges en acier inoxydable, on pourrait considérer l'échelle d'escomptes suivante :

$$
\begin{aligned}
Q < 500 &= 24\,\$ \\
500 \le Q < 1\,000 &= 22\,\$ \\
1\,000 \le Q < 2\,000 &= 20\,\$ \\
Q \ge 2\,000 &= 18\,\$
\end{aligned}
$$

En suivant la démarche établie précédemment, on choisit d'abord le coût unitaire le plus bas, soit 18 $. Puis, on calcule la QEC relative à ce coût unitaire. On sait que la demande annuelle est de 50 000 tiges, que le coût de commande est de 30 $ et que le coût de stockage unitaire est de 18 $ × 20 %, c'est-à-dire 3,60 $.

$$
QEC = \sqrt{\frac{2 \times 50\,000 \times 30}{3,60}} = 912,87 \sim 913 \text{ tiges}
$$

Comme le coût unitaire de 18 $ correspond à des commandes de 2 000 tiges et plus, on voit que ce ne peut être la solution. On considérera alors le coût qui vient après 18 $, soit 20 $. En faisant le calcul de la QEC, on trouve :

$$
QEC = \sqrt{\frac{2 \times 50\,000 \times 30}{4,00}} = 866,03 \sim 867 \text{ tiges}
$$

Encore une fois, la quantité obtenue ne correspond pas au segment de quantité relatif au coût unitaire qu'on utilise. On recommencera l'étape 4 avec le coût unitaire immédiatement supérieur à 20 $, soit 22 $. En appliquant la formule de la QEC, on trouve :

$$QEC = \sqrt{\frac{2 \times 50\,000 \times 30}{4,40}} = 825,72 \sim 826 \text{ tiges}$$

Ici, on voit que la QEC est parfaitement réalisable, c'est-à-dire que la réponse obtenue, soit 826 tiges, est comprise dans le segment de quantité correspondant au coût unitaire de 22 $, soit $500 \leq Q < 1\,000$. Dans ce cas, on déterminera son coût combiné sur une base annuelle.

$$\text{Coût combiné} = Ca + Cs + Cc$$

$$\text{Coût combiné pour } 826 = (22\,\$ \times 50\,000) + \left[(22\,\$ \times 20\,\%) \times \frac{826}{2}\right] +$$

$$\left[(30\,\$ \times \frac{50\,000}{826}\right] = 1\,103\,633,18\,\$$$

Selon l'étape 4, on se doit de calculer le coût combiné des quantités où un escompte est offert pour les segments de quantités supérieurs. On calculera donc le coût combiné pour une quantité de 1 000 tiges et pour une quantité de 2 000 tiges. Pourquoi 1 000 plutôt que 1 500 ou 1 350 ? Tout simplement parce que la quantité de 1 000 correspond au début du segment ou de l'échelon supérieur des quantités. Alors, si l'on fait un calcul du coût combiné pour 1 500 tiges, cela donnera évidemment un coût combiné supérieur à celui qu'on obtient pour une quantité de 1 000 tiges, car ils ont tous deux le même coût unitaire. Le même raisonnement s'applique pour ce qui est de l'échelon de 2 000 unités et plus. Alors le coût total pour 1 000 unités sera le suivant :

$$\text{Coût combiné pour } 1\,000 = (20\,\$ \times 50\,000) + \left[(20\,\$ \times 20\,\%) \times \frac{1\,000}{2}\right] +$$

$$\left(30\,\$ \times \frac{50\,000}{1\,000}\right) = 1\,003\,500\,\$$$

Puis, le coût combiné pour 2 000 tiges sera celui-ci :

$$\text{Coût combiné pour } 2\,000 = (18\,\$ \times 50\,000) + \left[(18\,\$ \times 20\,\%) \times \frac{2\,000}{2}\right] +$$

$$\left(30\,\$ \times \frac{50\,000}{2\,000}\right) = 904\,350\,\$$$

Donc, on voit que la quantité économique de commande avec un escompte correspond à 2 000 tiges.

Il faut quand même se méfier lorsqu'on utilise ce type de modèle. En effet, la quantité économique de commande peut correspondre à beaucoup plus que la capacité de l'entrepôt pour un article donné. À ce moment-là, peu importe le résultat trouvé, on commandera toujours selon la contrainte physique à respecter, en l'occurrence la taille de l'entrepôt. Il faut également vérifier auprès du service de la recherche et du développement si le produit que l'on désire acheter ne sera pas abandonné à court terme et remplacé par un autre produit, ce qui occasionnerait des coûts d'obsolescence risquant d'être importants.

6.3 LES MODÈLES DE DÉTERMINATION DES QUANTITÉS DE COMMANDE DANS LE CAS D'UNE DEMANDE DÉPENDANTE

6.3.1 La planification des besoins de matières

La planification des besoins de matières (PBM) est un système utilisant la structure du produit, l'état des stocks relativement au produit ainsi que la demande de produits finis dans le but de calculer ce qu'il faut commander, quand il faut le commander et quelle quantité il faut commander en ce qui a trait aux matières premières et aux composantes. Pour ce qui est des produits en cours, on se posera les mêmes questions, mais dans le contexte de la production, c'est-à-dire ce qu'il faut produire, quand il faut le produire et quelle quantité il faut produire.

Il est utile de mentionner qu'on se sert d'un système de commandes à flux poussé, c'est-à-dire que tout est exécuté en fonction des matières premières. Celles-ci déterminent la quantité de stocks qui seront fabriqués. Cela permet de produire pour faire du stockage, situation appréciable dans les périodes intenses de production et de vente. Ce système peut cependant entraîner des amoncellements de stocks entre chaque poste de travail, car la quantité produite au poste de travail en amont n'est peut-être pas la quantité désirée à court terme au poste de travail en aval.

On doit également faire la distinction entre les sigles MRP I et MRP II (*manufacturing resources planning*). Le système de MRP I est le système de planification des besoins de matières que nous avons décrit précédemment. Il s'agit d'un système de première génération élaboré dans les années 1970 aux États-Unis par Joseph Orlicky. Quant au système de MRP II, il consiste en un système d'information manufacturier intégrant les services du marketing, de la production, des approvisionnements et des finances. Il établit les besoins financiers à partir des besoins de matières, de ressources humaines et d'équipements dans ces quatre services. Il vérifie également les mesures de profits à l'aide de ratios financiers comme le rendement des investissements. C'est un système de deuxième génération, qui est apparu vers le milieu des années 1980.

Les intrants du système de planification des besoins de matières

La structure du produit

La structure du produit est en quelque sorte la représentation sous forme d'arbre d'un produit (voir la figure 6.10). Au niveau 0, qui est le niveau le plus haut, on trouve le produit fini ; au niveau 1, il y a les assemblages principaux ; au niveau 2, il y a les sous-assemblages et, finalement, au niveau 3, on trouve la matière première. Les chiffres entre parenthèses correspondent à la quantité du produit nécessaire pour fabriquer le produit du niveau supérieur. Il faut cependant mentionner que le nombre de niveaux varie en fonction de la complexité du produit. Par exemple, la construction d'un autobus selon un système de PBM requiert beaucoup plus de niveaux que la fabrication d'un briquet à essence. À la rigueur, le nombre minimal de niveaux est de deux, soit le produit fini au niveau 0 et les matières premières ou encore les composantes au niveau 1.

Cette représentation est beaucoup plus visuelle et pratique que ce qu'on appelle la nomenclature du produit. En effet, la nomenclature du produit n'est ni plus ni moins qu'une liste détaillée des sous-produits faisant partie intégrante du produit lui-même. Habituellement, la nomenclature du produit comprend la description de chaque sous-produit, la quantité nécessaire de chaque sous-produit entrant dans le produit fini et le niveau correspondant à chaque produit.

FIGURE 6.10

La structure du produit

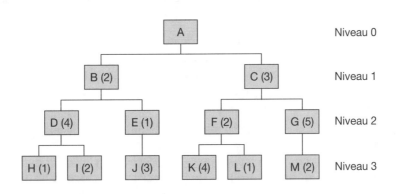

Le plan directeur de production

Le plan directeur de production est établi par des membres du service de la production qui forment souvent un comité avec des membres du service du marketing et des membres du service des approvisionnements. Il faut comprendre que dans un système à flux poussé, les prévisions des ventes sont capitales. En fonction des pronostics faits par le service du marketing et des ventes et des prévisions calculées à l'aide de données historiques sur chaque produit (comme nous l'avons vu au chapitre 5 dans la section portant sur les prévisions), on établira une planification agrégée de la production, soit un plan global de ce qu'on aura à produire pour le prochain semestre ou la prochaine année. Par la suite, on fixera un plan directeur de production, qui, lui, s'échelonne habituellement sur une période de 6 à 12 semaines. Le tableau 6.4 illustre le déroulement d'un système de commandes à flux poussé. Le plan agrégé de production concerne les quantités de production de chaque famille de produits accompagnées des ressources (humaines, financières et matérielles) nécessaires pour accomplir le travail. Pour sa part, le plan directeur de production représente les quantités de chaque produit fini.

TABLEAU 6.4
Le déroulement d'un système de commandes à flux poussé
(basé sur des prévisions)

Opération	Horizon de planification
1. Prévisions des ventes	1 an
2. Planification agrégée (globale) de la production	De 6 mois à 1 an
3. Plan directeur de production	De 6 à 12 semaines
4. Plan des besoins de matières	De 6 à 12 semaines
5. Ordonnancement des commandes et de la production	De 1 journée à 2 semaines

Le plan directeur de production est fixé *a priori* pour 6 à 12 semaines, mais on se rend compte rapidement qu'il faut le modifier au bout de 3 à 4 semaines à cause des changements dans la demande ou encore des longs délais de livraison des composantes qui créent au bout de quelques semaines une incertitude quant aux commandes à faire.

L'état des stocks

Le dernier intrant informe l'entreprise avec précision en ce qui a trait au délai de livraison (délai de production pour les articles fabriqués à l'intérieur de l'entreprise) de chaque sous-produit (assemblages, sous-assemblages, composantes, matières premières). Il renseigne également sur la quantité de stocks que l'entreprise possède et sur le stock de sécurité désiré. Les contraintes inhérentes à la gestion des stocks y sont mentionnées, comme le fait de ne pouvoir commander que par lots de 500 unités ou encore de 1 000 unités. Si l'entreprise n'a besoin que de 400 unités, elle devra en conserver 600 en stock pour une certaine période. De même, pour les lots de 500 unités, si elle a besoin de 600 unités, elle devra garder 400 unités en stock. Cela entraîne donc des coûts de stockage.

Finalement, il peut y avoir un retour de marchandises au fournisseur à cause de bris ou de défectuosités avant l'horizon de planification du système de PBM sur une période de six à huit semaines. Bien entendu, le fournisseur retournera à l'entreprise le matériel à une date donnée. Lorsque l'entreprise mettra au point le système sur une période de six à huit semaines, elle devra inclure dans l'état des stocks le retour du matériel de la part du fournisseur. Ce phénomène s'appelle une réception programmée, car on connaît la date de réception du matériel.

Les extrants du système de planification des besoins de matières

Après qu'on a établi les intrants du système de PBM et qu'on les a intégrés au système lui-même (le processus de transformation est souvent informatisé), il en ressort les extrants du système de PBM. Les extrants sont les horaires de production et d'approvisionnement des différents sous-produits ; par exemple, cela permet de déterminer à partir de quelle semaine il faut fabriquer ou acheter tel ou tel sous-produit. Avec ce système, on peut également obtenir des rapports concernant la quantité fabriquée d'un sous-produit pendant une certaine période. Cette information deviendra pertinente lorsqu'on aura à prévoir les besoins pour une autre année.

Le calcul des besoins en composantes

Le système de PBM part toujours des besoins du plan directeur de production, c'est-à-dire des besoins en produits finis. Ces besoins permettent d'obtenir une procédure d'éclatement, comme le montre la figure 6.11 (p. 246). À partir des besoins en produits finis et de la nomenclature du produit, on trouvera les besoins bruts du premier assemblage. Par la suite, en fonction des quantités en stock et des assemblages déjà fabriqués, on déterminera les besoins nets du premier assemblage, qui correspondront à la commande de fabrication interne ou à la commande d'achat pour cet assemblage.

Les besoins nets du premier assemblage représentent les besoins bruts du sous-assemblage, et ainsi de suite. Par exemple, si un assemblage X exige

FIGURE 6.11

La procédure d'éclatement

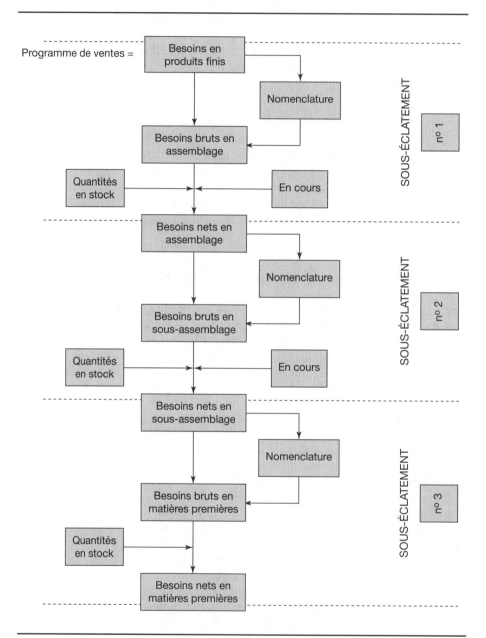

Source : Olivier Bruel, *Politique d'achat et gestion des approvisionnements*, Paris, Bordas, 1991, p. 185.

3 pièces de A et 4 pièces de B comme sous-assemblage et que l'assemblage X est requis 2 fois dans le produit fini, alors les besoins bruts en A et en B seront :

$$A = 3 \times 2 = 6\,A$$

$$B = 4 \times 2 = 8\,B$$

De plus, on doit considérer les pièces déjà fabriquées ou en stock qu'on prendra soin de soustraire des besoins bruts déjà calculés. La formule pour trouver les besoins nets, et donc les quantités de commande, est la suivante :

Besoins bruts – réception programmée – stock en main = besoins nets

Il est à noter que le stock de sécurité ne sera utilisé qu'en cas de rupture de stock.

EXEMPLE 6.8

Nous donnerons un exemple d'un système de PBM à l'aide de la structure du produit d'un gâteau au chocolat illustrée à la figure 6.12, du plan directeur

FIGURE 6.12

La structure du produit d'un gâteau au chocolat

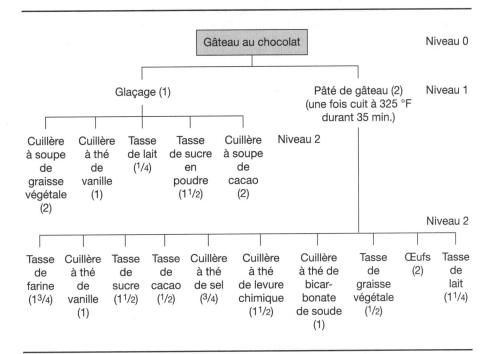

indiqué au tableau 6.5 ainsi que de l'état des stocks présenté au tableau 6.6. Rappelez-vous qu'un plan directeur représente les besoins bruts du produit fini.

TABLEAU 6.5

Le plan directeur du gâteau au chocolat

Semaine	1	2	3	4	5	6	7	8
Quantité	100	200	150	200	300	400	100	200

Les chiffres entre parenthèses dans la structure du produit (voir la figure 6.12, p. 247), comme le 2 à côté du pâté de gâteau, signifient que l'entreprise a besoin de 2 pâtés de gâteau pour faire un gâteau au chocolat.

La mécanique de la planification des besoins de matières est illustrée au tableau 6.6. L'entreprise pourra donc trouver les besoins nets en produits finis, en l'occurrence en gâteaux au chocolat, et en chaque sous-produit, et établir ainsi un plan d'approvisionnement. Dans le cas du produit fini, les besoins bruts sont de 100 unités la première semaine, il n'y a aucune réception de stock programmée et l'entreprise a 300 unités en main[3]. Logiquement, les besoins nets sont nuls la première semaine, et au début de la deuxième semaine il reste 200 unités. Ainsi, les besoins bruts pour la deuxième semaine sont de 200 unités. Comme il restait 200 unités au début de la deuxième semaine et qu'aucune réception n'est planifiée, les 200 unités en stock combleront les besoins bruts pour la deuxième semaine. Le stock en main sera donc nul au début de la troisième semaine. La troisième semaine, les besoins bruts sont de 150 unités, il n'y a plus de stock en main et le stock de sécurité doit servir strictement en cas de rupture. Sachant que le délai de fabrication (n'oubliez pas qu'il s'agit d'un produit fini) est de 0 semaine (évalué en jours), l'entreprise devrait donc passer une commande interne de fabrication de 150 unités à la semaine 3 pour les recevoir dans la même semaine. La démarche est la même pour les semaines 4 à 8.

---

3. Le stock de sécurité est inclus dans le stock en main. C'est pour cette raison que dans l'état des stocks du tableau 6.6 on trouve 400 unités en main et 100 unités comme stock de sécurité. On utilisera ce dernier seulement pour éviter les ruptures de stock et on renouvellera aussitôt le stock de sécurité.

TABLEAU 6.6

L'état des stocks

Produits et sous-produits	Stock en main (incluant le stock de sécurité)	Stock de sécurité	Réception programmée	Délai de livraison ou de fabrication (en semaines)	Grosseur des lots
Gâteau au chocolat	400	100	—	0	—
Glaçage	550	150	—	1	—
Pâté de gâteau	700	200	150 à la semaine 2	1	300
Cuillère à soupe de graisse végétale	1 000	250	—	2	—
Cuillère à thé de vanille	800	300	—	1	—
Tasse de lait	2 000	1 000	1 500 à la semaine 3	3	—
Tasse de sucre en poudre	600	200	—	2	200
Cuillère à soupe de cacao	400	100	—	2	200
Tasse de farine	500	150	—	1	—
Tasse de sucre	650	250	300 à la semaine 5	3	—
Cuillère à thé de sel	700	200	—	1	—
Cuillère à thé de levure chimique	900	300	—	2	—
Œufs	1 200	200	—	3	400
Tasse de graisse végétale	400	150	—	2	—
Tasse de cacao	500	200	—	2	—
Cuillère à thé de bicarbonate de soude	600	150	—	2	—

TABLEAU 6.7

La détermination des besoins en gâteaux au chocolat et en leurs sous-produits

Gâteau au chocolat Niveau 0 Délai : 0 semaine

Semaine	1	2	3	4	5	6	7	8
Besoins bruts	100	200	150	200	300	400	100	200
Réception programmée	0	0	0	0	0	0	0	0
Stock en main (début de période)	300	200	0	0	0	0	0	0
Stock de sécurité	100	100	100	100	100	100	100	100
Besoins nets	0	0	150	200	300	400	100	200
Réception de la commande	0	0	150	200	300	400	100	200
Passation de la commande	0	0	150	200	300	400	100	200

Glaçage Niveau 1 Délai : 1 semaine

1 glaçage pour un gâteau au chocolat

Semaine	1	2	3	4	5	6	7	8
Besoins bruts	0	0	150	200	300	400	100	200
Réception programmée	0	0	0	0	0	0	0	0
Stock en main (début de période)	400	400	400	250	50	0	0	0
Stock de sécurité	150	150	150	150	150	150	150	150
Besoins nets	0	0	0	0	250	400	100	200
Réception de la commande	0	0	0	0	250	400	100	200
Passation de la commande	0	0	0	250	400	100	200	—

TABLEAU 6.7

**La détermination des besoins en gâteaux au chocolat
et en leurs sous-produits (*suite*)**

Pâté de gâteau   **Niveau 1**   **Délai : 1 semaine**

2 pâtés de gâteau pour un gâteau au chocolat   *150 × 2*

Semaine	1	2	3	4	5	6	7	8
Besoins bruts	0	0	300	400	600	800	200	400
Réception programmée	0	150	0	0	0	0	0	0
Stock en main (début de période)	500	500	650	350	250	250	50	150
Stock de sécurité	200	200	200	200	200	200	200	200
Besoins nets	0	0	0	50	350	550	150	250
Réception de la commande	0	0	0	300	600	600	300	300
Passation de la commande	0	0	300	600	600	300	300	—

Cuillère à soupe de graisse végétale   **Niveau 2**   **Délai : 2 semaines**

2 cuillères à soupe de graisse végétale dans un glaçage

Semaine	1	2	3	4	5	6	7	8
Besoins bruts	0	0	0	500	800	200	400	—
Réception programmée	0	0	0	0	0	0	0	0
Stock en main (début de période)	750	750	750	750	250	0	0	0
Stock de sécurité	250	250	250	250	250	250	250	250
Besoins nets	0	0	0	0	550	200	400	—
Réception de la commande	0	0	0	0	550	200	400	—
Passation de la commande	0	0	550	200	400	—	—	—

TABLEAU 6.7

**La détermination des besoins en gâteaux au chocolat
et en leurs sous-produits (*suite*)**

Cuillère à thé de vanille **Niveau 2** **Délai : 1 semaine**

1 cuillère à thé de vanille dans un glaçage et
1 cuillère à thé de vanille dans un pâté de gâteau

Voir sem. 4 glaçage et gâteau.

Semaine	1	2	3	4	5	6	7	8
Besoins bruts	0	0	300	850	1 000	400	500	—
Réception programmée	0	0	0	0	0	0	0	0
Stock en main (début de période)	500	500	500	200	0	0	0	0
Stock de sécurité	300	300	300	300	300	300	300	300
Besoins nets	0	0	0	650	1 000	400	500	—
Réception de la commande	0	0	0	650	1 000	400	500	—
Passation de la commande	0	0	650	1 000	400	500	—	—

Tasse de lait **Niveau 2** **Délai : 3 semaines**

$1/4$ de tasse de lait dans un glaçage et $1\,1/4$ tasse de lait dans un pâté de gâteau

Semaine	1	2	3	4	5	6	7	8
Besoins bruts	0	0	375	812,5	850	400	425	—
Réception programmée	0	0	1 500	0	0	0	0	0
Stock en main (début de période)	1 000	1 000	1 000	2 125	1 312,5	462,5	62,5	0
Stock de sécurité	1 000	1 000	1 000	1 000	1 000	1 000	1 000	1 000
Besoins nets	0	0	0	0	0	0	362,5	—
Réception de la commande	0	0	0	0	0	0	362,5	—
Passation de la commande	0	0	0	362,5	—	—	—	—

→

TABLEAU 6.7

**La détermination des besoins en gâteaux au chocolat
et en leurs sous-produits (*suite*)**

Tasse de sucre en poudre   **Niveau 2**   **Délai : 2 semaines**

1½ tasse de sucre en poudre dans un glaçage

Semaine	1	2	3	4	5	6	7	8
Besoins bruts	0	0	0	375	600	150	300	—
Réception programmée	0	0	0	0	0	0	0	0
Stock en main (début de période)	400	400	400	400	25	25	75	175
Stock de sécurité	200	200	200	200	200	200	200	200
Besoins nets	0	0	0	0	575	125	225	—
Réception de la commande	0	0	0	0	600	200	400	—
Passation de la commande	0	0	600	200	400	—	—	—

Cuillère à soupe de cacao   **Niveau 2**   **Délai : 2 semaines**

2 cuillères à soupe de cacao dans un glaçage

Semaine	1	2	3	4	5	6	7	8
Besoins bruts	0	0	0	500	800	200	400	—
Réception programmée	0	0	0	0	0	0	0	0
Stock en main (début de période)	300	300	300	300	0	0	0	0
Stock de sécurité	100	100	100	100	100	100	100	100
Besoins nets	0	0	0	200	800	200	400	—
Réception de la commande	0	0	0	200	800	200	400	—
Passation de la commande	0	200	800	200	400	—	—	—

→

TABLEAU 6.7

La détermination des besoins en gâteaux au chocolat et en leurs sous-produits (*suite*)

Tasse de farine **Niveau 2** **Délai : 1 semaine**

1³/₄ tasse de farine dans un pâté de gâteau

Semaine	1	2	3	4	5	6	7	8
Besoins bruts	0	0	525	1 050	1 050	525	525	—
Réception programmée	0	0	0	0	0	0	0	0
Stock en main (début de période)	350	350	350	0	0	0	0	0
Stock de sécurité	150	150	150	150	150	150	150	150
Besoins nets	0	0	175	1 050	1 050	525	525	—
Réception de la commande	0	0	175	1 050	1 050	525	525	—
Passation de la commande	0	175	1 050	1 050	525	525	—	—

Tasse de sucre **Niveau 2** **Délai : 3 semaines**

1¹/₂ tasse de sucre dans un pâté de gâteau

Semaine	1	2	3	4	5	6	7	8
Besoins bruts	0	0	450	900	900	450	450	—
Réception programmée	0	0	0	0	300	0	0	0
Stock en main (début de période)	400	400	400	0	0	0	0	0
Stock de sécurité	250	250	250	200	250	250	250	250
Besoins nets	0	0	50	950	600	450	450	—
Réception de la commande	0	0	0	950	600	450	450	—
Passation de la commande	950	600	450	450	—	—	—	—

→

TABLEAU 6.7

La détermination des besoins en gâteaux au chocolat et en leurs sous-produits (*suite*)

Tasse de cacao   **Niveau 2**   **Délai : 2 semaines**

$^1/_2$ tasse de cacao dans un pâté de gâteau

Semaine	1	2	3	4	5	6	7	8
Besoins bruts	0	0	150	300	300	150	150	—
Réception programmée	0	0	0	0	0	0	0	0
Stock en main (début de période)	300	300	300	150	0	0	0	0
Stock de sécurité	200	200	200	200	200	200	200	200
Besoins nets	0	0	0	150	300	150	150	—
Réception de la commande	0	0	0	150	300	150	150	—
Passation de la commande	0	150	300	150	150	—	—	—

Cuillère à thé de sel   **Niveau 2**   **Délai : 1 semaine**

$^3/_4$ de cuillère à thé de sel dans un pâté de gâteau

Semaine	1	2	3	4	5	6	7	8
Besoins bruts	0	0	225	450	450	225	225	—
Réception programmée	0	0	0	0	0	0	0	0
Stock en main (début de période)	500	500	500	275	0	0	0	0
Stock de sécurité	200	200	200	200	200	200	200	200
Besoins nets	0	0	0	175	450	225	225	—
Réception de la commande	0	0	0	175	450	225	225	—
Passation de la commande	0	0	175	450	225	225	—	—

→

TABLEAU 6.7
La détermination des besoins en gâteaux au chocolat et en leurs sous-produits (*suite*)

Cuillère à thé de levure chimique **Niveau 2** **Délai : 2 semaines**

1½ cuillère à thé de levure chimique dans un pâté de gâteau

Semaine	1	2	3	4	5	6	7	8
Besoins bruts	0	0	450	900	900	450	450	—
Réception programmée	0	0	0	0	0	0	0	0
Stock en main (début de période)	600	600	600	150	0	0	0	0
Stock de sécurité	300	300	300	300	300	300	300	300
Besoins nets	0	0	0	750	900	450	450	—
Réception de la commande	0	0	0	750	900	450	450	—
Passation de la commande	0	750	900	450	450	—	—	—

Cuillère à thé de bicarbonate de soude **Niveau 2** **Délai : 2 semaines**

1 cuillère à thé de bicarbonate de soude dans un pâté de gâteau

Semaine	1	2	3	4	5	6	7	8
Besoins bruts	0	0	300	600	600	300	300	—
Réception programmée	0	0	0	0	0	0	0	0
Stock en main (début de période)	450	450	450	150	0	0	0	0
Stock de sécurité	150	150	150	150	150	150	150	150
Besoins nets	0	0	0	450	600	300	300	—
Réception de la commande	0	0	0	450	600	300	300	—
Passation de la commande	0	450	600	300	300	—	—	—

→

TABLEAU 6.7

La détermination des besoins en gâteaux au chocolat et en leurs sous-produits (*suite*)

Tasse de graisse végétale **Niveau 2** **Délai : 2 semaines**

1/2 tasse de graisse végétale dans un pâté de gâteau

Semaine	1	2	3	4	5	6	7	8
Besoins bruts	0	0	150	300	300	150	150	—
Réception programmée	0	0	0	0	0	0	0	0
Stock en main (début de période)	250	250	250	100	0	0	0	0
Stock de sécurité	150	150	150	150	150	150	150	150
Besoins nets	0	0	0	200	300	150	150	—
Réception de la commande	0	0	0	200	300	150	150	—
Passation de la commande	0	200	300	150	150	—	—	—

Œufs **Niveau 2** **Délai : 3 semaines**

2 œufs dans un pâté de gâteau

Semaine	1	2	3	4	5	6	7	8
Besoins bruts	0	0	600	1 200	1 200	600	600	—
Réception programmée	0	0	0	0	0	0	0	0
Stock en main (début de période)	1 000	1 000	1 000	400	0	0	200	0
Stock de sécurité	200	200	200	200	200	200	200	200
Besoins nets	0	0	0	800	1 200	600	400	—
Réception de la commande	0	0	0	800	1 200	800	400	—
Passation de la commande	800	1 200	800	400	—	—	—	—

Si l'on observe la figure 6.11 (p. 246), on comprend que la procédure d'éclatement fait en sorte que les besoins nets du niveau 0 dans la structure du produit correspondent aux besoins bruts du niveau inférieur, soit le niveau 1. Dans notre exemple, comme l'entreprise a besoin de un glaçage pour faire un gâteau au chocolat, alors les besoins bruts en glaçages correspondent à une fois les besoins nets en gâteaux au chocolat. Par la suite, la procédure est la même que celle qui a été adoptée pour le produit fini (le gâteau au chocolat). Il y a cependant deux nuances à apporter. D'abord, le délai de livraison est de une semaine pour ce sous-produit[4]. Comme il reste seulement 50 glaçages en stock au début de la semaine 5 et que les besoins bruts sont alors de 300 glaçages, les besoins nets seront de 250 glaçages. Il faudra donc passer une commande de glaçages durant la semaine 4 pour s'assurer de les recevoir à la semaine 5, d'autant plus qu'aucune réception n'est prévue au calendrier.

L'autre nuance à apporter concerne les besoins nets à la semaine 8. Comme ceux-ci sont déterminés en fonction des besoins bruts de la semaine 9 parce que le délai de livraison est de 1 semaine, il est impossible de connaître ces besoins nets. Pour cette raison, il est d'usage dans un système de PBM d'écrire un tiret. Il faut distinguer le tiret d'une valeur de 0 unité. Une valeur de 0 unité veut simplement dire qu'on connaît les besoins et qu'ils sont nuls, tandis qu'un tiret est utilisé lorsqu'on ne connaît pas les besoins et qu'il y a donc une situation d'incertitude.

Pour ce qui est du pâté de gâteau, l'acheteur devrait suivre la même démarche que pour le glaçage. Il faut prendre en considération une réception programmée à la semaine 2 dans le cas du pâté de gâteau. Pour s'assurer de ne pas l'omettre, l'acheteur devrait l'inscrire tout de suite dans le tableau correspondant au pâté de gâteau. De plus, la grosseur de chaque lot doit être de 300 unités, ce qui aura pour effet d'influencer les besoins nets et donc les commandes d'achat ou de fabrication (dans notre exemple, la fabrication). Effectivement, à la semaine 3, l'entreprise aurait pu commander 50 pâtés de gâteau, mais pour respecter la contrainte du fournisseur ou la contrainte de la production interne, elle doit passer une commande par lots de 300 unités. Elle passera donc une commande de 300 unités à la semaine 3.

Pour ce qui est des matières premières (bicarbonate de soude, graisse végétale, etc.), l'acheteur est appelé à suivre le raisonnement que nous venons de faire.

Dans le cas du sous-produit appelé « tasse de sucre » (voir le tableau 6.6, p. 249), étant donné le délai de livraison de 3 semaines, il y aurait rupture de stock (de 50 unités) à la semaine 3. Pour cette raison, l'acheteur puisera dans son stock de sécurité tout en ayant soin de le renouveler. En effet, la passation de la commande de la semaine 1 comprend 950 unités, soit 900 unités + 50 unités, ces dernières correspondant au renouvellement du stock de sécurité.

---

4. Notons qu'il y aura un délai de livraison dans le cas d'une composante achetée à l'extérieur de l'entreprise, mais un délai de fabrication dans le cas d'un produit en cours. Dans notre exemple, il s'agit d'un délai de fabrication. En effet, le glaçage est fait à la manufacture à l'aide des matières premières, comme l'illustre la figure 6.12 (p. 247).

L'acheteur-planificateur doit également se préoccuper de la capacité de production de chaque poste de travail. En effet, si les besoins nets en sous-produits dépassent la capacité permise, le plan de production sera irréalisable. Les membres du service de la production en collaboration avec ceux du service des approvisionnements auront à bâtir un autre plan directeur de production. Il va sans dire que les systèmes de PBM informatisés donnent cette information sur-le-champ quand on décide de transformer des intrants en extrants. Finalement, quand le système de PBM informatisé a fait le calcul pour chaque niveau de la structure du produit, l'acheteur est prêt à préparer les horaires de production et d'approvisionnement et à procéder à l'ordonnancement afin de faire en sorte que toutes les contraintes relatives à la production et aux approvisionnements soient respectées (l'ordre de priorité et la capacité de production).

Les cas particuliers concernant les besoins

Il peut arriver à l'occasion que les membres du service des ventes désirent obtenir un certain nombre d'unités additionnelles du produit ou du sous-produit dans le but d'offrir des échantillons à des clients potentiels ou tout simplement de faire mousser les ventes. Ces unités supplémentaires ne sont pas considérées *a priori* dans un système de PBM. L'acheteur qui agit comme planificateur doit cependant les rajouter aux besoins bruts calculés avec les données du service de la production.

Un autre aspect important dont il faut tenir compte est le pourcentage d'unités rejetées dans la fabrication d'un produit. Si l'entreprise possède des données sur ce pourcentage, l'acheteur peut les intégrer dans le calcul des besoins nets. Par exemple, pour fabriquer un sous-produit X, la machine utilisée engendre un taux de rejets de 8 % du total des unités qu'elle fabrique. L'acheteur devra donc calculer 108 % des besoins bruts trouvés avec le système de PBM *a priori* pour être certain de se conformer à la demande du niveau supérieur.

6.3.2   La planification des besoins de distribution

Il existe un modèle analogue à la planification des besoins de matières (PBM), mais qui concerne la distribution entre un centre de distribution majeur et un ensemble de centres de distribution régionaux autant pour un manufacturier que pour un distributeur. Il s'agit de la planification des besoins de distribution (PBD) : toutefois, on emploie couramment le sigle DRP ; qui signifie *distribution requirements planning*. Pour pouvoir utiliser ce modèle, les entrepôts ou centres de distribution régionaux doivent dépendre d'un entrepôt majeur où les opérations sont centralisées.

Évidemment, ce ne sera pas toujours le cas. Dans nombre de grandes entreprises, on assiste au phénomène inverse, c'est-à-dire que les entrepôts régionaux ont un pouvoir de décision plus important concernant la gestion de leurs stocks. Dans cette situation, tout est décentralisé et les modèles de gestion des stocks à appliquer sont les mêmes que ceux que nous avons étudiés dans ce chapitre. En effet, la plupart du temps on cherchera à connaître la quantité économique de commande à partir d'un point de commande.

La façon dont fonctionne un système de PBD est relativement simple. Chaque entrepôt régional prévoit sa demande ; par conséquent, il calcule ses besoins selon les quantités qu'il a déjà en stock et les délais de livraison. Par la suite, il avise l'entrepôt central de ses besoins futurs. L'entrepôt central prend connaissance des besoins de chaque entrepôt régional. Ce dernier fera la planification des besoins de distribution selon ses quantités en stock et ses délais de livraison. Comme les demandes provenant des entrepôts régionaux sont dépendantes de l'entrepôt central, le raisonnement est le même que pour la PBM. Il est important de diviser l'horizon de planification en périodes. On s'arrange pour qu'une commande arrive lorsque la quantité que l'entrepôt a en main est moins élevée que ce qu'a établi la prévision des besoins. On passe alors des commandes en conséquence. La passation d'une commande d'un échelon devient les besoins du niveau immédiatement supérieur. Ainsi, la nouvelle quantité que l'entrepôt a en main sera égale à l'ancienne quantité qu'il avait en main à laquelle s'ajoute la réception prévue, qui est soustraite des besoins.

EXEMPLE 6.9

Supposons un entrepôt central et trois entrepôts régionaux qui ont les caractéristiques indiquées au tableau 6.8.

De plus, on sait que, sur un horizon de 8 semaines, les besoins de l'entrepôt régional 1 sont de 100, 100, 100, 90, 100, 120, 80 et 80, que ceux de l'entrepôt régional 2 sont, de 130, 130, 130, 110, 130, 150, 150 et 120 et que, finalement, les besoins de l'entrepôt régional 3 sont de 50, 60, 50, 30, 25, 40, 30 et 40.

Pour ce qui est de l'entrepôt central, on sait qu'il peut vendre directement aux consommateurs. Ces ventes représentent environ 100 unités par semaine.

Les commandes se font par lots de 500 unités pour l'entrepôt régional 1, de 750 unités pour l'entrepôt régional 2, de 250 unités pour l'entrepôt régional 3 et de 1 150 unités en ce qui a trait à l'entrepôt central.

Si l'on détermine a priori la passation des commandes de chaque entrepôt régional, on pourra par la suite trouver le plan directeur des commandes que l'entrepôt central devra respecter pour ne pas faire subir de rupture de stock aux entrepôts régionaux (voir les tableaux 6.9 et 6.10, p. 261 et 262). On voit que le raisonnement est strictement le même que pour une PBM, sauf qu'ici le plan directeur est établi en fonction des besoins des entrepôts régionaux.

TABLEAU 6.8

Les caractéristiques de l'entrepôt central et des entrepôts régionaux

Type d'entrepôt	Quantité en main	Délai de livraison	Quantité en commande
Entrepôt central	1 100	3 semaines	1 150
Entrepôt régional 1	200	2 semaines	500
Entrepôt régional 2	650	2 semaines	750
Entrepôt régional 3	150	2 semaines	250

TABLEAU 6.9

Le calcul des besoins en distribution des entrepôts régionaux

Entrepôt régional 1

Semaine	1	2	3	4	5	6	7	8
Besoins bruts	100	100	100	90	100	120	80	80
Réception programmée	0	0	0	0	0	0	0	0
Stock en main (début de période)	200	100	0	400	310	210	90	10
Besoins nets	0	0	100	0	0	0	0	70
Réception de la commande	0	0	500	0	0	0	0	500
Passation de la commande	500	0	0	0	0	500	0	0

Entrepôt régional 2

Semaine	1	2	3	4	5	6	7	8
Besoins bruts	130	130	130	110	130	150	150	120
Réception programmée	0	0	0	0	0	0	0	0
Stock en main (début de période)	650	520	390	260	150	20	620	470
Besoins nets	0	0	0	0	0	130	0	0
Réception de la commande	0	0	0	0	0	750	0	0
Passation de la commande	0	0	0	750	0	0	0	0

→

TABLEAU 6.9

Le calcul des besoins en distribution des entrepôts régionaux (*suite*)

Entrepôt régional 3

Semaine	1	2	3	4	5	6	7	8
Besoins bruts	50	60	50	30	25	40	30	40
Réception programmée	0	0	0	0	0	0	0	0
Stock en main (début de période)	150	100	40	240	210	185	145	115
Besoins nets	0	0	10	0	0	0	0	0
Réception de la commande	0	0	250	0	0	0	0	0
Passation de la commande	250	0	0	0	0	0	0	0

TABLEAU 6.10

Le plan directeur des commandes

Entrepôt central

Semaine	1	2	3	4	5	6	7	8
Besoins bruts	850	100	100	850	100	600	100	100
Réception programmée	0	0	0	0	0	0	0	0
Stock en main (début de période)	1 100	250	150	50	350	250	800	700
Besoins nets	0	0	0	800	0	350	0	0
Réception de la commande	0	0	0	1 150	0	1 150	0	0
Passation de la commande	1 150	0	1 150	0	0	0	0	0

Les avantages qu'on peut retirer d'un système comme celui de la PBD sont nombreux. En effet, lorsqu'on applique ce système, on peut bénéficier d'économies d'échelle dans le transport. De plus, étant donné que le système est basé sur des prévisions, on doit maintenir un stock de sécurité plus élevé à l'entrepôt central, ce qui ne pénalise pas les entrepôts régionaux. Par contre, les inconvénients rattachés à ce système ressemblent passablement aux désavantages de la PBM, c'est-à-dire que les prévisions doivent être assez exactes pour que le système soit efficace. En outre, on tient pour acquis que les délais de livraison sont toujours les mêmes. Finalement, plus il y a d'entre-pôts régionaux, plus il faudra effectuer une bonne coordination entre l'entrepôt central et ces derniers.

RÉSUMÉ

Dans ce chapitre, nous avons présenté différents modèles quantitatifs qui peuvent aider un acheteur à prendre des décisions éclairées. En premier lieu, nous avons traité des modèles qu'on peut utiliser lorsque la demande ou la consommation de la part du client est indépendante de la production du fournisseur. En répondant aux deux questions fondamentales de la gestion des stocks, soit « Quelle quantité faut-il commander ? » et « Quand faut-il la commander ? », l'acheteur pourra optimiser les quantités en stock pour chaque article. Le modèle le plus simple est celui où la quantité commandée et l'intervalle entre chaque commande sont fixes. Il existe également la méthode du min-max et le modèle du point de commande où la quantité de commande peut être fixe, mais l'intervalle entre chaque commande, lui, est variable. De même, le modèle de la revue périodique consiste à passer une commande à un intervalle préétabli ; dans ce modèle, la quantité commandée peut varier. Finalement, on peut utiliser un modèle alliant certaines variantes des différents modèles qui précèdent, où la quantité et l'intervalle sont variables.

Un autre modèle qui concerne la quantité de commande peut aider l'acheteur à optimiser ses coûts de stockage, soit la quantité économique de commande (QEC). Nous avons vu également certaines nuances apportées à la QEC (QEC avec une réception échelonnée ou QEP, QEC avec un escompte).

Finalement, nous avons abordé les modèles de détermination des quantités à commander dans une perspective où la demande est dépendante d'un article à l'autre. Il existe deux modèles majeurs dans ce cas, soit la planification des besoins de matières (PBM) et la planification des besoins de distribution (PBD). Afin d'appliquer correctement ces modèles, l'acheteur doit connaître la structure du produit ou la nomenclature du produit, l'état des stocks ainsi que les besoins des produits du niveau supérieur (produits finis).

■■■■■ *Questions*

1. Quelles sont les deux questions fondamentales en matière de gestion des stocks qu'un acheteur doit se poser ?

2. Qu'est-ce qu'un point de commande ?

3. Qu'est-ce qu'un stock de sécurité ?

4. Expliquez en vos propres mots la méthode des deux tiroirs.

5. Quel effet sur les coûts reliés à l'approvisionnement (coût combiné) entraînera le calcul de la quantité économique de commande (QEC) ?

6. Quels sont les coûts pertinents dans le calcul de la QEC parmi les quatre coûts décrits au chapitre 5 ?

7. Nommez deux hypothèses que l'on doit respecter pour faire une utilisation convenable de la QEC.

8. Quelle hypothèse ne tient plus dans le cas de l'utilisation de la QEC avec un escompte ?

9. Quels sont les intrants d'un système de planification des besoins de matières (PBM) ?

10. Qu'est-ce qu'un système de planification des besoins de distribution (PBD) ?

■■■■■ *Exercices d'apprentissage*

1. Reproduisez le graphique de l'évolution des stocks illustré dans le chapitre sur 15 semaines (il y a 5 jours ouvrables par semaine) en tenant compte des renseignements suivants et en indiquant lisiblement le point de commande, la quantité maximale, la quantité minimale et le délai de livraison :

   Demande : 250 unités par semaine

   Délai de livraison : 2 semaines

   Quantité en main au début de l'horizon de planification (temps $t = 0$) : 500 unités

   Quantité à commander : 750 unités

   Stock de sécurité : 0 unité

2. Reproduisez le graphique de l'évolution des stocks sur 15 semaines (il y a 5 jours ouvrables par semaine) en tenant compte des renseignements suivants :

Demande : 200 unités par semaine

Délai de livraison : 3 semaines

Quantité en main au début de l'horizon de planification : 750 unités

Quantité à commander : 900 unités

Stock de sécurité : 150 unités

3. Reproduisez le graphique de l'évolution des stocks sur 8 semaines (il y a 5 jours ouvrables par semaine) en tenant compte des renseignements suivants :

Demande : 40 unités par jour

Délai de livraison : 2 jours

Quantité en main au début de l'horizon de planification : 160 unités

Quantité à commander : 400 unités

Stock de sécurité : 0 unité

4. Reproduisez le graphique de l'évolution des stocks sur 8 semaines (il y a 5 jours ouvrables par semaine) en tenant compte des renseignements suivants :

Demande : 70 unités par jour

Délai de livraison : 4 jours

Quantité en main au début de l'horizon de planification : 420 unités

Quantité à commander : 560 unités

Stock de sécurité : 140 unités

5. Déterminez les articles qui entrent dans le calcul de la QEC parmi les suivants :

   a) le coût unitaire de l'article ;

   b) le salaire du réceptionnaire de la marchandise ;

   c) l'amortissement comptable du bâtiment ;

   d) la campagne de publicité effectuée pour un article donné ;

   e) les taxes scolaires ;

   f) le salaire du vice-président exploitation ;

   g) le coût rattaché à la perte d'une vente ;

   h) le formulaire de demande d'achat ;

   i) le coût des palettes lors de la réception du matériel ;

   j) le salaire de l'adjoint administratif rattaché aux achats.

6. Quel type de modèle devrait utiliser une entreprise qui décide de recevoir son stock de façon instantanée (la demande ne dépend pas de la production) ? Si, maintenant, elle décide de recevoir son stock de façon graduelle, le modèle de gestion des stocks sera-t-il le même ?

7. Dessinez la structure du produit dans le cas du produit A si on possède les renseignements suivants : on a besoin de 2 articles de B, de 4 articles de C et de 1 article de D pour faire 1 produit A. De plus, on a besoin de 2 articles de D, de 3 articles de E et de 4 articles de F pour faire 1 produit B.

8. Quels seront les besoins nets (la quantité de commande) en articles X dans le cas où les besoins bruts sont de 200 unités ? La quantité en main est de 90 unités (incluant le stock de sécurité), le stock de sécurité est de 30 unités, la réception programmée de l'article X est de 40 unités et le fournisseur habituel exige des commandes par lots de 80 unités.

9. Quelle serait votre réponse à la question précédente si le fournisseur n'imposait aucune contrainte ?

10. Dessinez la structure du produit X sachant qu'on a besoin de 4 produits de A, de 2 produits de B et de 3 produits de C pour faire 1 produit X. De plus, pour faire le produit A, on a recours à 3 produits de B et à 2 produits de C. Finalement, dans le produit C, on doit inclure 4 produits de D et 1 produit de E.

■■■■■■ *Exercices de compréhension*

1. Une compagnie qui œuvre dans le domaine de la mécanique industrielle utilise fréquemment des tiges à souder. Elle achète 3 450 paquets de tiges à souder par année. Le coût unitaire du paquet de 50 tiges est de 45 $. Le taux de stockage est évalué à 18 % et le coût pour passer une commande est de 22,50 $.

   a) Quelle est la QEC ?

   b) Combien de commandes l'acheteur placera-t-il en l'espace d'un an ?

   c) Quel sera l'intervalle en jours entre chaque commande si on considère que l'entreprise est en activité 250 jours par année ?

2. L'entreprise Du Fond de la Cour fait l'acquisition de 40 000 pièges à rats par année au prix de 3,50 $ chacun. Le coût de stockage annuel est évalué à 20 % et le coût de commande, lui, est de 17,50 $.

   a) Quelle est la QEC ?

   b) Quel est le coût de stockage associé à la QEC ?

   c) Quel est le coût de commande ?

   d) Quel est le coût combiné (Cs + Cc) ?

   e) Combien de commandes l'entreprise fera-t-elle dans l'année ?

   f) Quel sera l'intervalle entre chaque commande si le lot de commande utilisé est la QEC et s'il y a 250 jours ouvrables dans une année ? Quel serait cet intervalle s'il y avait 365 jours ouvrables dans une année ?

3. Une entreprise œuvrant dans l'entretien ménager consomme 15 000 litres de savon à plancher par année. Le fournisseur de savon offre l'échelle de prix suivante :

Quantité commandée (L)	Prix unitaire ($/L)
$Q < 600$	7,00
$600 \leq Q < 1\,000$	6,00
$1\,000 \leq Q < 1\,400$	5,00
$Q \geq 1\,400$	4,00

Le coût de stockage est de 23 % du coût unitaire par année. Le coût de commande est de 25 $. Quelle quantité l'entreprise devrait-elle commander pour réduire le plus possible le coût total ($Ca + Cs + Cc$) ? Quel sera l'intervalle entre chaque commande si les employés travaillent 250 jours par année ?

4. Quelle serait la quantité de commande optimale dans le cas de l'exercice de compréhension 1 si on considère que le fournisseur offre l'échelle de prix suivante :

Quantité commandée (paquets)	Coût unitaire ($/paquet)
$Q < 100$	50,00
$100 \leq Q < 200$	47,50
$200 \leq Q < 300$	45,00
$Q \geq 300$	42,50

5. La firme Chocolat de Pâques inc. fabrique des lapins en chocolat. La demande de lapins en chocolat est de 20 833 par mois. Chaque lapin en chocolat coûte 2,25 $. Le coût de commande dans l'entreprise (ajustement des machines, etc.) est de 157 $ et la machine a une capacité de production de 5 lapins par minute. Chocolat de Pâques inc. fonctionne 250 jours par année et 10 heures par jour. On doit cependant considérer un temps productif de 90 % du temps total. Le taux d'entreposage journalier est estimé à 0,016 % du coût unitaire de l'article. Calculez la quantité économique de production. Déterminez également le nombre de mises en route par année, et l'intervalle entre chaque mise en route.

6. Le taux de consommation d'un produit est de 12 000 unités par année. Le taux d'approvisionnement de ce produit est de 60 par jour. S'il y a 250 jours ouvrables par année, que le coût de commande est de 40 $ et que le coût de stockage unitaire est de 0,75 $ par produit par année, déterminez la quantité économique de commande.

7. Le directeur de la production vient de vous transmettre les besoins (le plan directeur de production) en produits finis A pour les 8 prochaines semaines. Voici ce plan :

Semaine	1	2	3	4	5	6	7	8
Quantité	100	150	200	150	100	150	200	150

De plus, vous savez par expérience que le produit A est fait selon la structure suivante :

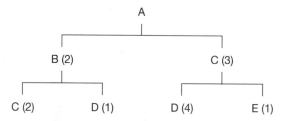

Finalement, l'état des stocks est le suivant :

Article	A	B	C	D	E
Stock en main	400	350	700	1 000	2 000
Stock de sécurité	150	200	150	200	500
Réception programmée	0	0	200	12 000	0
Semaine	—	—	3	—	—
Délai de production ou d'approvisionnement	0	1	2	3	2
Lot minimal	0	0	200	500	0

À partir de ces renseignements, déterminez les plans de production et d'approvisionnement selon le système de PBM pour les 5 articles A, B, C, D et E.

8. Si on vous apprend que le directeur des ventes désire avoir 5 unités de l'article A par semaine et que le taux de rejets de l'article B est de 5 %, quels seront vos nouveaux horaires de production et d'approvisionnement (passation des commandes) pour ces 2 articles ?

9. Un distributeur de grande envergure a son siège social à Montréal. Il possède trois entrepôts régionaux, à Chicoutimi, à Québec et à Rimouski. On connaît les besoins bruts pour un article donné à chaque entrepôt, et ce pour les 8 prochaines semaines. À l'entrepôt de Chicoutimi, les besoins d'unités sont les suivants : 80, 80, 80, 80, 40, 40, 40, 40. À l'entrepôt de Québec, les besoins sont les suivants : 200, 200, 200, 200, 300, 300, 300, 300. Enfin, l'entrepôt de Rimouski a des besoins plus restreints : 20, 30, 20, 30, 20, 30, 20, 30. De plus, les quantités en main sont respectivement de 200, 700 et 100 unités. Les délais d'approvisionnement sont de 2 semaines dans le cas de Chicoutimi, de 1 semaine dans le cas de Québec et de 2 semaines dans le cas de Rimouski. Les quantités de commande, qui ont été évaluées à l'aide du modèle de la QEC, sont respectivement de 225, 550 et 120 unités. Pour ce qui est de l'entrepôt central de Montréal, il ne fournit que ses entrepôts régionaux, ne pouvant vendre directement aux consommateurs. Sa quantité en main est de 1 300 unités. De plus, l'entrepôt conserve un stock de sécurité de 200 unités pour pallier les variations soudaines de la demande. Le délai d'approvisionnement de l'entrepôt central est de 3 semaines et, finalement, la quantité de commande est de 1 500 unités. Déterminez à l'aide de la planification des besoins de distribution (PBD) les commandes à effectuer ainsi que le stock en main à chaque semaine, et ce pour chaque entrepôt régional ainsi que pour l'entrepôt central.

10. Que deviendrait le système de distribution (utilisez encore une fois la PBD) quant aux commandes et au stock en main si l'entrepôt de Rimouski de l'exercice précédent venait à fermer ses portes et que ses besoins étaient répartis pour un tiers à Chicoutimi et pour le reste à Québec avec des quantités en main et des délais d'approvisionnement identiques ?

▪▪▪▪ *Exercices de recherche*

1. Rendez-vous dans une entreprise à proximité de chez vous et cherchez à savoir comment le responsable des achats planifie ses approvisionnements.

2. De quelle façon le responsable des achats calcule-t-il la QEC, s'il y a lieu ?

3. Demandez à ce responsable quelles seront les conséquences d'une erreur de saisie de données dans le système informatique si l'entreprise utilise le système de MRP I. Et si elle utilise le système de MRP II ?

 **Cas**

Vive les compromis!

Vous êtes un technicien en administration fraîchement diplômé d'un cégep du Québec. Vous avez décroché un emploi comme acheteur dans une entreprise manufacturière de briquets à essence. Lors de votre entrée en fonction, vous constatez qu'il existe dans l'entreprise deux écoles de pensée diamétralement opposées concernant la gestion des stocks. Le comptable, M. Picsou, est d'avis qu'il faudrait commander le strict minimum, quitte à passer des commandes plus souvent. Quant à la directrice de l'usine, Mme Brûlé, elle pense exactement le contraire. Selon elle, l'acheteur doit commander de grandes quantités dans le but d'éviter les ruptures de stock et de bénéficier d'escomptes sur quantité, ce qui a pour effet d'abaisser le coût unitaire du produit.

Question

Comme M. Piscou et Mme Brûlé savent que vous êtes spécialisé dans ce domaine, ils vous demandent votre opinion sur les quantités à commander en ce qui concerne les matières premières et les composantes entrant dans la fabrication des briquets à essence ainsi que les pièces servant à l'entretien de la machinerie.

7

Les fonctions reliées à la gestion des stocks

Objectif général

Dresser un portrait des fonctions auxiliaires
de la gestion des stocks.

Objectifs spécifiques

◆ Connaître les rouages du service de la réception
et de l'expédition du matériel d'une entreprise.

◆ Découvrir l'importance de la manutention des stocks.

◆ Nommer les catégories d'équipements de manutention.

◆ Se familiariser avec les types d'entreposage fixe et aléatoire.

◆ Connaître la codification des articles et le système
de codes à barres.

◆ Appliquer des méthodes de l'évaluation des stocks.

◆ Savoir à quoi sert le décompte cyclique.

◆ Se familiariser avec les catégories d'emballage.

Prévost

PREVOST®
PREVOST CAR INC.
Coach manufacturer

Chef de file nord-américain dans la construction d'autocars et leader mondial dans le design et la fabrication de carrosseries d'autocars destinées à la conversion en maisons motorisées haut de gamme, Prévost détient 20 % de la production d'autocars interurbains et 80 % de la production de carrosseries d'autocars. Les ventes de cette société, qui est la propriété du groupe Volvo et Henleys, ont dépassé en 1997 le cap des 300 millions de dollars. En plus de ses usines de production qui sont toutes localisées au Québec, Prévost possède six centres de service aux États-Unis pour servir ses clients américains. Prévost détient la certification ISO 9001 et 14001. Son volume d'achats représente plus de 200 millions de dollars annuellement partagé entre 500 fournisseurs partout dans le monde.

Chez Prévost, l'entreposage « intelligent » est de mise. Intelligent, puisqu'il faut revoir systématiquement et avec rigueur tous les facteurs qui le justifient. Intelligent, aussi, puisqu'il faut découvrir les nombreux fantômes, c'est-à-dire les fausses raisons de faire de l'entreposage. Intelligent, enfin, car il faut protéger les opérations de production contre les variations incontrôlables des étapes du réapprovisionnement et de la fabrication d'un autocar. La complexité associée au zéro inventaire et au zéro rupture justifie amplement les efforts de recherche et de formation qu'il faut y consacrer.

Sylvain Gagnon
Directeur, Matériel

L'effort ne porte pleinement sa récompense que lorsqu'on a refusé d'abandonner.

Napoleon Hill

INTRODUCTION

La gestion des stocks requiert très souvent l'intervention d'un acheteur qui s'occupe de déterminer quelle quantité d'un article il faut commander et à quel moment. Cependant, le fait de commander du matériel fait également intervenir d'autres fonctions et individus qui ont aussi de l'importance pour l'entreprise. Après avoir fait l'acquisition d'un bien, l'acheteur doit considérer la réception du matériel, la manutention de ce dernier pour qu'il se rende à l'entrepôt, son entreposage, son emballage s'il y a lieu, son expédition s'il y a lieu et, finalement, la distribution (le transport) du matériel vers le client. Le but de ce chapitre est d'analyser chacune de ces fonctions. La distribution fera l'objet du chapitre 8.

 7.1 LA RÉCEPTION DES STOCKS

La fonction « réception des stocks » est une fonction stratégique pour l'entreprise. En effet, c'est souvent à ce moment que l'on peut éviter des problèmes sur le plan de la gestion de la chaîne d'approvisionnement, car cette fonction sert de vérification. La personne responsable de la réception des stocks, en l'occurrence le réceptionnaire, aura deux types de contrôle à effectuer, soit un contrôle quantitatif et un contrôle qualitatif.

7.1.1 Le contrôle quantitatif

Le contrôle quantitatif se résume à faire le décompte de la quantité d'unités de l'article reçu. Il faut comprendre, ici, que si le matériel reçu prend la forme de boîtes de 10 000 feuilles chacune, le réceptionnaire n'ira pas jusqu'à compter le nombre de feuilles par boîte. Selon ce que les boîtes représentent pour l'entreprise, le réceptionnaire comptera probablement le nombre de boîtes ou encore le nombre de rames de 500 feuilles par boîte. Pour ce qui est des produits lourds comme les feuilles d'acier dans l'industrie des portes d'acier, le réceptionnaire utilisera une balance électronique pour contrôler le poids de la quantité reçue.

Bien entendu, si la quantité comptée est équivalente à la quantité achetée, il n'y a aucun problème ; le matériel suit son cours, c'est-à-dire qu'il devrait soit passer à l'étape de l'entreposage ou encore être utilisé tout de suite par le service qui en fait la demande.

Dans le cas contraire, le réceptionnaire notera la différence sur le bon de livraison pour que l'acheteur soit au courant, car c'est celui-ci qui devra

FIGURE 7.1

Un bon de livraison

| MATÉRIAUX **BOMAT** GROS ET DÉTAIL | 1212, CHEMIN INDUSTRIEL ST-NICOLAS (QUÉBEC) G7A 1A6 | - BON DE LIVRAISON - TÉL.: **(418) 831-4848** FAX: (418) 831-3849 |

NOTRE N° D'ENREGISTREMENT T.P.S.: R 103559670
NOTRE N° D'ENREGISTREMENT T.V.Q.: 1000975083 TV 0001

V E N D U

L I V R É À

N° COMMANDE DE CLIENT	N° BON DE LIVRAISON	DATE COMMANDE	N° CLIENT	DATE LIVRAISON	NO. PAQUETS	PAGE
LIVRAISON PAR					TERR.	REPR.

N° ARTICLE	DESCRIPTION	QUANTITÉ COMMANDÉE	QUANTITÉ LIVRÉE	UNITÉ	PRIX	MONTANT

PRÉPARÉ PAR	CHARGÉ PAR	**CONDITIONS:** AUCUN ESCOMPTE COMPTANT OU FACTURE NET 30 JOURS SUR CRÉDIT ACCEPTÉ. DES FRAIS DE SERVICE DE 2% PAR MOIS (24% PAR ANNÉE) SERONT FACTURÉS SUR TOUT SOLDE NON ACQUITTÉ À 30 JOURS. LES CONDITIONS AU VERSO FONT PARTIE INTÉGRANTE DE CETTE FACTURE. J'EN AI PRIS CONNAISSANCE ET J'ACCEPTE LA MARCHANDISE A CES CONDITIONS. **ATTENTION:** LE BOIS EST UN PRODUIT QUI PEUT FENDILLER, CROCHIR, ONDULER, RÉTRÉCIR, RENFLER, DÉCOLORER, ETC. IL N'Y A AUCUNE GARANTIE SUR LE BOIS.
LIVRÉ PAR	VÉRIFIÉ PAR	
		SIGNATURE DU CLIENT _____ VOIR VERSO

BUREAU

chercher d'où provient l'erreur et régler le problème. Comme le problème risque d'être résolu en quelques jours, voire en quelques semaines, le réceptionnaire inscrira ses initiales, la date de réception ainsi que tous les problèmes éprouvés lors de la réception. Un exemple de bon de livraison est présenté à la figure 7.1.

7.1.2 Le contrôle qualitatif

Le réceptionnaire aura également à faire un contrôle qualitatif, lequel se produira souvent au même endroit que celui où a lieu le contrôle quantitatif. Le contrôle qualitatif a pour but de vérifier si les spécifications ou les devis fournis lors du processus d'approvisionnement sont respectés. Par exemple, dans le cas de l'acquisition de piles de six volts, le réceptionnaire cherchera à savoir, à l'aide d'un testeur de piles, si les piles fonctionnent adéquatement. Par la suite, il pourra vérifier à l'aide d'un voltmètre si le voltage est correct. Encore faut-il que les appareils servant à faire les tests soient bien calibrés. Une notion très importante reliée à la réception des stocks est l'échantillonnage. Effectivement, lorsque l'entreprise recevra un lot de piles de six volts, pour des raisons de temps et d'argent elle ne testera pas toutes les piles, mais quelques-unes seulement, qui constituent un échantillon. Cette notion concernant le contrôle de la qualité est traitée au chapitre 4.

Certains principes fondamentaux qui ont trait à la réception du matériel doivent être respectés si on désire optimiser cette fonction. D'abord, il faut réduire le plus possible la circulation du matériel dans l'aire de réception pour éviter tout encombrement. Autrement dit, aussitôt que l'on reçoit du matériel, après les contrôles quantitatif et qualitatif, on doit ranger le matériel à l'endroit adéquat (dans l'entrepôt de matières premières, dans le magasin de pièces de rechange, dans l'entrepôt de produits finis ou directement sur la chaîne de production si on fonctionne selon le juste-à-temps). Ensuite, étant donné que la réception et l'expédition du matériel sont souvent centralisées (au même endroit) dans les entreprises, l'acheteur, en collaboration avec le réceptionnaire, doit veiller à recevoir le matériel à des heures où la circulation dans le service n'est pas intense de manière à ne pas gêner le bon déroulement des expéditions.

Dans beaucoup d'entreprises, le service des approvisionnements s'entend avec les fournisseurs de matières premières pour que le transporteur de ces dernières arrive très tôt le matin afin de ne pas occuper trop longtemps l'espace requis. Il faut comprendre que la plupart des PME possèdent peu de quais de chargement et de déchargement, ce qui peut les restreindre dans les opérations de réception et d'expédition.

Le service de la réception et de l'expédition peut être dimensionné assez facilement, tout dépendant du type de produit en cause et suivant certaines règles et un bon jugement. Cette question dépasse toutefois le cadre de ce livre. Le lecteur intéressé peut se documenter dans des ouvrages portant sur la gestion de l'usine.

7.2   LA MANUTENTION DES STOCKS

La manutention des stocks est un aspect souvent négligé par les gestionnaires, car il est difficilement comptabilisable. En effet, il est ardu de l'incorporer au prix de revient d'un produit; pourtant, l'importance de la manutention doit être reconnue étant donné qu'elle fait partie de la gestion d'une usine. Là où aucune opération n'est effectuée sur un produit, où il n'y a ni contrôle ni stockage, il y a manutention.

Il suffit d'imaginer une entreprise de fabrication de baignoires pour comprendre toute l'importance de la manutention. Après la réception des matières premières, en l'occurrence les feuilles d'acrylique, on les manutentionne jusqu'à l'entrepôt des matières premières. Quand celles-ci deviennent nécessaires à la fabrication, on les reprend dans l'entrepôt de matières premières pour les amener au premier poste de travail en vue de les transformer. Il y aura donc une manutention entre chaque poste de travail. Ainsi, on procède d'abord au thermoformage des feuilles : celles-ci sont moulées à l'aide de l'énergie thermique, c'est-à-dire qu'elles prennent la forme de la baignoire que l'on voit quotidiennement. Ensuite, on pose la fibre de verre dans le but de solidifier l'enceinte. Puis, on fait des trous dans le but d'incorporer les robinets, etc. Lorsqu'on arrive au dernier poste de travail pour l'assemblage final, on aura à transporter la baignoire au poste d'emballage. Après l'emballage, on conduira la baignoire dans l'entrepôt de produits finis. À la dernière étape, quand un client désire se procurer ce type de baignoire, on l'achemine au quai de chargement pour l'expédier.

Tous ces mouvements n'ajoutent aucune valeur au produit, d'où la nécessité de réduire le plus possible ces opérations. Voici les principales règles de base à suivre dans le domaine de la manutention des matériaux :

1.   On doit simplifier les opérations de manutention en les éliminant ou en les réduisant.

2.   On doit favoriser les déplacements en ligne droite (certains se rappelleront une notion de géométrie qui dit que le plus court chemin entre deux points est la ligne droite).

3.   On doit éviter la circulation intense dans un endroit de l'entreprise, sinon cela peut engendrer des accidents et par le fait même des frais additionnels pour l'entreprise.

4. On doit utiliser des systèmes de manutention rendant les équipements plus polyvalents, c'est-à-dire capables de faire plusieurs tâches différentes (par exemple un chariot-plate-forme peut servir à placer du matériel dans un entrepôt ou encore à distribuer du matériel sur une chaîne de montage).

5. On doit toujours avoir à l'esprit le vieil adage anglo-saxon KISS (*Keep It Simple, Stupid*).

En d'autres mots, n'essayons pas de compliquer les choses quand elles sont simples au départ.

7.2.1 Les équipements de manutention

On ne peut parler de la manutention des stocks sans évoquer les moyens reliés à cette dernière. Les moyens de manutentionner les stocks sont la plupart du temps des équipements. Selon Tompkins et autres[1], il existe quatre catégories d'équipements de manutention :

— les équipements de conteneurisation ;
— les équipements de transport du matériel ;
— les équipements d'entreposage et de récupération ;
— les équipements d'identification automatique et de communication.

Parmi les équipements de conteneurisation, mentionnons les palettes de toutes les dimensions, les socles et les boîtes en bois en tout genre. Pour ce qui est des palettes (voir la figure 7.2, p. 278), les dimensions les plus courantes dans l'industrie sont de 100 centimètres sur 120 centimètres (40 pouces sur 48 pouces) et de 90 centimètres sur 120 centimètres (36 pouces sur 48 pouces).

En ce qui a trait aux équipements de transport du matériel, il en existe une multitude. Tous les types de convoyeurs en font partie de même que les vis sans fin, les transpalettes, les chariots élévateurs, les treuils et les grues.

Les équipements d'entreposage et de récupération comprennent les casiers (alvéoles), les étagères, les mezzanines et les carrousels.

Finalement, les équipements d'identification automatique et de communication comprennent les codes à barres, les lecteurs de codes à barres (crayons-lecteurs), les bandes magnétiques, la transmission de données par fréquence radio (sorte de walkie-talkie qui est en fait un ordinateur miniature) et les systèmes vocaux (intégrés aux caisses enregistreuses dans les supermarchés comme Super Carnaval).

---

1. James A. Tompkins, et autres, *Facilities Planning*, 2e éd., New York, John Wiley & Sons, 1996, p. 169.

FIGURE 7.2

Un exemple de palettes

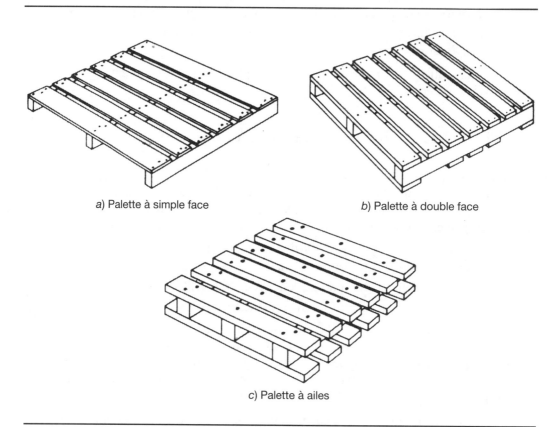

a) Palette à simple face   b) Palette à double face

c) Palette à ailes

Source : Inspirée de James A. Tompkins et autres, *Facilities Planning*, 2ᵉ éd., New York, John Wiley & Sons, 1996, p. 166. Reproduit avec la permission de John Wiley & Sons, Inc. Tous droits réservés.

Comme on le voit, il existe une gamme variée d'équipements de manutention, chacun ayant son utilité. Le choix d'un équipement dépendra du type de produit de même que du budget alloué à la manutention.

7.3 L'ENTREPOSAGE

Il y a plusieurs types d'entrepôts dans une entreprise. Signalons d'abord les entrepôts de matières premières. Un entrepôt de matières premières peut consister en un bâtiment isolé de l'usine, surtout dans le cas de produits chimiques comme la peinture, ou encore être inclus dans le même bâtiment que l'usine de transformation, comme dans le cas des feuilles d'aluminium. Certains entrepôts de matières premières sont constitués de silos, comme dans l'industrie du verre, les matières premières étant du sable (de la silice, du carbonate de soude, du feldspath et du sulfate) qui arrive avec une granulométrie fine. D'autres entrepôts de matières premières sont à température contrôlée (espace humidifié), dans le cas des pilons de bois servant à la fabrication des cadres de porte.

Il existe également des entrepôts de produits en cours. Quand on a entamé la fabrication d'un produit qui pourra être utilisé à plusieurs fins, c'est-à-dire pour plusieurs produits finis, la tendance est de fabriquer d'avance ce produit semi-fini, qu'on appelle fréquemment un sous-assemblage. Quand on manque d'espace près de la chaîne de montage, on est obligé d'entreposer ces produits à certains endroits pour ne pas nuire au déroulement des activités de fabrication.

Dans certaines usines qui fonctionnent selon un procédé de fabrication en continu, on ne peut se permettre de laisser un lot de machines arrêtées longtemps pour cause de bris. Afin d'éviter cette situation, ces usines possèdent un entrepôt (ou magasin) de pièces de rechange. C'est le cas des usines d'acier, d'aluminium, de verre ou de pâtes et papiers.

Finalement, il existe des entrepôts de produits finis (magasins ou *warehouses*). Ce type d'entrepôt se situe le plus souvent près du service de la réception et de l'expédition, car il faut réduire le plus possible les opérations de manutention, qui, comme on le sait, n'ajoutent pas de valeur au produit.

Dans la suite de ce chapitre, lorsque nous parlerons d'entrepôts, nous ferons référence à ces divers types d'entrepôts. Certains concepts pourront cependant être beaucoup plus applicables à un type d'entrepôt qu'à un autre.

7.3.1   Les types d'entreposage

Quand on fait de l'entreposage, on doit considérer certains facteurs importants comme l'espace ainsi que le nombre de déplacements du responsable de l'entrepôt par type d'article. Une entreprise qui possède un espace restreint pour faire de l'entreposage ne pourra penser à occuper une surface plus grande si cela a pour effet de paralyser les opérations quotidiennes de fabrication ou de distribution.

Il existe trois manières d'entreposer du matériel. On peut en effet recourir à l'entreposage fixe, à l'entreposage aléatoire ou encore à une combinaison des deux premières manières.

L'entreposage fixe

Avantages #8

Comme son nom l'indique, l'entreposage fixe consiste à entreposer un article à un endroit qui sera toujours le même, peu importe la fréquence de la demande de cet article. L'avantage de cette façon de travailler est que la personne affectée à l'entrepôt repère rapidement l'article demandé. De même, grâce à cette méthode, tous les articles d'une même catégorie sont placés au même endroit, ce qui rend l'organisation du décompte beaucoup plus facile. Les listes informatiques d'articles sont souvent imprimées selon la famille de produits ou encore selon la catégorie de produits. Par exemple, on peut aisément, à l'aide d'un système informatique de gestion des stocks, faire imprimer la liste de tous les produits relatifs à la sécurité du travail utilisés ou la liste de tous les produits ayant une vocation mécanique (comme les roulements en tout genre, les paliers, les engrenages ou les crémaillères). Comme ces articles se trouvent souvent au même endroit, cela facilite l'inventaire physique.

Cette manière de faire comporte toutefois des inconvénients. En effet, l'entreposage fixe exige beaucoup d'espace, car même si les alvéoles, les tiroirs d'étagères ou les casiers réservés ne sont pas tous remplis en raison de la période de réapprovisionnement qui est différente pour chaque article, on ne peut utiliser ces espaces vacants pour d'autres articles. Ainsi, l'entrepôt n'est utilisé qu'à environ 50 % de sa capacité.

L'entreposage aléatoire

L'entreposage aléatoire est une méthode qui consiste à attribuer à l'article qui arrive le premier espace disponible, c'est-à-dire le premier espace vide sur son passage. Avec cette méthode, l'entrepôt peut être utilisé à 90 % de sa capacité, ce qui limite l'espace perdu.

inconvénients

Cependant, pour adopter cette manière de faire, les entrées et les sorties du matériel doivent être suivies rigoureusement. Si on possède un système informatique de gestion des stocks, on doit inscrire toutes les données relatives à chaque mouvement des stocks, aussi minime soit-il, sans quoi le système ne reflétera plus la réalité.

Dans l'entrepôt, peu importe la méthode utilisée, on devrait privilégier les articles les plus populaires (la classe A de Pareto en ce qui a trait au mouvement des articles dans l'entrepôt), c'est-à-dire qu'on devrait entreposer le plus près possible de l'entrée de l'entrepôt les articles dont les entrées et les sorties sont fréquentes. Les articles qui engendrent peu de mouvements sur une période donnée devraient logiquement être placés au fond de l'entrepôt. Finalement, les articles ayant une fréquence d'entrées et de sorties moyenne devraient être placés entre les deux catégories précédentes. De cette manière, un magasinier ou un préposé à l'entrepôt gérerait trois petits entrepôts dans un.

L'entreposage à la fois fixe et aléatoire

Devant les avantages que comportent l'entreposage fixe et l'entreposage aléatoire, plusieurs entreprises choisissent d'utiliser une combinaison des deux. En effet, certaines catégories d'articles peuvent se prêter davantage à l'entreposage aléatoire, comme c'est le cas pour des articles ayant sensiblement la même dimension et des fréquences d'entrées et de sorties similaires telles les pièces de rechange utilisées dans l'entretien préventif d'une machine. Par contre, pour d'autres catégories d'articles, l'usage de l'entreposage fixe demeure la solution; c'est le cas pour les motoréducteurs (moteurs ayant un système de réduction de la vitesse de rotation). Ceux-ci, qui peuvent être demandés une fois tous les trois ans, sont de plus assez lourds, de sorte qu'il ne serait pas logique de recourir à un entreposage aléatoire. Pour ce qui est de l'entreposage de matières premières, on pourrait tirer les mêmes conclusions.

Bref, il n'existe pas une façon meilleure qu'une autre; l'acheteur doit alors faire appel à celle qui optimisera les opérations de son entreprise. Lorsqu'on ne possède aucune donnée pertinente sur l'entreposage, on doit procéder par essais et erreurs.

7.3.2 La codification des articles

Après avoir étudié les méthodes d'entreposage, l'entreprise doit trouver une façon appropriée de connaître ses articles. Pour ce faire, la plupart des entreprises utilisent un système de codification. Autrement dit, chaque article de l'entrepôt aura un code numérique ou alphanumérique permettant de l'identifier et de le localiser. Évidemment, le même code ne pourra être utilisé pour deux articles différents, sinon ce sera la confusion dans l'entrepôt. Le nombre de caractères utilisés par les codes des articles dépend du nombre d'articles en entrepôt et de la complexité des opérations. Par exemple, si le magasin compte 10 000 articles différents, le code devrait avoir au moins cinq caractères, comme 54321.

Cependant, il faut prévoir des expansions futures ou des modifications majeures dans le système de gestion des stocks. L'acheteur devrait donc se laisser une marge de manœuvre d'environ deux caractères. De plus, si l'entreprise possède plusieurs ateliers importants, l'acheteur voudra peut-être codifier son stock en fonction de chaque atelier, d'où la possibilité d'insérer un caractère alphanumérique par atelier dans son code d'identification, par exemple A5432. Les codes alphanumériques peuvent également servir par catégorie d'articles (famille de produits) ; ainsi, le code des articles relatifs à la sécurité du travail pourrait commencer par A, le code des articles qui s'apparentent à l'électricité pourrait commencer par B, etc. Les possibilités sont excessivement nombreuses quant à la façon de codifier les articles. La principale règle à suivre est d'utiliser pour la codification un nombre de caractères adéquat et pertinent par rapport aux opérations. Un trop grand nombre de caractères peut amener à faire des erreurs lors de la transcription du code et faire perdre du temps.

Le code à barres

avantage

Étant donné que la plupart des entrepôts sont informatisés, on peut y introduire une technologie de pointe rendant la prise d'inventaire plus facile et plus fiable, en l'occurrence le système de code à barres. Ce système comprend un code imprimé sur chaque article avec des barres de largeurs différentes et espacées de façon variable, un lecteur optique, qui a souvent la forme d'un crayon ou d'un revolver, ainsi qu'une imprimante de codes à barres.

Il existe plusieurs types de code à barres. Mentionnons le système UPC (*universal product code*), qui est très utilisé dans les épiceries de grande surface comme Métro, Provigo et IGA. Il s'agit d'un code à 10 caractères numériques qui identifie le produit et le producteur. Il y a aussi le système Codabar, qui possède 16 caractères numériques et qui est employé surtout dans les hôpitaux. De même, on trouve le code 93, qui peut utiliser jusqu'à 175 caractères différents. Cette liste est loin d'être exhaustive. Vous trouverez au tableau 7.1 une comparaison de différents types de codes à barres.

7.3.3   Les systèmes d'inventaire

Avant de parler des systèmes d'inventaire proprement dits, nous établirons la différence entre le stock et l'inventaire. « Le stock désigne les marchandises qui sont gardées par l'entreprise, alors que l'inventaire concerne l'établissement d'une liste des marchandises qui sont détenues par une entreprise à une date donnée[2]. »

Il existe deux systèmes comptables d'inventaire, soit le système d'inventaire périodique et le système d'inventaire permanent.

---

2. Daniel McMahon et autres, *Comptabilité de base*, tome 2, Montréal, McGraw-Hill, Éditeurs, 1995, p. 126.

TABLEAU 7.1

Une comparaison de différents types de code à barres

Type de code à barres	Année du développement	Type de caractères	Nombre de caractères	Application	Sécurité des données
UPC	1973	Numérique	10	Commerce de détail, fournitures d'automobile	Moyenne
39	1974	Alpha-numérique	43/128		Excellente
2 of 5	1972	Numérique	10	Industrielle	Excellente
128	1981	Alpha-numérique	103/128	Variée	Excellente
Codabar	1972	Numérique	16	Banque de sang, bibliothèques	Excellente
11	1977	Numérique	11	Télé-communications	Excellente
49	1987	Alpha-numérique	128	Variée	—

Source : James A. Tompkins et autres, *Facilities Planning*, 2ᵉ éd., New York, John Wiley & Sons, 1996, p. 269 ; notre traduction. Reproduit avec la permission de John Wiley & Sons, Inc. Tous droits réservés.

Le système d'inventaire périodique

Le système d'inventaire périodique constitue une façon de comptabiliser les stocks d'une entreprise de manière sporadique (toutes les semaines, toutes les deux semaines, tous les mois, tous les deux mois, tous les trois mois). Selon cette méthode, lors des entrées et des sorties du matériel, on ne comptabilise pas les hausses et les baisses de stocks. On considère strictement les achats et les ventes effectués.

Afin de connaître avec précision la valeur de ses stocks, l'entreprise n'aura d'autre choix que de faire le décompte. Plus elle attend longtemps avant de faire un décompte, plus le risque d'erreur lors du réapprovisionnement des articles sera élevé, car les chiffres qu'elle possède ne seront plus vraiment fiables.

Par exemple, si l'inventaire du début de la période est évalué à 100 000 $ et qu'au cours du mois l'entreprise a acheté pour 300 000 $ de marchandises, afin de connaître le coût des marchandises effectivement vendues, elle doit faire un décompte au bout du mois. Si le décompte indique que l'entreprise a 200 000 $ de marchandises en inventaire, alors le coût des marchandises vendues sera de 200 000 $ pour cette période.

Le système d'inventaire permanent

Contrairement à ce qui se passe dans le système d'inventaire périodique, dans le système d'inventaire permanent on comptabilise les entrées et les sorties de stocks au fur et à mesure qu'elles se produisent. En d'autres termes, on indique tout de suite les hausses et les baisses de stocks dans les livres comptables, de sorte que l'inventaire est constamment à jour.

Ce système de comptabilisation des stocks est de plus en plus utilisé par les entreprises, surtout depuis l'avènement de l'informatique dans la gestion des stocks. De plus, grâce à ce système, les stocks sont beaucoup plus faciles à gérer et les approvisionnements peuvent se faire en temps opportun, ce qui cause moins de stress à l'acheteur.

7.3.4   Le décompte cyclique

L'entreprise doit conserver l'inventaire le plus précis possible afin de pouvoir servir le client adéquatement et de faire une bonne planification des approvi-sionnements (délai de réapprovisionnement et disponibilité du stock).

Pour avoir des inventaires précis, l'entreprise doit pouvoir compter sur une personne compétente qui verra à vérifier la précision de l'inventaire et prendra les mesures nécessaires pour corriger les écarts entre les registres et la réalité.

Pour pouvoir vérifier la précision de l'inventaire, on effectuera un inven-taire physique périodique ou cyclique. Dans le jargon de la gestion des stocks, on parlera d'un décompte cyclique. Le décompte cyclique consiste à compter fréquemment des échantillons d'articles (souvent par classe d'articles, voir la classification ABC au chapitre 5), à vérifier leur précision, à déterminer la cause des erreurs, à éliminer la source des erreurs et à fournir des mesures quantita-tives de précision (par exemple, telle classe d'articles ne doit pas avoir un écart plus grand que X %, ce pourcentage étant spécifié par la personne responsable). De cette manière, on maintiendra un haut niveau de précision pour l'inventaire et on pourra donc avoir des états financiers au plus près de la réalité en ce qui a trait aux stocks.

Les avantages du décompte cyclique sont nombreux. D'abord, la planifi-cation des besoins de matières est plus facile à faire. Puis, on se retrouvera

TABLEAU 7.2

La fiche d'un décompte cyclique

Numéro de l'article	65434
Localisation	J-24-B
Quantité comptée	730
Unité de mesure	Chacun
Date et heure	15-07 12 h 25
Compté par	P. M.
Enregistrement à l'ordinateur	732
Coût unitaire ($)	50,00
Variation	+ 2
Variation ($)	100,00

souvent avec moins de stock de trop. Également, l'acheteur peut concentrer ses efforts là où la précision sur les articles est problématique. Finalement, lorsqu'on effectue un décompte cyclique, cela réduit la perte de temps sous forme de recomptage au moment de l'inventaire de fin d'année.

Mais le décompte cyclique comporte aussi des inconvénients, comme le fait que la main-d'œuvre utilisée pour faire le décompte n'est pas toujours formée pour cette opération, ce qui peut provoquer des erreurs. En effet, les employés ne sont pas tous familiers avec les articles en inventaire. De plus, pour effectuer ce genre d'opération, l'entreprise doit souvent restreindre ses activités. Dans le cas où des écarts entre la réalité et les registres sont constatés, il peut être difficile de connaître les causes de ces écarts.

Le décompte cyclique devrait être fait toutes les semaines ou tous les mois dans le cas des articles importants (classe A), à chaque trimestre dans le cas des articles moyennement importants (classe B) et finalement tous les six mois ou une fois par année dans le cas des articles de peu d'importance quant au coût (classe C). Le tableau 7.2 présente une fiche utilisée lors d'un décompte cyclique.

7.3.5   L'évaluation des stocks

Comme on le sait, les stocks d'une entreprise sont identifiés sur deux états financiers, soit le bilan et l'état des résultats. On peut donc voir l'importance que la fonction «stock» peut avoir du point de vue pécuniaire pour une entreprise. Les comptables distinguent quatre méthodes qui permettent de mesurer la valeur des stocks dans une entreprise : la méthode du premier entré, premier sorti (PEPS ou FIFO), la méthode du dernier entré, premier sorti (DEPS ou LIFO), la méthode du coût moyen et la méthode du coût moyen pondéré, qui est une variante de la troisième méthode.

La méthode du premier entré, premier sorti

La méthode du premier entré, premier sorti consiste à considérer les articles les plus anciens comme ceux qui doivent sortir en premier lieu lorsqu'une demande est faite. En d'autres mots, avec cette méthode, les articles sur les tablettes doivent être rangés du moins récent, à l'avant, au plus récent, à l'arrière.

De cette façon, les articles restant à la fin d'une période comptable donnée seront les plus récents, et donc, en période d'inflation (variation relative de l'indice des prix à la consommation à la hausse), le chiffre (stock de fin de période) qui sera utilisé dans le bilan se rapprochera beaucoup plus de la réalité. Cependant, le coût des marchandises vendues sera calculé avec des articles plus anciens, ce qui biaisera les résultats trouvés à la hausse. Par le fait même, le bénéfice net sera lui aussi biaisé.

EXEMPLE 7.1

Un distributeur dans le secteur agroalimentaire possède au 1er septembre 400 boîtes de soupe aux tomates à 0,75 $ chacune. Au 7 septembre, il achète 500 boîtes à 0,80 $ chacune. Au 12 septembre, il vend 600 boîtes à 1,15 $ chacune. Puis, le 18 septembre, il achète 700 boîtes à 0,85 $ chacune. Finalement, le 24 septembre, il vend 300 boîtes à 1,20 $ chacune. Quelle est la valeur de son stock au 30 septembre et quel est le coût des marchandises qui ont été vendues ?

Stock initial	1er septembre :	400 boîtes à 0,75 $	= 300 $
Achat	7 septembre :	500 boîtes à 0,80 $	= 400 $
Vente	12 septembre :	600 boîtes à 1,15 $	= 690 $
Achat	18 septembre :	700 boîtes à 0,85 $	= 595 $
Vente	24 septembre :	300 boîtes à 1,20 $	= 360 $

Comme nous l'avons dit précédemment, le calcul du coût des marchandises vendues (CMV) se fait toujours selon les coûts les plus anciens. Dans ce cas-ci, le calcul du coût des marchandises vendues se fera comme suit. On considère la vente du 12 septembre selon les coûts les moins récents :

(400 boîtes × 0,75 $) + (200 boîtes × 0,80 $) = 460 $

On ne doit pas omettre la vente du 24 septembre :

300 boîtes × 0,80 $ = 240 $

Pour cette vente, il faut utiliser le coût de 0,80 $, car les unités à 0,75 $ sont épuisées. Donc, le coût des marchandises vendues est de :

$$460 \$ + 240 \$ = 700 \$$$

En ce qui a trait maintenant au stock final ou, si l'on veut, au stock de fin de période, il reste 700 boîtes de soupe en stock au 30 septembre, et ces boîtes correspondent à l'achat du 18 septembre. Le stock de fin de période est donc égal à :

$$700 \text{ boîtes} \times 0,85 \$ = 595 \$$$

La méthode du dernier entré, premier sorti

Selon la méthode d'évaluation des stocks du dernier entré, premier sorti, les articles que l'entreprise a reçus récemment sortiront de l'entrepôt les premiers. On peut voir que pour des articles qui ont une fréquence d'entrées et de sorties peu élevée, cette méthode peut engendrer de la désuétude et de l'obsolescence, ce qui risque de faire augmenter le coût de stockage. Contrairement à ce qu'on a observé avec la méthode du premier entré, premier sorti, cette méthode a pour effet de biaiser le calcul du stock de fin de période, car il est effectué avec des coûts plus anciens (toujours en période d'inflation). Par contre, le calcul du coût des marchandises vendues se rapproche plus de la réalité étant donné qu'il est fait avec des coûts assez récents. Si le coût des marchandises vendues n'est pas biaisé, il en sera de même pour le bénéfice net.

Cependant, le fisc canadien interdit l'utilisation de cette méthode, car le bénéfice net y est plus petit qu'avec les autres méthodes, de sorte que les entreprises paieraient moins d'impôts. En effet, si on calcule le coût des marchandises vendues (CMV) avec les coûts les plus récents, on aura par le fait même un CMV assez élevé. Comme le CMV est soustrait du chiffre d'affaires, on aura alors une marge bénéficiaire brute moins élevée et donc un bénéfice net moins élevé également, toutes choses étant égales par ailleurs.

Nous calculerons le CMV ainsi que le stock de fin de période avec cette méthode.

$$\text{CMV} = (600 \text{ boîtes} \times 0,85 \$) + (100 \text{ boîtes} \times 0,85 \$) +$$
$$(200 \text{ boîtes} \times 0,80 \$) = 755 \$$$
$$\text{Stock de fin de période} = (300 \text{ boîtes} \times 0,80 \$) + (400 \text{ boîtes} \times 0,75 \$) = 540 \$$$

Si on compare nos résultats entre les deux méthodes précédentes, on voit que le stock apparaissant au bilan avec la deuxième méthode est sous-évalué. De même, le coût des marchandises vendues avec la première méthode est sous-évalué et, par conséquent, le bénéfice net est surévalué.

La méthode du coût moyen

La méthode du coût moyen a pour but de trouver un coût unitaire moyen afin de déterminer le stock de fin de période qui sera inscrit au bilan et le coût des marchandises vendues qui sera inscrit à l'état des résultats. Pour ce faire, on utilisera la valeur du stock de début de période (stock initial), qui doit être une donnée connue, qu'on ajoutera à la valeur des achats effectués au cours de la période. La valeur trouvée sera divisée par les achats en unités, car on ne se préoccupe pas de la situation du stock après chaque mouvement. En faisant cette opération, on trouvera un coût unitaire moyen.

$$\text{Stock initial + achats} = (400 \text{ boîtes} \times 0,75 \text{ \$}) + (500 \text{ boîtes} \times 0,80 \text{ \$}) +$$
$$(700 \text{ boîtes} \times 0,85 \text{ \$}) = 1\,295 \text{ \$}$$
$$\text{Nombre d'articles achetés} = 1\,600 \text{ boîtes}$$
$$\text{Coût unitaire moyen} = 1\,295 \text{ \$}/1\,600 \text{ boîtes} = 0,809 \text{ \$/boîte} \sim 0,81 \text{ \$}$$

À partir de là, on peut évaluer le stock de fin de période ainsi que le coût des marchandises vendues.

$$\text{CMV} = (600 \text{ boîtes} + 300 \text{ boîtes}) \times 0,81 \text{ \$} = 729 \text{ \$}$$
$$\text{Stock de fin de période} = 700 \text{ boîtes} \times 0,81 \text{ \$} = 567 \text{ \$}$$

La méthode du coût moyen pondéré

La méthode du coût moyen pondéré ressemble étrangement à la méthode du coût moyen si ce n'est qu'au lieu de calculer un coût moyen global pour toute la période considérée, on calcule un coût moyen après chaque mouvement de stock. On doit donc pondérer le coût en fonction du nombre d'unités restantes et des différents coûts rattachés à ces unités. Voici de quelle façon on fait le calcul avec cette méthode.

Premièrement, il faut considérer le stock initial, soit :

$$400 \text{ boîtes} \times 0,75 \text{ \$} = 300 \text{ \$}$$

Par la suite, on considère le premier achat :

$$500 \text{ boîtes} \times 0,80 \text{ \$} = 400 \text{ \$}$$

Le nouveau coût moyen unitaire sera celui-ci :

$$700 \text{ \$}/900 \text{ boîtes} = 0,777 \text{ \$ l'unité} \sim 0,78 \text{ \$}$$

Si l'on considère maintenant la première vente, on aura :

$$600 \text{ boîtes} \times 0,78 \text{ \$} = 468 \text{ \$}$$

Il reste alors 300 boîtes. Le coût relié à ces boîtes est de 700 \$ − 468 \$ = 232 \$.

Le coût unitaire moyen est de 232 \$/300 boîtes = 0,77 \$ l'unité.

L'autre opération représente un achat de 700 boîtes à 0,85 $, soit un montant de 595 $.

Il y a donc en ce moment 1 000 boîtes de soupe dans le système, et le coût total relié à ces boîtes est de 232 $ + 595 $ = 827 $. Le coût unitaire moyen est donc le suivant :

$$827\,\$/1\,000 \text{ boîtes } = 0,827\,\$ \text{ l'unité } \sim 0,83\,\$$$

La dernière opération, qui est une vente de 300 boîtes de soupe, fera diminuer le nombre d'unités dans le système à 700. La vente des 300 boîtes se fera au dernier coût unitaire moyen, soit 0,83 $. On aura alors : 300 boîtes × 0,83 $ = 249 $. Le coût total dans le système est maintenant de 827 $ – 249 $ = 578 $.

Le dernier coût moyen unitaire sera évalué comme suit :

$$578\,\$/700 \text{ boîtes } = 0,826\,\$ \text{ l'unité } \sim 0,83\,\$$$

En fait, aucune méthode n'est meilleure qu'une autre. Cependant, il est important que l'entreprise conserve au fil des ans la méthode choisie pour pouvoir avoir une base de comparaison.

7.4 L'EMBALLAGE

L'emballage représente la façon de protéger les marchandises contre les irrégularités reliées au transport, à l'entreposage et à la manutention. Très souvent, quand on parle d'emballage, un terme est mentionné, soit le conditionnement. En fait, le conditionnement comprend l'emballage, l'action de mettre la marchandise dans l'emballage ainsi que le calage, qui est l'action d'utiliser une cale pour stabiliser le contenu d'un produit emballé et qui vise à protéger le contenu.

Même si l'emballage ne semble pas une des fonctions les plus importantes pour une entreprise, il demeure une fonction stratégique qui peut donner une plus-value au produit. La vision classique consistait à ne pas investir beaucoup d'argent dans l'emballage dans le but de ne pas augmenter substantiellement le coût de revient du produit. Cependant, un emballage adéquat peut devenir un facteur de succès pour l'entreprise et par le fait même faire augmenter significativement les revenus de cette dernière.

Par exemple, le contenant en carton de deux litres de certaines marques de jus de fruits constitue un emballage très attrayant. Il s'agit pour un gestionnaire d'investir un montant qui pourra être récupéré à moyen terme, c'est-à-dire sur une période d'un à trois ans.

Il existe quelques catégories d'emballage, comme l'emballage relié à l'entreposage, au transport et à la vente. Il va sans dire qu'un emballage peut être utilisé pour deux ou trois catégories.

7.4.1   L'emballage relié à l'entreposage

L'emballage relié à l'entreposage sert à protéger le produit contre les intempéries comme une variation de température ou encore les rayons ultraviolets du soleil. Les sangles en polyester s'assèchent et du même coup perdent de leur efficacité lorsqu'elles sont exposées trop longtemps au soleil. Pour cette raison, on doit les accrocher à un mur à l'abri du soleil ou les placer dans des boîtes en carton après l'utilisation. L'emballage relié à l'entreposage sert également à protéger le produit contre les bris dus à un accrochage ou à un manque d'attention. Ainsi, la fourche d'un chariot élévateur peut entrer en contact avec une boîte en carton renfermant des pièces en métal. Évidemment, la boîte en carton pourra être recyclée ; cependant, les pièces en métal resteront intactes si elles sont protégées. Finalement, lorsqu'on stocke des vêtements pour une assez longue période (de six à douze mois), on insère souvent dans les boîtes en carton ou dans les sacs en plastique des boules blanches de naphtaline (boules à mites) pour protéger les vêtements contre les insectes ou les petits rongeurs.

7.4.2   L'emballage relié au transport

L'emballage relié au transport permet de protéger un produit contre les chocs qui peuvent survenir lors de son transport. Cet emballage dépendra du type de produit, du nombre de transbordements effectués ainsi que de la variation climatique de l'origine à la destination, incluant les périodes d'arrêt et de stockage.

7.4.3   L'emballage relié à la vente

Habituellement, en ce qui concerne l'emballage relié à la vente, on fait appel à un comité présidé par le directeur du marketing ou de la publicité. En effet, on s'assurera que l'emballage sera des plus attrayants pour influencer le comportement d'achat des consommateurs. Comme ce type d'emballage risque d'être stocké et transporté, on veillera à le rendre encore plus protecteur.

Lors de la conception de l'emballage d'un produit, on devrait toujours penser à utiliser des matières recyclables. Par exemple, dans certains restaurants minute, on préférera employer un carton mince plutôt que du styromousse étant donné que cette dernière matière n'est pas recyclable. Comme on le sait, les matières recyclables permettent une réutilisation ; autrement, elles deviendront des déchets qui contribueront à remplir les sites d'enfouissement ou les incinérateurs.

Un autre facteur à considérer lors de la conception d'un emballage consiste à savoir si on désire avoir un emballage qui sera utilisé de nouveau ou qui sera abandonné. L'emballage que l'on peut réutiliser entraîne un coût de revient moins élevé si on considère les unités vendues. Cependant, l'acheteur devra tenir compte de l'espace additionnel nécessaire au stockage de cet emballage de même qu'à son entretien, car il subira des avaries en plus de l'usure.

Pour ce qui est de l'emballage qui sera abandonné, celui-ci a l'avantage d'être neuf et d'avoir par conséquent une présentation très soignée ; par contre, son prix d'achat s'avère plus élevé.

Bref, un emballage inadéquat peut entraîner des coûts exorbitants, comme le règlement d'un litige avec un transporteur ou un client ainsi que la perte d'un ou de plusieurs clients.

7.5 L'EXPÉDITION

Dans une entreprise, la fonction « expédition » est souvent jumelée avec la fonction « réception ». Le fait de la traiter séparément vise simplement à mieux illustrer ses caractéristiques.

Le préposé à l'expédition, soit l'expéditionnaire, fait sensiblement le même travail que le réceptionnaire, mais en sens contraire. L'expéditionnaire vérifie les quantités expédiées pour savoir si elles correspondent au bordereau d'expédition et au bon de commande du client. Il y a quelques années, une vérification de la qualité du produit expédié était effectuée. Cependant, avec l'avènement du contrôle après chaque poste de travail, la vérification détaillée du produit fini devient inutile. Quand tout est comme il se doit, l'expéditionnaire ou son assistant manutentionne le contenu de la commande dans l'unité de transport qui est arrivée au quai de chargement.

Les principes de l'expédition sont à peu près les mêmes que ceux de la réception. En effet, il faut réduire l'espace requis pour l'expédition en utilisant des accessoires permettant de stocker en hauteur le matériel devant être expédié. De plus, on doit faire le bon choix de l'unité de manutention servant à l'expédition afin de perdre le moins de temps et d'espace possible et d'éviter les accidents susceptibles d'endommager les produits.

RÉSUMÉ

Outre qu'il s'occupe de la quantité à commander et du moment propice pour passer une commande d'achat, un acheteur doit s'initier à des fonctions rattachées à la gestion des stocks. Parmi ces fonctions, il y a la réception du matériel commandé, qui requiert un certain contrôle quantitatif et qualitatif de la part de la personne affectée à la réception. Par ailleurs, la manutention des matériaux, que ce soit pour la fabrication des matières premières, des produits en cours, des produits d'entretien ou des produits finis, occupe une place importante dans une manufacture. Cette fonction est souvent négligée parce qu'il est difficile de lui attribuer un coût de revient par rapport au produit. La troisième fonction reliée à la gestion des stocks concerne l'entreposage proprement dit. On distingue trois types d'entreposage : l'entreposage fixe, l'entreposage aléatoire et une combinaison des deux.

La méthode du décompte cyclique permet de s'assurer de la justesse du niveau de l'inventaire. Cette méthode consiste à sélectionner un certain nombre d'articles que l'on compte. La sélection peut se faire de façon aléatoire. Habituellement, on considère l'importance pécuniaire des articles. Ainsi, plus un article est important, plus il sera décompté souvent.

L'emballage est une fonction cruciale pour une entreprise. Cette fonction a longtemps été négligée, car on ne voyait pas qu'elle pouvait apporter une plus-value au produit. Il existe une multitude de façons d'emballer des produits. Il faut considérer le type de produit pour déterminer un emballage adéquat.

La dernière fonction rattachée à la gestion des stocks est l'expédition des marchandises. Cette fonction suit sensiblement les mêmes principes que l'expédition des marchandises. Dans beaucoup d'entreprises, ces deux fonctions font partie d'un même service, car les opérations sont très souvent similaires, mais exécutées en sens contraire.

Questions

1. Quelles sont les principales fonctions rattachées à la gestion des stocks qu'un acheteur est susceptible d'effectuer dans l'entreprise ?

2. En quoi consiste la réception des stocks ?

3. Pourquoi la manutention des stocks est-elle souvent négligée dans l'entreprise comme facteur de coûts ?

4. Citez quatre événements occasionnant la manutention de matières dans l'entreprise.

5. Nommez les quatre grandes catégories d'équipements de manutention.

6. Trouvez cinq équipements divers de manutention utilisés dans l'entreprise.

7. Quels sont les trois types d'entreposage du matériel ? *p. 280*

8. Nommez deux avantages de l'entreposage fixe. *p. 280*

9. Nommez deux inconvénients de l'entreposage aléatoire.

10. Quelles sont les quatre principales méthodes d'évaluation des stocks ? *p. 286 à 288*

■■■■■ *Exercices d'apprentissage*

1. De quelle façon faudra-t-il faire la codification des articles dans un contexte où l'entreprise démarre ses activités si l'on sait qu'elle aura à gérer 1 750 articles différents et que de plus le procédé de production intègre 10 ateliers différents ?

2. Quels sont les avantages du code à barres dans la codification des articles d'un entrepôt ? *⁕ p.282*

3. Quel type de code à barres est utilisé par le supermarché de votre quartier ou de votre localité ?

4. Quelles différences y a-t-il entre un inventaire périodique et un inventaire permanent ? *p. 283-284*

5. « Le décompte cyclique est utilisé seulement lorsqu'on n'a aucun contrôle de l'inventaire. » Commentez cette affirmation. *Faux voir p. 284*

6. Nommez deux avantages et deux inconvénients rattachés au décompte cyclique.

7. Quelles sont les principales méthodes utilisées pour évaluer les stocks de fin de période ?

8. Qu'est-ce qui pourrait inciter une entreprise à utiliser davantage la méthode du premier entré, premier sorti au détriment de la méthode du dernier entré, premier sorti ? *p. 286*

9. Commentez l'affirmation suivante : « Il est inutile d'investir dans l'emballage d'un produit fini, car il n'ajoute absolument rien au produit. »

10. Quelles sont les similitudes entre la fonction «expédition» et la fonction «réception» du matériel dans une entreprise?

■■■□□ *Exercices de compréhension*

1. Qu'est-ce qu'un réceptionnaire devrait vérifier lorsqu'il reçoit cinq pilons de feuilles d'acier?

2. Avec quels équipements de manutention devrait fonctionner une usine de concassage du minerai?

3. Dans une usine où le matériel stocké est similaire d'un produit à l'autre quant à la nature du produit, à ses dimensions et à sa fréquence d'entrées et de sorties, quelle façon d'entreposer le matériel devrait être favorisée?

4. Dans le cas où il n'existe à peu près aucun contrôle dans l'entrepôt en ce qui a trait aux ressources humaines et matérielles, quel type de système d'inventaire devrait-on privilégier? Pourquoi?

5. Si l'entreprise possède 1 200 articles différents, mais que seulement 195 sont importants (classes A et B), quel sera le nombre d'articles à décompter si elle désire effectuer un décompte tous les mois? (Tenez pour acquis que les articles de classe C sont décomptés une fois par année, soit lors de l'inventaire physique.)

6. Déterminez le stock de fin de période ainsi que le coût des marchandises vendues avec les méthodes du premier entré, premier sorti, du dernier entré, premier sorti et du coût moyen pondéré si une entreprise possède au début de la période comptable, le 1er juillet, un stock de 120 000 $ constitué de 80 000 porte-clés d'une valeur de 1,50 $ chacun et qu'elle fait l'acquisition de 55 000 porte-clés au montant de 1,75 $ chacun le 4 juillet. Elle vend 30 000 porte-clés à 3,50 $ le 10 juillet. Par la suite, elle fait l'acquisition de 25 000 porte-clés au coût de 1,95 $ chacun le 14 juillet. Le 21 juillet, un spécialiste des marchés aux puces achète 20 000 porte-clés au montant de 3,00 $ chacun. Finalement, l'entreprise fait l'acquisition de 40 000 porte-clés au coût de 2,00 $ chacun le 24 juillet.

7. Quel type d'emballage (conditionnement) utiliseriez-vous pour transporter des feuilles de verre plat de la région de Québec à la Belgique?

■■■■□ *Exercices de recherche*

1. Vérifiez dans une entreprise située près de chez vous si le réceptionnaire effectue bel et bien un contrôle quantitatif et qualitatif du matériel reçu. Quel type de contrôle qualitatif effectue-t-il?

2. Comparez l'espace utilisé par un entrepôt fonctionnant selon un entreposage aléatoire et par un entrepôt géré selon un entreposage fixe dans le cas d'entreprises faisant affaire à proximité de chez vous. Que remarquez-vous?

3. Énumérez trois façons de codifier les articles dans des entreprises œuvrant près de chez vous.

4. Expliquez en détail comment le décompte cyclique s'effectue dans une entreprise située à proximité de chez vous.

5. Après avoir rencontré le directeur des approvisionnements d'une entreprise quelconque, nommez la méthode qu'il utilise pour évaluer les stocks et énoncez les raisons pour lesquelles il utilise cette méthode plutôt qu'une autre.

 *Cas*

L'entrepôt de néons

Josée Tanguay, la nouvelle acheteuse de la firme Les Luminaires Soleil ardent, vient de se voir confier la responsabilité de déterminer la façon optimale de faire l'entreposage des ampoules et des néons que l'entreprise stocke pour combler les besoins de ses clients. Elle doit cependant tenir compte du fait qu'elle dispose de très peu d'espace. Les néons sont des produits relativement fragiles. De plus, les types de produits sont disparates quant à leurs dimensions et à leur stabilité face au stockage.

Question

Si vous étiez à la place de Josée Tanguay, quelle décision prendriez-vous en sachant que la majorité des fournisseurs sont à proximité et qu'il est assez facile de donner suite aux demandes des clients?

8

La distribution

Objectif général

Reconnaître l'importance de la distribution
dans une entreprise.

Objectifs spécifiques

◆ Nommer les principales chaînes de distribution.

◆ Se familiariser avec les principaux modes de transport.

◆ Connaître les avantages et les inconvénients rattachés
à chaque mode de transport.

◆ Décrire les facteurs de décision quant au mode à privilégier
pour une situation donnée.

◆ Définir les principales conditions de transport.

◆ Connaître les rudiments des achats internationaux.

L'approvisionnement et la distribution chez Denharco

Entreprise québécoise fondée en 1991, Denharco inc. est le résultat de la fusion entre Harricana Métal inc. et Équipements Denis inc. Forte de plus de trente-cinq ans d'histoire et d'innovation, Harricana Métal était déjà connue comme un pionnier dans la mécanisation des opérations forestières au Canada.

Denharco se spécialise dans la conception, la production et la mise sur le marché d'accessoires de récolte forestière. L'équipe de Denharco-Distribution, Division pièces a développé le sens de l'urgence ainsi que le souci d'assurer au client le meilleur rendement. De plus, elle offre une formation qui permet au client de bénéficier du plein rendement de ses produits.

Données de base

La distribution et la vente de pièces représentaient plus de 40 % des activités de vente de Denharco en 1998. Les activités d'exportation de Denharco la conduisent en Afrique, en Amérique, en Asie, en Europe et en Océanie. Pour ce qui est des standards de qualité, elle possède la certification ISO 9001 et un plan de gestion de la qualité totale. Enfin, Denharco a des installations à Woodland (Washington) et à Tuscaloosa (Alabama).

Chez Denharco-Distribution, Division pièces, le service à la clientèle ne doit accepter aucun compromis sur l'excellence. La philosophie de Denharco est « la qualité pour un lendemain sans frontière », et ce à tous les niveaux.

La distribution constitue un partenariat à la fois avec des clients et avec des fournisseurs. Elle doit permettre de réduire aussi bien les coûts d'exploitation que les frais de gestion.

Dans toutes les décisions d'achat et d'entreposage, il faut tenir compte de plusieurs éléments. Ainsi, il faut assurer un niveau de service supérieur à des clients qui pratiquent souvent le juste-à-temps. De plus, il faut améliorer continuellement la rotation de l'inventaire en même temps que le niveau de service et la marge de profits. Finalement, la distribution permet à l'entreprise de développer de nouveaux marchés, d'être compétitive et de mesurer le rendement de son service pour se dépasser continuellement.

Bien sûr, pour aller au-delà des frontières, Denharco-Distribution, Division pièces doit aussi entreposer et sélectionner les produits selon ses marchés. Elle doit assurer l'entretien d'équipements forestiers avec des pièces d'origine, pour un meilleur rendement.

Normand Pâquet
Directeur général distribution
Division pièces

Le caractère ne peut se former dans la facilité et la quiétude.
Seules l'épreuve et la souffrance peuvent fortifier l'âme,
éclaircir la vision, stimuler les ambitions et mener au succès.

Helen Keller

INTRODUCTION

La distribution est l'action de faire passer un produit de l'entrepôt d'une entreprise manufacturière ou du centre de distribution à un grossiste, à un détaillant, à un centre de distribution secondaire ou encore au client directement.

8.1 LES CHAÎNES DE DISTRIBUTION

Comme on peut le constater dans la définition précédente, il existe plusieurs destinataires dans le domaine de la distribution. Le circuit de distribution le plus simple est la chaîne de distribution directe, qui consiste à livrer le produit de l'entrepôt du fournisseur au client directement. Cette façon de faire est de plus en plus en vogue, surtout depuis l'avènement de la philosophie de gestion du juste-à-temps, où les fournisseurs n'ont souvent pas d'autre choix que de livrer tout de go aux clients afin de respecter les ententes établies au préalable.

Un autre type de chaîne de distribution consiste à livrer les produits prêts à la consommation chez un grossiste, qui les fera parvenir à des détaillants, qui, eux, les vendront aux consommateurs. Un manufacturier choisira souvent ce moyen dans le but d'élargir son marché, c'est-à-dire d'obtenir une visibilité plus grande. Par exemple, un manufacturier de patins à roues alignées de l'ouest de Montréal pourrait avoir un grossiste à Montréal-Est et un autre à Québec, en plus de compter des détaillants dans les différentes régions du Québec. L'avantage principal de ce type de chaîne de distribution porte sur le service après-vente. En effet, les pièces de rechange peuvent se retrouver chez les détaillants locaux. En ce qui a trait aux réparations diverses, le même principe s'applique. Par contre, l'inconvénient majeur de ce type de chaîne de distribution se trouve dans le prix que doit payer le consommateur.

Plus la chaîne de distribution est importante quant au nombre d'intermédiaires, plus le consommateur aura un gros montant à payer au bout de la chaîne, car chaque intervenant prendra sa marge de profit.

Il existe aussi des chaînes de distribution qui font intervenir le manufacturier, un grossiste et le consommateur tout de suite après, ou encore le manufacturier, des détaillants et le consommateur. Ces chaînes ressemblent à la chaîne de distribution précédente, sauf qu'il y a moins d'intervenants dans le système.

De même, on rencontre souvent des courtiers en distribution qui agissent comme des intermédiaires entre le manufacturier et les détaillants ou les

FIGURE 8.1

Les différentes chaînes de distribution

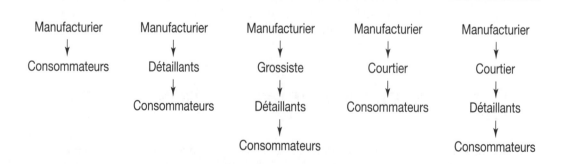

consommateurs. La plupart du temps, ces courtiers ont une grande expérience du marché et disposent d'un bon réseau de relations qui facilitent les transactions. Leur entrepôt se trouve fréquemment dans une partie de leur résidence.

La figure 8.1 présente différentes chaînes de distribution.

Une fois qu'on connaît les différents intervenants de la chaîne de distribution, on doit déterminer les moyens qui permettront de mener à bien la distribution. En fait, toutes les façons de faire du transport peuvent assurer la distribution, que ce soit la marche à pied, la bicyclette, le pousse-pousse, l'avion, le train, le chameau, le cheval, la voiture ou le camion!

8.2   LE TRANSPORT

Le transport est le fait de se déplacer d'un point X à un point Y. Pour les besoins de ce livre, nous nous attarderons sur les cinq principaux modes de transport, soit le transport routier, le transport ferroviaire, le transport aérien, le transport maritime et le transport par pipeline.

Avant d'aborder les modes de transport proprement dits, rappelons que l'industrie du transport a connu de grandes modifications depuis 1987, année de la déréglementation de tous les modes de transport. Depuis 1988, les transporteurs font face à moins d'embûches. Par exemple, dans le transport routier, un individu apte à conduire un tracteur avec semi-remorque peut se voir octroyer son permis de classe 1, ce qui est de nature à l'inciter à investir dans l'achat d'un camion et, par le fait même, à fonder sa propre entreprise. Ce contexte n'est pas hypothétique ; au contraire, il s'est matérialisé souvent dans l'industrie, ce qui a entraîné une baisse des coûts relativement importante et donc une marge de profit plutôt maigre. Plusieurs gros transporteurs routiers dont le pourcentage de coûts fixes est important par rapport à leurs coûts totaux n'apprécient guère cette situation. De plus, étant donné que le permis de classe 1 permettant de conduire ce type de véhicule est assez facile à obtenir, plusieurs transporteurs autonomes qui n'avaient quasiment aucune connaissance en gestion ont fait faillite.

8.2.1   Le transport routier

Le transport routier est sans l'ombre d'un doute le mode de transport le plus flexible. Effectivement, un expéditeur qui veut faire parvenir un bien à un destinataire par la route peut le faire parvenir directement chez ce dernier, contrairement à ce qu'on trouve dans les autres modes de transport, qui sont limités par leur infrastructure. Le transport routier est également, parmi les cinq modes, le plus populaire. Ainsi, on assiste à un développement prolifique des infrastructures routières depuis les années 1960. Le transport routier est également rapide, si on le compare avec le transport ferroviaire ; c'est d'ailleurs ce qui a fait perdre des plumes à ce dernier mode de transport à la fin du XXe siècle. De plus, avec l'apparition du juste-à-temps, les gestionnaires sont souvent pressés par le temps et ils ne désirent pas nécessairement recevoir un convoi de matières premières ou de composantes qui surchargerait leur lieu d'entreposage.

Selon une règle empirique dans l'industrie du transport routier, ce dernier est rentable sur une distance inférieure à 1 600 kilomètres (l'équivalent de la distance séparant Québec de Thunder Bay). Au-delà de ce seuil, le transport ferroviaire devrait être envisagé.

Il existe une multitude de règlements concernant le transport routier, comme les normes de masses et de dimensions, les heures de conduite et de repos, la vérification mécanique des véhicules, les droits d'immatriculation, les taxes sur le carburant, le connaissement, la sécurité routière ou les permis pour pouvoir circuler. De plus en plus, les gouvernements parlent d'harmonisation pour la plupart de ces règlements, ce qui permettra un allègement du point de vue administratif.

Le transport routier englobe plusieurs usages. Ainsi, on peut transporter du carburant (dans une citerne), des matières lourdes (dans un fardier), des matières dangereuses, des déchets dangereux, des explosifs, du verre, du gravier, du bois, etc. On peut également faire des déménagements.

Il est utile de connaître le langage utilisé dans le domaine du transport routier. Ainsi, quand un camion est rempli, on dit qu'il forme une charge entière, qu'on appelle *truck load* (TL) dans l'industrie. Toutefois, il arrive fréquemment qu'un expéditeur ne remplisse pas toute une semi-remorque lors d'un envoi. Le transporteur accepte alors une charge partielle ou un lot brisé (*less than truck load* ou LTL). Au Québec, la gestion LTL est très fréquente. La gestion de ces deux types de chargement est très différente, car elle n'implique pas le même nombre d'intermédiaires. Ainsi, il est beaucoup plus simple pour un transporteur routier de gérer des charges entières que des lots brisés.

Quand un expéditeur, que ce soit un manufacturier ou un distributeur, demande les services d'un transporteur pour une expédition quelconque, ce dernier fait signer un contrat, ou connaissement (*bill of lading*), qui lie l'expéditeur, le destinataire et le transporteur. Un connaissement comprend habituellement le nom et l'adresse de l'expéditeur, le nom et l'adresse du consignataire, la description de la marchandise, la quantité transportée, le poids, le volume, les conditions de transport, la valeur déclarée dans le cas de produits de

FIGURE 8.2
Un exemple de connaissement

CONNAISSEMENT NON NÉGOCIABLE
BILL OF LADING NOT NEGOTIABLE

Nº RÉFÉRENCE DU CLIENT	DATE	Nº DE REMORQUES	AUTO-COLLANT

SHIPPER / EXPÉDITEUR

Nom/Name

Adresse/Address

Ville/City Code postal / Postal code

CONSIGNEE / DESTINATAIRE

Nom/Name

Adresse/Address

Ville/City Code postal / Postal code

OU FACTURÉ À / OR INVOICED TO

Nom/Name

Adresse/Address

Ville/City Code postal / Postal code

L'EXPÉDITEUR SERA RESPONSABLE DES INFRACTIONS ET DES AMENDES DÉCOULANT DES SURCHARGES TOTALES ET/OU AXIALES.
SHIPPER WILL BE LIABLE FOR OFFENCES AND FINES RESULTING OVERLOADING ON TOTAL WEIGHT AS WELL AS PER AXLE WEIGHT.

Nom du transporteur / Name of carrier

- TRANSPORT GUILBAULT ☐
- TRANSPORT GUILBAULT CANADA ☐
- TRANSPORT VICTOR ☐
- TRANSPORT THÉBERGE ☐
- TRANSPORT LARIVEX USA ☐
- THÉBERGE EXPRESS INC ☐

Reçu au point d'origine, à la date et de l'expéditeur mentionné aux présentes les marchandises ci-après décrites en bon état apparent (le contenu des colis et sa condition étant inconnus) marqués, contresignées et destinées tel que ci-après mentionné, que le transporteur consent à transporter et à délivrer à leur consignataire au point de destination si ce point se trouve sur la route qu'il est autorisé à desservir sinon à faire transporter et délivrer par un autre transporteur autorisé à ce faire et ce, aux taux et à la classification en vigueur à la date de l'expédition.
Il est mutuellement convenu que chaque transporteur transportant les dites marchandises en tout ou en partie sur le parcours entier ou une portion quelconque de celui-ci jusqu'à destination et que tout intéressé à la dite expédition pour tout service à effectuer en vertu des présentes est sujet à toutes les conditions imprimées ou écrites non prohibées par la loi, incluant les conditions contenues au verso des présentes qui sont acceptées par l'expéditeur pour lui-même et ses ayants-droit.

Received at the point of origin on the date specified, from the consignor mentioned herein, the property herein described, in apparent good order, except as noted (contents and conditions of contents of package unknow) marked, consigned and destined as indicated below, which the carrier agrees to carry and to deliver to the consignee at the said destination, if on its own authorized route or otherwise to cause to be carried by another carrier on the route to said destination, subject to the rates and classification in effect on the date of shipment.
It is mutually agreed, as to each carrier of all or any goods over all of any portion of the route to destination, and as to each party of any time interested in all or any of the goods, that every service to be performed hereunder shall be subject to all the conditions not prohibited by law, wether printed or written, including conditions on back hereof, which are hereby agreed by the consignor and accepted for himself and his assigns.

VALEUR DÉCLARÉE/DECLARED VALUATION: $

BIENS DE GRANDE VALEUR: À DÉFAUT D'AUTRE MONTANT, 4,41$ PAR KILOGRAMME REPRÉSENTE LA VALEUR DÉCLARÉE PAR L'EXPÉDITEUR POUR LES MARCHANDISES DÉCRITES AU PRÉSENT CONNAISSEMENT. L'EXPÉDITEUR RECONNAÎT QU'EN CAS DE PERTE, LA RESPONSABILITÉ DU TRANSPORTEUR NE POURRA EXCÉDER CETTE VALEUR DÉCLARÉE, CALCULÉE UNIQUEMENT SUR LA PARTIE PERDUE OU ENDOMMAGÉE DE L'EXPÉDITION.

PROPERTY OF GREAT VALUE: IF NO OTHER AMOUNT IS DECLARED, 4,41$ PER KILO REPRESENTS THE VALUATION DECLARED BY THE SHIPPER FOR THE GOODS DESCRIBED IN THE PRESENT BILL OF LADING AND THE SHIPPER ACKNOWLEDGES THAT IN CASE OF LOSS, THE LIABILITY OF THE CARRIER WILL NOT EXCEED SUCH DECLARED VALUATION, CALCULATED SOLELY ON THE LOST OR DAMAGED PORTION OF THE SHIPMENT.

Nombre et type de paquets / Number and type of packages	Description des marchandises, marques et particularités / Particulars of goods, marks and exceptions	Poids / Weight		Taux / rate	Montant / Amount
		Livres	Kilos		
	PALETTES / PALLETS				
	BOÎTES / BOXES				

FRAIS DE TRANSPORT / FREIGHT CHARGES

À percevoir / Collect ☐
Payés d'avance / Prepaid ☐

Les frais seront à la charge de l'expéditeur à moins d'avis contraire.
Freight charges will be undertaken by shipper unless marked otherwise.

ENVOI CONTRE REMBOURSEMENT / C.O.D. SHIPMENT

Frais de recouvrement / Collection charges

À percevoir / Collect ☐
Payés d'avance / Prepaid ☐

SELON L'ÉTAT DE LA MARCHANDISE L'ENVOI EST AUX RISQUES DE L'EXPÉDITEUR OUI ☐ NON ☐

ESPACE REQUIS PAR L'EXPÉDITEUR / SPACE REQUIRED BY SHIPPER

☐ 1/4 ☐ 1/2 ☐ 3/4 PLEINE REMORQUE / TOTAL TRAILER: ☐ 45' ☐ 48' ☐ 53'

C.O.D. / C.R.

Montant / Amount	
Droits / Fees	
Somme / Total	

De / From

À / To

DÉCLARATION DE TRANSPORT DE MATIÈRES DANGEREUSES / DANGEROUS GOODS - DESCRIPTION

Numéro de la classe / Class number: Plaques requises / Placards required:

Identif. des marchandises / Goods identification:

Téléphone urgence / Emergency telephone:

TEMPS REQUIS POUR LA MANUTENTION / TIME REQUIRED FOR HANDLING: **Nº VÉHICULE / UNIT NO.:**

Entente spéciale entre l'expéditeur et le transporteur, y faire référence
Special agreement between consignor & carrier, advise here

TEMPS DE CUEILLETTE ET LIVRAISON / PICK UP AND DELIVERY TIME

Cueillette / P/U: Début / Start:
Arrivée / Arrival: Fin / End:

État apparent des marchandises / Visible freight's condition
Bon / Good ☐ Mauvais / Bad ☐

Livraison / Delivery: Début / Start:
Arrivée / Arrival: Fin / End:

AVIS DE RÉCLAMATION
a) Le transporteur n'est pas responsable de pertes, de dommages ou de retards aux marchandises transportées qui sont décrites au connaissement, qu'à la condition qu'un avis écrit précisant l'origine des marchandises, leur destination, leur date d'expédition et le montant approximatif réclamé en réparation de la perte, des dommages ou du retard ne soit signifié au transporteur initial ou au transporteur de destination, dans les soixante (60) jours suivant la date de la livraison des marchandises ou dans les cas de non-livraison, dans un délai de neuf (9) mois suivant la date de l'expédition.
b) La présentation de la réclamation finale accompagnée d'une preuve du paiement des frais de transport doit être soumise au transporteur dans un délai de neuf (9) mois suivant la date de l'expédition.

NOTICE OF CLAIM
a) No carrier is liable for loss, damage of delay to any goods carried under the Bill of lading unless notice thereof setting out particulars of the origin, destination and date of shipment of the goods and the estimated amount claimed in respect of such loss, damage or delay is given in writing to the originating carrier of the delivering carrier within sixty (60) days after the delivery of the goods or, in the case of failure to make delivery, within nine (9) months from the date of shipment.
b) The final statement of the claim must be filed within nine (9) months from the date of shipment together with a copy of the paid freight bill.

Expéditeur / Consignor Date: Par / Per	Transporteur / Carrier: Date: Par / Per:	NBRE(S) CAISSE(S) REÇUE(S)	Consignataire / Consignee: Date: Par / Per:	N.B. VOIR LES CONDITIONS AU VERSO N.B. NOTE CAREFULLY CONDITIONS ON BACK HEREOF

INDIQUEZ PAR UN "X" SI LA QUANTITÉ REÇUE NE PEUT ÊTRE VÉRIFIÉE ☐

Beauceville (418) 774-9837 — **Seguenay - Lac St-Jean** (418) 543-9488
Montréal Adm.: (514) 527-4571 Cueil.: (514) 521-1131
Québec Adm.: (418) 681-0575 Cueil.: (418) 681-4111
Sherbrooke (819) 563-2341 — **Trois-Rivières** (819) 375-7373
Baie-Comeau — **Sept-Îles** (418) 589-2731 1-800-463-2655
Montmagny (418) 248-1442 — **Rimouski** (418) 724-4050
Gatineau (819) 663-7718 — **Ottawa (Ont.)** (819) 777-9665
Toronto (T.L.) (416) 251-2233 — **Larivex, Mtl** (514) 523-0056
Matane (418) 562-1512 — **New Richmond** (418) 392-4510 — **Moncton** (506) 859-6120

grande valeur si on désire être assuré en conséquence et les instructions spéciales à respecter dans le cas de matières fragiles ou dangereuses (voir la figure 8.2, p. 303).

Le connaissement est fait en trois copies : une copie va à l'expéditeur, une deuxième va au transporteur et une troisième au destinataire. C'est une forme de contrat qui introduit une tierce partie, en l'occurrence le transporteur. Ce transporteur enverra par la suite, soit au destinataire où à l'expéditeur tout dépendant de l'entente conclue en ce qui a trait au paiement des frais de transport, une facture qui confirmera les conditions du connaissement et comprendra le tarif accordé. Une copie de facture de transport est présentée à la figure 8.3.

FIGURE 8.3

Un exemple de copie de facture de transport

435, FARADAY, SAINTE-FOY, QC G1N 4G6
TÉL.: 418-681-0575 TÉLÉCOPIEUR: 418-681-9198

DUPLICATA

N° CIE	N° FACTURE - PROBILL NO.

DATE	CONNAISSEMENT - B/L	CUEILLETTE	TRANSFERT	FACT.	TARIF.	ORIG.	DEST.	CATEG.	CONSOLIDATION	À PERCEVOIR COLLECT	PORT PAYÉ PREPAID

EXPÉDITEUR ET ADRESSE - SHIPPER AND ADDRESS

CONSIGNATAIRE ET ADRESSE - CONSIGNEE AND ADDRESS

FACTURER AUTRE QUE EXPÉDITEUR / CONSIGNATAIRE - BILL TO OTHER THAN SHIPPER / CONSIGNER

JCT. ORIG.	TRANSPORTEUR D'ORIGINE - CONNECTING CARRIER	N° PRO	PORTION D'ORIGINE	VALEUR DÉCLARÉE	C.O.D.
JCT. DEST.	TRANSPORTEUR DESTINATION - BEYOND CARRIER	N° PRO	PORTION DESTINATION	NOTRE PART	

QTÉ	DESCRIPTION	POIDS - WEIGHT	L-K	COMME - AS	L-K	CODE	TAUX - RATE	L-K	TOTAL	F/P

N° TPS / GST
N° TVQ / PST

FRAIS ADMINISTRATIFS DE 2% PAR MOIS SUR TOUTES LES FACTURES PASSÉES 30 JOURS (26.82% ANNUELLEMENT)
ADMINISTRATIVE FEES OF 2% PER MONTH ON ALL INVOICES AFTER 30 DAYS (26.82% ANNUALLY)

TOTAL

8.2.2 Le transport ferroviaire

Le transport ferroviaire est le mode de transport qui a fait du Canada ce qu'il est aujourd'hui quant à son peuplement. Il a permis d'unifier toutes les provinces depuis le début de sa construction au XIXe siècle. Avant les années 1950, le transport ferroviaire était le mode de transport le plus utilisé au Canada (les clients étaient attirés par l'ampleur du réseau ferroviaire). Malheureusement, dans les années 1950, une importante grève s'est produite, ce qui a provoqué le développement des autres modes de transport, en particulier du transport routier.

Grâce au transport ferroviaire, on peut transporter de grandes quantités de marchandises sur de longues distances, et ce sur le même continent. Il suffit de penser au blé des Prairies ou encore au charbon. Il existe différents types de wagons pouvant convenir à tous les expéditeurs, que ce soit les expéditeurs de minerai, de blé, d'automobiles, de pétrole ou de toute autre matière transportable.

Le transport ferroviaire est cependant limité aux réseaux de voies ferrées, ce qui le rend beaucoup moins flexible que le transport routier. Cependant, de plus en plus d'entreprises possèdent un embranchement privé, c'est-à-dire un tronçon de voie ferrée relié au quai de déchargement.

Si on dresse un portrait de l'industrie ferroviaire canadienne, on s'aperçoit que la concurrence est établie surtout entre deux géants, le Canadien National (CN) et le Canadien Pacifique (CP). Ces entreprises essaient de s'acheter mutuellement des tronçons ou encore de vendre des tronçons jugés non rentables aux entreprises privées afin de diminuer la dette accumulée au fil des ans. Ces tronçons vendus deviennent des chemins de fer à intérêt local. Certaines municipalités achètent ce genre de tronçons, puis élaborent des projets d'urbanisme, comme des pistes cyclables (Cabano-Edmundston). L'avenir n'est pas rose pour l'industrie ferroviaire, surtout si l'on considère des déclarations comme celle qu'a faite le président du CN, Paul Tellier, qui mentionnait qu'un licenciement d'environ 11 000 employés serait une réalité d'ici l'an 2000 de manière à réduire le déficit accumulé depuis des années et à accroître la compétitivité du chemin de fer par rapport aux autres modes de transport, notamment le transport routier.

8.2.3 Le transport maritime

Le transport maritime est le mode de transport le plus ancien. Les premiers colons arrivèrent en Amérique par la mer. Ils transportaient leur nourriture ainsi que de la marchandise pouvant assurer leur survie.

Il existe deux catégories de transport maritime, soit le transport fluvial et côtier, qui représente les mouvements maritimes à l'intérieur d'un pays (le cabotage), et le transport maritime international, qui, comme son nom l'indique, représente les mouvements internationaux.

Le Canada possède une voie maritime stratégique pour le commerce international : il s'agit de la Voie maritime du Saint-Laurent. Toute embarcation provenant d'Europe, d'Afrique, d'Asie ou d'Océanie dont la destination est le Canada passera nécessairement par la Voie maritime du Saint-Laurent. Celle-ci est composée de 17 écluses de Québec à Sault-Sainte-Marie et elle s'avance jusqu'au cœur du continent, soit à Thunder Bay. Son étendue lui confère son importance.

Le principal avantage du transport maritime est qu'il permet de transporter énormément de marchandises. En effet, certaines embarcations peuvent prendre jusqu'à 250 000 tonnes de matières. Le coût unitaire de ce transport est relativement bas. Cependant, un expéditeur qui utilise ce mode de transport doit tenir pour acquis que sa marchandise ne pourra être livrée le lendemain. Une expédition maritime en provenance d'Europe peut prendre de deux semaines à plusieurs mois pour arriver à bon port, ce qui implique que l'acheteur doit planifier convenablement son stock dans le but de ne pas connaître de rupture de stock.

On aura tendance à privilégier ce mode de transport dans les cas où il y a beaucoup de matières à transporter et où cette marchandise a un coût unitaire relativement bas, comme la soie de Chine ou le lin d'Asie.

8.2.4 Le transport aérien

Le transport aérien est le mode de transport le plus rapide. On peut facilement envisager de recevoir une enveloppe contenant des documents confidentiels le lendemain de son envoi, même si cette enveloppe provient de Sydney en Australie. Il faut cependant considérer que le prix d'une expédition aérienne est beaucoup plus élevé que celui de toute autre forme d'expédition. Encore ici, « le temps, c'est de l'argent ». L'acheteur devra se rappeler cet adage lors de ses transactions.

Le type de matière transportée par air a un coût unitaire assez élevé (produit à haute valeur ajoutée), comme les lingots d'or ou les animaux de reproduction.

Il se peut également qu'un produit de consommation courante fasse l'objet d'une expédition aérienne, par exemple dans le cas d'une urgence.

Le transport aérien est moins flexible que le transport routier, en ce sens qu'une fois arrivée à l'aéroport la marchandise doit emprunter un autre mode de transport pour se rendre à destination. De même, elle doit souvent être dédouanée si elle provient d'un autre pays.

8.2.5 Le transport par pipeline

Le transport par pipeline est utilisé surtout pour les matières liquides, comme le pétrole brut, le gaz naturel et l'essence[1]. Il peut également être employé pour certains solides granulaires, comme le minerai concassé, à condition qu'ils soient propulsés à l'aide d'une pompe. À la rigueur, on pourrait considérer le transport de l'électricité comme faisant partie du mode de transport par pipeline. En effet, les câbles électriques, qui transportent des électrons, s'apparentent aux tuyaux qui transportent un liquide. Ce mode de transport est de plus en plus utilisé au Québec. Depuis quelques années, on effectue l'excavation de lignes de plusieurs kilomètres de long dans le but de rendre le gaz naturel accessible aux entreprises, qui sont de plus en plus conscientes des problèmes environnementaux. Le gaz naturel étant moins nocif pour l'environnement que l'essence, les entreprises peuvent l'utiliser comme combustible pour chauffer leurs entrepôts ou encore comme source d'énergie dans un procédé de production.

Le transport par pipeline représente le mode de transport qui offre le coût unitaire le plus bas parmi les cinq modes de transport que nous avons décrits. Il est cependant limité à certains types de produits, sans compter que les installations de tuyauterie ne sont pas présentes dans toutes les municipalités. De plus, les coûts d'entretien reliés à ce mode de transport ne sont pas négligeables. Il faut faire une vérification continuelle de la pression exercée dans le circuit, laquelle doit être assez constante pour éviter les blocages intérieurs ou les débris risquant de s'accumuler sur les parois de la conduite.

Les perspectives d'avenir quant aux cinq modes de transport sont variables. En effet, depuis quelques années, les gouvernements fédéral et provinciaux effectuent une rationalisation (lire «des compressions») plutôt draconienne, qui touche toute l'industrie du transport. Le transport routier demeure toutefois un secteur de pointe où les indicateurs économiques ne vont pas en diminuant (voir la figure 8.4, p. 308).

---

1. Le pipeline qui transporte du gaz naturel ou de l'essence est un gazoduc. Celui qui transporte du pétrole s'appelle un oléoduc.

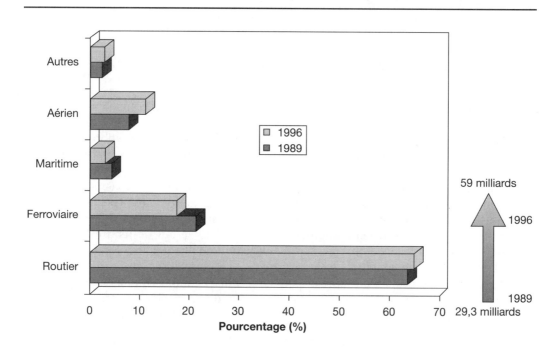

Source : Bureau de la statistique du Québec (compilation de Gilles Gonthier).

8.2.6 Le recours à plusieurs modes de transport (l'intermodalité)

La plupart des entreprises qui veulent diminuer leurs dépenses rattachées au transport utilisent plusieurs modes de transport (ou intermodalité) pour acheminer leurs produits ou pour les recevoir. La façon la plus connue est sans doute le ferroutage (*piggyback*), qui consiste à prendre la semi-remorque attachée à un tracteur routier et à la placer sur un wagon plat de train pour le reste du trajet. Une fois la semi-remorque rendue à destination, l'opération inverse est effectuée. Cette façon de faire est très utilisée dans les cas où une entreprise québécoise envoie un camion complet dans l'ouest du Canada.

Il y a aussi le transport roulier (*fishyback*), qui ressemble au ferroutage, si ce n'est que les modes de transport utilisés sont le transport routier et le transport maritime. De même, il y a la combinaison du transport aérien avec le transport routier (*air truck*).

Il arrive fréquemment qu'une expédition utilise plus de deux modes de transport différents. Par exemple, si une entreprise de fabrication d'automobiles d'Oshawa veut expédier ses produits finis en Israël, il est probable que le transport routier sera utilisé jusqu'à la première voie ferrée accessible. Par la suite, le train circulera jusqu'au port de Halifax. Finalement, le transport maritime reliera les deux continents. Une fois atteint le port le plus près de la destination, on effectuera les opérations inverses, c'est-à-dire qu'à partir du port on utilisera la voie ferrée, s'il y a lieu, ou le transport par camion.

8.3 LE CHOIX D'UN OU DE PLUSIEURS MODES DE TRANSPORT

Une décision sur laquelle un acheteur doit se pencher fréquemment concerne le mode de transport qui optimisera les coûts. Cette décision n'est pas toujours facile à prendre. En effet, il existe une multitude de facteurs que l'on doit considérer avant de prendre ce genre de décision ; le tableau 8.1 illustre les principaux facteurs.

TABLEAU 8.1
Les facteurs de décision quant au choix d'un mode de transport

• Nature du produit à transporter ✓	• Dimensions du produit ✓
• Poids du produit	• Densité du produit
• Coût du produit	• Destination ✓
• Délai de livraison ✓	• Conditions de transport
• Présence de matières dangereuses	• Chauffage
• Réfrigération	• Modalités de paiement
• Valeur unitaire du produit	• Type de service désiré
• Pratique du juste-à-temps par le client	

Il est facile d'imaginer que si on doit transporter des pur-sang pour une compétition donnée, le mode de transport utilisé différera de celui auquel on recourra pour mener à destination un lot de tuiles de toiture en provenance d'Espagne. De même, l'expédition de revues européennes au Canada n'empruntera pas le même mode de transport que des conteneurs de boîtes de conserve.

8.4 LE COÛT DE DISTRIBUTION

Un bien acheté au point d'origine à un prix de 100 $ n'aura plus la même valeur à destination, car le transport ajoutera à ce prix. La valeur commerciale du transport varie entre deux extrêmes : la valeur minimale et la valeur maximale. La valeur minimale représente le coût généré par l'activité elle-même. Quant à la valeur maximale, elle repose sur la nature du produit à transporter, sur la difficulté d'atteindre certains lieux ou sur la demande plus forte de livraison dans certaines régions. En effet, dans le domaine du transport, il y a des corridors forts (à fort débit) et des corridors faibles (à faible débit). Le fait de transporter la même quantité de marchandises et le même poids dans le corridor Montréal-Toronto n'aura pas le même coût que si ce transport est effectué dans le corridor Montréal-Rimouski, ces deux corridors ayant pourtant à peu près la même longueur.

EXEMPLE 8.1

Récemment, un acheteur a reçu la proposition de prix de transport routier suivante :

- Transport d'une charge complète de camions de Chicago à Montréal : 1 100 $
- Transport d'une charge complète de camions de Montréal à Chicago : 1 450 $

À l'appui de sa proposition, le fournisseur indique que la fréquentation du corridor Montréal-Chicago est tellement importante qu'il est considéré comme un corridor à fort débit, et qu'à ce titre la relation entre l'offre et la demande commande un prix pour l'aller de 1 450 $. Par contre, comme il y a moins de mouvements de Chicago à Montréal, cela laisse une plus grande capacité au transporteur. Les lois du marché de la concurrence fixent alors le prix du transport dans le corridor Chicago-Montréal à 1 100 $.

8.5 LES CONDITIONS DU TRANSPORT ROUTIER ET LES MODALITÉS DE PAIEMENT EN AMÉRIQUE DU NORD

Sur un bon de commande ou sur un bordereau de livraison, on voit fréquemment les inscriptions suivantes : « FAB destination » et « FAB origine ». Cela ne signifie pas que le fournisseur ou le client paie le transport entre l'origine et la destination. « FAB » signifie « franco à bord », un vieux terme français (en anglais, on utilise le sigle FOB, qui veut dire *free on board*) employé en premier lieu dans le transport maritime pour désigner la responsabilité du transporteur. Dans le cas où un contrat commercial indique « FAB destination », cela signifie que la marchandise est sous la responsabilité de l'expéditeur jusqu'au quai de déchargement du client. Dans le cas contraire, c'est-à-dire lorsqu'un contrat stipule « FAB origine », la responsabilité du matériel est l'affaire du client à partir du quai de chargement du fournisseur. Logiquement, le transport « FAB destination » devrait être plus coûteux pour un client parce que celui-ci n'endosse pas la responsabilité de la marchandise lors du transport. Dans bien des cas, la différence entre les deux formules est minime, surtout pour des livraisons qui requièrent des mouvements très courts, comme d'Anjou à Pointe-Claire, de Québec à Lévis ou de Paris à Neuilly.

Pour ce qui est du paiement du transport, on trouve cinq sortes de paiement sur les contrats commerciaux. Il y a d'abord le port payé (*prepaid*). Cela veut dire que le transport est payé d'avance par le fournisseur. On rencontre aussi très souvent le port à percevoir (*collect*), où le client devra assumer les frais de transport. De même, il y a le port payé et débité (*prepaid and charge*), ce qui signifie que le fournisseur paie au préalable les frais de transport et les débite au client sur la facture de la marchandise. On voit ce type de paiement dans les cas où un fournisseur d'envergure possède un contrat alléchant avec une entreprise de transport, ce qui occasionne des taux de transport moins élevés que si le client payait son propre transporteur pour un service donné.

Avec l'arrivée massive des courtiers en transport, on voit de plus en plus le paiement « facturer à » (*bill to*). Un courtier en transport agit comme intermédiaire entre le fournisseur et le client. Dans ce cas, au lieu de facturer l'un des deux, le transporteur enverra la note au courtier avec la mention « facturer à » ; le courtier prendra alors une marge de profit avant de payer le transporteur. Finalement, sur certains bordereaux de livraison, on trouve l'inscription « COD » (*cash on delivery*), ou « contre remboursement » qui veut dire « paiement à la livraison ». Cela peut se produire quand le client fait affaire avec le fournisseur pour la première fois, et que ce dernier n'a pas eu le temps de vérifier la cote de crédit du client. Il demandera alors le paiement à la

TABLEAU 8.2

La terminologie française-anglaise du paiement du transport

Français	Anglais
Port payé	*Prepaid*
Port à percevoir	*Collect*
Port payé et débité	*Prepaid and charge*
Facturer à	*Bill to*
Paiement à la livraison ou contre remboursement	*Cash on delivery (COD)*

livraison de la marchandise. Le fournisseur utilisera également ce type de paiement, pour s'assurer d'être payé, dans le cas où il sait que le client a des difficultés financières ou encore dans le cas où la réputation de crédit du client est médiocre. Le tableau 8.2 reprend les différents termes que nous venons d'expliquer.

8.6 LES ACHATS INTERNATIONAUX

Avec le phénomène de plus en plus présent de la mondialisation des marchés, un acheteur doit découvrir des sources provenant des quatre coins de la planète, que ce soit pour ses matières premières ou pour ses composantes. Étant donné que la langue universelle des affaires est l'anglais, l'acheteur devra le maîtriser. Il devra également posséder certaines connaissances de base pour performer de façon adéquate sur les marchés extérieurs.

Ces connaissances portent sur les us et coutumes du pays exportateur, sur les moyens et les infrastructures de transport du pays exportateur, sur les conditions commerciales internationales, sur les paiements internationaux, sur les douanes et, finalement, sur l'ALENA.

8.6.1 Les us et coutumes du pays exportateur

Les valeurs, les principes, les religions, les façons de voir les choses et donc de régler des problèmes peuvent être diamétralement opposés dans deux pays qui font des affaires ensemble ou qui désirent conclure des ententes dans le but de faire des affaires à moyen terme ou à long terme. C'est pourquoi un acheteur n'adoptera pas la même attitude lors de la négociation d'un contrat avec les différents pays exportateurs. Par exemple, certaines entreprises québécoises et canadiennes ont compris assez rapidement que les pratiques commerciales au Mexique étaient très différentes de celles qu'on trouve aux États-Unis. Dans un processus d'acquisition faisant intervenir le Canada et les États-Unis, aussitôt que la partie fournisseuse voit qu'il peut y avoir un certain magot à récolter, celle-ci ne retardera pas la transaction commerciale. Inversement, une entreprise québécoise qui veut faire affaire avec une entreprise mexicaine devra s'armer de patience. En effet, l'interlocuteur mexicain voudra d'abord connaître le futur client. Il fixera donc un premier rendez-vous sous forme de souper d'affaires pour connaître la philosophie de l'entreprise acheteuse. Quand il sera convaincu de l'intérêt de la transaction, il approfondira les pourparlers.

8.6.2 Les moyens et les infrastructures de transport du pays exportateur

L'acheteur qui œuvre dans le domaine international doit se procurer l'information relative aux installations et à la manière dont les déplacements de marchandises sont effectués dans le pays avec lequel il désire effectuer une transaction commerciale. L'absence d'infrastructures routières ou portuaires aura un effet majeur sur le délai de livraison et sur la qualité globale de la transaction.

Si une entreprise désire importer un lot de caisses de kiwis en provenance d'une région aborigène des îles Fidji, en Océanie, elle se préoccupera probablement beaucoup plus du délai de livraison que si elle fait affaire avec une entreprise bien implantée en Nouvelle-Zélande, étant donné que les infrastructures de manutention et de transport sont peut-être archaïques, voire inexistantes dans le premier cas. Une fois informé de ces particularités, l'acheteur orientera sa décision non pas seulement en fonction du coût de la transaction, mais aussi en fonction de certains aspects pouvant compliquer la transaction.

8.6.3 Les conditions commerciales internationales

Un des outils les plus appréciés par les acheteurs œuvrant dans le domaine international parce qu'il permet de clarifier une transaction entre deux pays est la nomenclature des termes reliés au transport international. En effet, les conditions commerciales internationales (*international commercial terms* ou *incoterms*) servent ni plus ni moins de guide afin de déterminer les engagements mutuels entre l'acheteur (le client) et le vendeur (le fournisseur) dans une perspective d'achat ou de vente internationale. Il existe 13 conditions commerciales internationales, présentées au tableau 8.3 (p. 314).

TABLEAU 8.3

Les conditions commerciales internationales

Abréviation de la condition commerciale	Condition commerciale	Signification
EXW	*EX-Works*	À l'usine (nom de la ville)
FCA	*Free-CArrier*	Franco transporteur (nom de la ville)
FAS	*Free Alongside Ship*	Franco le long du navire (port d'embarquement convenu)
FOB	*Free On Board*	Franco à bord (port d'embarquement convenu)
CFR	*Cost and FReight*	Coût et fret (port de destination convenu)
CIF	*Cost, Insurance and Freight*	Coût, assurance et fret (port de destination convenu)
CPT	*Carriage Paid To*	Port payé jusqu'à (lieu de destination convenu)
CIP	*Carriage and Insurance Paid*	Port payé, assurance comprise, jusqu'à (point de destination convenu)
DAF	*Delivered At Frontier*	Rendu frontière (lieu convenu)
DES	*Delivered Ex Ship*	Rendu au débarquement (port de destination convenu)
DEQ	*Delivered Ex Quay*	Rendu à quai droits acquittés (port de destination)
DDU	*Delivered Duty Unpaid*	Rendu droits non acquittés (lieu de destination convenu)
DDP	*Delivered Duty Paid*	Rendu droits acquittés (lieu de destination convenu)

Les conditions commerciales internationales sont utilisées dans les transactions internationales pour éviter les malentendus possibles entre les parties en cause. Cependant, elles ne peuvent faire l'objet de poursuites. Habituellement, les contrats internationaux sont accompagnés de notes explicatives détaillées, précisant par exemple la partie qui a la responsabilité quant à l'emballage, au lieu de livraison ou au lieu de transfert entre deux pays.

Étant donné la panoplie de produits achetés ou vendus en ce qui a trait au poids, à la densité, aux conditions atmosphériques à respecter et aux modes de transport, lors de la rédaction d'un contrat international il faut que toutes les conditions entourant le contrat soient explicitées. Ainsi, on indiquera à qui revient la charge de l'entreposage de la marchandise au port X ou de la manutention du produit.

8.6.4   Les paiements internationaux

L'acheteur devra à l'occasion assurer l'approvisionnement en biens ou services provenant d'un pays autre que le sien. Lors du paiement de la facture du fournisseur, ce dernier devrait utiliser une lettre de crédit documentaire, qui constitue « un engagement écrit d'une banque (banque émettrice) remis au vendeur ou fournisseur (bénéficiaire) à la demande de l'acheteur (donneur d'ordres) et, conformément à ses instructions, de régler — soit en effectuant un paiement, ou en acceptant ou en négociant des lettres de change (traites) — jusqu'à concurrence d'une somme précise, contre remise des documents stipulés et dans le délai prescrit[2] ». La lettre de crédit documentaire est donc un formulaire qui garantit que le paiement se fera en bonne et due forme.

Il existe plusieurs types de lettres de crédit documentaire. Nous mentionnerons les principaux types étant donné la portée considérable que peut avoir cette notion quant aux achats internationaux. Ainsi, on trouve la lettre de crédit à vue, qui permet au bénéficiaire d'être payé immédiatement, ou encore la lettre de crédit à terme, qui permet au bénéficiaire d'être payé à une date ultérieure spécifiée sur le contrat. Il y a également la lettre de crédit révocable, qui permet à la banque émettrice d'annuler ou de modifier la lettre à n'importe quel moment, et ce sans aviser le bénéficiaire. Pour ce qui est de la lettre de crédit irrévocable, elle ne peut être annulée sans l'accord du bénéficiaire. Finalement, il existe des lettres de crédit confirmée et non confirmée. Une lettre de crédit est confirmée lorsqu'elle engage une autre banque, qui se trouve habituellement dans le pays du bénéficiaire.

8.6.5   Les douanes

Les douanes représentent un système protectionniste entre différents pays qui transigent ensemble. Elles visent à effectuer un contrôle, une vérification. On vérifie les entrées de marchandises dans un pays et leurs sorties d'un pays afin de s'assurer qu'il n'y a pas de produits illégaux qui entrent dans le pays ou qui en sortent. Le système de douanes est relativement complexe en ce sens qu'il comporte beaucoup de formulaires à remplir autant du côté de l'importateur et de l'exportateur que du côté du transporteur. Qui dit formulaires dit procédure et suite d'événements prolongeant le processus d'entrée et de sortie des marchandises.

---

2.   Banque Scotia, *Guide pratique sur la lettre de crédit documentaire*, 16 p.

La philosophie de gestion du juste-à-temps s'applique plus difficilement dans le cas d'achats internationaux étant donné le ralentissement du processus d'acquisition à la sortie du pays avec lequel l'entreprise transige. Il arrivera dans certains cas d'urgence que le préposé aux douanes fasse un dédouanement rapide pour favoriser une transaction consécutivement à une demande spéciale faite par un courtier en douanes.

Avec l'avènement des blocs économiques continentaux comme l'Accord de libre-échange nord-américain (ALENA) et la Communauté économique européenne (CEE), les barrières tarifaires (taux de douanes) entre les différents pays membres de chacun de ces groupes ont baissé dans certains cas de façon draconienne. Ces blocs favorisent les échanges commerciaux à l'échelle continentale.

8.6.6 L'Accord de libre-échange nord-américain

L'Accord de libre-échange nord-américain (ALENA) lie le Canada, les États-Unis et le Mexique. L'ALENA a été conçu pour éliminer à plus ou moins long terme les barrières tarifaires entre les différents pays membres et toutes les entraves au commerce international entre ces pays.

Évidemment, le Mexique n'ayant pas le même niveau de vie ni les mêmes infrastructures économiques que le Canada et les États-Unis, les relations économiques avec ce pays sont plus ardues. Par exemple, dans le domaine du transport routier, l'ALENA prévoyait que le Mexique ouvrirait son marché à partir du 18 décembre 1995. Or, actuellement, plus de la moitié des routes au Mexique sont non carrossables, ce qui complique le transport de marchandises en provenance des États-Unis et du Canada. Il est facile de comprendre pourquoi les Mexicains adoptent une attitude protectionniste face à leurs homologues canadiens et américains. On ne doit cependant pas voir cet accord strictement d'un point de vue politique et financier, mais également d'un point de vue social et culturel. Le Mexique est reconnu mondialement dans l'industrie du textile. Le Canada et les États-Unis pourront l'aider, en vertu de cet accord, à développer des assises économiques solides.

RÉSUMÉ

La distribution représente un élément stratégique pour la réussite d'une entreprise. Dans ce chapitre, nous avons abordé les chaînes de distribution, qui vont du manufacturier aux consommateurs. La notion de courtier en distribution a été présentée.

Il a également été question du transport, sachant que le transport est essentiel à la réussite de la distribution. Il existe cinq modes de transport : le transport routier, le transport ferroviaire, le transport maritime, le transport aérien et le transport par pipeline. On peut aussi faire appel à plusieurs modes de transport (intermodalité) pour acheminer des marchandises à une destination donnée.

L'acheteur doit considérer une foule de facteurs lors du choix d'un ou de plusieurs modes de transport pour une expédition, notamment la nature du produit, ses dimensions, son poids, son coût et la destination.

Finalement, les achats internationaux sont de plus en plus importants depuis l'ouverture des marchés à l'échelle mondiale. Nous avons examiné différents aspects des achats internationaux, soit les us et coutumes des pays fournisseurs, les moyens et les infrastructures de transport des pays exportateurs, les conditions commerciales internationales (*incoterms*), les paiements internationaux, les douanes ainsi que l'ALENA. Tous ces aspects font partie intégrante d'une décision d'achat dans le domaine international pour un acheteur.

▪▪▪▪▪ *Questions*

1. Définissez en vos propres mots la distribution.

2. Expliquez le fonctionnement de deux chaînes de distribution dans lesquelles un acheteur sera appelé à jouer un rôle.

3. Que s'est-il passé à la fin des années 1980 en matière de transport au Québec et au Canada ? Développez votre réponse.

4. Quels sont les cinq modes de transport utilisés pour les mouvements de marchandises ?

5. Donnez deux avantages et deux inconvénients de chacun des modes de transport étudiés dans ce chapitre.

6. Pourquoi le recours à plusieurs modes de transport pour une expédition est-il en vogue depuis le début des années 1990 ?

7. Sur quoi un acheteur se basera-t-il pour privilégier un mode de transport au détriment d'un autre ?

8. Que signifie l'expression « FAB destination » (transport routier en Amérique), qu'on trouve sur un contrat d'achat (un bon de commande) ?

9. En quoi les habitudes de vie d'un pays peuvent-elles influencer une négociation importante en vue de la signature d'un contrat d'achat ?

10. Qu'est-ce que les conditions commerciales internationales? Donnez-en deux exemples.

■■■■■ *Exercices d'apprentissage*

1. Quel est le rôle d'un courtier en distribution?

2. Quels sont les principaux types de lettres de crédit?

3. Comment s'appelle le formulaire qu'on utilise pour garantir un paiement international?

4. Pourquoi tous les pays ont-ils recours à un système de douanes pour les entrées et les sorties de marchandises?

5. Qu'est-ce que l'ALENA? En quoi est-il bénéfique pour chacun de ses membres?

■■■■■ *Exercices de compréhension*

1. Quel phénomène économique important s'est produit peu après l'introduction de la déréglementation du transport en 1988 au Québec et au Canada?

2. Pour quelle raison les gouvernements québécois et canadien ont-ils favorisé cette déréglementation?

3. Quels aspects une entreprise doit-elle maîtriser si elle désire faire des achats internationaux?

4. Indiquez quel mode de transport devrait être choisi dans les situations suivantes:

   a) le transport de 10 000 livres (4 534 kilos) de boulonnerie de Kitchener (Ontario) à Sainte-Foy (Québec); *camion*

   b) le transport de 120 000 tonnes métriques de pétrole brut d'Helsinki (Finlande) à Québec; *maritime*

   c) le transport de 15 000 mètres cubes de gaz naturel de Calgary (Alberta) à Brandon (Manitoba); *pipeline*

   d) le transport de 120 000 livres (55 000 kilos) de papier journal de Montréal à Charlotte (Caroline du Nord); *transport ~~routier~~ train*

   e) le transport de 300 lingots d'or de Johannesburg (Afrique du Sud) à Berne (Suisse). *avion*

5. Quelle catégorie de conditions commerciales internationales est la plus avantageuse (quant au risque) pour une entreprise qui achète à l'étranger? Pourquoi?

 ## *Exercices de recherche*

1. Prenez un rendez-vous avec l'acheteur d'une entreprise manufacturière située à proximité de votre demeure et demandez-lui quel réseau de distribution son entreprise préconise pour la livraison aux consommateurs et pour quelles raisons.

2. Quels modes de transport cette entreprise utilise-t-elle pour la réception des matières premières (amont) ainsi que pour la livraison aux clients des produits finis (aval)? Si l'entreprise fait des affaires dans plus d'un pays, quels modes de transport favorise-t-elle et pour quelles raisons?

3. Quelles sont les principales politiques de cette entreprise en matière d'approvisionnements internationaux?

Cas

Un conteneur de blé

Ghislain Lamoureux est un jeune acheteur qui travaille à la Meunerie Dumoulin inc. à Saint-Narcisse-de-Beauce. Récemment, l'entreprise a vu son exploitation prendre de l'ampleur. À cause de cette montée fulgurante, Ghislain doit faire l'acquisition d'une quantité appréciable de blé correspondant à un conteneur entier. Ce blé est acheté directement à Regina, en Saskatchewan. L'acheteur peut supporter un délai de livraison de sept jours ouvrables. Il se demande quels modes de transport il devrait privilégier pour optimiser son achat.

Question

Indiquez toutes les façons possibles de faire passer le conteneur de Regina à Saint-Narcisse-de-Beauce.

9

La gestion des approvisionnements de demain

Objectif général

Familiariser l'élève avec les approches modernes
de la gestion des approvisionnements.

Objectifs spécifiques

◆ Connaître le *kaizen* et l'analyse de la valeur,
et leur utilité respective.

◆ Acquérir des notions sur l'impartition.

◆ Énumérer les avantages du partenariat
et des alliances stratégiques.

◆ Connaître la technologie Genostic.

◆ Acquérir les fondements de la qualité totale.

◆ Savoir ce que recouvre la philosophie du juste-à-temps.

◆ Maîtriser les rudiments de la logistique intégrée.

Cybernostic inc.

Cybernostic inc. est une entreprise d'experts-conseils en gestion des opérations manufacturières et de la distribution qui soutient ses clients dans l'implantation de stratégies de productivité associées à la gestion intégrée des ressources (systèmes MRP II), des techniques du juste-à-temps et de la qualité totale, ainsi que de la réingénierie des processus d'affaires et des processus de production.

Bien avant que le réseau Internet ait utilisé le terme « cyber », les associés de Cybernostic avaient reconnu que c'est sur le terrain de la cybernétique — la science des flux d'informations et des communications — que la survie des entreprises faisant face à la mondialisation allait se déterminer ; d'où le choix du nom de l'entreprise. La mission de Cybernostic est d'aider ses entreprises clientes, surtout du secteur manufacturier, à assurer leur compétitivité et leur viabilité par l'exploitation de la pleine puissance de l'information et de la connaissance.

Fondée en 1992 par la fusion des opérations de trois entreprises québécoises de conseillers en gestion manufacturière, lesquelles étaient en activité depuis une dizaine d'années, Cybernostic détient une expertise inégalée dans son domaine. En effet, au cours de mandats d'amélioration réalisés auprès de plus d'une centaine d'entreprises québécoises et internationales, Cybernostic a démontré sa capacité d'implanter avec ses clients un changement durable, qui contribue directement à l'amélioration de leur productivité, de leur compétitivité et de leur rentabilité.

Cybernostic développe également des outils logiciels à la fine pointe qui codifient et systématisent une expertise nouvelle pour régler des problématiques difficiles de gestion. « Dynam-O » règle la problématique des systèmes MRP II en ce qui concerne l'établissement de la stratégie manufacturière. Ces outils ne conçoivent pas la stratégie ; ils ne font que l'exécuter. Dynam-O établit les paramètres de la planification de chaque article produit dans le but de rendre opérationnels, sur le plan d'une stratégie manufacturière et de stockage, les objectifs de gestion de l'entreprise. Entre autres, cela permet de réduire les perturbations occasionnées par les crises de l'usine dans son réseau d'approvisionnement.

« Genostic » est une autre technologie développée par Cybernostic. Celle-ci permet la caractérisation et la modélisation de procédés complexes présentant une variabilité difficile à maîtriser. Genostic crée un modèle multidimensionnel expliquant la variabilité des extrants en fonction de la variabilité des intrants, et ce, tout à fait automatiquement. Ce modèle peut être utilisé pour prévoir la non-qualité en cours de production, pour déterminer l'ajustement le moins coûteux requis en vue de reprendre le contrôle du procédé et pour préciser les paramètres permettant d'augmenter la robustesse du procédé. Genostic permet donc de réduire les coûts des matières premières et d'établir les spécifications des matières en fonction de l'influence quantifiée de leur variabilité sur le rendement de l'usine.

Une partie importante des travaux de Cybernostic vise l'intégration de la chaîne d'approvisionnement, depuis le fournisseur jusqu'au client éventuel. Dans cette logistique intégrée, il existe de nombreuses frontières consacrées par les limites, tant à l'échelle de l'entreprise que des services, de chacune des entités en cause. La cybernétique démontre que c'est à ces frontières qu'il existe la plus grande perte d'informations et de pertinence, et donc le plus gros risque d'ambiguïtés, d'erreurs et de non-qualité.

La gestion intégrée de la chaîne logistique exige la mise en place d'une structure dynamique, fiable et adaptative, permettant à cette chaîne d'entreprises maillées d'offrir une réponse adéquate aux besoins évolutifs du marché. Les relations avec les fournisseurs représentent souvent la partie la plus importante de cette structure, et les flux d'informations et de connaissances sont l'expression la plus évidente de cette relation.

L'acheteur industriel est donc devenu, au fil des années, un joueur-clé de la compétitivité de son entreprise. Encore faut-il qu'il sache découvrir et assumer son rôle de gestionnaire de partenariats, de formateur et de catalyseur de l'amélioration. Souvent vu et vécu comme une négociation à rabais, le rôle de l'acheteur traditionnel est en voie de disparition. Ce rôle est redéfini par l'établissement d'une gestion intégrée de la chaîne d'approvisionnement. Son action première est la mise en place de partenariats alimentés par des flux soutenus d'informations et de connaissances, lesquels sont souvent supportés par les liens technologiques et informatiques.

Jean-Daniel Cusin, CFPIM
Associé principal

> *Les hommes de génie sont des météores destinés*
> *à brûler pour éclairer leur siècle.*
>
> Napoléon Ier

INTRODUCTION

L'entreprise et le service des approvisionnements sont constamment sollicités par de nouvelles approches de gestion. Alors qu'historiquement les entreprises pensaient que la concurrence provenait de l'entreprise située au coin de la rue, la mondialisation des marchés a changé complètement la situation. Des concurrents planétaires, à la recherche de profits, apparaissent sur le marché. Ne sommes-nous pas victimes de la conduite que nous avons adoptée? En effet, étant donné que la conjoncture économique oscille entre des périodes de croissance et de récession, les entreprises ne songent plus uniquement à l'accroissement de leurs ventes, elles examinent aussi la réduction de leurs coûts. Celle-ci passe immanquablement par des sources d'approvisionnement offrant des biens et des services moins coûteux. Pour obtenir des intrants moins coûteux, les entreprises d'ici ont commencé à lorgner le territoire économique d'autres pays et continents en vue de découvrir de nouvelles sources d'approvisionnement. Pouvons-nous reprocher aux entreprises situées à l'étranger de venir chez nous trouver elles aussi de nouveaux marchés? Ces entreprises mondiales découvrent non seulement des sources d'approvisionnement, mais aussi un territoire susceptible d'accroître leurs ventes et leurs profits.

Dans ce tourbillon économique, la haute direction des entreprises canadiennes s'est interrogée sur la productivité et sur le contrôle des coûts de certaines sociétés. Cette réflexion aura permis de juger, de comparer et d'interpréter certaines approches de gestion qui ont fait leurs preuves dans d'autres sociétés. Par la même occasion, la haute direction de certaines entreprises a tenté d'implanter différentes approches avec plus ou moins de succès. Pourquoi? Tout simplement parce que les approches de gestion importées exigent certains ajustements sur le plan des bases culturelles et politiques par rapport aux pays qui ont élaboré ces approches.

9.1   LES BASES CULTURELLES

Plusieurs auteurs ayant une formation en sociologie tentent d'expliquer les comportements qui distinguent les civilisations. Cette réflexion s'accentuera à l'aube du prochain millénaire. Ces auteurs observent les traditions d'une population, les changements d'habitudes qui se produisent, les pressions mondiales qui se manifestent, puis mettent au point des théories qu'ils publient. Nous sommes plus ou moins d'accord avec les théories de ces auteurs. Par contre, nous ne sommes pas indifférents à leurs propos, et des discussions s'amorcent. C'est le but de la communication humaine. Les théories de ces auteurs découlent du fait que les êtres humains changent, prennent des risques, foncent dans l'inconnu. Nos comportements d'aujourd'hui représentent la tradition de demain. Le publicitaire Jacques Bouchard dit d'ailleurs des Québécois :

> Je n'invente rien, j'observe, dans mon laboratoire, je perfectionne cette grille d'émotions chiffrées qui va permettre aux Québécois de décoder et d'intercepter tous les messages qu'ils reçoivent des publicitaires et des politiciens, des propagandistes et des chansonniers, des journalistes et des curés... de tous ceux qui font métier de notre inconscient collectif[1].

Il en est de même pour les gestionnaires. Toutes les organisations, qu'elles soient publiques, privées, à but non lucratif ou à but lucratif, désirent obtenir des bénéfices. Il revient à chaque gestionnaire de définir le mot « bénéfice ». Le mandat de la haute direction est d'accroître les bénéfices. Comment doit-elle s'y prendre ? En mettant au point ses propres expériences ou en important celles des autres. Il y a actuellement beaucoup plus de gestionnaires qui tentent de copier les succès d'autres entreprises que de concevoir une approche gagnante.

L'importation d'approches de gestion demande qu'on prenne tout son développement, et non seulement une partie. Lorsqu'une entreprise n'importe qu'une partie d'un concept, elle risque fortement de subir un échec, d'être déçue des résultats ou encore de désorienter ses employés dans leurs efforts. Au cours des dernières décennies, les approches japonaises ont retenu l'attention des gestionnaires. Le Japon, qui était négligé il y a 25 ans, envahit nos marchés avec des produits répondant mieux aux attentes des consommateurs. Ceux-ci estiment en effet qu'ils obtiennent un rendement maximal pour le prix qu'ils paient. Les Japonais ont fondé leur approche de gestion sur l'équation suivante : prix de vente – profit = coût + R & D. Le consommateur pense que le prix de vente des biens fabriqués sur le sol nord-américain laisse place à l'amélioration, car la culture nord-américaine s'appuie sur cette équation-ci : prix de vente = R & D + coût + profit.

Au fond, toute approche est bonne si elle répond à la mission de l'entreprise quant à sa vision, à ses buts et à ses objectifs. Par contre, rien n'empêche l'entreprise de s'intéresser à une approche et de l'adapter à son contexte

---

1. Jacques Bouchard, *Les 36 cordes sensibles des Québécois*, Montréal, Héritage, 1978, p. 56-57.

propre. Les modifications apportées seront bénéfiques, car elles lieront l'approche à l'entreprise et non l'entreprise à l'approche.

9.2 LES DIFFÉRENTES APPROCHES DE GESTION

Dans cette section, nous décrirons plusieurs approches de gestion qui ont des répercussions sur la gestion des approvisionnements des entreprises québécoises d'aujourd'hui.

9.2.1 Le *kaizen*

Le *kaizen* est une approche japonaise dont l'objectif est la réduction des coûts du bien ou du service acquis, laquelle passe par la réduction du délai de fabrication et par la livraison d'un produit de qualité du premier coup. Pour atteindre ce but, il existe deux moyens, soit l'élimination des rejets et l'amélioration continue de la qualité. Pratt & Whitney Canada, un important fabricant de moteurs d'avion, utilise la méthode *kaizen* dans sa gestion de l'amélioration continue de ses procédés. En comptant sur plus de 3 000 participants et sur plus de 300 processus reliés au *kaizen*, cette entreprise a pu observer les résultats suivants : une réduction d'environ 10 % de sa surface, une réduction d'environ 5 % des stocks et une réduction d'environ 75 % des délais en tout genre. Cette approche a permis à Pratt & Whitney Canada d'améliorer sa position concurrentielle sur le marché de la fabrication de moteurs d'avion dans l'industrie aéronautique.

La pression sur le temps

L'implantation de la méthode *kaizen* se fait en quelques jours. Le tableau 9.1 présente la différence quant au délai d'implantation entre une méthode traditionnelle et la méthode *kaizen*.

Dès que la haute direction adopte le *kaizen*, elle amorce une série de changements qui ne se terminera jamais. Chaque cellule (composée d'intrants, d'une opération et d'un extrant) est scrutée à la loupe. Pour la première cellule, l'équipe chargée d'appliquer le *kaizen* examine les intrants d'une opération et détermine l'extrant idéal. Elle recommande et implante des modifications afin d'améliorer la productivité de l'opération. Cette amélioration est calculée par le ratio de la somme des extrants divisé par la somme des intrants. Dès que les changements sont complétés, l'équipe passe à une deuxième cellule et procède

TABLEAU 9.1

**Le délai d'implantation d'une méthode traditionnelle
et de la méthode *kaizen***

Méthode traditionnelle	Méthode *kaizen*
Un comité examine la situation et fait des recommandations à la haute direction.	Une équipe multidisciplinaire comprenant des personnes qui subiront le changement analyse la situation.
La haute direction reçoit les recommandations et prend une décision.	L'équipe prend la décision.
Un comité réalise le changement décidé.	L'équipe implante la décision prise.
Le personnel s'adapte au changement apporté.	Le personnel est plongé dans un nouvel environnement après quelques jours seulement.

FIGURE 9.1

Les changements effectués selon la méthode *kaizen*

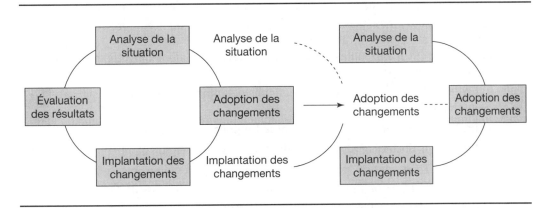

de la même manière. Ainsi, toutes les cellules de l'entreprise subissent des changements dont l'ensemble rend l'entreprise plus concurrentielle (voir la figure 9.1).

Les participants

La méthode *kaizen* est beaucoup plus qu'un ensemble d'activités visant la réduction du gaspillage et l'amélioration continue. Elle consiste pour le personnel de l'entreprise et pour les fournisseurs en un engagement et en une acceptation des changements.

Le *kaizen* est fondé sur l'engagement de la haute direction dans une vision des résultats, dans la délégation au personnel du pouvoir d'effectuer les changements, dans l'accessibilité des ressources destinées à la mise en œuvre des changements et dans la reconnaissance du succès. Par la suite, le personnel sera le moteur des changements autant dans l'entreprise qu'à l'extérieur de cette dernière et aura en plus la responsabilité de maintenir le rythme adopté.

Quant au service des approvisionnements, sa participation touche les quatre aspects suivants :

— la collaboration à des équipes multidisciplinaires ;

— l'acceptation des changements proposés dans les méthodes de travail ;

— la facilitation du changement chez les fournisseurs ;

— l'évaluation du rendement du système d'approvisionnement.

9.2.2   L'analyse de la valeur

La méthode de l'analyse de la valeur a été mise au point par Lawrence D. Miles, ingénieur chez General Electric, au moment où s'est produite une pénurie de matériaux stratégiques pendant la Seconde Guerre mondiale. Depuis, les principales dates concernant le développement de cette méthode ont été les suivantes :

— En 1950, l'analyse de la valeur a été perfectionnée et appliquée systématiquement.

— En 1959, la Society of American Value Engineers a été créée.

— En 1965, la Society of Japanese Value Engineers a été créée.

— En 1978, l'Association française pour l'analyse de la valeur a vu le jour.

— En 1993, le Canada a institué la Société canadienne d'analyse de la valeur, dont la mission consiste à aider les organisations à devenir plus compétitives grâce à la promotion de la méthodologie et à la transmission de l'information aux entreprises, et à contribuer à la mise en œuvre de l'analyse de la valeur par le biais de la sensibilisation et de l'échange d'expériences.

Selon Francine Cousineau, qui est attachée à la firme-conseil Soprin-ADS, l'analyse de la valeur comporte les avantages suivants :

— C'est une approche systématique et rigoureuse.

— Elle permet de préciser les besoins et les contraintes de l'entreprise et de la clientèle.

— Elle permet de découvrir les coûts qui ne sont pas nécessaires.

— Elle aide à promouvoir le changement progressif.

— Elle amène l'engagement de l'équipe.

— Elle stimule la capacité d'innovation.

— Elle contribue à l'amélioration de la compétitivité.

— Elle entraîne des économies, car elle est axée sur la recherche de la satisfaction des besoins.

Francine Cousineau indique que, suivant la rigueur de la démarche, il est possible d'obtenir des économies substantielles, de l'ordre de 25 % sur les services, de 10 % à 30 % sur les produits et de 20 % à 30 % sur les travaux de maintenance. De plus, l'analyse de la valeur permet d'obtenir des bénéfices intangibles tels qu'une plus grande synergie (de nombreuses expertises, le choc des idées, l'apparition de plusieurs points de vue), l'amélioration de la communication, l'engagement des équipes, un processus d'appropriation des modes de fonctionnement et l'élimination de certaines cloisons.

On calcule la valeur en divisant la satisfaction du besoin par le coût. Toujours selon Francine Cousineau, la notion de satisfaction du besoin est définie par des critères de qualité, comme la fonction, les caractéristiques, la disponibilité, la fiabilité, la durabilité, le confort et l'agrément. Quant à l'aspect « coût », il comprend le coût d'acquisition, le coût d'utilisation, le coût de maintenance, le coût de désaffectation et le coût social.

Un processus rigoureux d'analyse de la valeur se conclura par l'adoption d'une ligne directrice sur la qualité requise lors de l'acquisition de biens ou de services.

L'analyse de la valeur apporte un équilibre entre les compromis qu'il faut faire au sujet des critères essentiels en matière d'approvisionnement et le coût global, sachant que la valeur est égale à la satisfaction du client divisée par le coût global (voir la figure 9.2, p. 330).

Bref, il n'existe que deux façons d'augmenter la valeur : accroître la satisfaction du client ou diminuer le coût total.

Les étapes de l'analyse de la valeur

Les sept étapes de l'analyse de la valeur

Première étape : l'orientation de l'action   À cette étape, l'équipe multidisciplinaire, composée d'experts provenant des différents services touchés par le sujet de l'analyse, définit l'objectif à atteindre, les endroits où doit se produire l'amélioration et les limites de l'équipe, et les données disponibles entourant

FIGURE 9.2

L'équilibre entre les compromis sur les critères et le coût global

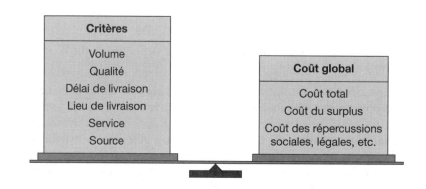

l'analyse (les difficultés techniques, les enjeux économiques et les conflits possibles).

Deuxième étape : la recherche de l'information Cette étape vise à recueillir l'information pertinente autour du projet, à savoir l'information technique (fiabilité, faisabilité, rendement et entretien), économique (coût total, coût d'acquisition, rendement des investissements et coût de maintenance), sociale (sécurité, esthétique et protection de l'environnement) et légale (respect des normes, des règlements et des lois).

Troisième étape : l'analyse fonctionnelle L'analyse fonctionnelle est une méthode systématique d'expression des besoins qu'un bien, un service, un procédé ou un processus doit combler suivant les attentes du client définies à la première étape (voir la figure 9.3).

Quatrième étape : la recherche d'idées Lors de cette étape, l'équipe multidisciplinaire s'efforce de trouver des idées créatrices permettant d'accroître la valeur du produit et de mettre en place des méthodes pour stimuler l'innovation.

Cinquième étape : l'évaluation L'équipe multidisciplinaire porte un jugement sur chaque idée tout en gardant à l'esprit l'accomplissement des objectifs définis à la première étape. Toutes les techniques d'évaluation sont admises.

Sixième étape : la recommandation L'équipe multidisciplinaire recommande une idée qui répondra au besoin du client. Elle précise les avantages et

FIGURE 9.3

L'analyse fonctionnelle

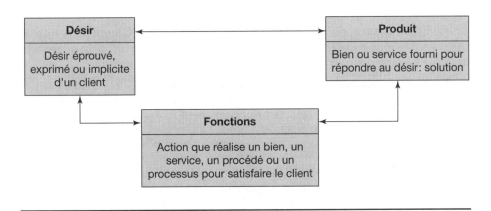

les inconvénients de cette idée, les conditions de son implantation, les économies prévues et les diverses hypothèses sur lesquelles s'appuieront des analyses de la valeur ultérieures. Le client a la responsabilité d'accepter la recommandation ou de la rejeter avec justification à l'appui.

Septième étape : l'implantation et le suivi   Quelque temps après l'implantation de l'idée, l'équipe multidisciplinaire se réunit de nouveau pour comparer les résultats avec les attentes du début. Des ajustements se feront, s'il y a lieu, quitte à recommencer le processus si les résultats sont négatifs.

9.2.3   L'impartition

L'approche de l'impartition a son origine dans la décision de fabriquer ou d'acheter le produit que nous avons vue au chapitre 3. Malgré le fait que cette approche de gestion puisse s'apparenter à la négociation d'un contrat avec un sous-traitant, les propriétés de l'impartition vont au-delà d'une telle entente :

— Elle représente un choix stratégique de l'entreprise.

— Elle requiert une relation d'affaires à long terme avec les risques que comportent les relations à long terme.

— Elle exige une volonté de transférer la responsabilité de certaines activités et, dans certains cas, des ressources humaines ou matérielles de l'organisation à un fournisseur.

— Elle laisse la possibilité à l'entreprise de se concentrer davantage sur ses compétences spécifiques.

— Elle permet à l'entreprise de maintenir sa position concurrentielle sur le marché.

DMR, un fleuron de l'industrie canadienne du service-conseil en informatique, a vu le jour en 1973 et elle est devenue une entreprise modèle quant à la stratégie de l'impartition. Serge Meilleur, le M de DMR, s'explique :

> Notre plan consistait à mettre en commun des équipements très coûteux et à regrouper les expertises techniques requises pour ce genre d'opération. DMR, dans ce contexte, ne serait ni propriétaire ni exploitant du centre : elle fournirait cependant tous les services techniques nécessaires à son fonctionnement. Ce concept nous permettait de prendre des risques calculés. Nous ne désirions pas investir dans le domaine déjà très encombré des centres de traitement ; nous étions toutefois convaincus que le concept de l'impartition gagnerait en popularité dans les années à venir. En matière de traitement informatique, répartir les coûts, diminuer les risques et partager les bénéfices, voilà ce que nous recherchions pour nos clients[2].

L'impartition d'activités doit s'effectuer dans un contexte favorable tel que celui-ci :

1. Lorsque la direction d'une entreprise désire gérer un fournisseur plutôt que de posséder un actif.

2. Lorsque l'entreprise maîtrise très bien ses structures de coûts. L'impartition permet à l'organisation de transformer certains frais fixes en frais variables, sans supporter le temps improductif.

3. Lorsqu'une analyse sérieuse permet de conclure que l'impartition représente le meilleur choix. Une évaluation poussée mettra en relief les risques reliés à l'impartition, comme la perte de contrôle dans l'évolution de l'activité transférée, la réduction de l'expertise sur l'activité, des économies prévues qui ne se réalisent pas, une mauvaise source, une résistance aux ressources transférées. Il faut considérer qu'une fois la décision prise, celle-ci sera probablement irréversible.

4. Lorsque le marché permet une telle transition.

Les responsabilités de chaque partie

Le tableau 9.2 indique les responsabilités que doivent prendre respectivement le service des approvisionnements et le responsable de l'impartition lors de l'implantation de l'impartition.

---

2. Serge Meilleur, *DMR, la fin d'un rêve*, Montréal, Éditions Transcontinental, 1997, p. 95.

TABLEAU 9.2

Les responsabilités des deux parties quant à l'impartition

Service des approvisionnements	Responsable de l'impartition
• Définir l'objectif d'une telle approche • Recueillir l'information entourant la décision à prendre • Préparer et effectuer une analyse de la rentabilité selon une méthode homogène • Préparer et négocier les conditions de l'entente • Gérer la relation avec le fournisseur • Gérer la période d'implantation • Procéder à l'évaluation du fournisseur et résoudre les problèmes relevés	• S'assurer de bien écouter le client et de lui offrir la bonne solution • Faire preuve d'innovation pour répondre adéquatement aux besoins du client • Gérer le transfert des ressources (équipements, stocks, bâtisses, personnel, etc.) • Communiquer régulièrement avec l'entreprise • Envisager les risques qu'implique une entente à long terme • Écouter les revendications du client et y apporter les corrections nécessaires

Il est à noter que le meilleur choix ne veut pas dire le coût le plus bas. Comme une analyse de l'impartition prend généralement de 3 à 18 mois, il est important de franchir adéquatement les différentes étapes de l'analyse de problèmes.

9.2.4   Le partenariat et les alliances stratégiques

S'inscrivant dans la sélection d'une source à long terme, le partenariat est un processus de coopération et de quasi-intégration visant à satisfaire un client. Une relation de ce type apporte une synergie entre les deux parties et la réalisation d'un objectif commun. Les ententes de partenariat peuvent porter sur des aspects stratégiques pour chaque partie, à savoir l'échange de l'information, la transmission de résultats des services de recherche et développement, des investissements importants dans les ressources humaines, une orientation stratégique commune, et ainsi de suite. C'est pourquoi une entente de partenariat doit reposer sur une certaine intégration et, par conséquent, sur une confiance mutuelle.

Ainsi, Westburne Québec Plomberie et Abitibi-Consolidated inc. ont décidé de s'unir dans une entente de partenariat. Westburne Québec Plomberie, un important distributeur dans le domaine électrique et de la plomberie, qui a 490 succursales en Amérique du Nord (dont 396 au Canada) et compte plus de 5 000 employés, et Abitibi-Consolidated inc., un important fabricant de papier, qui possède 18 usines d'une capacité totale de 4,4 millions de tonnes par année, ont conclu une entente de partenariat pour la gestion des produits nécessaires à la maintenance des équipements. Pour Abitibi-Consolidated inc., les objectifs poursuivis dans ce projet étaient l'amélioration de la qualité des inventaires, l'amélioration du rendement de l'approvisionnement, l'utilisation judicieuse des fonds de l'entreprise, l'ouverture de la communication et la transparence, la responsabilité des divers intervenants et, enfin, la satisfaction des attentes des utilisateurs.

Après avoir défini les objectifs à atteindre, Abitibi-Consolidated a entrepris un processus de sélection et de qualification des sources d'approvisionnement. Son choix s'est arrêté sur Westburne Québec Plomberie. Lorsque les aspects de l'intégration ont été établis, les deux partenaires ont évalué les effets de cette entente sur les entreprises, qu'ils ont définis en cinq points, à savoir[3] :

1. Les effets sur le gestionnaire et sur ses pratiques. Ces effets comprennent une décentralisation des pouvoirs, des modes de réapprovisionnement par regroupement, une standardisation des produits, une augmentation des articles sur demande, une diminution des situations d'urgence et une meilleure coordination des activités du service des approvisionnements.

2. Les effets sur l'utilisateur. Cela inclut la planification des besoins en produits de maintenance, les habitudes de travail d'Abitibi-Consolidated, la formation, l'information, la responsabilisation des utilisateurs, leur motivation, une meilleure qualité des produits en stock et une sensibilisation aux coûts et aux pratiques de gestion.

3. Les effets sur Westburne Québec Plomberie, le fournisseur. Ces effets consistent dans l'amélioration du traitement des commandes, l'augmentation du roulement des stocks, un pouvoir de négociation avec les fabricants au nom de son client, une diminution des coûts de transport, une diminution des coûts d'approvisionnement et l'établissement des critères de rendement.

4. Les effets sur l'entreprise. Le partenariat est un choix stratégique qui correspond à une philosophie de gestion ; les intervenants acceptent la responsabilité des résultats obtenus. L'entreprise maintient la confiance établie dans la relation.

5. Les effets sur les actionnaires. Lors de la première année, on a observé une réduction de 33 % des stocks, une diminution de 70 % du nombre de commandes, une diminution de 20 % du matériel désuet, une augmentation de la rotation des stocks, une diminution du nombre de fournisseurs, l'introduction de 5 % de nouveaux produits, la standardisation des produits ainsi

---

3. Cette synthèse provient du séminaire intitulé « Améliorez votre performance aux approvisionnements », Montréal, Institut international de recherche, 20 et 21 avril 1998.

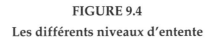

FIGURE 9.4

Les différents niveaux d'entente

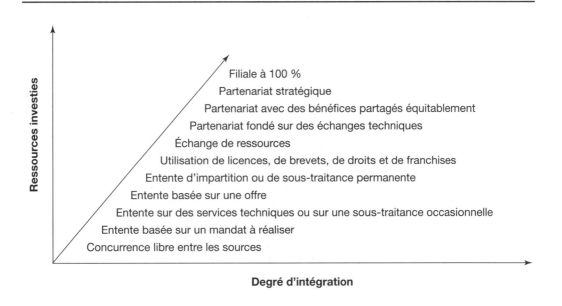

que des conseils techniques au sujet de l'aménagement des futurs locaux d'Abitibi-Consolidated.

Bref, cette entente de partenariat n'a fait que des gagnants, car tous ont obtenu un bénéfice quelconque.

Où se situe le partenariat dans les différents types d'entente ? La figure 9.4 démontre les différents niveaux d'entente avec une source d'approvisionnement selon le degré d'intégration et les ressources investies dans la relation.

Une entente qui aura des répercussions sur la survie de l'entreprise doit être examinée sous tous ses angles. Pour ne pas se tromper dans ce choix stratégique, l'entreprise doit investir des ressources importantes (temps, argent, expertise) pour la sélection et la qualification de la source. D'un autre côté, l'entente exigera une certaine confiance mutuelle de même qu'un échange de renseignements sur l'entreprise, voire de renseignements confidentiels. Chaque partie se trouve à révéler ses valeurs, son mode de fonctionnement, ses forces, ses faiblesses et son positionnement concurrentiel. Une entente importante signifie que la destinée des deux entreprises s'unit en vue de réaliser un objectif commun. La diagonale de la figure 9.4 indique le type d'entente espéré en fonction du degré d'intégration et des ressources investies.

Les caractéristiques des ententes de partenariat

Dans la *Revue Gestion logistique*, le partenariat est présenté ainsi :

> Cascades inc. et Domtar inc. ont dévoilé récemment le nom de la nouvelle entité résultant de la fusion de leurs éléments d'actif dans le secteur des cartons-caisses. La nouvelle société portera le nom de Norampac inc., détenue à 50 % respectivement par les deux géants des pâtes et papiers[4].

Alain Lemaire, président-directeur général de la nouvelle société, mentionne ceci :

> Ce partenariat offrira de grandes possibilités de croissance et d'efficacité, notamment au niveau de la spécialisation de la production, de l'accroissement du pouvoir d'achat, de l'optimisation des sources d'approvisionnement et des occasions d'échanges de produits entre les usines, réduisant les coûts reliés au transport et à la distribution. En tout, Norampac emploiera plus de 4 000 personnes réparties dans 30 usines de fabrication et unités de transformation au Canada, aux États-Unis et en France[5].

Chaque entente de partenariat, comme celle que nous venons de décrire, exige des parties en cause qu'elles réunissent les conditions suivantes :

1. **La résolution conjointe des problèmes.** Au lieu de rechercher la responsabilité de l'une des parties lorsque survient un problème, il faut se concentrer sur l'amélioration du bien, du service, du procédé ou du processus.

2. **L'échange de l'information.** Les partenaires doivent faire preuve d'ouverture en échangeant l'information qu'ils détiennent de manière à obtenir un meilleur rendement sur le marché.

3. **Les bénéfices pour les partenaires.** Ceux-ci doivent partager de façon équitable les bénéfices que la relation générera.

Au cours d'un séminaire portant sur le partenariat et les alliances stratégiques, Pierre Beaulé a indiqué certaines différences existant entre l'approche traditionnelle et le partenariat (voir le tableau 9.3).

---

4. Alexandre Daudelin, « Cascades et Domtar s'unissent pour créer Norampac inc. », *Revue Gestion logistique*, vol. 11, nᵒ 4, mai 1998, p. 13.
5. *Ibid.*

TABLEAU 9.3

Les différences entre l'approche traditionnelle et le partenariat

Approche traditionnelle	Partenariat
Qualité	
Réduction des retours de marchandises	Amélioration de la qualité à la source
Peu de défauts	Aucun défaut admissible
Contrôle de la qualité	Assurance quant à la qualité
Conformité aux spécifications	Satisfaction du désir du client
Satisfaction du client	Satisfaction allant au-delà des espérances du client
Niveau de qualité acceptable	Amélioration continue grâce au processus utilisé et au choix des sources
Sources	
Multiples sources d'approvisionnement	Sources d'approvisionnement restreintes
Priorité accordée au prix	Critères multiples incluant les valeurs et le mode de fonctionnement de la haute direction de la source
Importance du prix d'achat	Primauté du coût total
Sélection des fournisseurs	Surveillance et évaluation des sources
Évaluation à partir de soumissions	Évaluation intensive et extensive des sources
Relation au cours de l'entente	
Amélioration de la relation de façon sporadique	Recherche de l'amélioration continue
Partage des bénéfices en fonction du pouvoir relatif des parties	Partage des bénéfices de façon équitable
Sources maintenues à distance	Sources à portée de la main
Correction des problèmes revenant aux sources	Correction conjointe des problèmes
Information appartenant à la partie qui la génère (peu d'échanges)	Information commune et vitale
Aucune motivation à investir à long terme	Investissement possible de chaque partie
Délimitation claire des responsabilités	Intégration
Pouvoir procuré par le savoir	Pouvoir procuré par l'interaction
Faible engagement	Engagement mutuel fondé sur la confiance
Maintien du contrôle du prix d'achat	Maintien et réduction du coût total

→

TABLEAU 9.3

Les différences entre l'approche traditionnelle et le partenariat (*suite*)

Approche traditionnelle	Partenariat
Relation au cours de l'entente (*suite*)	
Ensemble des commandes souhaité par le fournisseur	Participation aux résultats et totalité du volume souhaitées par le fournisseur
Délai de récupération sur le nombre d'unités vendues	Délai de récupération sur le temps
Conception des biens et des services	
Conception par le client et fabrication par le fournisseur	Conception du produit par les partenaires
Dessin complet	Dessin superficiel
Méthodes de production et d'approvisionnement reliées aux demandes du client	Réduction des entraves à la flexibilité
Design selon le désir du client et adaptation de la production en conséquence	Design et processus de production considérés comme la clé des économies de coûts et de l'accroissement de la qualité
Gestion des approvisionnements	
Approvisionnement considéré comme tactique	Approvisionnement considéré comme stratégique
Approvisionnement considéré comme un centre de coûts	Approvisionnement considéré comme un centre de profits
Gestion faite par un gestionnaire	Leadership assuré par un comité d'approvisionnement
Achat individuel	Achat effectué par une équipe multidisciplinaire
Approvisionnement selon la qualité voulue, la quantité requise, le délai acceptable et le juste prix	Amélioration continue des sept critères de l'approvisionnement
Communication au moyen du papier et du télécopieur	Communication électronique pour accélérer les interactions
Contrôle du cycle de vie des biens et des services	Innovation et créativité dans l'amélioration des biens et des services
Entente à court terme	Entente à long terme
Achat à la pièce	Entente pour la durée du projet
Gestion des stocks	Réduction du volume global des stocks
Livraison au bon moment	Livraison au moment de l'utilisation

L'intérêt de l'entente de partenariat

Les parties désireront créer une relation approfondie afin d'obtenir les bénéfices que leur engagement apportera. Parmi les bénéfices, citons les suivants :

— l'amélioration du coût total ;

— la garantie et la fiabilité de l'approvisionnement ;

— la réduction du risque provoqué par l'approche traditionnelle ;

— la participation à un but commun, soit l'amélioration des sept critères de l'approvisionnement ;

— l'accès à une technologie et à un produit breveté ;

— la réduction de la paperasse échangée ;

— la réduction du nombre de sources ;

— la facilitation de la résolution de problèmes ;

— la possibilité d'investissements et du partage des risques conjoints ;

— l'amélioration de la communication ;

— l'amélioration de la position concurrentielle de chaque partie.

L'expérience de partenariat de Bombardier et de Mitsubishi a permis à chaque partie de retirer beaucoup de bénéfices. En effet, lors de la fabrication des avions Challenger, Bombardier a utilisé la stratégie du partenariat avec plusieurs sources d'approvisionnement. Le but de Bombardier était de répartir les risques économiques reliés à la mise sur le marché d'un nouvel avion. Mitsubishi, un trust japonais spécialisé dans le transport, est alors devenue un des partenaires de Bombardier. Elle s'est vu confier le design des ailes, une des composantes cruciales d'un avion, comme le traduit la phrase suivante qu'on entend dans l'industrie : « Un avion, c'est au départ une aile ; le reste ne vient que la supporter. » Au début du projet, il était convenu entre les parties qu'aucun bénéfice ne serait généré avant trois ans, cette période n'incluant pas le temps nécessaire à la réalisation du design des ailes. Mitsubishi s'est engagée malgré tout. On connaît le succès que remporte l'avion Challenger.

Étant donné que la relation s'établit sur une plus longue période, il faut que chaque partie s'évalue suivant le processus de qualification d'un fournisseur que nous avons examiné au chapitre 3.

Les ententes de partenariat ont une durée de quatre à six années, selon plusieurs études entreprises sur le sujet. Par contre, leur durée varie beaucoup selon la culture des pays en cause, l'ampleur du défi et le type d'industrie. L'acheteur doit être à l'affût de nouvelles sources potentielles. La pire erreur qu'on puisse faire dans le contexte d'une entente de partenariat est de tenir les autres parties pour acquises.

9.2.5   La technologie Genostic

« Genostic » est le nom donné par ses concepteurs, la firme Cybernostic inc., à une technologie informatique novatrice conçue pour réduire les coûts de non-qualité résultant de la variabilité non contrôlée de procédés de fabrication manufacturière (voir le texte de début de chapitre).

La technologie Genostic utilise l'intelligence artificielle pour mesurer cette variabilité, ce qui permet d'obtenir des résultats qui sont hors de la portée des techniques traditionnelles dans la réingénierie des processus. Cette technologie présente un intérêt sur le plan de la réduction des coûts d'approvisionnement industriel.

Parmi les avantages offerts par Genostic, notons les suivants :

— la génération d'un modèle mathématique permettant d'expliquer la variabilité des rendements d'un procédé en fonction de la variation de ses intrants d'origine ou en cours ;

— la possibilité d'optimiser le procédé de façon à le rendre plus robuste, c'est-à-dire moins vulnérable aux variations des intrants que ne contrôle pas l'usine ;

— la possibilité d'ajuster le procédé en continu suivant une prévision alimentée par le modèle mathématique et par l'état actuel des intrants, de manière à prévenir la non-qualité ;

— la possibilité de simuler l'opération du procédé dans des conditions qui n'ont pas été testées afin de valider son comportement tout en évitant les coûts normalement rattachés à une démarche d'essais et d'erreurs ;

— la possibilité d'optimiser les rendements du procédé au point de vue qualitatif ou sur une base économique.

Pour le spécialiste en approvisionnement, Genostic offre des caractéristiques très utiles pour réduire les coûts des matières premières, pour qualifier de nouvelles matières premières et pour orienter un programme de certification des fournisseurs. Prenons l'exemple d'un acheteur qui doit acheter la catégorie 58A, une matière plastique de polyéthylène fabriquée par la compagnie canadienne Nova, qui sert à la fabrication de plusieurs bouteilles en plastique. Malgré le fait que les spécifications de cette catégorie sont écrites, le procédé de fabrication du plastique entraîne une certaine variabilité de la catégorie, par exemple en ce qui a trait à l'indice de fluidité, à l'indice de densité et à l'indice de couleur. L'acheteur reçoit donc, avec sa livraison, un certificat d'analyse qui indique les résultats au sujet des indices majeurs afin que le service de la production ajuste les équipements permettant de fabriquer des produits finis de la même qualité. Si l'entreprise exige un indice de couleur supérieur à 95 alors que la fabrication peut donner une variation quant à l'indice de couleur de 70 à

100, l'acheteur n'aura que deux solutions : attendre que le fabricant produise une catégorie de la couleur désirée ou payer plus cher sa matière première. Genostic offre une troisième option face à ce problème, laquelle consiste à agir sur le procédé.

La réduction des coûts des matières premières

Genostic a la capacité de reconnaître les conditions d'exploitation du procédé qui lui permettent de rester stable malgré des variations de la qualité de la matière première. Cela donne la possibilité de payer moins cher une catégorie inférieure de qualité sans perturber le rendement de la production.

Prenons l'exemple d'ingrédients achetés dont l'humidité variable réduit la viscosité du produit fini. Admettons qu'il soit possible de procéder à une cuisson à diverses températures et d'en varier la durée. À l'aide de cas tirés d'un plan d'expériences formel ou du déroulement régulier de la production, Genostic sera en mesure de modéliser les rapports existant entre l'humidité, la viscosité, la température de la cuisson et sa durée. À l'aide de ce modèle, il sera possible de déterminer la température standard et la durée de cuisson idéales pour réduire l'effet de la variation de l'humidité. Si les fluctuations de l'humidité continuent d'avoir une influence, Genostic pourra prescrire des ajustements ponctuels de la température ou de la durée de cuisson pour assurer au procédé un rendement stable.

Cela permettra à l'acheteur de négocier des prix plus bas pour des matières dont les caractéristiques sont plus variables, sachant que le procédé, qui a été rendu plus souple à l'aide de l'optimisation de la technologie Genostic, peut absorber une plus grande variabilité des matières premières.

Les coûts ainsi épargnés sont souvent considérables, car l'acheteur a dû, dans bien des cas, payer des prix excessifs pour obtenir une matière première de la meilleure qualité. L'écart entre ces prix et ceux qui sont payés pour une qualité normale ou moindre peut être de l'ordre de plusieurs dizaines de pour cent. Comme le coût des matières représente une proportion importante du prix de revient dans la majorité des industries, l'incidence sur les profits de l'entreprise peut être dramatique.

La qualification de nouvelles matières premières

L'acheteur est souvent aux prises avec la difficulté de faire qualifier de nouvelles sources d'approvisionnement, surtout dans le cas de procédés compliqués, où plusieurs intrants peuvent influencer la qualité du produit fini ou son rendement.

Avec la technologie Genostic, on peut confirmer en grande partie l'influence des caractéristiques d'une nouvelle matière sur le procédé, sans qu'il soit nécessaire de faire des essais. Ce résultat est possible parce que le modèle généré par Genostic intègre déjà la nature des interactions des intrants avec leur influence sur le produit fini. Il suffit de simuler, à l'aide de Genostic, l'effet des caractéristiques du nouveau produit sur le procédé. Cela évite des frais et des délais considérables, et permet une meilleure coopération entre le service de l'ingénierie et le service des approvisionnements.

Évidemment, des lots de confirmation devront être fabriqués par la suite, mais on aura déjà qualifié le produit à l'aide de Genostic, en ce qui concerne ses effets statistiquement probables, et on aura fait l'économie des coûts importants rattachés aux essais multiples sans que le rendement soit garanti pour autant.

Le programme de certification des fournisseurs

La certification des fournisseurs demande que l'on se concentre d'abord sur les matières dont les caractéristiques sont cruciales à l'égard du procédé. Il a toujours été difficile de déterminer précisément, parmi tous les intrants des diverses matières utilisées par le procédé, lesquels présentent une variabilité dont l'effet individuel ou combiné avec d'autres facteurs peut déstabiliser le procédé de fabrication. Il est tout autant difficile de prouver que la variabilité d'une matière est à l'origine de la variation du rendement du produit, particulièrement lorsque des intrants interagissent.

Évidemment, la certification d'un fournisseur dont la matière ne présente aucun potentiel de déstabilisation du procédé n'apporte aucune valeur ajoutée dans la perspective du client, car il n'y a eu aucune amélioration. Dans le cas contraire, la certification d'un fournisseur d'une matière dont la variabilité nuit au rendement du procédé a un effet direct sur toute la chaîne d'approvisionnement.

On peut avantageusement utiliser la technologie Genostic pour isoler les matières à certifier qui ont l'effet le plus important sur le procédé. Elle peut déterminer les matières qui ont une influence mathématiquement prouvée, ainsi que les conséquences économiques de cette variabilité. Cela procure à l'acheteur une information capitale pour justifier le programme de certification et pour motiver le fournisseur à s'y conformer.

De plus, si le fournisseur a de la difficulté à maîtriser ses procédés, l'acheteur peut faire davantage que lui demander de stabiliser ceux-ci ; il peut suggérer au fournisseur d'utiliser Genostic pour assurer une meilleure stabilité à ses procédés.

L'image graphique de Genostic

La technologie Genostic remet en question certaines assises de la gestion des procédés et de la gestion de la qualité. Traditionnellement, on exigeait des matières premières sans variabilité et à faible coût pour alimenter une recette ou un procédé défini de façon statique et invariable. On s'est alors servi du contrôle statistique des procédés pour contrôler les paramètres individuels qui étaient censés avoir un effet sur le rendement (voir la figure 9.5).

Comme l'indique la figure 9.5, l'approche traditionnelle présume que les matières premières et les procédés sont stables, et exige l'élimination de toutes les sources de variabilité. Pour cette raison, il faut habituellement payer plus cher les intrants du procédé.

Or, il en va tout autrement dans la réalité. Les caractéristiques des matières premières tendent à varier, en particulier celles qui proviennent de sources naturelles, comme la qualité des fèves de cacao ou d'une transformation primaire telle que le plastique. L'écart de prix entre la première qualité et les autres catégories est souvent disproportionné à la différence qualitative. Les procédés sont rarement stables ; les opérateurs modifient les recettes en faisant appel à leur expérience, ce qui donne des résultats souvent aléatoires et pas toujours reproductibles. Le contrôle statistique des procédés s'avère impuissant contre les variations de facteurs dont les interactions influencent le rendement du procédé (voir la figure 9.6, p. 344).

À la figure 9.6, le procédé réel démontre que la variabilité est inhérente à tous les aspects du procédé, et même si on essaie de réduire cette variabilité à la source, on atteint rapidement des limites physiques et économiques.

FIGURE 9.5
L'approche traditionnelle

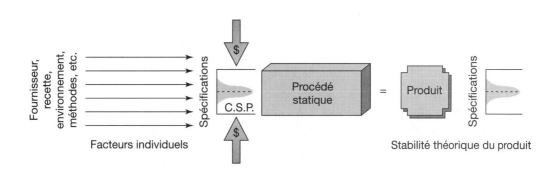

FIGURE 9.6

Le procédé réel

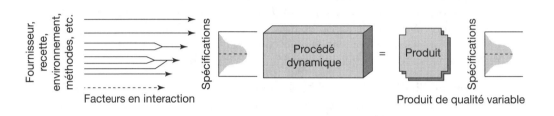

La technologie Genostic a été conçue pour apporter plus de rigueur et de profondeur à cette dynamique. Elle offre à l'acheteur industriel ainsi qu'à l'ingénieur des procédés plusieurs possibilités d'intervention en vue de réduire les coûts des matières et des opérations (voir la figure 9.7).

FIGURE 9.7

La technologie Genostic

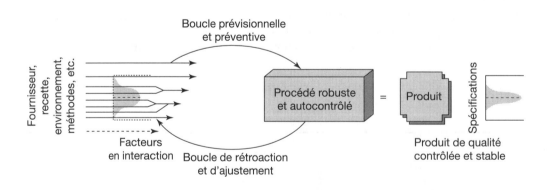

Comme l'illustre la figure 9.7, à l'aide de la technologie Genostic, le procédé peut devenir plus robuste sur le plan de sa définition et s'avérer capable de s'adapter à l'évolution de facteurs qui échappent au contrôle immédiat de l'usine. Cette absorption de la variabilité non contrôlée par le procédé de fabrication lui-même permet de maintenir intacte la stabilité du produit.

9.2.6   La qualité totale

Après la Seconde Guerre mondiale, les industries japonaises ont pris conscience qu'elles pourraient relever leur économie si elles trouvaient des moyens d'améliorer la productivité et la qualité de leurs produits. C'est pourquoi le Japon a envoyé des équipes de gestionnaires dans le monde entier pour rechercher la formule qui métamorphoserait ses industries et effacerait sa réputation de fabricant de copies de mauvaise qualité. Les Japonais ont compris que les fabricants qui produiraient des biens et des services de haute qualité de façon continue pourraient retirer un triple profit, à savoir une baisse des coûts de fabrication, une augmentation des marges de profits et une augmentation des parts de marché.

Cette prise de conscience des Japonais a débouché sur une menace pour les entreprises américaines, soit la concurrence internationale en provenance d'Asie. Dès lors, John A. Young, président de Hewlett Packard, responsable d'un groupe d'étude destiné à trouver les façons d'améliorer la compétitivité des entreprises américaines sur le marché mondial, a écrit dans un rapport au début des années 1980 :

> La compétitivité de l'industrie américaine sur les marchés mondiaux s'est érodée au cours des vingt dernières années. Les déficits commerciaux, la diminution des parts du marché mondial dans le secteur des industries technologiques, la diminution du revenu dans le secteur de la fabrication, le ralentissement de la croissance, de la productivité et la stagnation des salaires attestent de son déclin[6].

Heureusement, plusieurs entreprises, tant privées que publiques, ont entrepris le virage de la qualité. Si l'on fait la synthèse des idées émanant d'entreprises comme IBM, Hewlett Packard, General Dynamics, Avon, Polaroïd, 3M, General Motors et plusieurs autres, le processus d'amélioration continue doit suivre les 10 règles d'or suivantes :

1. Le client, tant à l'intérieur qu'à l'extérieur de l'entreprise, est roi.

2. Le personnel doit vouloir appliquer la qualité totale dans ses méthodes de travail quotidiennes.

3. Il doit croire que l'amélioration a toujours sa place.

4. Il doit croire aux mots d'ordre « Mieux vaut prévenir que guérir » et « Bien faire du premier coup ».

---

6. John A. Young, cité dans H. James Harrington, *Objectif qualité totale, un processus d'amélioration continue*, Montréal, Éditions Transcontinental, 1992, p. 33.

5. Il faut travailler en équipe pour développer une synergie autour de l'amélioration de la qualité.

6. Il faut avoir un objectif visant l'élimination des défauts.

7. Chaque personne doit participer au processus de qualité totale.

8. Il faut contrôler le processus et non les êtres humains.

9. Il faut faire participer les fournisseurs à la réalisation des objectifs.

10. Il faut établir un système de reconnaissance du mérite.

Une équipe de travail multidisciplinaire formée et engagée dans l'amélioration de la qualité connaîtra à coup sûr du succès. L'équipe doit rassurer le personnel, et valoriser la réussite plutôt que de trouver des coupables. Par la suite, l'équipe donnera une définition du mot « qualité », démystifiera l'expression « recherche de l'excellence », fixera des objectifs, établira un fonctionnement permettant d'atteindre et de dépasser ces objectifs, indiquera les ressources disponibles, nommera un responsable et précisera les mesures de contrôle.

Sur le plan budgétaire, il faut considérer cinq types de coûts, soit les coûts reliés à la prévention, à l'évaluation, aux défaillances internes, aux défaillances externes et aux équipements achetés.

Les coûts reliés à la prévention sont les coûts servant à prévenir les erreurs, tels que la formation et les visites chez les fournisseurs. Les coûts reliés à l'évaluation consistent dans les coûts qui permettent de vérifier que le bien ou le service offert ne comporte aucun défaut. Quant aux coûts reliés aux défaillances internes, ce sont les coûts rattachés au rejet d'un extrant, incluant les rebuts, à l'exécution en double d'une opération, au retard dans l'exécution d'une opération (comme le paiement de factures ou l'envoi de lettres aux clients), aux erreurs de conception, à la perte de stocks, à la correction d'une situation, etc. Les coûts reliés aux défaillances externes comprennent les coûts rattachés à la non-satisfaction des clients, comme les coûts de remplacement de certains biens ou services, les coûts de rappel, les coûts de traitement des réclamations ou les coûts de formation du service après-vente. Enfin, les coûts reliés aux équipements achetés sont les coûts de contrôle qui visent à prévenir la distribution d'un produit défectueux dont la correction coûterait plus cher que si l'on procédait à l'étape du contrôle.

L'équipe multidisciplinaire prêtera une attention particulière aux coûts prévisibles et ne s'attardera pas aux coûts inévitables. Une entreprise fabriquant de la vaisselle peut tenter d'éliminer ses propres pertes, mais elle ne peut rien contre une mauvaise utilisation de la vaisselle par le consommateur. Il en est de même pour l'industrie automobile, qui voudra réduire le nombre de rappels des véhicules pour la correction de problèmes de carrosserie, mais ne visera pas l'élimination des pièces de carrosserie nécessaires pour remplacer les pièces abîmées lors des accidents causés par les conducteurs.

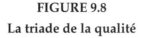

FIGURE 9.8

La triade de la qualité

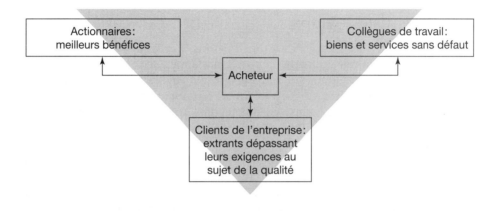

L'acheteur doit sans relâche contribuer à la satisfaction des actionnaires, des clients de l'entreprise et de ses collègues de travail. C'est la base même de la triade de la qualité (voir la figure 9.8).

Le système de reconnaissance du mérite

L'entreprise doit mettre en place un système de reconnaissance du mérite du personnel en matière de qualité. Selon H. James Harrington, ce système poursuit les six objectifs suivants :

1. Souligner la valeur des employés dont la contribution a été exceptionnelle de façon à les inciter à faire toujours mieux.

2. Exprimer à ces employés à quel point l'entreprise leur est redevable.

3. Établir un mode de communication efficace qui assure la visibilité des personnes reconnues.

4. Fournir toutes sortes de moyens de montrer de la reconnaissance et encourager les cadres à faire preuve d'imagination en leur faisant comprendre que plus les marques de gratitude seront variées, plus elles auront du poids.

5. Améliorer l'ambiance de travail grâce à des récompenses appropriées. Ces récompenses peuvent prendre la forme d'une rémunération pécuniaire, d'une remise en argent, d'une reconnaissance publique individuelle, d'une reconnaissance publique en groupe, d'une reconnaissance personnelle, etc.

6. Renforcer les modèles de comportement que les cadres jugent rentables.

L'acheteur mettra à contribution ses fournisseurs dans ce système de reconnaissance du mérite, qui visera également à conférer du prestige aux sources d'approvisionnement de l'entreprise.

9.2.7   Le juste-à-temps

Le juste-à-temps est une approche importée du Japon. Ce concept a été élaboré vers 1937 par Taiichi Ohno, alors au service de Toyota Textile. Par la suite, Kiichiro Toyota, président de Toyota Motor Company, y a donné toute son ampleur après la Seconde Guerre mondiale, dans une déclaration fracassante : « Il est vital à mes yeux de rattraper les Américains en trois ans, sans quoi c'en serait fait de l'industrie automobile japonaise[7]. » En effet, Taiichi Ohno, revenant d'un voyage à l'étranger, a fait un rapport dans lequel il indiquait qu'un Allemand produisait trois fois plus qu'un Japonais et qu'un Américain produisait trois fois plus qu'un Allemand. Cette comparaison constituait une leçon importante, mais la seconde conclusion était tout aussi importante, à savoir que l'Américain gaspillait une grande partie de son travail dans un processus de non-productivité. Il n'en fallait pas plus pour que Kiichiro Toyota mette en place une approche de gestion basée sur la production juste-à-temps et l'auto-activation de la production. Ainsi, le fait d'assembler une automobile selon le juste-à-temps, c'est faire en sorte que chaque composante parvienne à la ligne d'assemblage au moment voulu, et seulement dans les quantités voulues. Quant à l'autoactivation ou à l'automatisation, c'est la propriété d'une machine équipée d'un dispositif d'arrêt automatique en cas d'anomalie.

Les sociétés occidentales n'ont pas cru au bien-fondé de cette approche avant les années 1970. La raison en était fort simple : les consommateurs étiquetaient un produit fabriqué au Japon comme un bien de piètre qualité, fragile et sans valeur. Lorsque le Japon a été reconnu comme une puissance mondiale, grâce entre autres à la qualité de ses biens, les gestionnaires ont tenté d'imiter leur approche de gestion. L'acheteur est grandement mis à contribution dans le succès d'une telle approche. Le plus grand risque pour l'entreprise qui voudrait implanter le juste-à-temps est la garantie et la confiance des sources d'approvisionnement. L'acheteur doit rechercher les sources qui s'adapteront à cette approche tout en étant performantes quant aux autres critères de l'approvisionnement.

Le juste-à-temps consiste en une succession d'objectifs visant l'obtention des « zéros » suivants :

7. Taiichi Ohno, *Toyota Production System : Beyond Large-Scale Production*, Cambridge, Massachusetts, Productivity Press Inc., 1988, cité dans Annick Bourguignon, *Le modèle japonais de gestion*, Paris, Éditions La Découverte, 1993, p. 10.

— Le zéro panne : l'équipement de transformation ne doit pas avoir de ratés.

— Le zéro attente : la relation fournisseur-client ne doit comporter aucune attente, ce qui met l'accent sur le critère du délai.

— Le zéro délai : à l'intérieur de l'entreprise, il ne doit pas y avoir de délai entre les étapes de la transformation.

— Le zéro défaut : les rejets d'un intrant ou d'un extrant sont inexistants, ce qui met l'accent sur le critère de la qualité.

— Le zéro stock : le stock contrôlé par l'entreprise est à son minimum, ce qui met l'accent sur le critère de la quantité.

— Le zéro papier : cet objectif entraîne la réduction du papier, des normes et des règles légales à suivre, ce qui laisse une plus grande place à la confiance.

— Le zéro frustration : chaque personne travaillant dans l'entreprise doit être d'accord avec cette approche de gestion, y participer et être responsable de ses propres décisions.

Avant l'implantation d'une telle approche de gestion, l'entreprise doit revoir ses valeurs et son mode de fonctionnement. Ainsi :

> Une entreprise qui n'a pas débuté sa démarche vers le juste-à-temps s'expose à de sérieux problèmes pour sa survie. Il est à noter que le juste-à-temps est un guide et non une fin en soi, car plusieurs autres approches de gestion peuvent la substituer et être aussi efficaces. Mais il y a une base importante à comprendre et qui devrait être suivie par toutes les approches : le contexte économique ne laisse plus de place pour quelque forme de gaspillage de ressources, pour une main-d'œuvre qui travaille à l'encontre de la haute direction, pour des relations d'achats déficientes. Une fois que le système de gestion est à son optimum, l'introduction d'une philosophie est une étape de plus à l'amélioration de la productivité du système[8].

Ainsi, l'entreprise doit considérer un programme sur l'élimination du gaspillage causé par l'attente d'un bien ou d'un service, le transport, la manutention, les rejets, la surproduction, le long délai de mise en route, la détention de stocks inefficaces ou inadéquats. Elle doit également préparer sa main-d'œuvre.

L'évolution du juste-à-temps a entraîné une intégration avec d'autres approches, dont les quatre suivantes : le système SMED, le système *kanban*, l'aménagement de l'espace et les cercles de qualité.

---

8. Jean-Pierre Ménard, « Le juste-à-temps, plus qu'une philosophie », *Le Journal industriel du Québec*, vol. 12, n° 2, juin 1996, p. 9.

Le système SMED (*single minute exchange of dies*) permet à l'entreprise de rechercher la réduction du coût de mise en route dans la production de petits lots. Cette approche a été conçue par Shigeo Shingo, alors au service de Mazda, vers 1950. Toyota a utilisé cette approche pour réduire son temps de mise en route et de réglage d'une presse de 1 000 tonnes de quatre heures à trois minutes.

Le système *kanban* (qui signifie « étiquette » en japonais) consiste en une étiquette de papier glissée dans une pochette de vinyle apposée sur le bien. Cette étiquette indique les renseignements qui faciliteront le renouvellement du stock une fois la consommation du bien en cours, à savoir les spécificités du bien, la quantité requise ainsi que le nom du producteur en amont. La circulation s'effectue de l'extrant à l'intrant.

En ce qui concerne l'aménagement de l'espace, la circulation logique des biens dans un lieu repose sur une division et une spécialisation du travail. C'est pourquoi des groupes de spécialistes visent l'amélioration permanente de la configuration de l'espace et des équipements en vue d'atteindre deux objectifs : permettre une aisance maximale entre les équipements pour absorber le flux du système de transformation et réduire les mouvements inutiles grâce à l'étude et à la normalisation des mouvements et des gestes.

Les cercles de qualité sont nés en 1962 grâce à l'initiative de Kaoru Ishikawa, président du jury du prix Deming, attribué en l'honneur du spécialiste des techniques du contrôle de la qualité. Ils consistent en de petits groupes de personnes qui exercent une action de maîtrise de la qualité dans l'entreprise en ayant pour objectifs d'améliorer le contrôle des flux ainsi que les processus et les procédés.

Le modèle du lot économique

La figure 9.9 montre que l'approche traditionnelle recommande l'achat du lot économique 1, dont la détermination s'effectue par la pression exercée sur le coût de commande (Cc) et sur le coût de stockage (Cs). Une entreprise qui utilise l'approche du juste-à-temps voudra, lorsqu'elle cherchera à atteindre les différents « zéros », mettre de la pression sur le coût de commande. Or, comme le coût de commande se situe au numérateur de la formule du lot économique, le lot économique 2 peut être atteint dans l'approche du juste-à-temps.

Le tableau 9.4 présente une comparaison entre l'approche traditionnelle (lot économique 1) et l'approche du juste-à-temps (lot économique 2).

Grâce à une diminution du coût de commande, le lot économique est passé de 1 000 unités par achat à 350 unités, ce qui accentue la descente vers certains « zéros ».

FIGURE 9.9

Le modèle du lot économique

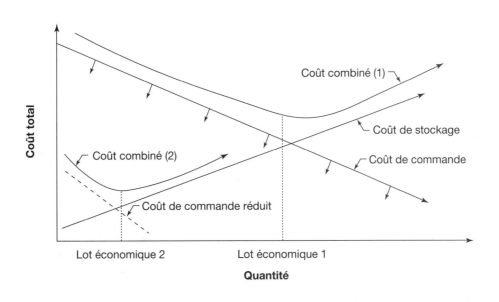

TABLEAU 9.4

Une comparaison entre l'approche traditionnelle et le juste-à-temps

Approche traditionnelle (lot économique 1)	Juste-à-temps (lot économique 2)
Formule $= \sqrt{(2 \times D \times Cc)/Cs}$	Formule $= \sqrt{(2 \times D \times Cc)/Cs}$
Soit D $= 5\,000$ unités	Soit D $= 5\,000$ unités
Cc $= 100\,\$$	Cc $= 12{,}25\,\$$
Cs $= 1\,\$$	Cs $= 1\,\$$
Résultat $= \sqrt{(2 \times 5\,000 \times 100)/1}$ $= 1\,000$	Résultat $= \sqrt{(2 \times 5\,000 \times 12{,}25)/1}$ $= 350$

Le modèle de l'intégration

La figure 9.10 (p. 352) illustre le modèle de l'intégration en indiquant la position des différents « zéros » dans l'approche du juste-à-temps. Tous les efforts

FIGURE 9.10

Le modèle de l'intégration

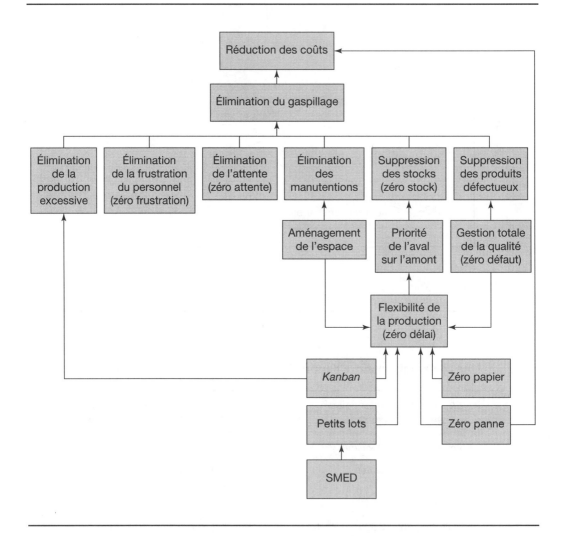

des entreprises visent l'élimination des éléments qui provoquent le gaspillage de ressources. Le gaspillage représente un facteur important dans la recherche de la réduction des coûts. L'implantation d'approches secondaires (*kanban*, SMED, etc.) soutient et renforce l'approche du juste-à-temps et sa finalité. Une entreprise qui prête une attention particulière aux différents éléments occasionnant le gaspillage de ressources ne peut qu'améliorer ses bénéfices.

9.2.8   La logistique intégrée

Le *Dictionnaire de la gestion de la production et des stocks* définit la logistique comme étant «la gestion systématique du processus d'acheminement de production, de distribution des matières et produits nécessaires à l'exploitation d'une entreprise». Plusieurs entreprises reconnaissaient à la logistique la responsabilité des flux et des mouvements des matières, alors que d'autres s'entendent aujourd'hui dire qu'il s'agit d'un concept d'optimisation de la coordination entre l'amont et l'aval de l'entreprise dans un contexte concurrentiel intégrant les flux des matières et de l'information. Cette démarche s'inscrit dans la volonté des entreprises de réduire le coût du mouvement des biens. Comme l'indique James L. Heskett, la logistique intégrée s'appuie sur trois dimensions, à savoir les opérations de planification, les opérations administratives et les opérations physiques (voir la figure 9.11).

FIGURE 9.11
Le processus de logistique

Flux de l'information	Opérations de planification	Opérations administratives	Opérations physiques	Flux des matières
	• Prévision de la demande d'extrants	• Traitement administratif des commandes des clients	• Préparation des commandes des clients	
	• Correction par le suivi des commandes ou relance	• Contrôle du calendrier de livraison	• Réalisation de la livraison des commandes	
	• Ordonnancement du transport	• Gestion des stocks d'extrants	• Livraison aux magasins	
	• Gestion des flux d'extrants	• Contrôle des commandes des magasins	• Transfert et manutention du stock entre la fabrication et les entrepôts	
	• Planification de la production	• Commandes au service de la production	• Emballage et conditionnement des produits	
	• Ordonnancement des moyens de production	• Contrôle des stocks des produits en cours	• Transfert entre les unités de production	
	• Gestion des flux de produits en cours	• Contrôle des stocks des intrants	• Transport des biens à partir des fournisseurs	
	• Programmation des approvisionnements	• Traitement administratif des commandes des fournisseurs	• Préparation des commandes par les fournisseurs	
		• Suivi du service rendu		

Source : Hervé Mathe et Daniel Tixier, *La logistique*, Paris, Presses Universitaires de France, 1997, p. 17.

Alors que les relations d'affaires se maintiennent grâce à un sentiment de confiance, les entreprises définissent des voies différentes pour les marchandises et les documents. La figure 9.12 illustre l'approche nouvelle de la logistique intégrée par rapport à la circulation des biens.

La figure 9.12 montre que des économies sont réalisées avec l'approche de la logistique intégrée, car à deux étapes dans la chaîne on n'a plus besoin de recevoir les marchandises et de refaire de nouveaux emballages ou conditionnements. Il y a donc réduction des coûts de réception et de manutention. Le fabricant est en mesure d'offrir une marge plus petite à ses grossistes et à ses distributeurs, qui seront favorables à ce principe puisqu'ils n'auront pas à assurer certaines dépenses.

FIGURE 9.12

Une comparaison entre l'approche traditionnelle et la logistique intégrée

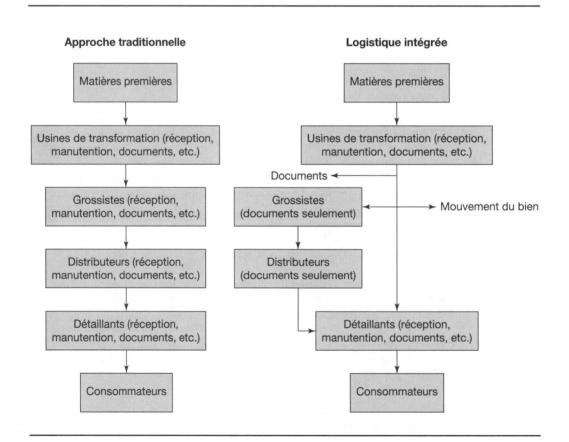

EXEMPLE 9.1[9]

Le succès que connaît Wal-Mart nous indique comment la logistique intégrée joue un rôle important dans la stratégie de cette entreprise. Wal-Mart est une chaîne de distribution de biens et de services nord-américaine fondée par Sam Walton en mai 1969. Au cours de l'évolution de cette entreprise, Sam Walton a pris des risques importants. Une des divisions du groupe Wal-Mart, la division Sam's Wholesale Club, a vu le jour en janvier 1983, car Sam Walton tenait à offrir au consommateur les produits au plus bas prix possible. Il s'est inspiré de la firme Sol Price, propriété d'entrepreneurs de San Diego, qui offre sa marchandise à 10 % seulement au-dessus du prix des manufacturiers ; ces entrepreneurs sont d'ailleurs devenus riches. Lors d'une réunion portant sur le développement de Wal-Mart, Sam Walton a présenté son idée d'offrir des prix comportant une marge brute de seulement 9 % à 12 % par rapport au prix d'achat. Pour atteindre la rentabilité, chaque Wholesale Club devait enregistrer des ventes de 25 millions de dollars par année. La réalisation de cet objectif passait inévitablement par un excellent service des approvisionnements, qui devait réussir dans les quatre domaines suivants :

1. La rotation des stocks, qui était normalement de 4 tours par année dans un magasin Wal-Mart traditionnel, devait être de 60 à 80 tours dans un magasin de type Wholesale Club.

2. Un centre de distribution centralisé devait être capable d'expédier et de recevoir une moyenne de 240 000 caisses de marchandises par jour dans un entrepôt d'une surface de 65 500 mètres carrés, comptant 9,6 km de casiers de stockage, 12 lignes d'expédition et 86 portes pour recevoir et expédier les marchandises. Ce système fonctionne à partir du système de code à barres avec le langage UPC.

3. Depuis 1985, la Wal-Mart Chain constitue un réseau de communication comprenant six satellites, ce qui donne à Wal-Mart la position de leader mondial des chaînes de distribution de marchandises. Chaque magasin est connecté à un ordinateur central capable de répondre à chacune des demandes en quatre ou cinq secondes. Le coût de location de chaque satellite est de 50 000 $US par mois.

4. Les relations avec les fournisseurs devaient être améliorées de manière à faciliter le contrôle de l'inventaire ; il fallait que ceux-ci collaborent à la coordination de l'entrée et de la sortie des marchandises à l'échelle d'une ville ou d'une région avec le même camion. Bref, une livraison de 20 000 kilos de marchandises à un magasin Wal-Mart de la région de Hartford devait s'accompagner, autant que possible, d'une cueillette d'un fournisseur localisé à Hartford vers le centre de distribution de Douglas, en Géorgie.

L'approvisionnement joue donc un rôle majeur dans l'expansion rapide de la chaîne, caractérisée par l'ouverture de 3 nouveaux magasins en 1983, de

---

9. Cet exemple s'inspire du livre de Vince H. Trimble, *Sam Walton : The Inside Story of America's Richest Man*, New York, Dutto Book, novembre 1990, chap. 20.

8 autres en 1984 et de 12 autres en 1985, et par un chiffre d'affaires de 776 millions de dollars en 1985, soit plus de 200 millions au-dessus du minimum requis (23 magasins × 25 millions = 575 millions).

L'application de la logistique intégrée

La logistique intégrée vise l'harmonie entre toutes les activités qui contribuent à une gestion efficace des mouvements de biens du point d'origine jusqu'au client. Ce concept inclut l'ensemble des fonctions de l'entreprise telles que les ventes, le transport, le marketing, la gestion de l'information, le traitement des données, l'approvisionnement et le service à la clientèle. Chacune de ces fonctions peut être divisée de nouveau, comme le transport international, national, régional et local, ou encore le transport routier, ferroviaire, maritime, aérien, par conteneur ou combinant plusieurs modes de transport. L'interaction de ces fonctions est cruciale pour le succès de la logistique intégrée. L'approvisionnement établit les balises de la logistique en développant les relations et les ententes avec les fournisseurs.

C'est pourquoi, de nos jours, la fonction « gestion du trafic » dans l'entreprise est placée de plus en plus souvent sous la responsabilité du service des approvisionnements. Malgré la complexité de cette fonction, elle reste de la gestion de contrats que le service des approvisionnements est habilité à assurer. Par contre, étant donné qu'elle constitue une fonction stratégique dans l'entreprise, elle doit être gérée au même titre qu'une entente de service, d'impartition ou de partenariat. Il est souhaitable qu'un gestionnaire soit chargé de cette fonction et que celui-ci puisse compter sur des fournisseurs fiables.

9.2.9   La réingénierie des processus

James Grimsley, directeur de CSC Index, de Houston (Texas), et Keith Stephens, directeur de la réingénierie de la chaîne d'approvisionnement de Petro-Canada, à Calgary, définissent la réingénierie comme étant une **analyse fondamentale** et **complète** des **modes de fonctionnement** qui vise à améliorer **radicalement** les coûts, la qualité, le service et le cycle de mise en route (voir le tableau 9.5).

Si l'on compare l'approche de la réingénierie des processus avec l'approche traditionnelle, on obtiendra le schéma présenté à la figure 9.13.

TABLEAU 9.5

Les termes-clés de la définition de la réingénierie

Analyse fondamentale	Analyse complète	Modes de fonctionnement	Radicalement
Se poser les questions de base sur la manière de faire : • Que faut-il faire ? • Pourquoi faut-il faire telle chose ? • Pourrait-on faire mieux cette chose ?	Enlever le toit de l'entreprise et examiner les changements majeurs qu'il faut entreprendre malgré la résistance aux changements	Faire un relevé des activités exercées par chaque personne dans l'entreprise et voir si elles correspondent à la volonté de la clientèle	Aligner d'un seul coup les activités sur le résultat souhaité plutôt que de tenter de progresser par étapes jusqu'à la réalisation de l'objectif

FIGURE 9.13

Une comparaison entre l'approche traditionnelle et la réingénierie des processus

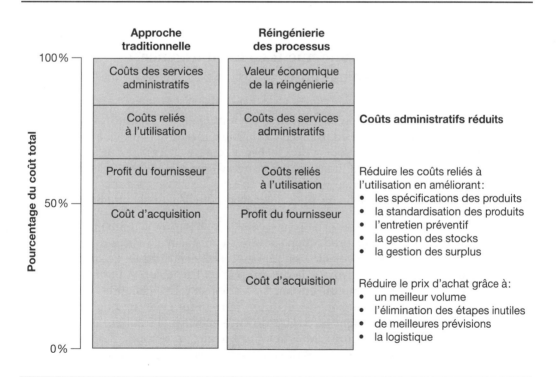

Source : James Grimley et Keith Stephens, « Reengineering the supply chain : The concept... the reality in Petro-Canada », communication présentée au congrès annuel de l'Association canadienne de gestion des achats à Vancouver, en juin 1997 ; notre traduction.

L'acheteur doit examiner constamment ses activités quotidiennes afin d'établir lui-même sa réingénierie. À une petite échelle ou à une grande échelle, cette manière de penser fait appel à l'une des compétences requises pour l'exercice de cette profession, à savoir l'innovation.

9.2.10 Les fournisseurs de classe mondiale

L'acheteur d'une entreprise multinationale recherche des fournisseurs capables d'approvisionner tous ses centres de fabrication. C'est pourquoi, dans le processus de qualification d'un fournisseur, l'acheteur s'intéressera en particulier à la capacité de production et de distribution du fournisseur. Après que le fournisseur aura prouvé son rendement, l'entreprise multinationale l'appuiera dans la distribution des biens et des services vers les territoires de fabrication. Ce fournisseur bénéficiera de l'expertise de l'entreprise sur le plan de la distribution et garantira l'utilisation de sa capacité ; de son côté, l'entreprise bénéficiera du bon service du fournisseur pour tout son territoire de fabrication. Comme on le voit, cette relation est profitable pour les deux parties.

9.2.11 L'approvisionnement en cas d'urgence ou de force majeure

Depuis quelques années, on se préoccupe davantage de la garantie des approvisionnements pour les cas d'urgence ou de force majeure. Pensons à la tempête de verglas que le sud-ouest du Québec a connue en 1998, à l'inondation majeure qui s'est produite dans la région de Winnipeg en 1997 ou encore à l'inondation qui est survenue au Saguenay en 1996. Le service des approvisionnements devra alors établir un plan d'urgence pour les jours sombres et les crises.

Une pièce se brise. La production s'arrête. Le magasin n'a aucune pièce de rechange. Les profits s'envolent. L'entreprise est en état d'alerte. La première personne appelée sur les lieux de la catastrophe est l'acheteur. À partir de ses réponses, la stratégie de remise en marche s'amorcera. Des situations comme celle-ci surgissent fréquemment de nos jours. Jadis, pour éviter un bris majeur, un approvisionnement risqué ou des cas de force majeure, la solution consistait à posséder un stock de sécurité. Mais aujourd'hui où l'on se soucie d'optimiser la rentabilité du stock, les ruptures de stock sont gérées par les acheteurs.

Dans chaque cas, pour la direction, la notion de service rendu à l'entreprise l'emportera sur le coût. Même dans une telle éventualité, l'acheteur doit régulariser la situation au moindre coût. Pour lui, le coût de rupture est une composante du coût total. Sa décision tiendra compte du coût total le plus bas qu'il obtiendra en additionnant le coût d'acquisition et le coût de rupture.

Pour réduire les répercussions d'un événement perturbateur, l'acheteur aura franchi au préalable les sept étapes suivantes[10] :

1. Il se munira d'une capacité autonome d'information : il établira les enjeux, il évaluera le coût de rupture, il déterminera les priorités quant aux services à rendre.

2. Il prévoira des scénarios avec des équipes de travail dans l'entreprise et avec la direction.

3. Il construira un réseau avec des fournisseurs, des partenaires d'affaires et d'autres acheteurs.

4. Il constituera un pouvoir de décision pour chaque intervenant, laissant le soin à chacun de prendre des risques calculés à l'avantage de tous.

5. Il organisera un groupe de travail, qui comprendra un décideur dont les responsabilités seront axées sur la résolution de la crise.

6. Il établira les règles, les politiques, le mode de fonctionnement et les responsabilités des différents acteurs.

7. Il s'appuiera sur son jugement, qui constitue le principal atout dans une situation de crise.

Lorsqu'un cas d'urgence ou de force majeure survient, les différents acteurs doivent entrer en action. Il faut que ceux-ci puissent appliquer selon leur bon jugement les règles établies. Cependant, au cours d'une situation de crise, une ressource importante est trop souvent oubliée : le contact avec d'autres acheteurs. Ceux-ci constituent un réseau de professionnels dont la contribution permettra de gagner du temps, de multiplier les options et de réduire le risque. La plupart d'entre eux ont eu l'occasion de vivre des situations similaires.

9.3 LES NOUVELLES APPROCHES DE GESTION SONT-ELLES APPLICABLES ?

Dans la société japonaise, tous les partenaires économiques adoptent la même vision, que ce soit le gouvernement, les banquiers, les fournisseurs, les fabricants, les assembleurs, les distributeurs, les exportateurs ou les autres

---

10. Voir Jean-Pierre Ménard, « Alerte, une crise au service des approvisionnements », *Revue Expéditeur*, vol. 10, n° 3, avril 1997, p. 17.

partenaires de la chaîne de distribution. Pour s'en convaincre, il suffit de penser au prix national de la qualité, le prix Deming, qui est remis par une société paragouvernementale japonaise à un promoteur de la qualité dans son industrie. Ce prix, qui existe depuis 1960, mobilise les entreprises japonaises quant à l'objectif prioritaire de la qualité. Par ailleurs, l'industrie japonaise se caractérise par l'absence du désir d'obtenir un profit économique à court terme. Ainsi, Denise Fouzat indique : « L'analyse des variations parfois brutales des cours du Kabuto-cho (indice boursier japonais) semble montrer que les managers japonais sont totalement indifférents aux résultats à court terme des entreprises cotées[11]. »

D'un autre côté, dans son livre intitulé *Capitalism vs Capitalism*, Michel Albert mentionne que l'industrie allemande, qui constitue un autre modèle d'économie très forte, a, parmi les notions occidentales, la perception du profit la plus « longue » (quant à la période et au rendement), et que, simultanément, les banques allemandes occupent une place importante dans l'économie en assurant une grande partie de son financement[12].

La société nord-américaine est centrée sur le profit à court terme, comme le prouve l'indice boursier quotidien, qui prend de l'importance ; l'entreprise a le seul souci de rester en vie, craignant de disparaître ou d'être engloutie dans une autre structure. La comptabilité de gestion occupe depuis longtemps une place cruciale dans la structure des entreprises. En 1925, la grande majorité des outils de contrôle de gestion d'aujourd'hui était déjà en place chez General Motors. Comme le souligne Charles Hampden-Turner, les États-Unis remportent le titre en ce qui concerne l'individualisme, l'amour de la compétition et les primes selon le mérite. Cet individualisme est encouragé par les phases préparatoire et de suivi des budgets sur la base des centres de profits, de la comparaison des résultats obtenus, par la rémunération supplémentaire pour le respect des postes de coûts ou de revenus et par les promotions fondées sur le rendement individuel[13].

Que dire, maintenant, au sujet de l'emploi ? Annick Bourguignon déclare : « L'emploi à vie est une réponse des entreprises à la crise sociale des années 1915-1920. Produit de décisions de gestion passées, il fait aujourd'hui intégralement partie du système social japonais[14]. » De son côté, Hervé Sérieyx écrit :

---

11. Denise Fouzat, « Séminaire de politiques industrielles comparées », séminaire tenu à Paris en 1990.
12. Michel Albert, *Capitalism VS Capitalism : How America's Obsession with Individual Achievement and Short-Term Profit Has Led It to the Brink of Collapse*, Four Walls Eight Windows, 1993, cité dans Annick Bourguignon, *Le modèle japonais de gestion*, Paris, Éditions La Découverte, 1993, p. 68.
13. Voir Charles Hampden-Turner, « Vers une approche multiculturelle du bien-être et des valeurs », *Personnel*, n° 327, octobre 1991, p. 23-33.
14. Annick Bourguignon, *Le modèle japonais de gestion*, Paris, La Découverte, 1993, p. 68.

Alors que le temps de travail diminue, l'entreprise ne cesse d'étendre son emprise sur une part croissante des existences individuelles et collectives. Elle cadence notre temps, consomme l'essentiel de notre vie éveillée et une part capitale de notre énergie, suscite la majeure partie de nos stress parce que nous en faisons partie, que nous craignons de ne plus y être ou que nous devons la quitter ; elle détermine les exclusions, influence toujours plus nos besoins, notre liberté de manœuvre, nos conduites et nos comportements, notre cadre de vie, notre environnement, et jusqu'aux systèmes sociaux, fiscaux, éducatifs et infrastructures qui forment l'ossature du pays[15].

Il faut considérer que l'approche d'une nouvelle culture dans une entreprise exige du temps en plus d'une stabilité, d'une flexibilité et d'une mobilité de la main-d'œuvre relatives.

Il appartient à chaque entreprise de décider de ce que sera le service des approvisionnements de demain. Peu importe que le modèle provienne du Japon, des États-Unis, d'Europe ou d'ailleurs, il n'en demeure pas moins que le choix d'une approche de gestion devra être fonction des valeurs de l'entreprise, de son mode de fonctionnement, de ses forces, de ses faiblesses, de sa vision, de ses buts, de ses objectifs, de ses stratégies, de ses tactiques, de sa position dans la chaîne de distribution, des possibilités, des menaces, des critères de l'approvisionnement et des personnes qui dirigent l'entreprise et de toutes les autres qui y travaillent. Bref, il y a beaucoup de facteurs, mais la fin demeure la rentabilité de l'entreprise, qui seule peut lui permettre de se maintenir sur le marché. L'implantation trop rapide d'une nouvelle approche de gestion peut faire plus de mal que de bien. Chaque cas requiert une étude spécifique. Par contre, toute entreprise doit travailler à réduire ses coûts. Le service des approvisionnements est une carte maîtresse de l'entreprise, à la condition que celle-ci lui accorde une position stratégique.

Faith Popcorn écrit :

Les compagnies devront se rendre compte qu'on ne vend pas seulement ce que l'on fabrique. On vend ce que l'on est. Comme dans un jeu de chaise musicale économique, plusieurs entreprises se retrouveront sans chaise chaque fois que la musique s'arrêtera, les entreprises incapables de répondre aux exigences des consommateurs de demain[16].

---

15. Hervé Sérieyx, *L'effet Gulliver : quand les institutions se figent dans un monde tourbillonnaire*, Paris, Calmann-Lévy, 1994, p. 53.
16. Faith Popcorn, *Le rapport Popcorn : comment vivrons-nous l'an 2000 ?*, Montréal, Les Éditions de l'Homme, 1994, p. 15.

CONCLUSION

Le service des approvisionnements est appelé à prendre une place de plus en plus grande dans l'entreprise. Plusieurs approches de gestion ont vu le jour depuis quelques années, lesquelles abordent de façon différente les critères de l'approvisionnement. De nombreux auteurs croient fermement que l'approvisionnement est de plus en plus lié au succès de l'entreprise. Aujourd'hui, les entreprises canadiennes bénéficient d'avantages intéressants sur le marché, particulièrement en ce qui a trait à la valeur de leur argent, à l'étendue du marché et aux variables démographiques. Par contre, les entreprises œuvrant sur le marché mondial réduiront ces avantages, ce qui risque d'entraîner une menace pour les entreprises nationales. Avant qu'une telle situation survienne, les entreprises canadiennes devraient investir dans leur service des approvisionnements et faire confiance aux acheteurs en leur permettant de contribuer au développement stratégique des entreprises.

RÉSUMÉ

Ce chapitre aura permis de comprendre les différentes approches de gestion qui sollicitent les entreprises canadiennes. Avant de se lancer dans l'implantation d'une approche, il faut comprendre les bases culturelles des entreprises qui ont introduit les diverses approches. Toutes les personnes qui gravitent autour de l'entreprise doivent être disposées à apporter des changements. L'entreprise doit définir son défi majeur, reconnaître ses faiblesses et trouver une façon de motiver ses troupes afin de transformer ces faiblesses en avantage concurrentiel.

Il existe plusieurs façons de s'y prendre. Ainsi, l'entreprise pourra être tentée d'adapter une approche de gestion qui a connu du succès dans un autre pays ou continent. Ce pourrait être l'approche japonaise nommée *kaizen*, ou bien l'analyse de la valeur, l'impartition, le partenariat, la qualité totale, le juste-à-temps ou la réingénierie des processus. Par ailleurs, la technologie Genostic, qui a été mise au point au Québec, est promise à un bel avenir.

D'autres approches font référence aux changements qui sont devenus nécessaires à la suite des pressions exercées par les concurrents ou aux changements provoqués par des situations de l'environnement. Ce sont la logistique intégrée, la structure des fournisseurs de classe mondiale ainsi que l'approvisionnement en cas d'urgence ou de force majeure.

Outre ces 11 approches, on peut croire que de nouvelles approches sont sur le point de surgir, car la recherche du bénéfice fait naître des philosophies de gestion. Le service des approvisionnements essaie de plus en plus de trouver de meilleures sources, qu'elles se situent près de l'entreprise ou à l'autre bout de la terre. Ce service a intérêt non seulement à approfondir les relations avec ces sources, mais aussi à importer des approches de gestion qui se révèlent rentables.

Questions

1. Comment s'appelle le vent de changement qui souffle sur l'ensemble de l'économie mondiale?

2. Qu'est-ce que l'approche de gestion qu'on appelle *kaizen*?

3. Comment pourriez-vous définir l'analyse de la valeur?

4. Qu'est-ce que l'impartition? Existe-t-il un parallèle entre l'impartition et la sous-traitance?

5. Définissez dans vos propres mots l'entente de partenariat.

6. Quelle différence y a-t-il entre le partenariat et l'alliance stratégique?

7. Quel est le fondement de la technologie Genostic?

8. À quelle époque la notion de qualité totale est-elle apparue? Quel était son but?

9. Que recouvre la philosophie du juste-à-temps?

10. Qu'est-ce que la réingénierie des processus?

Exercices d'apprentissage

1. De quels facteurs faut-il se préoccuper pour s'assurer qu'une nouvelle approche de gestion importée aura du succès dans l'entreprise?

2. Quelles différences y a-t-il en ce qui a trait à la résolution d'un problème de gestion entre l'approche *kaizen* et l'approche adoptée habituellement en Amérique du Nord?

3. Sur quels points majeurs un acheteur doit-il s'attarder avant d'implanter l'impartition?

4. Nommez quelques bénéfices qu'une entreprise peut retirer si elle utilise l'approche de l'impartition.

5. La technologie Genostic peut-elle être utile à un acheteur ? Si oui, de quelle façon ?

6. Quels sont les principaux coûts rattachés à la qualité dans une entreprise ?

7. Expliquez dans vos propres mots ce qu'est la triade de la qualité.

8. On dit souvent que la philosophie de gestion du juste-à-temps vise sept « zéros ». Quels sont-ils et que signifient-ils ?

9. Quelles approches découlent du juste-à-temps ? Expliquez-les.

10. Quelle est la tendance récente en matière de logistique intégrée ?

■■■■■ *Exercices de compréhension*

1. Expliquez la signification de la balance illustrée à la figure 9.2 (p. 330).

2. En quoi la quantité économique de commande pourrait-elle diminuer de façon radicale avec le juste-à-temps ?

3. « La réingénierie des processus peut être bénéfique pour un service des approvisionnements. » Discutez cette affirmation.

4. Comment vous y prendriez-vous pour implanter une philosophie de gestion axée sur le juste-à-temps ?

5. Que faut-il faire pour devenir un fournisseur de classe mondiale ?

■■■■■ *Exercices de recherche*

1. Prenez rendez-vous avec une personne travaillant pour le Mouvement Desjardins et demandez-lui quelles ont été les répercussions humaines, matérielles et financières de l'implantation de la réingénierie des processus.

2. Dans le contexte d'un travail de recherche, faites une visite dans une entreprise qui a implanté avec succès le *kanban* pour gérer ses stocks. Cherchez à connaître le fonctionnement global de cette approche et demandez au responsable de l'implantation du projet quels en sont les bienfaits pour son entreprise.

3. Prenez rendez-vous avec un transporteur routier de marchandises qui pratique l'impartition avec un manufacturier en ce qui concerne la distribution de ce dernier et cherchez à savoir sur quoi portent les clauses du contrat rattachant les deux parties.

Bibliographie

ALJIAN, George W. *Purchasing Handbook*, National Association of Purchasing Management, 4e éd., New York, McGraw-Hill, 1982.

ANTHONY, Sterling. *How Packaging Can Improve Manufacturing Operations*, New York, AMA Membership Publications Division, 1983, 50 p.

BEAUMIER, Jocelyne. *La gestion de la qualité, un projet d'entreprise*, 2e éd., Longueuil, Cognitrix, 1994, 238 p.

BERNILLON, Alain et Olivier CÉRUTTI. *Implanter et gérer la qualité totale*, Paris, Éditions d'Organisation, 1988, 213 p.

BOURGUIGNON, Annick. *Le modèle japonais de gestion*, Paris, Éditions La Découverte, 1993, 125 p.

BRUEL, Olivier. *Politique d'achat et gestion des approvisionnements*, Paris, Dunod Entreprise, 1991, 299 p.

CHAMPEYROL, François. *Les achats*, Paris, Presses universitaires de France, coll. « Que sais-je ? », no 2492, 1990, 128 p.

DILWORTH, James B. *Production and Operations Management, Manufacturing and Non-manufacturing*, 4e éd., New York, Random House, 1989, 770 p.

DURAND, Jean-Paul. *Le langage des achats*, Poitiers, Éditions Méthodes et Stratégies, coll. « Connaître et Parler », 1995, 109 p.

FOGARTY, Donald W., John H. BLACKSTONE et Thomas R. HOFFMANN. *Production and Inventory Management*, 2e éd., Cincinnati, South-Western, 1991, 870 p.

GAUTIER, Bénédicte et Jean-Louis MULLER. *La qualité totale*, Paris, Entreprise moderne d'édition, 1988, 110 p.

ISHIKAWA, Kaoru. *La gestion de la qualité. Outils et applications pratiques*, Paris, Dunod, 1984, 242 p.

KÉLADA, Joseph. *Comprendre et réaliser la qualité totale*, 2e éd., Montréal, Quafec, 415 p.

LECHASSEUR, Claude. *Les processus gérés en juste à temps*, Sainte-Foy, Université Laval, coll. « Instruments de travail », 1995, 86 p.

LEENDERS, Michiel R., Harold E. FEARON et Jean NOLLET. *La gestion des approvisionnements et des matières*, 2e éd., Boucherville, Gaëtan Morin Éditeur, 1998, 512 p.

LEPAGE, Jean. *Le langage du contrat d'achat*, Poitiers, Éditions Méthodes et Stratégies, coll. « Connaître et Parler », 1995, 104 p.

MARTIN, André J. *Distribution Resource Planning (DRP)*, Prentice Hall, New Jersey, 1983, 287 p.

McMahon, Daniel et autres. *Comptabilité de base, tome 2,* Montréal, McGraw-Hill, Éditeurs, 1995, 872 p.

Memo guide MOCI. *Les incoterms : tous les mécanismes,* Paris, Éditions Sedec SA, 1994, 52 p.

Morin, Michel. *Comprendre la gestion des approvisionnements,* 2e éd., Paris, Éditions d'Organisation, 1985, 208 p.

Tersine, Richard. *Principles of Inventory and Materials Management,* 3e éd., New York, Elsevier Science Publishing Co. Inc., 1988, 553 p.

Todorov, Braminir. *ISO 9000 : une force de management,* Boucherville, Gaëtan Morin Éditeur, 1997, 214 p.

Tompkins, James A. et autres. *Facilities Planning,* 2e éd., New York, John Wiley & Sons, 1996, 734 p.

Vandeville, Pierre et autres. *Conduire un audit qualité. Méthodologie et techniques,* Paris, AFNOR, 1995, 180 p.

Zermati, Pierre. *La pratique de la gestion des stocks,* 2e éd., Paris, Dunod Entreprise, 1976, 148 p.

Index

Transcontinental
IMPRESSION
IMPRIMERIE GAGNÉ

IMPRIMÉ AU CANADA

Nous reconnaissons l'aide financière du gouvernement du Canada par l'entremise
du Programme d'aide au développement de l'industrie de l'édition pour nos activités d'édition.